böhlauWien

Gert Dressel

Historische Anthropologie

Eine Einführung

Mit einem Vorwort von
Michael Mitterauer

BÖHLAU VERLAG WIEN · KÖLN · WEIMAR

Die Deutsche Bibliothek – CIP-Einheitsaufnahme

Dressel, Gert:
Historische Anthropologie : eine Einführung / Gert Dressel. Mit einem
Vorw. von Michael Mitterauer. – Wien ; Köln ; Weimar : Böhlau, 1996

ISBN 3-205-98556-9

© 1996 by Böhlau Verlag Ges.m.b.H. und Co. KG., Wien · Köln · Weimar

Gedruckt auf umweltfreundlichem, chlor- und säurefreiem Papier

Satz: Zehetner Ges. m. b. H., A-2105 Oberrohrbach
Druck: Manz, A-1050 Wien

INHALT

VORWORT

Es mag zum besseren Verständnis dieses Buches beitragen, einigen Entwicklungslinien nachzugehen, die zu seiner Entstehung geführt haben. Die unmittelbare Vorstufe bildete der Text eines Projektantrags auf Einrichtung eines Graduiertenkollegs „Historische Anthropologie", der im Sommer 1995 seitens des *Instituts für interdisziplinäre Forschung und Fortbildung der Universitäten Innsbruck, Klagenfurt und Wien (IFF)* beim „Fonds zur Förderung der wissenschaftlichen Forschung in Österreich" vorgelegt wurde. Das IFF ist seit seiner Gründung um innovative Neuansätze in Forschung und Lehre bemüht. Ein besonderer Schwerpunkt seiner Aktivitäten liegt neuerdings auf der Entwicklung von Modellen für den dritten Studienabschnitt. So lag es nahe, daß sich der 1993 am IFF neu eingerichtete Programmbereich „Historische Anthropologie" in seinen Aktivitäten auf Vorschläge für ein Graduiertenkolleg konzentrierte. Eine Arbeitsgruppe, der Erhard Chvojka, Gert Dressel, Katharina Novy, Helga Penz, Herbert Posch, Gabriele Schuster, Verena Winiwarter sowie Gerhard Strohmeier als Abteilungs- und Michael Mitterauer als Programmbereichsleiter angehörten, leistete dafür die Vorarbeiten. Der Projektentwurf wurde von einem interdisziplinär zusammengesetzten Antragstellerkreis bestehend aus Karl Brunner (Geschichte), Andre Gingrich (Völkerkunde), Peter Heintel (Philosophie), Karl Kaser (Geschichte), Konrad Köstlin (Volkskunde), Michael Mitterauer (Geschichte), Norbert Ortmayr (Geschichte), Edith Saurer (Geschichte), Reinhard Sieder (Geschichte) und Gerhard Strohmeier (Soziologie) beraten. Zahlreiche Anregungen aus diesen Beratungen sowie aus zusätzlich geführten Einzelgesprächen sind in den Entwurf eingegangen. Der Hauptteil des Antrags über den aktuellen Stand der Forschung auf dem Gebiet der Historischen Anthropologie wurde von Gert Dressel als Koordinator des Projekts entworfen und überarbeitet. Als die ursprüngliche Idee der Einrichtung eines Graduiertenkollegs aufgrund der finanziellen Situation im Bereich der Wissenschaftsförderung zurückgestellt werden mußte, bestand im Kreis der Initiatoren die einhellige Meinung, daß dieser Teil des Antrags in erweiterter Form publiziert werden sollte. Gert Dressel hat diese Anregung in einer Weise aufgegriffen, daß – bei Wahrung der ursprünglichen Grundkonzeption – aus diesem Projektteil ein selbständiges Buchmanuskript hervorgegangen ist.

Die Gründung des Programmbereichs „Historische Anthropologie" am *Institut für interdisziplinäre Forschung und Fortbildung der Universitäten Innsbruck, Klagenfurt und Wien* fällt nicht nur zeitlich mit der Gründung der Zeitschrift *„Historische Anthropologie"* zusammen. Auch personell – und damit in den leitenden Ideen – sind vielfältige Verbindungen gegeben. Von den Antragstellern des Graduiertenkollegs waren in der ersten Nummer der neuen Zeitschrift zwei als Herausgeber und vier als Autoren vertreten. Im Rahmen des Programmbereichs wurden immer wieder Beiträge von Wiener Autorinnen und Autoren in der Entstehungsphase bzw. von anderen im nachhinein besprochen. So ist die Arbeit des Programmbereichs „Historische Anthropologie" den Anliegen der gleichnamigen Zeitschrift eng verbunden, und damit auch der vorgelegte Band. Wenn hier gelegentlich abweichende oder kritische Positionen erkennbar werden, so entspricht dies der Vielfalt unterschiedlicher Richtungen, die unter der Bezeichnung „Historische Anthropologie" zusammenlaufen. Die an der Universität Wien in Forschung und Lehre vertretene Richtung mit ihren spezifischen Traditionen ist nur eine unter vielen. Gert Dressel hat sich bemüht, diese vielfältigen Richtungen in einem gleichberechtigten Nebeneinander zu beschreiben. Trotzdem ist es unvermeidbar, daß in einen solchen Überblick spezifische Akzente des eigenen Traditions- und Diskussionszusammenhangs Eingang finden.

Wie vielfach im deutschsprachigen Raum hat sich die Historische Anthropologie auch an der Universität Wien aus der Sozialgeschichte herausentwickelt. 1971 wurde von Assistenten des Instituts für Wirtschafts- und Sozialgeschichte der Universität Wien die Lehrerfortbildungszeitschrift *„Beiträge zur historischen Sozialkunde"* gegründet. Den Anlaß dazu bot der 1969 erlassene Lehrplan für das neue Fach „Geschichte und Sozialkunde", der die Lehrer im Schulunterricht vor völlig ungewohnte Aufgaben stellte. Im Rahmen der Lehrerfortbildung versuchten junge Forscher, dieser gesellschaftlichen Herausforderung gerecht zu werden. Obwohl im Fach „Geschichte und Sozialkunde" die Integration von soziologischen Themen in den Geschichtsunterricht im Vordergrund stand, bemühte sich die neue Zeitschrift von den ersten Jahrgängen an um Themen, die man aus heutiger Sicht durchaus auch als historisch-anthropologisch bezeichnen könnte wie etwa Kindheit, Jugend, Alter, Familie, Sexualität, Sozialisation, Freizeit, Arbeit, Schule. Seit den achtziger Jahren erweiterte sich das Spektrum z. B. in den Themennummern „Behinderung", „Volksfrömmigkeit", „Religion in Lebensgeschichten", „Die Lebenden und die Toten", „Umwelt hat Geschichte" oder „Mensch und Tier". Eine Lehrerfortbildungszeitschrift muß sich in Themenwahl und Darstellungsweise anders orientieren als sonstige wissenschaftliche Publikationsorgane. Sie steht viel stärker unter dem Postulat der Vermittlung und damit von aktuellen gesellschaftlichen Bezügen. Die *„Beiträge zur historischen Sozialkunde"* haben solche Aufgaben nicht nur für den Schulunterricht, sondern darüber hinaus auch für die Erwachsenenbildung zu leisten versucht. Daraus ist wohl ein besonders enger Konnex zwischen Forschung, Lehre und Weitervermittlung entstanden, der sich insgesamt auf die aus der Sozialgeschichte heraus-entwickelten historisch-anthropologischen Arbeiten ausge-wirkt hat. Wenn Gert Dressels Band die Bedeutsamkeit des Gesellschaftsbezugs als konstitutiven Faktor der Histori-schen Anthropologie besonders betont, so nicht nur aus theoretischen Überlegungen, sondern auch aus den Erfah-rungen einer starken Tradition angewandter Forschung.

Von aktuellen Problemstellungen ausgehende Vermitt-lungsarbeit historisch-anthropologischer Forschung kann sich nicht durch Epochengrenzen beschränken lassen. Tra-ditionelle Periodisierungsschemata der Geschichte erwei-sen sich dabei als obsolet. Der epochenübergreifende Längsschnitt, wie er in den *„Beiträgen zur historischen So-zialkunde"* immer wieder praktiziert wurde, erklärt sich zunächst aus Formen der Lehre. Er erwies sich freilich auch für die Forschung als besonders anregend. In der Wie-ner Sozialgeschichte-Forschung geht er aber auch noch auf eine andere Wurzel zurück. Diese hatte seit Alfons Dopsch und Otto Brunner eine starke Mittelalter-Tradition. Vom Mittelalter ausgehend aktuelle gesellschaftliche Probleme zu behandeln – das bedeutete, lange Verbindungslinien zu ziehen. Für die in den späten sechziger und frühen siebzi-ger Jahren geprägten Forscher am Institut für Wirtschafts- und Sozialgeschichte der Universität Wien stellte sich die-se Aufgabe in besonderer Weise. Sie hat hier in historisch-anthropologischen Forschungen eine Fortsetzung gefun-den.

Auch in den räumlichen Bezügen waren lokale Tradi-tionen prägend. Ebenso wie von der Mediävistik war die Wiener Sozialgeschichte-Forschung in ihren Anfängen sehr stark von der historischen Landeskunde beeinflußt, und zwar von deren vergleichender Richtung. Mit mikrohistori-schen Zugangsweisen hatte sie auf diesem Hintergrund nie Schwierigkeiten. Eher lagen die Probleme in der Einordnung solcher Forschungen in großräumige Zusammenhänge. Auch diesbezüglich haben die Anforderungen der Weitervermittlung viel weitergeholfen. Aufgaben der Lehre zwingen zu einem weiträumigen Ausgreifen, zum Versuch des Generalisierens und Typisierens, zur Frage nach lokal Besonderem und überregional Allgemeinem. Wenn in diesem Band neben der für die Historische Anthropologie so wichtigen mikrohistorischen Betrachtungsweise der interkulturelle Vergleich auf der Makroebene in seiner Bedeutsamkeit betont wird, so aus dieser Tradition.

In der Wiener Sozialgeschichte-Forschung hat der Weg zur Historischen Anthropologie über die Geschichte der kleinen Lebenswelten geführt, insbesondere über die Geschichte der Familie. Sie ging damit einen anderen Weg als jene Richtung der Sozialgeschichte, die sich in den achtziger Jahren zunehmend unter der Bezeichnung „Historische Sozialwissenschaft" konstituierte. Mit den politischen Verhältnissen und Entwicklungen als hauptsächlichem Explanandum der Sozialgeschichte traten dort die kleinen Lebenswelten des Alltags als Forschungsthema immer mehr zurück. Trotz solcher unterschiedlicher Entwicklungsverläufe – das hier vertretene Konzept von Historischer Anthropologie versteht sich nicht als Abgrenzung sondern als Erweiterung gegenüber der gemeinsamen theoretischen Ausgangsposition einer Begegnung von Geschichte und Sozialwissenschaften.

Die vermittelnde Funktion der Historischen Familienforschung ist für die Entwicklung historisch-anthropologischer Forschung an der Universität Wien in verschiedener Hinsicht wichtig geworden. Insbesondere gilt dies für die Bedeutung lebensgeschichtlicher Zugangsweisen. In den späten siebziger Jahren wurden hier neben den bis dahin dominanten quantifizierenden Verfahren erstmals in einem interdisziplinär konzipierten Familiengeschichte-Projekt lebensgeschichtliche Interviews eingesetzt. Von der Oral

History führte der Weg zur Sammlung und Auswertung von Zeugnissen der popularen Autobiographik. Die seit 1983 aufgebaute *„Dokumentation lebensgeschichtlicher Aufzeichnungen"* am *Institut für Wirtschafts- und Sozialgeschichte der Universität Wien* wurde zum Ausgangspunkt für viele alltagsgeschichtliche bzw. historisch-anthropologische Studien. Neben der Forschung dient diese Institution auch der Bildungsarbeit, insbesondere für Aktivitäten der Erwachsenenbildung. Die Entwicklung des lebensgeschichtlichen Ansatzes in der Erwachsenenbildung ist von hier ausgegangen. Die Verbindung von Forschung und Bildungsarbeit stellt einen Konnex zwischen Wissenschaft und ihrer Vermittlung dar, und damit zugleich einen Bezug von Historischer Anthropologie zu gesellschaftlicher Praxis. Als Mitarbeiter der *„Dokumentation lebensgeschichtlicher Aufzeichnungen",* als Herausgeber von Zeugnissen der popularen Autobiographik und aufgrund seiner Erfahrungen mit dem lebensgeschichtlichen Ansatz in der Erwachsenenbildung steht Gert Dressel einer lebensgeschichtlich orientierten und praxisbezogenen Historischen Anthropologie besonders nahe.

Der Verbindung von historisch-anthropologischer Forschung und Lehre, aus der dieses Buch entstanden ist, soll es auch in Zukunft dienen. Ein Entwurf des Buchmanuskripts wurde im Sommersemester 1996 an der Universität Wien als Grundlagenmaterial für eine Lehrveranstaltung „Paradigmenwechsel in der Geschichte?" verwendet, die aufbauend auf die „Einführung in das Studium der Geschichte" zur theoretischen Orientierung von Studienanfängern dienen soll. Aber auch in Lehrveranstaltungen für weiter Fortgeschrittene soll der Text Verwendung finden. Ab dem Wintersemester 1996/7 bietet das IFF in reduziertem Umfang als Pilotphase jenes Graduiertenkolleg „Historische Anthropologie" an, dessen ursprünglich viel weiter gefaßter Plan aus finanziellen Gründen zurückgestellt werden mußte. In der Arbeit mit Graduierten soll hier auf den aus dem Projektentwurf entstandenen Text zurückgegriffen werden. Sicherlich bieten sich auch vielfältige andere Verwendungsmöglichkeit im Rahmen des Geschichtsstudiums an, eventuell auch in Studien benachbarten Disziplinen. Die Veröffentlichung in der Reihe der Böhlau-Studienbücher wird hoffentlich dazu beitragen, auch anderwärts in sehr unterschiedlichen Typen akademischer Lehrveranstaltungen Impulse für eine historisch-anthropologische Neuorientierung zu geben.

Michael Mitterauer

1. ZUM EINSTIEG

Im Dezember 1994 wurde ich gebeten, einen theoretischen und thematischen Überblick über die Historische Anthropologie zu schreiben. Eine Arbeitsgruppe am IFF* in Wien, an deren Diskussionen ich schon seit geraumer Zeit teilgenommen hatte, bereitete ein Graduiertenkolleg „Historische Anthropologie" vor. Dafür mußte ein Konzept erstellt werden ...

Mit einigen Bauchschmerzen nahm ich das Angebot an – Bauchschmerzen, weil ich wußte, daß es nicht leicht werden würde, ein Papier zu verfassen, in dem sich alle Mitglieder der Arbeitsgruppe wiederfinden können. Historische Anthropologie ist ja ein komplexes Feld; und Einführungen, die versuchen, all das, was sich als Historische Anthropologie versteht, unter irgendeinen Hut zu bringen (und an denen ich mich hätte orientieren können), gab es nicht. Ein Mitglied der Arbeitsgruppe meinte einmal, daß Historische Anthropologie ein großes Zimmer sei; nur man komme durch verschiedene Türen in dieses Zimmer hinein (aber immerhin: *ein* Zimmer). Die Unübersichtlichkeit von Historischer Anthropologie bedeutete auch: viel, viel Literatur. Historische Anthropologie bzw. das, was man ihr zuordnen kann, ist letztlich eine fast kaum mehr überschaubare Masse an konkreten Forschungsarbeiten und theoretischen Konzeptionen.

Aus dem ursprünglichen Konzept für das Graduiertenkolleg ist ein Buch geworden. Die Schwierigkeiten (und auch

---

* Interuniversitäres Institut für interdisziplinäre Forschung und Fortbildung der Universitäten Innsbruck, Klagenfurt und Wien

die Bauchschmerzen) sind damit nicht verschwunden.
Warum habe ich das Konzept, schlußendlich sogar das
Buch, dennoch geschrieben? Mein allgemeiner Drang zu
systematisieren, zu ordnen, mir eine Übersicht über Dinge
und Menschen zu verschaffen, kann es allein nicht gewesen
sein.

Einige der thematischen und theoretischen Zugangsweisen, für die Historische Anthropologie steht, sind für
mich nicht nur in ihrer wissenschaftlichen, sondern auch
in einer persönlichen wie auch gesellschaftlichen Relevanz
mehr als nur wichtig. Die Historische Anthropologie thematisiert ja Lebensbereiche, deren massiver Wandel in den
vergangenen Jahren und Jahrzehnten augenscheinlich ist.
Sie historisiert Familie, Sexualität, Körper, Lebensphasen,
Geburt, Tod, Geschlecht usw. Mein (freilich wissenschaftlich nicht umgesetztes) Interesse für historische Körpervorstellungen etwa hat auch damit zu tun, daß Körper heute
von vielen Menschen anders erfahren und erlebt wird als
vor hundertfünfzig Jahren; und es hängt auch mit meinen
persönlichen Fragen zusammen – etwa der, was denn von
meinem Körper bzw. positiven Körpergefühl in einer zeit-
fressenden und kopflastigen wissenschaftlichen Praxis
(auch das Buchschreiben gehört dazu) noch übrig bleibt.

Ich meine auch, daß mit Hilfe der Historischen Anthropologie weitgehend starre gesellschaftliche Vorstellungen in Zweifel gezogen werden können. Solche Verunsiche-
rungen halte ich in einigen Bereichen für sehr notwendig –
zum Beispiel und vor allem was die aktuell gelebte Männlichkeit (bei allen Veränderungen) betrifft. Die Geschlechtergeschichte kann zwar nie ein konkretes Programm etwa
für die sogenannte „neue Männlichkeit" oder für die Aufhe-
bung der gesellschaftlichen Geschlechterunterschiede sein;
aber sie zeigt immerhin, daß Männlichkeit nichts Statisches
oder Naturgegebenes ist. Und Geschlechtergeschichte
(wenn auch natürlich nicht nur sie) unterstützt mich bei

meinen Versuchen, in Begegnungen mit anderen Männern
immer weniger den „Regeln" des männlichen Gegeneinan-
ders zu folgen – den Zynismen, dem aneinander Vorbeire-
den, dem Konkurrenzgehabe usw., welche eine persönliche
Nähe zwischen Männern nur schwer möglich machen.

Und damit bin ich auch schon bei der nächsten (und
an dieser Stelle letzten) historisch-anthropologischen Zugangsweise, die mich dazu motivert hat, das Konzept und
dieses Buch zu schreiben – nämlich beim genauen Blick,
mit dem viele Forschungen der Historischen Anthropologie
an ihre „Objekte" herangehen. Ich selbst habe gemeinsam
mit Katharina Novy einige Zeit einen lebensgeschichtlichen
Gesprächskreis moderiert. So wie die teilnehmenden alten
Menschen davon profitiert haben, hier ihre eigene Biographie für sich selbst noch einmal ordnen zu können, so sehr
haben auch wir in dieser Runde dazugelernt – gelernt, mehr
hinzuhören, jede einzelne Lebensgeschichte ernst zu nehmen, nicht vorschnell Menschen zu beurteilen oder gar
abzuurteilen, sondern eine Einfühlung zu versuchen, die
auch eigene Irritationen mit einschließt. So konnten wir
eine teilnehmende *ehemalige* Nationalsozialistin mehr und
mehr respektieren, sie bei ihrem selbstgewählten und stei-
nigen, aber wichtigen Weg der Aufarbeitung ihrer Verstrik-
kungen im „Dritten Reich" unterstützen – ohne dabei das
Ohr und das Auge für jene Teilnehmerinnen zu verlieren,
die als politisch und rassistisch Verfolgte den NS-Staat erfahren mußten.

Meines Erachtens findet ein solches Hinhören und
Hinschauen in vielen Bereichen unserer heutigen Gesellschaft zu wenig statt – gerade im zwischenmenschlichen
Umgang, ob privat oder beruflich. Die Zeit ist meist knapp;
oft werden Entscheidungen schnell gefällt, zu schnell gefällt und damit auch Urteile über Dinge und Menschen. Nur
allzu flott werden eigene vertraute Schubladen aufgezogen,
um die Welt, mit der man konfrontiert ist, in sie hineinzu-

stecken. Es ist die Intensität und die Wärme, die ich generell im zwischenmenschlichen Umgang – auch in der Wissenschaft – so häufig vermisse. Ein Mehr an Hinhören und
Hinschauen ist für mich *ein* Mittel, dieser Kälte zu begegnen.

Vielen Menschen habe ich zu danken, die mir inhaltlich
weitergeholfen haben, und die mir zum Teil immer wieder
Mut zugesprochen haben, das Buchvorhaben zu beginnen
und schließlich zu einem (vorläufigen) Ende zu führen.
Zunächst möchte ich der Arbeitsgruppe am IFF meinen
Dank aussprechen, vor allem jenen Mitgliedern, die mir in
Vieraugengesprächen ihr Wissen zur Verfügung gestellt haben: Karl Brunner, Erhard Chvojka, Peter Heintel, Karl Kaser, Konrad Köstlin, Norbert Ortmayr, Reinhard Sieder und
Verena Winiwarter. Besonders herzlich danken möchte ich
den beiden Hauptverantwortlichen des Programmbereichs
„Historische Anthropologie" am IFF, Michael Mitterauer
und Gerhard Strohmeier. Über die vielen vielen Informationen, die sie mir gegeben haben, hinaus, haben sie mich
generell tatkräftig bei der Arbeit zu diesem Buch unterstützt. Einen Dank auch an Gabi Schuster: Die Zusammenarbeit mit ihr zur Vorbereitung des Kollegantrags war von
einer freundschaftlichen Nähe getragen, die mir für eine
intensive Teamarbeit wichtig ist. Einen ganz herzlichen
Dank an Katharina Novy: Nicht nur unsere Diskussionen
um Historische Anthropologie, sondern alle Arbeit, die uns
verbunden hat und weiterhin verbindet, sind für mich ganz
etwas Besonderes und sehr Persönliches; ich hoffe auf eine
Fortsetzung in der Zukunft. Neben der IFF-Arbeitsgruppe
möchte ich mich bei Sándor Békési, Barbara Faustenhammer, Liane Hanifl, Herbert Posch wie auch bei meinem
Vater bedanken; sie haben mir wichtige Informationen gegeben, Teile des Buchmanuskripts kritisch durchgeschaut
oder haben mich moralisch unterstützt. Einen besonderen

Dank möchte ich Günter Müller aussprechen; er hat nicht
nur die erste Fassung des Manuskripts mit wichtigen Anmerkungen versehen und mir wichtige Tips gegeben; er hat
mich als seinen (einzigen ebenfalls angestellten) Kollegen
an der *„Dokumentation lebensgeschichtlicher Aufzeichnungen"* so unterstützt, daß ich mich mit einem relativ
guten Gewissen dem Buchschreiben widmen konnte, obwohl damit für ihn ein Mehr an Arbeit angefallen ist. Last
but not least auch noch einen ganz lieben Dank an Lisette
Rosenthal – für die gemeinsamen Entdeckungsreisen in
Wissenschaft und Kunst, in das Ich und in das Andere, für
das gemeinsame genaue Hinhören, für all die Fragen und
für vieles mehr in den vergangenen Monaten; was aus all
dem in das Buch eingeflossen ist, vermag ich jetzt noch gar
nicht abzuschätzen.

* * * * *

Seit einigen Jahren sind HistorikerInnen und VertreterInnen
anderer Geistes- und Sozialwissenschaften in einem For-
schungs- und Lehrzusammenhang aktiv, der sich „Historische Anthropologie" nennt. So existiert bereits seit 1975 in
Freiburg im Breisgau das *Institut für Historische Anthropologie*[1]. Dessen Leiter, der Althistoriker Jochen MARTIN,
zeichnet mitverantwortlich für einen neuen Studiengang
„Historische Anthropologie", der im Wintersemester
1995/96 an der dortigen Universität gestartet worden ist.
An der Freien Universität Berlin wiederum hat sich ein
„Interdisziplinäres Zentrum für Historische Anthropologie"
etabliert, dem u. a. Philosophen, Historiker und Pädagogen
angehören. Dieses Zentrum gibt eine mittlerweile fast dreißig Bände umfassende Buchreihe *„Historische Anthropologie"* sowie die Zeitschrift *„Paragrana. Internationale Zeit-*

---

1 Jochen Martin: Das Institut für Historische Anthropologie. In: Saeculum. Jahrbuch für Universalgeschichte, Bd. 33, 1982, S. 375–380.

schrift für Historische Anthropologie" heraus. Eine weitere
Zeitschrift erscheint seit 1993 – *„Historische Anthropologie. Kultur Gesellschaft Alltag"*. Das Team der Herausgeber-
Innen setzt sich vorwiegend aus HistorikerInnen und VolkskundlerInnen aus dem gesamten deutschsprachigen Raum
zusammen. Einer der geschäftsführenden Herausgeber, der
Wiener Sozialhistoriker Michael MITTERAUER, ist Leiter des
Programmbereichs „Historische Anthropologie" am *Inter-
universitären Institut für interdisziplinäre Forschung und
Fortbildung* in Wien, in dessen Rahmen für die kommenden Jahre ein Graduiertenkolleg „Historische Anthropologie" vorbereitet wird. Und ein letztes Beispiel: In Wien ist
zudem ein *Ludwig-Boltzmann-Institut* (das österreichische
Pendant zu den deutschen Max-Planck-Instituten) *für Historische Anthropologie* im Aufbau.

Reinhard SIEDER hat kürzlich in einem Aufsatz gemeint, daß
die Historische Anthropologie *„kein klar abgrenzbares wissenschaftliches Feld im Sinne einer Disziplin oder Teildis-
ziplin der Geschichtswissenschaften (ist)."* [2] Was ist sie
dann?

   Definitionen für Historische Anthropologie liegen bereits seit Ende der sechziger Jahre vor, als der Historiker

---

2   Reinhard Sieder: Sozialgeschichte auf dem Weg zu einer historischen
    Kulturwissenschaft? S. 456. In: Geschichte und Gesellschaft 20 (1994),
    S. 445–468. Ähnlich äußern sich: Wolf Lepenies: Probleme einer Histo-
    rischen Anthropologie, S. 138. In: Reinhard Rürup (Hg.): Historische
    Sozialwissenschaft. Beiträge zur Einführung in die Forschungspraxis,
    Göttingen 1975, S. 126–159. Richard van Dülmen: Fragmentarisierung
    unseres Geschichtsbildes oder die Geschichtswissenschaft auf neuen
    Wegen. In: magazin forschung der Universität des Saarlandes, Nr. 1,
    1995, S. 46–49. Michael Mitterauer: Historische Anthropologie. Ein
    Paradigmenwechsel. In: Oto Luthar u. a.: Pot na grmado. Historicni
    seminar 4, Ljubljana 1994, S. 57–70.
3   Thomas Nipperdey: Bemerkungen zum Problem einer historischen An-
    thropologie. In: Ernst Oldemeyer (Hg.): Die Philosophie und die Wis-
    senschaften. Festschrift für Simon Moser, Meisenheim 1967, S. 350–

Thomas Nipperdey erstmals ein Plädoyer für eine Anthropologisierung der Geschichte gehalten hat[3]. Die Definitionen wirken auf den ersten Blick freilich sehr verschieden –
eine kleine Auswahl:

Nipperdey selbst hat zum Gegenstandsbereich der Historischen Anthropologie geschrieben:

„Wenn man das ‚Gebiet' der Geschichtswissenschaft als das Handeln und Leiden der Menschen in den von ihnen geschaffenen
sozialen Gebilden, sofern und soweit dadurch Veränderungen in
diesen Gebilden bewirkt werden, beschreibt, so gehört das, was
anthropologisch erfragt wird, zu den Voraussetzungen oder zur
Struktur jenes Handelns und Leidens."[4]

Der Soziologe Wolf Lepenies möchte Historische Anthropologie

„als den Versuch (verstanden wissen), historische Veränderungen
im Makromaßstab, etwa Epochenschwelle, auf die mögliche Veränderung elementarer Verhaltensweisen, die gleichermaßen das
Substrat solcher Veränderungen bilden, zu untersuchen."[5]

Im Mittelpunkt des Interesses des Freiburger *Instituts für
Historische Anthropologie* stehen die

„Grundbefindlichkeiten des Menschen" und deren Wandel, z. B.
die differierende Wahrnehmung von Menschen als Fremde. „Wie
Fremde wahrgenommen werden, ist also ein beständiges Problem,

---

370. Ders.: Kulturgeschichte, Sozialgeschichte, historische Anthropologie. In: Vierteljahresschrift für Sozial- und Wirtschaftsgeschichte 65
(1968), S. 145–164. Ders.: Die anthropologische Dimension der Geschichtswissenschaft. In: Ders.: Gesellschaft, Kultur, Theorie. Gesammelte Aufsätze zur neueren Geschichte, Göttingen 1976, S. 33–58.
4   Nipperdey: Anthropologische Dimensionen (wie Anm. 3), S. 37.
5   Lepenies: Probleme einer Historischen Anthropologie (wie Anm. 2),
S. 131. Ähnlich auch: Detlev Peukert: Neuere Alltagsgeschichte und
Historische Anthropologie. In: Hans Süssmuth (Hg.): Historische Anthropologie. Der Mensch in der Geschichte, Göttingen 1984, S. 57–72.

aber es zeigt sich als beständiges nur in seinem Wandel. Es gibt keine für die Formulierung des Problems gültige Strukturen, die es erlaubten, die jeweiligen historischen Erscheinungsformen vorherzusagen."[6]

Der Historiker Otto Gerhard OEXLE stellt die Historische Anthropologie in seiner Definition in den Zusammenhang mit zwei anderen Zugangsweisen bzw. Disziplinen:

„Die naturwissenschaftliche Ethologie erforscht die Konstanten tierlichen und menschlichen Verhaltens, die Historische Anthropologie die natürlich vorgegebenen Möglichkeiten menschlichen Verhaltens, insofern sie sich in kulturell und geschichtlich unterschiedlichen Formen verwirklichen, und die Sozialgeschichte befaßt sich mit den Formen sozialen Verhaltens in den historisch erschließbaren Epochen der okzidentalen Kultur und ihrer Nachbarkulturen."[7]

Für Edwin DILLMANN, ebenfalls Historiker, interessiert sich die Historische Anthropologie

für das Subjekt und die Subjektivität, also für menschliche Wahrnehmungen, Befindlichkeiten und Einstellungen sowie für die „sozial-kulturelle Praxis (...), das auf Daseinsvorsorge und soziale Beziehungen gerichtete Handeln und Sichverhalten der historisch spezifizierten Subjekte in den Bahnen gesellschaftlicher und kultursymbolischer Gegebenheiten."[8]

---

6   Jochen Martin: Der Wandel des Beständigen. Überlegungen zu einer historischen Anthropologie, S. 36 bzw. 43. In: Freiburger Universitätsblätter, Heft 126, Dezember 1994, S. 35–46. Siehe auch: Otto Köhler: Versuch einer „Historischen Anthropologie". In: Saeculum. Jahrbuch für Universalgeschichte, Bd. 25, 1974, S. 129–250. Rolf Sprandel: Historische Anthropologie. Zugänge zum Forschungsstand. In: Saeculum. Jahrbuch für Universalgeschichte, Bd. 27, 1976, S. 121–142.

7   Otto Gerhard Oexle: Gruppenbindung und Gruppenverhalten bei Menschen und Tieren. Beobachtungen zur Geschichte der mittelalterlichen Gilden, S. 40. In: Saeculum. Jahrbuch für Universalgeschichte, Bd. 36, 1985, S. 28–45.

8   Edwin Dillmann: „Menschenfresser", „Fährtenleser" ... Historisch-anthropologische Forschung und eine neue Zeitschrift, S. 11. In: magazin forschung der Universität des Saarlandes, Nr. 2, 1994, S. 11–17.

Das Editorial der ersten Ausgabe der Zeitschrift „*Historische Anthropologie*" schließlich zählt – zusammengefaßt –
folgende Prinzipien zu den Grundlagen der Historischen
Anthropologie:

die vermehrte Aufmerksamkeit für kleine überschaubare For-
schungsgegenstände (beispielsweise für ein Dorf), das Interesse
für den historischen und kulturellen Wandel von menschlichen
Grundbefindlichkeiten, wie etwa Zeugung, Geburt und Tod; die
Absage an ethnozentristische Zugänge und eine interdisziplinäre
Zusammenarbeit[9].

Für die einen also fragt Historische Anthropologie nach den
Voraussetzungen bzw. „*natürlich vorgegebenen Möglichkeiten*" für menschliches Handeln in der Geschichte, für die
anderen nach dem Handeln selbst. Analysiert Historische
Anthropologie einmal die „*historischen Veränderungen im
Makromaßstab*", so bevorzugt sie in einer anderen Definition den mikroskopischen Blick. Schon 1975, als von einer
Historischen Anthropologie noch kaum die Rede war, kon-
statierte Wolf LEPENIES, daß „*sich stark divergierende Ansätze einer ‚Historischen Anthropologie' zurechnen.*"[10]

Paßt das alles zusammen? Ich denke ja. So vielfältig die
Definitionen auch sind – im Mittelpunkt steht jeweils DER
MENSCH in der Geschichte – seine Handlungen, seine Leiden, seine Wahrnehmungen, seine Verhaltensweisen, seine
Grundbefindlichkeiten (u. a. Sexualität, Tod, Geburt, Kindheit, Raum, Zeit) usw.
    Dieses Buch ist ein Versuch, ein erster Versuch, Histo-
rische Anthropologie zu ordnen. Was wird geordnet? – Wegen der Fülle der Literatur vorwiegend Arbeiten, die auf

---

9 Editorial. In: Historische Anthropologie 1 (1993), S. 1–3.
10 Wolf Lepenies: Probleme einer Historischen Anthropologie (wie Anm.
    2), S. 126.

deutsch im Original oder übersetzt erschienen sind. Dabei berücksichtige ich natürlich die Literatur, die sich selbst als Historische Anthropologie versteht, dann aber auch solche Arbeiten, die nicht unter der Bezeichnung „Historische Anthropologie" DEN MENSCHEN historisch zum Thema gemacht haben; einige dieser Forschungen sind als „Alltagsgeschichte" erschienen, andere als „Historische Kulturforschung", wieder andere als „Mentalitätsgeschichte" usw. Daß ich diese unter die Historische Anthropologie reihe, mag bei manchen auf Unmut stoßen. Ich möchte diese Arbeiten nicht für die Historische Anthropologie okkupieren, sondern lediglich die Literatur, die DEN MENSCHEN in der Geschichte erforscht in einen thematischen und theoretischen Zusammenhang stellen. Ich denke, daß dies gerade für ein Einführungsbuch, das in erster Linie für Studierende gedacht ist, sinnvoll und legitim ist.

Mittlerweile bin ich auch der Auffassung, daß die Bezeichnung dieses Zusammenhangs als „Historische Anthropologie" einen Sinn ergibt. Die Bezüge zu anderen anthropologischen Wissenschaften wie auch die (damit zusammenhängenden) spezifischen Fragestellungen, Zugangsweisen und theoretischen Modelle, machen das „Anthropologische" dieser Forschungen aus. Auch das wird auf den kommenden Seiten erläutert werden.

Das Buch versteht sich aber nicht als Versuch, eine eindeutige Definition von dem zu geben, was Historische Anthropologie ist. Es wird vielmehr ein thematischer und theoretischer Rahmen erstellt, der so eng gefaßt ist, daß nicht gleich alle Geschichtsforschung schon Historische Anthropologie sein kann, der aber gleichzeitig so weit gesteckt ist, daß verschiedenste Zugangsweisen ihren Platz finden.

Wegen dieser Offenheit, die meines Erachtens die Historische Anthropologie kennzeichnet bzw. kennzeichnen sollte, verzichte ich (abgesehen von einigen wenigen allge-

meinen Bemerkungen) auch auf ein Nachwort, das in kurz-
gefaßten Punkten und Unterpunkten die Historische Anthropologie auf ganz bestimmte Inhalte, Methoden, Interpretationsverfahren usw. festnagelt. Vielmehr ist der letzte
Abschnitt ein Versuch für sich, ein lediglich angedachter
freilich. Er soll die LeserInnen sensibilisieren – sensibilisieren dafür, daß alle Wissenschaft aber gerade die Historische Anthropologie nicht als ausschließlich wissenschaftsinterne Angelegenheiten zu verstehen ist. Daß HistorikerInnen, EthnologInnen, VolkskundlerInnen, JaponologInnen,
SinologInnen, SoziologInnen usw. sich seit einigen Jahren
verstärkt mit DEM MENSCHEN in Vergangenheit und Gegenwart befassen, hat natürlich etwas mit gesellschaftlichen
Veränderungsprozessen zu tun, die bestimmte Fragen und
Probleme aufgeworfen haben. Historische Anthropologie ist
Teil und Reaktion dieses gesellschaftlichen Wandels. Ich
möchte Historische Anthropologie aber auch als etwas begreifen, das auf die Gesellschaft nicht nur zurückwirken
kann, sondern geradezu sollte. Wissenschaft heißt immer
auch: Wissen schaffen – und das sollte nicht nur für die
Wissenschaft selbst, sondern auch für die Gesellschaft insgesamt passieren. Gerade Historische Anthropologie bietet
sowohl mit dem WAS (Themen) als auch mit dem WIE
(Zugangsweisen) ihrer Arbeiten Orientierungshilfen für
verschiedenste gesellschaftliche Ebenen an.

Wie alle Bücher so ist natürlich auch dieses Buch von der
Person geprägt, die es geschrieben hat. Ich habe aber versucht (um noch einmal auf das Bild von zuvor zurückzukommen), nicht nur meine Eingangstür zum Zimmer „Historische Anthropologie" zu öffnen, sondern auch alle anderen, um damit Historische Anthropologie als Ganzes in
den Blick zu bekommen und vorzustellen. Ich wünsche
mir, daß jene LeserInnen, die die Akzente anders setzen
würden oder mögliche Ergänzungsvorschläge vorzubringen

haben, dies auch kundtun (vielleicht gleich ans IFF?[11]).
Eine solche Kritik könnte für eine etwaige spätere Überar-
beitung der Einführung berücksichtigt werden. Damit würde das Projekt Historische Anthropologie auch insgesamt
die Offenheit und Dynamik behalten, die es auszeichnen.

Wien, im Juli 1996   *Gert Dressel*

---

11 Anschrift des IFF-Programmbereichs „Historische Anthropologie":
   Westbahnstraße 40/6, A-1070 Wien.

2. ANTHROPOLOGIEN

Die französische historische Zeitschrift „*Annales d'histoire économique et sociale*"[1] pflegt seit ihrer Gründung im Jahre 1929 einen interdisziplinären Dialog. Die erste Generation der Zeitschrift stand vor allem mit Geographen und Soziologen in Kontakt. Jüngst hat Jacques LE GOFF, zur Zeit der Doyen der „*Annales*", gemeint, daß mittlerweile die Anthropologie zur „*privilegierten Gesprächspartnerin*" geworden sei[2]. Diese Aussage mag zunächst überraschen.

Anthropologie ist – kurz gesagt – die Wissenschaft vom Menschen. Wenn man mit Alfred HEUSS es als die Aufgabe der Anthropologie betrachtet, „*sich derjenigen menschlichen Bestimmungen zu versichern, welche dem Menschen ohne Rücksicht auf Zeit und Ort zukommt*"[3], dann schließen sich Geschichte und Anthropologie gewissermaßen aus; denn Geschichtswissenschaft erforscht per se den historischen Wandel menschlicher Existenz, die Anthropologie dagegen, laut Heuss, die menschlichen – anthropologischen – Konstanten. Verhalten sich also Geschichte und Anthropologie zueinander wie ein unauflösli-

---

1 1939 wurde die „*Annales*", wie die Zeitschrift in der Geschichtswissenschaft kurz und ehrfürchtig bezeichnet wird, in „*Annales d'histoire sociale*", nach 1945 in „*Annales (Economies, Sociétés, Civilisations)*" umbenannt; ab 1994 trägt sie den Untertitel „*Histoires Sciences Sociales*".

2 Jacques Le Goff: Neue Geschichtswissenschaft, S. 38f. bzw. 48f. In: Ders. / Roger Chartier / Jacques Revel (Hg.): Die Rückeroberung des historischen Denkens. Grundlagen der Neuen Geschichtswissenschaft, Frankfurt a. M. 1994, S. 11–61.

3 Alfred Heuss: Zum Problem einer geschichtlichen Anthropologie, S. 151. In: Hans-Georg Gadamer / Paul Vogler (Hg.): Neue Anthropologie, Bd. 4: Kulturanthropologie, Stuttgart 1973.

cher Gegensatz? So unberechtigt ist diese Annahme auf den
ersten Blick nicht, wenn man sich die Forschungspraxis
traditioneller Anthropologien vor Augen führt.

Den meisten der traditionellen Anthropologien ist gemeinsam, daß sie versuchen (bzw. versuchten), Aussagen
über *den* Menschen schlechthin zu treffen; sie sind, wie
Jochen MARTIN gemeint hat, systematische Anthropologien[4]. Einige dieser systematischen Anthropologien unter-
teilen nach Kriterien ihrer je spezifischen Zugangsweisen
die Menschheit in Subgruppen – beispielsweise „Rassen"
oder Kulturformen; andere versuchen menschliche –
sprich: anthropologische – Grundstrukturen und invariable
Gesetze, die für alle Individuen, soziale Gruppen, Kulturen
und Gesellschaften zu allen Zeiten gelten, ausfindig zu machen; wieder andere bemühen sich, den Menschen als Kulturwesen vom Bereich der Natur, insbesondere von der
Tierwelt, abzugrenzen, indem sie ihm ein spezifisches Wesen zuschreiben.

2.1. Biologische Anthropologien

Unter Anthropologie verstand man im deutschsprachigen
Raum lange Jahrzehnte fast ausschließlich eine biologisch
orientierte Wissenschaft. Noch im dtv-Brockhaus-Lexikon
von 1988 findet sich die Definition: *"Nach kontinentaleu-
rop. Sprachgebrauch ist A. die Naturwissenschaft, die den
Menschen als biolog. Organismus behandelt."*[5] Auch heute
noch sind an deutschen Universitäten die Lehrstühle für
Anthropologie den naturwissenschaftlichen Fakultäten zu-

---

4   Jochen Martin: Der Wandel des Beständigen. Überlegungen zu einer
    historischen Anthropologie, S. 37. In: Freiburger Universitätsblätter,
    Heft 126, Dezember 1994, S. 35–46.
5   dtv-Brockhaus-Lexikon, Bd. 1, München 1988, S. 212.

geordnet; die Lehrstuhlinhaber sind fast nur ausgebildete
Biologen[6]. Das Funkkolleg, eine jährlich stattfindende groß-
angelegte Bildungsveranstaltung von ARD-Hörfunksen-
dern, hatte 1992/93 als Überthema „Der Mensch – Anthropologie heute"; die AutorInnen der einzelnen Studieneinheiten rekrutierten sich fast ausschließlich aus biologisch
orientierten Disziplinen[7].

Von der zweiten Hälfte des vergangenen bis in die sechziger
Jahre unseres Jahrhunderts war die biologisch ausgerichtete
Anthropologie bemüht, Menschen aus unterschiedlichem
Milieu und aus verschiedenen geographischen Räumen zu
vermessen und zu kategorisieren: Die Hautfarbe, die Schä-
del- und Nasenform, die Körpergröße, später auch die Blut-
gruppen waren Kriterien, um den homo sapiens in verschiedene Rassen oder andere Gruppen, deren Mitglieder
jeweils gleiche physiologische Merkmale aufweisen, zu un-
terteilen[8]. Die Rassensystematisierungen von Egon von
EICKSTEDT etwa, in den dreißiger Jahren erstellt, schienen
auch noch vierzig Jahre später in anthropologischen Stand-
ardwerken und Lexika auf[9]. Andere Anthropologen konstruierten sogenannte „biologische Sozialtypen", die vorwiegend zwischen unterschiedlichen sozialen Milieus in-

---

6 Siehe dazu: Gerhard Koch: Die Gesellschaft für Konstitutionsfor-
   schung. Anfang und Ende 1942–1965. Die Institute für Anthropologie,
   Rassenbiologie, Humangenetik an den deutschen Hochschulen. Die
   Rassenpolitischen Ämter der Jahre 1933–1945, Erlangen 1985.
7 Deutsches Institut für Fernstudien an der Universität Tübingen (DIFF)
   (Hg.): Funkkolleg. Der Mensch. Anthropologie heute, 30 Studieneinheiten, Tübingen 1992/93.
8 Peter Weingart / Jürgen Kroll / Kurt Bayertz: Rasse, Blut und Gene.
   Geschichte der Eugenik und Rassenhygiene in Deutschland; Frankfurt
   a. M. 1988, S. 359.
9 Siehe z. B.: Gerhard Heberer / Ilse Schwidetzky / Herbert Walter (Hg.):
   Fischer Lexikon Anthropologie. Neuausgabe, Frankfurt a. M. 1970,
   S. 192–207.

nerhalb der eigenen Gesellschaft eben biologisch differen-
zierten.[10] Solche Systematisierungen waren immer aufs
engste mit vererbungstheoretischen Annahmen verknüpft.
Das ließ „Rassen" und „Sozialtypen" als invariable und
zeitlose Kennzeichen menschlicher Existenz erscheinen.

Die diversen biologisch-anthropologischen Systematisierungen waren nie wertneutral; von angenommenen
gemeinsamen körperlichen Merkmalen wurde oft auf gemeinsame charakterliche Eigenschaften geschlossen. Viele
Rassen- und Sozialtypenschemata waren rassistische Hier-
archisierungen, die zwischen höherwertigen und minder-
wertigen Rassen und Typen unterschieden. Sie enthielten
immer, direkt oder indirekt, bevölkerungspolitische Strategien zum „Schutz" der eigenen „Rasse" oder des eigenes
„Volks". Nicht zufällig waren viele deutsche und österreichische Anthropologen in die rassistische und eugenische
Zwangssterilisations- und Tötungspolitik des nationalsozialistischen Staates verstrickt[11]. Allerdings: Der Zusammenhang zwischen körperlichen Merkmalen und psychischen
und geistigen Eigenschaften, beispielsweise zwischen
Hautfarbe oder sozialem Milieu auf der einen Seite und
Intelligenzquotient auf der anderen Seite, konnte nie auch
nur annähernd plausibel begründet werden. Schließlich

---

10 Siehe dazu: Ludger Weß: Hans Wilhelm Jürgens, ein Repräsentant bun-
    desdeutscher Bevölkerungswissenschaft. In: Heidrun Kaupen-Haas
    (Hg.): Der Griff nach der Bevölkerung. Aktualität und Kontinuität nazi-
    stischer Bevölkerungspolitik, Nördlingen 1986, S. 121–145.
11 Siehe dazu z. B.: Weingart / Kroll / Bayertz: Rasse, Blut und Gene (wie
    Anm. 8). Michael Pollak: Rassenwahn und Wissenschaft. Anthropolo-
    gie, Biologie, Justiz und die nationalsozialistische Bevölkerungspolitik,
    Frankfurt a. M. 1990. Zu beachten sind auch Bücher, in denen Anthro-
    pologen die nationalsozialistische und rassistische Vergangenheit ihrer
    Disziplin aufarbeiten: Benno Müller-Hill: Tödliche Wissenschaft. Die
    Aussonderung von Juden, Zigeunern und Geisteskranken 1933–1945,
    Reinbek bei Hamburg 1984. Horst Seidler / Andreas Rett: Rassenhygie-
    ne. Ein Weg in den Nationalsozialismus, Wien / München 1988.

und nicht zufällig wurden Daten gefälscht, um eine angeborene geringere Intelligenz von Amerikanern schwarzer Hautfarbe „beweisen" zu können[12].

Um keine Mißverständnisse aufkommen zu lassen: Die deutschsprachige biologische Anthropologie hat sich heute weitgehend von einer solchen Rassenanthropologie abgewendet[13]. Einige Anthropologen führen vielmehr das rassistische Programm vieler früherer Rassenanthropologen ad absurdum – zum Beispiel mit Hilfe neuerer vererbungswissenschaftlicher Studien, in denen die biochemischen Merkmale (DNA, Enzyme usw.) bei einer großen Zahl von menschlichen Populationen analysiert worden sind. So hat zum Beispiel Ullrich KATTMANN darauf hingewiesen, daß *„(b)ei den meisten anthropologisch untersuchten Merkmalen (...) die durchschnittlichen Unterschiede zwischen rassisch verschiedenen Bevölkerungen jeweils geringer (sind) als diejenigen innerhalb der Populationen."*[14]

---

12 Siehe z. B.: Ullrich Kattmann: Biologische Unterwanderung? Genetik als Rechtfertigung völkischer Ideologie, S. 22. In: Horst Seidler / Alois Soritsch (Hg.): Rassen und Minderheiten, Wien 1983, S. 21–34. Heinz-Georg Marten: Sozialbiologismus. Biologische Grundpositionen der politischen Ideengeschichte, Frankfurt a. M. / New York 1983, S. 197–209. Stephen Jay Gould: Der falsch vermessene Mensch, Basel / Boston / Stuttgart 1983, S. 301–327. Richard C. Lewontin / Steven Rose / Leon J. Kamin: Die Gene sind es nicht ... Biologie, Ideologie und menschliche Natur, München / Weinheim 1988, S. 80–85.

13 Einer der wenigen biologisch orientierten Anthropologen, die auch heute noch menschliche Kollektive biologisch voneinander unterscheiden, ist beispielsweise der Verhaltensforscher Irenäus Eibl-Eibesfeldt, der einzelne Völker, z. B. Türken und Deutsche, als biologische Einheiten begreift. Irenäus Eibl-Eibesfeldt: Der Mensch – das riskierte Wesen. Zur Naturgeschichte menschlicher Unvernunft, München 1988, bes. S. 187 bzw. 197.

14 Kattmann: Biologische Unterwanderung? (wie Anm. 12), S. 25. Siehe auch: Georgios Tsiakalos: Interkulturelle Beziehungen: Steht ihnen die „Natur" entgegen? S. 51. In: Andreas Foitzik u. a. (Hg.): „Ein Herrenvolk von Untertanen". Rassismus – Nationalismus – Sexismus, Duisburg 1992, S. 35–56.

Geblieben ist der heutigen biologischen Anthropologie, daß
sie sich eng an der Genetik und, in Verbindung damit, am
Evolutions- und Selektionsmodell von Charles DARWIN
orientiert. Der Mensch als Ganzes wird in den Bedingungen, die ihm gesetzt werden, als Teil der Natur, vor allem
als Produkt einer langen evolutionsbiologischen bzw. stam-
mesgeschichtlichen Entwicklung begriffen. Im Zentrum der
biologisch-anthropologischen Tätigkeit steht nicht nur die
Erforschung biologischer Dispositionen für das Verhalten
des Menschen, wie es sich die Vergleichende Verhaltensforschung bzw. Ethologie, für die Konrad LORENZ oder Irenäus
EIBL-EIBESFELDT stehen, zur Aufgabe gemacht hat. Darüber
hinaus fragt sie nach etwaigen evolutionsbiologischen
Grundlagen für konstante, also zeit- und ortsungebunde
Problemstellungen des Menschen – etwa für die die Gestaltung der Geschlechterverhältnisse, die Organisation von
Herrschaft oder die Einstellung gegenüber Krankheit und
Tod[15]. Gerade jene biologisch-anthropologische Richtung,
die sich Soziobiologie nennt, widmet sich dieser Aufgabe.
Letztlich suchen sowohl Ethologie als auch Soziobiologie,
bei allen Auffassungsunterschieden im Detail[16], nach
Grundprinzipien bzw. -gesetzen, die sich nicht nur auf die
menschliche Existenz sondern auf das organische Leben
insgesamt beziehen.

---

15 Als ersten Überblick dazu siehe die Studieneinheiten des bereits zuvor
   angesprochene Funkkolleg „Der Mensch. Anthropologie heute", das
   von den führenden biologisch orientierten Anthropologen in der BRD,
   wie bspw. Christian Vogel und Wulf Schiefenhövel, gestaltet worden
   ist. Weiters: Heinrich Meier (Hg.): Die Herausforderung der Evolutionsbiologie, München 1988.
16 Siehe dazu z. B.: Franz M. Wuketits: Gene, Kultur und Moral. Soziobiologie – pro und contra, Darmstadt 1990. Ders.: Verdammt zur Un-
   moral? Zur Naturgeschichte von Gut und Böse, München 1993, bes.
   S. 156–176. Eike-Meinrad Winkler: „We are just modelling?" Zur Bedeutung der Soziobiologie für die Anthropologie. In: Hubert-Christian
   Ehalt (Hg.): Zwischen Natur und Kultur. Zur Kritik biologistischer
   Ansätze, Wien / Köln / Graz 1985, S. 43–61.

Vererbungswissenschaftliche Ergebnisse wie auch die Evolutions- und Selektionstheorie Darwins sind das theoretische Gerüst, mit dessen Hilfe Soziobiologen ihre Beobachtungen bei Tieren und Menschen interpretieren. Um kurz das von Charles DARWIN 1859 erstmals veröffentlichte Evolutions- und Selektionsmodell an einem banalen Beispiel zu erläutern: Wenn beispielsweise eine bestimmte Bärenart aufgrund eines Nahrungsmittelmangels gezwungen ist, in eine andere und kältere Region zu ziehen, dann haben jene Bären die besseren Überlebenschancen, die das dickere Fell besitzen. Diese Bären mit dem dickeren Fell vermehren sich daher auch mehr als jene mit einem dünneren Fell. Das heißt: Es setzen sich diejenigen Lebewesen am meisten fort, die sich der Umwelt am besten angepaßt haben.

Dieses Evolutions- und Selektionsprinzip wird von der Soziobiologie auf die Ebene des genetischen Materials des Menschen verlagert und als ein *„biogenetischer Imperativ"* verstanden; in letzter Konsequenz würden sich zentrale menschlichen Verhaltensweisen, Handlungsmuster, Organisationsformen usw. darin gründen, daß die Gene eines jeden Individuums dahingehend programmiert seien, den größtmöglichen Fortpflanzungserfolg für sich selbst zu erzielen. Richard DAWKINS, Pionier der Soziobiologie, spricht in seinem Buch *„Das egoistische Gen"* bezeichnenderweise von dem einzelnen Menschen als einer von seinen *„eigennützigen Genen blind programmierte(n) Maschine"*[17]. Die sich im Verlauf der organischen und auch kulturellen Evolution herauskristallisierten menschlichen Verhaltens-, Handlungs- und Organisationsformen wären demnach jene genetisch begründeten Strategien, die sich über viele Generationen hinweg im Kampf um den Reproduktionserfolg

---

17 Richard Dawkins: Das egoistische Gen, Berlin / Heidelberg / New York 1978, S. 165.

mit anderen Individuen (bzw. deren Genen) als die besten erwiesen hätten[18]. Diese sehr abstrakt gedachte konstante und universelle Grundstruktur des Menschen und aller anderen Lebewesen würde im Konkreten seine Entsprechung finden. Das heißt: Grundsätzliche menschliche Problemstellungen (wie etwa *„Mann und Frau"*, *„Arbeit"* und *„Ökonomie"*, *„Mythos, Religion, Ekstase"*, *„Kind und Eltern"*, *„fremd und vertraut"*[19]) seien ebenfalls über allgemeine und invariable Prinzipien determiniert, die sich auf den „Imperativ" des genetischen Konkurrenzrennens zurückführen lassen würden. Zum Beispiel: „Der Mann" neige grundsätzlich zu einer Promiskuität, „die Frau" sei dagegen tendenziell monogam orientiert – allein schon wegen der unterschiedlichen sexualbiologischen Beschaffenheit der Geschlechter. Männer könnten schier unendlich viele Kinder zeugen, während Frauen nur eine bestimmte Anzahl an Säuglingen gebären könnten; zur Aufzucht der Kinder benötigten sie zudem einen verläßlichen Mann, damit das Überleben der eigenen Kinder und so eben auch das Weiterleben der eigenen Gene gesichert wäre[20].

---

18 Richard D. Alexander: Über die Interessen der Menschen und die Evolution von Lebensabläufen, S. 136. In: Heinrich Meier (Hg.): Die Herausforderung der Evolutionsbiologie, München / Zürich 1988, S. 129–171. Peter Wirtz: Ansätze der Soziobiologie zum Verständnis der Evolution. Beispiele zur sexuellen Selektion und elterlicher Investition. In: Biologie in unserer Zeit 21 (1991), Heft 4, S. 189–195.

19 Deutsches Institut für Fernstudien: Funkkolleg (wie Anm. 7)

20 Siehe z. B.: Christian Vogel / Volker Sommer: Drum prüfe, wer sich ewig bindet ... Mann und Frau. In: Deutsches Institut für Fernstudien an der Universität Tübingen (DIFF) (Hg.): Funkkolleg. Der Mensch. Anthropologie heute, Studieneinheit 8, Tübingen 1992.

2.2 Philosophische Anthropologie

Peter KOSLOWSKI definiert die Aufgabe der Philosophie als den „*Versuch, eine Theorie der Gesamtwirklichkeit zu schaffen. Die Gesamtwirklichkeit wird durch das geprägt, was vom Menschen abhängt, und durch das, was nicht von ihm abhängt.*"[21] Das heißt: Philosophien fragten und fragen immer auch nach dem Verhältnis von Natur und Kultur bzw. nach der Position *des* Menschen in der Welt. Philosophische Theorien schließen also mehr oder weniger direkt anthropologische Modelle und Aussagen über die Sonderstellung des Menschen mit ein.

Viele Jahrhunderte war in Europa das Bild vom Menschen in der Welt ein von der christlichen Religion dominiertes. Christliche Anthropologien leiteten die Sonderposition des Menschen in der Welt immer aus der göttlichen Schöpfung ab[22]. Die Philosophie der Aufklärung stellte ein solches menschliches Verständnis von sich selbst mehr und mehr in Frage. Darwins umfassende Theorie der biologischen Evolutuion und insbesondere deren sozialdarwinistische Varianten hoben schließlich in letzter Konsequenz gar die Differenz zwischen Mensch und dem nicht-menschlichen Bereich und damit die menschliche Sonderposition in der Welt auf[23]. Der Mensch wurde nur mehr als homo sa-

---

21 Peter Koslowski: Philosophie als Theorie der Gesamtwirklichkeit, S. 1. In: Ders. (Hg.): Orientierung durch Philosophie. Ein Lehrbuch nach Teilgebieten, Tübingen 1991, S. 1–18.

22 Jacques Le Goff: Einführung. Der Mensch des Mittelalters, S. 10. In: Ders.: (Hg.): Der Mensch des Mittelalters, 2. korr. Aufl., Frankfurt a. M. / New York / Paris 1990, S. 7–45. Martin: Wandel des Beständigen (wie Anm. 3), S. 45.

23 Als nur eine markante Strömung sei an dieser Stelle der Sozialdarwinismus genannt. Dessen Protagonisten, wie bspw. Ernst Haeckel (1834 – 1919) – seine Werke erzielten in Deutschland höchste Auflagen –, übertrugen das Darwinsche Modell, vor allem die darin beschriebenen Selektionsmechanismen, radikal auf menschliche Gesellschaften. Zum Sozialdarwinismus siehe z. B.: Hedwig Conrad-Martius: Utopien der

piens, als eine biologische Gattung und damit als ein,
gleichsam Flora und Fauna, der Natur bzw. den Naturgeset-
zen unterworfenes Wesen verstanden. Die Vergleichende
Verhaltensforschung und die Soziobiologie stehen noch
heute in dieser Tradition.

Erst in diesem Kontext einer säkularisierten und zunehmend naturwissenschaftlich geprägten abendländlichen
Rationalität konnte sich eine eigene Philosophische Anthropologie begründen. Die Philosophische Anthropologie,
für die etwa Max SCHELER, Arnold GEHLEN oder Helmuth
PLESSNER stehen, war der explizite Versuch, dem Menschen
wieder seine Sonderstellung zurückzugeben, ihn abzugrenzen von der Natur bzw. vom Tierreich. Dabei entwickelte
sie diese Anstrengungen nicht in rigoroser Abgrenzung zu
biologischen Wissenschaften. Ganz im Gegenteil: Sie inte-
grierte diese vielmehr in ihre anthropologischen Modelle.
Das Wesen bzw. die Natur des Menschen wurde gerade
auch mit biologischen Ergebnissen erklärt bzw. die Sonderstellung des Menschen in der Welt als Konsequenz biologischer Vorgaben begriffen.

Als ein Modell einer solchen Philosophischen Anthropologie soll kurz jenes von Arnold GEHLEN (1904–1976)
vorgestellt werden[24]. Zunächst geht er, wie bereits Johann

Menschenzüchtung. Der Sozialdarwinismus und seine Folgen, München 1955. Hansjoachim Koch: Der Sozialdarwinismus. Seine Genese
und sein Einfluß auf das imperialistische Denken, München 1973. Rolf
Peter Sieferle: Die Krise der menschlichen Natur. Zur Geschichte eines
Konzepts, Frankfurt a. M. 1989.

24 Ich beziehe mich im folgenden auf: Arnold Gehlen: Der Mensch. Seine
Natur und seine Stellung in der Welt, 12. Aufl., Stuttgart 1978. Ders.:
Philosophische Anthropologie und Handlungslehre, Frankfurt a. M.
1983. Zur kurzen Einführung in die Philosophische Anthropologie
insgesamt siehe z. B.: Wilhelm Keller: Einführung in die philosophische Anthropologie, München 1971. Gerd Haeffner: Philosophische
Anthropologie. Grundkurs Philosophie 1, 2. durchges. Aufl., Stuttgart
1981. Hein Paetzold: Der Mensch. In: Ekkehard Martens / Herbert
Schnädelbach (Hg.): Philosophie. Ein Grundkurs, Bd. 2, überarb. u.

Gottfried HERDER (1744–1803) am Ende des 18. Jahrhunderts, davon aus, daß der Mensch im Vergleich zum Tier ein biologisches Mängelwesen sei. Ihm fehle es beispielsweise an einem Haarkleid und damit an einem natürlichen Witterungsschutz; seine Sinne seien im Vergleich zu Tieren unterentwickelt und die Instinkte geradezu lebensgefährlich bedeutungslos; zudem sei er in der Säuglings- und Kindheitszeit auf einen unvergleichlich langfristigen Schutz angewiesen. Der Mensch verfüge aber über eine „zweite Natur" – über eine Kultur bzw. über eine Handlungsfähigkeit. Damit könne er seine sonstigen biologischen Mängel ausgleichen. Der Mensch sei kraft seiner biologischen Dispositionen geradezu dazu verpflichtet zu handeln, Erfahrungen zu sammeln und zu lernen; er könne, nein, er müsse mit Hilfe von permanenten Erfahrungen, der Reflexion von Vergangenem und des Planens der Zukunft Welt und Wirklichkeit strukturieren, um sich ein stabiles Ordnungsschema zu schaffen.

Die Gehlensche Theorie hat der Gießener Philosoph Odo MARQUARD in eine sehr pessimistische Richtung zugespitzt. Er versteht den Menschen als einen *„Sitzenbleiber der Entwicklung"* und *„Defektflüchter";* der Mensch sei zwar ein handelndes, vor allem aber ein leidendes Wesen[25]. Ein solches pessimistisches Menschenbild macht in letzter Konsequenz auch eine radikale Ablehnung jedweder Geschichtsphilosophie notwendig, wie sie beispielsweise von Friedrich HEGEL oder Karl MARX entworfen wurden. Denn wenn der Mensch vor allem über Defizite und seine Handlungen als Flucht verstanden werden, dann schließt das

---

erw. Aufl., Reinbek bei Hamburg 1991, S. 427–466. Odo Marquard: Philosophische Anthropologie. In: Peter Koslowski (Hg.): Orientierung durch Philosophie. Ein Lehrbuch nach Teilgebieten, Tübingen 1991, S. 21–32.
25 Marquard: Philosophische Anthropologie (wie Anm. 24), S. 28 f.

den Gedanken aus, der *die* menschliche Geschichte geradlinig und Fortschritt für Fortschritt auf einen gedachten
Idealzustand hin begreift[26].

So unterschiedlich die einzelnen Vertreter der Philosophischen Anthropologie ihre Akzente auch setzen – sie sind
sich darin einig, daß der Mensch gerade aufgrund seiner
biologischen Beschaffenheit ein Kulturwesen sei. Ebenso
wie die Soziobiologie oder die Ethologie verstehen sie Natur
und Kultur als Einheit. Anders als die biologisch orientierte
Anthropologie interessiert es die Philosophische Anthropologie aber nicht, in welcher Weise der Mensch durch biologische Vorgaben in seinem Handeln begrenzt bzw. inwieweit
das menschliche Verhalten durch seine „Natur" vorgegeben
ist. Sie skizziert vielmehr – umgekehrt – eine Anthropologie, in deren Rahmen die grundsätzliche Kulturfähigkeit des
Menschen, das menschliche Reflektieren-, Lernen-, Han-
deln- und Herstellenkönnen, der menschliche Spielraum
von Möglichkeiten wie auch das Anderssein des Menschen
auf ein philosophisch-biologisches Fundament gestellt wird.
So skeptisch die Philosophische Anthropologie auch bis-
weilen geschichtswissenschaftlichen Denk- und Zugangsweisen gegenüberstehen mag – sie versteht damit Geschichte und Kultur als zentrale Bestandteile der menschlichen
Natur, als die eigentliche anthropologische Fundamentalie.

2.3. Kultur- und Sozialanthropologien

Wenn man Anthropologie, wie es im deutschsprachigen
Raum Tradition hat, vor allem als eine biologische begreift,
dann kann das hinsichtlich der Begriffe „Kulturanthropolo-

---

26 Odo Marquard: Schwierigkeiten mit der Geschichtsphilosophie, Frankfurt a. M. 1982.

gie" und „Sozialanthropologie" zu Mißverständnissen führen. Denn die biologische Anthropologie versteht die Kulturanthropologie als jene Wissenschaft, welche nach den evolutionsbiologischen Grundlagen der Kulturfähigkeit des Homo sapiens fragt, die Sozialanthropologie als jene Disziplin, welche die biologische Beschaffenheit des Menschen und soziale Vorgänge in ihren Wechselbeziehungen erkundet[27]. Neuerdings taucht der Terminus Kulturanthropologie in der BRD aber auch als Synonym für eine an ethnologischen und kulturgeschichtlichen Zugangsweisen orientierte Volkskunde auf. Eine solche Bedeutung kommt dem Verständnis von Kulturanthropologie und Sozialanthropologie, das gerade auch im Rahmen der Historischen Anthropologie relevant ist, schon sehr viel näher. Wenn hier von Kultur- und Sozialanthropologie gesprochen wird, so sind damit vor allem jene wissenschaftlichen Zugänge gemeint, die in den USA, in Großbritannien oder auch in Frankreich entwickelt worden sind, und die im deutschsprachigen Raum eher als Völkerkunde oder Ethnologie verstanden werden.

Die amerikanische, britische und französische Kultur- und Sozialanthropologie im 20. Jahrhundert interessiert sich vor allem für außereuropäische fremde Kulturen bzw. Gesellschaften. Dabei erforscht sie vorwiegend jene, die sich wenig oder gar nicht in schriftlichen Zeugnissen ausdrükken bzw. ausgedrückt haben. Freilich haben wir es hier nicht mit einer homogenen Disziplin zu tun. Die Strömungen innerhalb der Kultur- und Sozialanthropologie sind zahlreich, deren theoretische Modelle zum Teil ebenso unterschiedlich wie deren Schlußfolgerungen. Einige Schulen haben sich darin versucht, ähnlich der biologisch orientier-

---

27 Heberer / Schwidetzky / Walter: Fischer Lexikon Anthropologie (wie Anm. 9), S. 107 bzw. 253. Siehe auch: Weß: Hans Wilhelm Jürgens (wie Anm. 10), S. 126–135.

ten und der Philosophischen Anthropologie, über den Menschen schlechthin etwas auszusagen; andere wiederum haben solche Abstraktionen abgelehnt, bzw. sie sind zumindest vorsichtig gewesen, allgemeine Aussagen zu treffen – und das unterscheidet sie markant von den bislang vorgestellten Anthropologien. Dennoch ist es, wie anschließend zu sehen sein wird, legitim, sie in einem Kapitel gemeinsam vorzustellen. Dabei werden einerseits Grundprinzipien skizziert, die für die Gemeinsamkeiten aller Kultur- und Sozialanthropologien stehen; andererseits werden markante Unterschiede zwischen der Kulturanthropologie und der Sozialanthropologie herausgearbeitet.[28]

Die Wissenschaften vom Fremden orientierten sich lange Jahrzehnte an evolutionistischen Weltbildern. Charles DARWIN beschrieb das organische Leben als eine permanente Entwicklung; Geschichtsphilosophen wie etwa Friedrich HEGEL und Karl MARX verstanden Geschichte als einen ständigen, in mehreren Phasen verlaufenden Prozeß des Fortschritts. Etwa zur gleichen Zeit, in der zweiten Hälfte des 19. Jahrhunderts, entwarfen auch Kulturanthropologen Stufenschemata, die die menschliche Kulturentwicklung in mehrere Phasen gliederten. Als einer der bedeutendsten evolutionistischen Kulturanthropologen galt der Amerikaner Lewis Henry MORGAN (1818–1881), der die Kulturentwicklung der Menschheit in drei zentrale Stufen – Wildheit, Barbarei, Zivilisation – unterteilte[29]. Er ordnete dabei

---

28 Einen detaillierteren Überblick über die Kultur- und Sozialanthropologie geben z. B.: Roland Girtler: Kulturanthropologie. Entwicklungslinien, Paradigmata, Methoden, München 1979. Marvin Harris: Kulturanthropologie. Ein Lehrbuch, Frankfurt a. M. / New York 1989, darin bes. das Kap. „Geschichte der Kulturtheorien", S. 436–451.

29 Lewis Henry Morgan: Die Urgesellschaft. Untersuchungen über den Fortschritt der Menschheit aus der Wildheit durch die Barbarei zur Zivilisation, Wien 1987 (amerikan. Erstausgabe: 1877).

nur jene Gesellschaften, die die Schrift kannten, in denen monogame Familien vorherrschten und die einer Zivilregierung unterstanden, der höchsten Stufe, also der Zivilisation, zu.

Gegen solcherart evolutionäre Modelle wandte sich seit Beginn des 20. Jahrhunderts eine neue Schule der Kulturanthropologie in den USA, für die Namen wie Franz BOAS (1848–1942), Ruth BENEDICT (1887–1948) und Margaret MEAD (1901–1978) stehen. Auch die Sozialanthropologie in Großbritannien und in Frankreich, die mit Bronislaw MALINOWSKI (1884–1942), Alfred R. RADCLIFFE-BROWN (1881–1955) und Marcel MAUSS (1872–1950) an Bedeutung gewann, grenzte sich von solchen evolutionistischen Kulturkonzepten ab. Bei aller Gegnerschaft, die das Verhältnis zwischen der amerikanischen Kulturanthropologie und der britischen Sozialanthropologie ansonsten kennzeichnete, verband sie doch mehr als nur die Ablehnung eines Evolutionismus. Beide Richtungen wandten sich massiv gegen eine sogenannte „Schreibtisch-Ethnologie", die quasi von zu Hause aus, ohne intensiv vor Ort geforscht zu haben, Aussagen über fremde Kulturen traf. Sowohl die Boas- als auch die Malinowski-Schule erklärte die Feldforschung, insbesondere die teilnehmende Beobachtung, zum Um und Auf der ethnologischen Arbeit. Das Erlernen der fremden Sprache und vor allem ein langfristiger Aufenthalt im fremden Feld wurden dadurch notwendig. Es ging darum, wie MALINOWSKI 1922 schrieb, *„den Standpunkt des Eingeborenen, seinen Bezug zum Leben (zu) verstehen und sich seine Sicht seiner Welt vor Augen zu führen."*[30] Im Zusammenhang damit lehnten beide Richtungen diejenigen ethnologischen Vorgangsweisen ab, die bestimmte kulturelle Prakti-

---

30 Bronislaw Kaspar Malinowski: Argonauten der westlichen Pazifik. Ein Bericht über Unternehmungen und Abenteuer der Eingeborenen in den Inselwelten von Melanes / Neuguinea, Frankfurt a. M. 1979 (brit. Erstausgabe: 1922), S. 49.

ken aus ihrem kulturellen Gesamtkontext herauslösten.
Solcherart Anthropologien konstruierten vorschnelle Ana-
logien zwischen Elementen, die auf dem ersten Blick als
ähnlich erscheinen mögen, die aber bei näherem Hinsehen
in ihrem jeweiligen kulturellen Umfeld eine spezifische
Bedeutung oder Funktion haben. Die Kulturanthropologie
und die Sozialanthropologie, die sich zu Beginn unseres
Jahrhunderts konstituierten, plädierten also für ein genaues
Schauen im kleinen und fremden Feld, um die inneren
Zusammenhänge der jeweiligen Kulturen annähernd begreifen zu können. Dieser methodische Imperativ diente
auch dazu, sich von den ethnozentristischen Zugangsweisen und Interpretationen der Evolutionisten zu distanzie-
ren, von deren Theorien und Schemata, die zwischen hö-
herwertiger Zivilisation und minderwertiger Barbarei unterschieden.

Schließlich verstanden sich Kultur- und Sozialanthropologie als Wissenschaften, die interdisziplinär orientiert
waren. Die Partnerdisziplinen waren aber jeweils andere.
Und das führt uns bereits zu den Differenzen zwischen
Kulturanthropologie und Sozialanthropologie.

Zunächst die Sozialanthropologie: Sie stand vor allem in
einem Naheverhältnis zur Soziologie und hier besonders zu
den Modellen des französischen Soziologen Émile DURK-
HEIM (1858–1917), der selbst ethnographisches Material als
Grundlage seiner Theorieentwürfe verwendet hatte. Durkheim hatte den Funktions- und den Strukturbegriff in der
Soziologie eingeführt. MALINOWSKI adaptierte den Funk-
tionsbegriff. Er analysierte kulturelle Praktiken und Institutionen, die er bei seinen intensiven Beobachtungen auf pazifischen Inseln erhoben hatte, hinsichtlich ihrer Funktion
für die Befriedigung menschlicher Primärbedürfnisse –
Nahrungserwerb, Fortpflanzung, Schutz vor Witterung etc.
Ähnlich wie Arnold GEHLEN einige Jahrzehnte später ver-

stand Malinowski den Menschen insgesamt als ein Wesen,
das von Geburt an körperlich nicht hinreichend ausgestat-
tet sei, um seinen Primärbedürfnissen nachzukommen.
Kultur ist also, nach Malinowski, erstens überlebensnot-
wendig; zweitens würden jene kulturellen Praktiken und
Institutionen, die der Befriedigung der Primärbedürfnisse
bzw. dem biologischen Wohlergehen dienen, das jeweils
Spezifische einer Gesellschaft bzw. Kultur ausmachen[31].
Auch RADCLIFFE-BROWN lehnte sich eng an Durkheim an.
Anders als Malinowski interpretierte er aber die Elemente
einer Kultur, die er vor allem in seinen ausgiebigen Feldfor-
schungen in Australien beobachtet hatte, hinsichtlich ihrer
Funktion für die Erhaltung eines ganzen sozialen Systems
(Strukturfunktionalismus)[32]. Auch der französische Ethno-
loge Marcel MAUSS, ein Durkheim-Schüler, bediente sich
bei der Interpretation seiner ethnographischen Beobachtun-
gen eines weitgehend strukturfunktionalistischen Modells.
In seiner Arbeit „Die Gabe", die anfangs der zwanziger
Jahren erschien, deutete Mauss die Praktiken des Schen-
kens, des Besuchens usw. zwischen Vertretern verschiede-
ner Stämme als ein Prinzip der Gegenseitigkeit, das dem
Erhalt und der Sicherheit dieser Stämme, eben: sozialen
Systemen, diene[33].

   Als letztes Beispiel für eine Sozialanthropologie soll
hier noch kurz die Anthropologie von Claude LÉVI-STRAUSS
(geb. 1908) genannt werden. Ich bin mir bewußt, daß diese
Zuordnung problematisch ist, weil Lévi-Strauss zwar einer-

---

31 Zum Einstieg in Malinowskis Interpretationsgerüst siehe: Karl-Heinz
    Kohl: Bronislaw Kaspar Malinowski (1884 – 1942). In: Wolfgang Mar-
    schall (Hg.): Klassiker der Kulturanthropologie. Von Montaigne bis
    Margaret Mead, München 1990, S. 227–247.
32 Zum Einstieg in Radcliffe-Browns Zugangsweise siehe z. B.: Girtler:
    Kulturanthropologie (wie Anm. 28), S. 125–128.
33 Marcel Mauss: Die Gabe. Form und Funktion des Austausches in ar-
    chaischen Gesellschaften, Frankfurt a. M. 1990.

seits in seinen Untersuchungen zur Verwandtschaft das
Werk von Marcel Mauss fortgeführt, sich aber andererseits
weniger an soziologischen Interpretationsmustern ange-
lehnt hat. Er hat sich vielmehr den Konzepten einer strukturalen Sprachwissenschaft bedient, weshalb sich seine
Form der Anthropologie auch Strukturale Anthropologie
nennt[34]. Lévi-Strauss hat vor allem kulturelle Verwandt-
schaftskonstellationen analysiert. Aus der Vielfalt dieser
Konstellationen hat er eine einzige, freilich sehr kompli-
zierte Grundstruktur abgeleitet. Diese würde jeder Institution und kulturellen Ausdrucksform in jeder menschlichen
Kultur bzw. Gesellschaft, sei es in Westeuropa oder in Ozeanien, unbewußt zugrundeliegen. Letztlich ist die Strukturale Anthropologie der Versuch *„einer Art Grammatik des
Menschseins"*[35] – eine Grammatik, die für alle Menschen
gelte und lediglich verschieden in Erscheinung trete.

Ich habe die Strukturale Anthropologie an dieser Stelle
deshalb dem Bereich der Sozialanthropologie zugeordnet,
weil ihnen beiden gemeinsam ist, daß sie von ihren Einzel-
untersuchungen auf grundsätzliche orts- und zeitübergrei-
fenden Gesetze und Strukturen von Kulturen und Gesellschaften abstrahieren. Der Verdienst solch universalistischer
Erkenntnisinteressen und Schlußfolgerungen liegt darin,
daß sie jene evolutionistischen und teilweise rasstistischen
Kulturkonzepte untergraben, die zwischen angeblich „Wilden" und „Zivilisierten" bzw. zwischen sogenannten „primitiven Völkern" und „Hochkulturen" differenzieren.

---

34 Claude Lévi-Strauss: Strukturale Anthropologie, Frankfurt a. M. 1991.
   Zum Einstieg in das Werk von Lévi-Strauss eignet sich das mit kritischer Hochachtung geschriebene Buch von: Edmund Leach: Lévi-
   Strauss zur Einführung, Hamburg 1991.
35 Gernot Böhme: Vorlesung: Das Fremde, S. 231. In: Ders.: Anthropologie in pragmatischer Hinsicht. Darmstädter Vorlesungen, Frankfurt
   a. M. 1985, S. 221–236.

Mit einer anderen wissenschaftlichen Vorgangsweise richtete sich die amerikanische Kulturanthropologie, vor allem
die Schule von Franz BOAS, gegen ethnozentristische und
rassistische Weltbilder vieler Fachkollegen. Boas' kulturan-
thropologisches Konzept des historischen Partikularismus
fragte nicht nach einer etwaigen einheitlichen Struktur des
Menschen; der Mensch wurde vielmehr als ein Wesen begriffen, das verschiedenartige Formen findet, sich sein Dasein zu gestalten. Boas und seine SchülerInnen suchten
also weder nach universellen Gesetzen für das anthropologische Dasein, die unabhängig von Raum und Zeit gelten
würden; noch suchten sie nach solchen einer kulturellen
Entwicklung. Sie verstanden Kultur nicht im Singular sondern im Plural; das heißt: jede Kultur habe ihre eigene und
vor allem einzigartige Geschichte und Ausdrucksform, die
die Kulturanthropologie nachzuzeichnen habe[36]. Die Boas-
Schule trug damit übrigens den Grundgedanken der Kulturanthropologie von Johann Gottfried HERDER (1744–1804)
weiter; Herder hatte jedem „Volk" eine eigene „Individualität" und Besonderheit zugebilligt[37].

Universell ausgerichtet war die amerikanische Kulturanthropologie dagegen auf der analytischen Ebene. Die
von ihr entwickelte Kulturanalyse verstand sich als Königsweg, um eine Kultur in ihrer jeweiligen Besonderheit erfassen zu können. Das Konzept des *„culture pattern"*
war das Instrumentarium, mit dessen Hilfe bestimmte Elemente einer Kultur zu einem Gesamtzusammenhang ver-

---

36 Zur Boas-Schule der amerikanischen Kulturanthropologie siehe z. B.:
Girtler, Kulturanthropologie (wie Anm. 28), bes. S. 34–37 bzw. 240–
254.

37 Siehe dazu: Eberhard Berg: Die Nachwirkungen des Bildes vom „Homme Naturel" auf den ethnologischen Kulturbegriff. Überlegungen zu
Herders Kulturanthropologie. In: Ernst Wilhelm Müller / René König /
Klaus-Peter Koepping / Paul Drechsel (Hg.): Ethnologie als Sozialwissenschaft, Opladen 1984, S. 85–100.

bunden, andere aus diesem Zusammenhang ausgeschlossen wurden.

Interdisziplinärer Bezugspunkt der amerikanischen Kulturanthropologie war weniger die Soziologie als vielmehr die Linguistik und die Psychologie. Vor allem die beiden Boas-Schülerinnen Margaret MEAD und Ruth BENEDICT waren von den Schriften Sigmund FREUDS geprägt und setzten kulturelle Vorstellungswelten und Praktiken mit kulturspezifischen Kindheitserfahrungen in Beziehung. Ihre Forschungen zeigen auf, daß wir es beispielsweise bei Kindheit, Jugend und Sexualität nicht mit anthropologischen Konstanten zu tun haben, die in gleicher Art und Weise in allen Kulturen bzw. Gesellschaften auftreten. Sie sind vielmehr anthropologische Problemfelder, die kulturell ihre je eigenen Ausformungen besitzen.[38]

Bemerkenswert an der amerikanischen Kulturanthropologie ist auch, daß sie ihre Feldforschungen nicht nur, wie die Sozialanthropologie, im exotischen geographischen Raum der Kolonien durchführte, sondern auch im eigenen Land. Das hing freilich mit den spezifischen nordamerikanischen Voraussetzungen zusammen. Boas selbst erkundete das Fremde im Eigenen bei den amerikanischen Ureinwohnern. Die in den zwanziger Jahren in Chicago begründete Schule der Stadtethnologie erkundete urbane Quartiere, die in ihrer ethnischen Zusammensetzung jeweils weitgehend homogen waren[39].

---

38 Siehe z. B. Margaret Mead: Jugend und Sexualität in primitiven Gesellschaften. Bd. 1: Kindheit und Jugend in Samoa, München 1970 (amerikan. Erstausgabe: 1928).

39 Siehe dazu: Gisela Welz: Sozial interpretierte Räume, räumlich definierte Gruppen. Die Abgrenzung von Untersuchungseinheiten in der amerikanischen Stadtforschung. In: Waltraud Kokot / Bettina C. Bommer (Hg.): Ethnologische Stadtforschung. Eine Einführung, Berlin 1991, S. 29–43.

2.4. Neue Tendenzen in den Anthropologien

Hans-Georg GADAMER hat darauf hingewiesen, daß jeder wissenschaftliche Text – und er hat sich dabei vor allem auf geschichtswissenschaftliche Texte bezogen – immer auch eine Interpretation sei. Denn in jedem Text drücke sich die historische Situation der Verfasserin bzw. des Verfassers aus[40].

Gadamers Überlegungen zeigen eine zentrale methodologische Wende an, die sich in den letzten zwei bis drei Jahrzehnten in den anthropologischen Wissenschaften (und nicht nur dort) vollzogen hat. Die Methodologie als Metatheorie jeder Wissenschaft fragt danach, wie denn die Wirklichkeit am besten zu erfassen sei. Die zuvor vorgestellten, meist systematischen Anthropologien gingen davon aus, daß die Realität als solche existieren würde – ob organische Evolution, das Wesen des Menschen oder auch die Funktionen bestimmter kultureller Praktiken. Die Aufgabe der Wissenschaft sei es, diese Realität, deren Fakten und Gesetzlichkeiten, zu erfassen. Ein solcher Blick auf die Welt wird mehr und mehr durch eine methodologische Position in Frage gestellt, die meint, daß die Welt nur über die Deutungen von Menschen zugänglich sei; damit seien Welt und Wirklichkeit insgesamt Interpretationen, weil sie über die Deutungen und Erfahrungen aller Menschen immer wieder neu geschaffen würden.

Ein solcher, letztlich auf die Phänomenologie von Edmund HUSSERL und Alfred SCHÜTZ[41] zurückgehender Ansatz schließt auch eine Skepsis gegenüber den eigenen wissenschaftlichen Zugangsweisen mit ein. Denn wenn Wirk-

---

40 Hans-Georg Gadamer: Wahrheit und Methode. Grundzüge einer philosophischen Hermeneutik, 3. erw. Aufl., Tübingen 1972.

41 Siehe zum Beispiel: Edmund Husserl: Ideen zu einer reinen Phänomenologie und phänomenologischen Philosophie. Allgemeine Einführung in die reine Phänomenologie, Tübingen 1990 (Erstausgabe: 1922).

lichkeit grundsätzlich nur über Deutungen zugänglich ist,
dann sind auch wissenschaftliche Ergebnisse Interpreta-
tionsmodelle und WissenschaftlerInnen (wie alle anderen
Menschen auch) Subjekte, die Welt interpretieren, sie aber
nie als solche erfassen können. Konsequent gedacht wird
damit jede Suche nach einem zentralen Schlüssel für das
menschliche Dasein, nach zeit- und ortsunabhängigen
menschlichen Grundgesetzen und -strukturen, nach grundsätzlichen anthropologischen Determinanten oder nach
dem „eigentlichen Wesen" *des* Menschen überflüssig. Denn
all diese wissenschaftlich begründeten anthropologischen
Universalien sind Deutungsangebote und haben damit immer nur einen vorläufigen Charakter.

Ein solcher phänomenologischer Ansatz stellt in seiner
radikalsten Ausformung, wie es Dieter LENZEN vom „*Interdisziplinären Zentrum für Historische Anthropologie*" in
Berlin tut, auch den Gedanken eines permanenten wissenschaftlichen Fortschritts in Frage; jeder „Fortschritt" sei
gleichzeitig die Vernichtung vorherigen und alten Wissens,
weil sich Wissenschaft immer auch durch Interessen und
Deutungen, die keine wissenschaftlichen sind, konstituie-
re[42].

Man muß dieser radikalen Position nicht unbedingt folgen,
um von einer phänomenologisch orientierten Methodologie
dahingehend sensibilisiert zu werden, daß jede Wissenschaft von der Perspektive derjenigen geprägt ist, die sie
ausüben. Das gilt für die Fragestellungen, die theoretischen
Gerüste und auch für die Methoden.

---

42 Dieter Lenzen: Melancholie, Fiktion und Historizität. Historiographische Optionen im Rahmen einer Historischen Anthropologie. In: Gunter Gebauer / Dietmar Kamper / Dieter Lenzen / Gert Mattenklott /
   Christoph Wulf / Konrad Wünsche: Historische Anthropologie. Zum
   Problem der Humanwissenschaften heute oder Versuche einer Neubegründung, Reinbek bei Hamburg 1989, S. 13–48.

Ein Beispiel: Einst galt die teilnehmende Beobachtung als der Königsweg kultur- und sozialanthropologischer Forschung, als der Garant dafür, den von der eigenen Kultur und eigenen Weltanschauung geprägten Blick so weit als möglich auszuschalten. Die posthum veröffentlichten Feldtagebücher von Bronislaw MALINOWSKI geben allerdings einen Einblick in das, was nicht ausgeschaltet werden kann – in all die möglichen Gefühlslagen eines Feldforschers, die in der Begegnung mit dem Fremden entstehen können: Einsamkeit, Angst und auch Verachtung gegenüber der erforschten Kultur[43]. Der französische Psychoanalytiker und Ethnologe Georges DEVEREUX hat als einer der ersten auf die Bedeutung der Phänomene Übertragung und Gegenübertragung, die ja aus psychotherapeutischen Settings bekannt sind, auch in der ethnologischen Situation hingewiesen[44].

Das psychisch-emotionelle Innenleben des Forschenden fließt zwar einerseits in die wissenschaftlichen Ergebnisse mit ein; es ist aber andererseits aus der wissenschaftlichen Darstellung meist nicht ablesbar. Dies diskreditiert nicht die Feldforschung als ganzes. EthnologInnen plädieren neuerdings vielmehr erstens dafür, daß die Forschenden ihre eigenen Sichtweisen wie auch die dadurch beeinflußte Interaktion mit den Erforschten reflektieren sollten. Allen FeldforscherInnen sollte bewußt sein, daß sie die Quelle, die sie interpretieren, mitproduzieren. Eine solche wissenschaftliche Grundhaltung müßte auch in der Gesamtinterpretation, also in dem schlußendlich erstellten wissenschaftlichen Text, ihren Ausdruck finden. Das heißt eben auch: Das eigene Weltbild sollte so weit wie möglich den LeserInnen offengelegt werden. Zweitens fordern Eth-

---

43 Bronislaw Kaspar Malinowski: Ein Tagebuch im strikten Sinn des Wortes. Neuguinea 1914–1918, Frankfurt a. M. 1986.

44 Georges Devereux: Angst und Methode in den Verhaltenswissenschaften, München 1973. Siehe auch: Böhme: Das Fremde (wie Anm. 35), S. 227 f.

nologInnen den eigenen Blick im Feld zu reflektieren, um
ihn gerade dadurch zu verfremden. Erst dann könnten andere Kulturen und Gesellschaften aus ihren eigenen spezifischen Logiken und Bedeutungszusammenhängen heraus
verstanden werden; sie plädieren für eine *„Hermeneutik
der Differenz"*[45].

Daher haben Zugangsweisen an Bedeutung gewonnen,
die auf theoretische Modelle etwa des Strukturfunktionalismus verzichten, um fremde Kulturen nicht in ein europä-
isch-wissenschaftliches Korsett zu zwängen. Es macht einen
Unterschied, ob man, um ein fiktives banales Beispiel zu
nennen, die Initiationsriten, Feste, Ernährungsgewohnheiten,
Arbeitsprozesse, Geschlechterverhältnisse, Verwandtschafts-
konstellationen, religiöse Vorstellungen usw. eines Stammes
auf einer ozeanischen Insel dahingehend untersucht, welche
Funktionen sie für den Bestand des sozialen Systems besitzen. Oder ob man versucht, die einzelnen kulturellen Elemente und Praktiken und deren Beziehung miteinander aus
der spezifischen Bedeutung heraus zu begreifen, die ihnen
der entsprechende Stamm bewußt und unbewußt gibt.

In diesem Zusammenhang sind neue ethnographische
Verfahren entwickelt worden, wie beispielsweise die
„Dichte Beschreibung" von CLIFFORD GEERTZ[46]. Solcherart

---

45 Martin Fuchs / Eberhard Berg: Phänomenologie der Differenz. Refle-
xionsstufen ethnographischer Repräsentation. In: Dies. (Hg.): Kultur,
soziale Praxis, Text. Die Krise der ethnographischen Repräsentation,
Frankfurt a. M. 1993, S. 11–108. Siehe auch: Dietrich Krusche / Alois
Wierlacher (Hg.): Hermeneutik der Fremde, München 1990. James A.
Boon: Other Tribes, Other Scribes. Symbolic Anthropology in the Comparative Study of Cultures, Histories, Religions and Text, Cambridge
1990, bes. S. 234. Judith Okely / Helen Callaway (Hg.): Anthropology
and autobiography, London / New York 1992.
46 Clifford Geertz: Dichte Beschreibung. Beiträge zum Verstehen kultureller Systeme, Frankfurt a. M. 1983; darin v.a.: Dichte Beschreibung.
Bemerkungen zu einer deutenden Theorie kultureller Systeme, S. 7–
43; „Aus der Perspektive der Eingeborenen". Zum Problem des ethnologischen Verstehens, S. 289–309.

Zugangsweisen bemühen sich um ein akribisches Auf-
zeichnen aller Äußerungen in einer fremden Kultur. So un-
bedeutend diese auch auf den ersten Blick für einen Europäer oder Nordamerikaner erscheinen mögen, sie können
für die entsprechende Kultur selbst eine zentrale Bedeutung haben.

Wenn jede Wissenschaft von der Perspektive derjenigen
geprägt ist, die sie ausüben, dann ist jede Wissenschaft
immer auch geschichtlich, Interpretation und beeinflußt
von der gesellschaftlichen Situation, in der sie stattfindet –
auch die wissenschaftlichen Auffassungen von Mensch
bzw. Kultur und Natur.

GEHLEN und auch die Soziobiologie haben den Gegensatz zwischen Mensch und Natur aufgelöst, indem sie,
wenn auch mit sehr unterschiedlichen Akzentsetzungen,
den Menschen dem Bereich der Natur zuordneten. In einer
Zugangsweise nun, die die menschlichen Interpretationen
und Erfahrungen zum Ausgangspunkt aller Wirklichkeit
werden läßt, dreht sich diese Zuordnung um. Die Natur
wird dabei zu einem Feld, das immer schon vom Menschen
gedeutet und angeeignet und damit konstruiert worden
ist[47]. Damit ist nicht gemeint, daß es keine vom Menschen
unabhängigen Einflüsse auf den Menschen gibt. Das heißt
vielmehr: Erstens ist Natur immer zunächst das Bild, das
sich Menschen von Natur machen (und das ist historisch
sehr unterschiedlich), und zweitens gestaltet der Mensch
durch seine Bilder von Natur und seinen Handlungen in
der Natur das, was er unter Natur versteht, immer mit.

---

[47] Siehe dazu Ruth Groh / Dieter Groh: Die Außenwelt der Innenwelt. Zur
Kulturgeschichte der Natur, Bd. 2, Frankfurt a. M. 1996, bes. S. 7–14.
Gunter Gebauer / Dietmar Kamper / Dieter Lenzen / Gert Mattenklott /
Christoph Wulf / Konrad Wünsche: Vorwort. In: Dies.: Historische
Anthropologie. Zum Problem der Humanwissenschaften heute oder
Versuche einer Neubegründung, Reinbek bei Hamburg 1989, S. 7–11.

Wenn man nun Natur in dem zuvor skizzierten Sinne versteht, dann muß auch eine biologische Anthropologie wie die Soziobiologie massiv in Frage gestellt werden, die alles organische Leben auf ein angenommenes *Natur*gesetz des maximalen Fortpflanzungserfolgs reduziert (vgl. Kap. 2.2.). KritikerInnen aus allen Fachrichtungen, auch aus den Naturwissenschaften, haben etwa die soziobiologischen Aussagen über die Verhaltensweisen von Männer und Frauen als ideologischen, antifeministischer Reflex auf aktuelle gesellschaftliche Wandlungsprozesse beurteilt. Die soziobiologischen Theorien würden schließlich auf einer stark selektiven Wahrnehmung bei den Beobachtungen bei Tieren und Kulturen und nicht zuletzt auf Projektionen hiesiger gesellschaftlicher Verhältnisse in das Tierreich beruhen. Man gewinnt *„den Eindruck"*, schreibt beispielsweise der Historiker Jochen MARTIN, *„daß das, was an Anfragen an das Verhalten der Primaten gerichtet wird, immer schon auch beeinflußt ist durch Vorstellungen über Anlagen und das Verhalten der Menschen."* [48] Sein Kollege Alexander DEMANDT spricht gar von den *„Koffertheorien"* vieler Biologen, etwa eines Konrad Lorenz: *„Man leitet aus der Natur ab, was man zuvor in sie hineingelegt hat."* [49]

---

48 Martin: Wandel des Beständigen, S. 38.
49 Alexander Demandt: Biologistische Dekadenztheorien, S. 24. In: Saeculum. Jahrbuch für Universalgeschichte, Bd. 36, 1985, S. 4–27. Zur weiteren Kritik an der Soziobiologie siehe: Christina Schües / Elke Ostbomk-Fischer: Das Menschenbild im Schatten der Soziobiologie. In: Zeitschrift für wissenschaftliche Gesprächspsychotherapie, März 1993, S. 14–18. Gert Dressel: Der postmoderne Roll-back der egoistischen Gene. Männlichkeit und Weiblichkeit im Spiegel der Soziobiologie. In: Gero Fischer / Maria Wölfingseder (Hg.): Biologismus, Rassismus, Nationalismus. Rechte Ideologien im Vormarsch, Wien 1995, S. 53–62. Zu einer biologischen Kritik an der Soziobiologie siehe: Hansjörg Hemminger: Der Mensch – eine Marionette der Evolution? Eine Kritik an der Soziobiologie, Frankfurt a. M. 1983. Hans-Walter Leonhard: Diktat der Gene? Eine Kritik der Soziobiologie. In: Gero Fischer / Maria Wöl-

Einige BiologInnen weisen zudem darauf hin, daß nicht mehr in Kategorien evolutionsbiologischer oder genetischer Determinanten gedacht werden kann; sie sprechen vielmehr von biologischen Potentialen, die jedem Menschen innewohnen würden. Diese könnten einen Einfluß haben, sie müßten es aber nicht[50].

Die beschriebenen Tendenzen deuten darauf hin, daß viele anthropologische Wissenschaften eine methodologische, eine hermeneutische Wende vollzogen haben. Das heißt: Die diversen Anthropologien entwickeln sich zunehmend von analytischen zu verstehenden Wissenschaften. Mehr und mehr stellen sie sich die Aufgabe, die vielen Interpretationen und Erfahrungen, die Welt und Wirklichkeit konstituieren, zu entschlüsseln; zunehmend rücken sie von systematischen Zugangsweisen ab. Denn die Suche nach ewig gültigen anthropologischen Gesetzen oder nach universellen Determinanten für menschliches Dasein ist nicht loszulösen von den Werten und Weltanschauungen jener, die sie suchen.

Auch AnthropologInnen, die gegenwärtig eine solche hermeneutische Wende nicht voll und ganz mitvollziehen, melden ihre Bedenken gegen frühere sozialanthropologische

---

fingseder: Biologismus, Rassismus, Nationalismus. Rechte Ideologien im Vormarsch, Wien 1995, S. 37–52.

50 Siehe z. B. Lewontin / Rose / Kamin: Die Gene sind es nicht (wie Anm. 12), bes. S. 93 f. Stephen Jay Gould: Biologische Potentialität contra biologischer Determinismus. In: Jost Herbig / Rainer Hohlfeld (Hg.): Die zweite Schöpfung. Geist und Ungeist der Biologie im 20. Jahrhundert, München 1990, S. 132–142. Gisela Ulmann: Angeboren – Anerzogen? Antworten auf eine falsch gestellte Frage. In: Josef Heilmeier / Klaus Mangold / Athansios Marvakis / Thomas Pfister (Hg.): Gen-Ideologie. Biologie und Biologismus in den Sozialwissenschaften, Hamburg / Berlin 1991, S. 113–138. Otto Gerhard Oexle: Gruppenbindung und Gruppenverhalten bei Menschen und Tieren. Beobachtungen zur Geschichte der mittelalterlichen Gilden, S. 45. In: Saeculum. Jahrbuch für Universalgeschichte, Bd. 36, 1985, S. 28–45.

und ethnologische Zugangsweisen an. Denn diese hätten die Schriftlosigkeit von Kulturen mit Geschichtslosigkeit verwechselt. Der Ausdruck „Naturvölker" steht für einen statischen Zustand, denn „Natur" ist, wenn man den Begriff im Gegensatz zur „Kultur" gebraucht, etwas weitgehend Unveränderliches und Statisches. Der ethnologische Gegenstand – die außereuropäischen, meist schriftlosen Kulturen – waren jeweils als ewig gültiger Dauerzustand dargestellt und gedacht worden – als ob es keine kulturinterne Entwicklung außerhalb Europas gegeben hätte. Damit wurde eine wertende Differenz zwischen dem Eigenen und dem Fremden – zwischen einer historischen westlichen Zivilisation und den geschichtslosen fremden Kulturen – aufrechterhalten.

Zu Beginn der sechziger Jahre forderte der britische Sozialanthropologe Edward E. EVANS-PRITCHARD von seinen Fachkollegen, den historischen Wandel wahrzunehmen[51]. Inzwischen sind im Rahmen der Sozial- und Kulturanthropologie mehr und mehr historische Arbeiten entstanden. Amerikanische Kulturanthropologen wie Eric WOLFS[52], Marshall SAHLINS[53] und Sidney MINTZ[54] stehen ebenso für das neue Interesse an der Geschichte wie die Wiener Ethnohistorie, die als eine der ersten anthropologischen Schulen ihren Gegenstand historisiert hat[55]. Bemer-

---

51 Edward E. Evans-Pritchard: Anthropology and History, Manchester 1961.

52 Eric Wolf: Die Völker ohne Geschichte. Europa und die andere Welt seit 1400, Frankfurt a. M. / New York 1981.

53 Marshall Sahlins: Der Tod des Kapitän Cook. Geschichte als Metapher und Mythos als Wirklichkeit in der Frühgeschichte des Königreichs Hawaii, Berlin 1986.

54 Sidney Mintz: Die süße Macht. Kulturgeschichte des Zuckers, Frankfurt a. M. / New York 1987.

55 Miklós Szalay: Die Ethnologie auf dem Weg zur Historie? In: Heide Nixdorff / Thomas Hauschild (Hg.): Europäische Ethnologie. Theorie- und Methodendiskussion aus ethnologischer und volkskundlicher Sicht, Berlin 1982, S. 271–289. Ders.: Ethnologie und Geschichte. Zur Grundüberlegung einer ethnologischen Geschichtsschreibung. Mit Bei-

kenswert ist schließlich, daß die gegenwärtige britische
Sozialanthropologie ihre Studien nicht allein verstärkt in
einen historischen Rahmen stellt[56]; sie wendet sich darüber
hinaus zunehmend von außereuropäischen zu meist ländlichen europäischen Räumen hin – sie bekommt damit das
Fremde in der Nähe in den Blick (vgl. Kap. 4.2.).

Den meisten historischen Arbeiten, die von Kultur-
und SozialanthropologInnen verfaßt worden sind, ist gemeinsam, daß in ihnen nicht, wie in vielen sozial- und
kulturanthropologischen Arbeiten zuvor, fremde Kulturen
als nach außen hin abgeschlossene Ghettos begriffen werden. Vielmehr werden sie als solche gedacht, die immer
schon mit anderen Kulturen in Kontakt und im Austausch
standen – und sich darüber fortwährend veränderten.

Jürgen HABERMAS hat gemeint, daß der Wandel und damit
die Geschichte – und nicht das Immer-Wiederkehrende oder
etwas Statisches – jener zentrale Moment sei, das den Menschen vom Tier unterscheide[57]. In diesem Sinne haben sich
mittlerweile viele anthropologische Disziplinen zunehmend
von systematischen Anthropologien zu solchen der menschlichen Möglichkeiten und Unterschiede entwickelt. Damit
hat sich die Frage nach dem, was denn der Mensch nun
eigentlich sei, auf einer abstrakten Ebene erübrigt, weil sich
die Geschichte, die Unterschiede und das viele menschlich
Mögliche nur im Konkreten erschließen lassen.

---

spielen aus der Geschichte der Khoi-San in Südafrika, Berlin 1983.
Karl R. Wernhart (Hg.): Ethnohistorie und Kulturgeschichte. Ein Studienbehelf, Wien / Köln / Graz 1986.

56 Siehe z. B.: J. G. Peristany: Honour and Shame. The Values of Mediter-
ranean Society, Chicago 1974. Paul Sant Cassia: The making of the
Greek family. Marriage and exchange in nineteenth-century Athens,
Cambridge / New York / Port Chester / Victoria / Sydney 1991.

57 Jürgen Habermas: Kultur und Kritik. Verstreute Aufsätze, Frankfurt
a. M. 1973, S. 108.

3. KENNZEICHEN DER HISTORISCHEN ANTHROPOLOGIE

3.1. Anthropologie und Geschichte

An dieser Stelle soll noch einmal an den Ausspruch des französischen Mediävisten Jacques LE GOFF erinnert werden. Er hat ja gemeint, daß die Anthropologie zur privilegierten Gesprächspartnerin der Geschichtswissenschaft geworden sei. Daraufhin habe ich die Frage aufgeworfen, ob sich Geschichtswissenschaft und Anthropologie aufgrund verschiedener Erkenntnisinteressen nicht einander ausschließen, weil die eine Disziplin den Wandel menschlichen Daseins, die andere anthropologische Universalien erforscht. Nach den vorangegangenen Erläuterungen, insbesondere über die neuen Tendenzen anthropologischer Wissenschaften, stellt sich allerdings das Verhältnis zwischen Geschichte und Anthropologie in einem neuen Licht dar. Erstens sind die neuen Anthropologien verstärkt für die Perspektivität von jedweder Wissenschaft wie auch für die Geschichtlichkeit des Gegenstandes, der erforscht wird, sensibilisiert; zweitens sind die Anthropologien heute zunehmend Anthropologien menschlicher Möglichkeiten. Damit erhält auch die Geschichte bzw. die Geschichtswissenschaft einen neuen Stellenwert für die anthropologische Forschung (bzw. Geschichtswissenschaft selbst kann zur anthropologischen Forschung werden).

Erstens gilt das für die Kultur- und auch Sozialanthropologien. In dem Moment, da die Wissenschaften vom Fremden weniger von ihren Beobachtungen auf orts- und zeitübergreifende Strukturen und Gesetze schließen, sondern sich vielmehr für die Verschiedenheit fremder Kulturen und Gesellschaften interessieren und dabei auch ihre historische Gewordenheit und Veränderlichkeit erforschen, wird die Geschichtswissenschaft zur unmittelbaren Partnerdisziplin der Kultur- und Sozialanthropologien.

Zweitens hat damit eine Geschichte der Anthropologie und aller anderen Wissenschaften an Bedeutung gewonnen. Um Wissenschaften historisch ernsthaft zu erforschen, müssen wissenschaftliche Theorien, Fragestellungen, Methoden und Erkenntnisinteressen historisiert werden[1]; das „historische(n) Wahrnehmungsvermögens" der einzelnen ForscherInnen muß analysiert werden, wie es der französische Soziologe und Ethnologe Pierre BOURDIEU jüngst formuliert hat[2].

Drittens wird die Geschichte für eine Anthropologie, der es um die vielen menschlichen Möglichkeiten geht, zur unabdingbaren Partnerin. Welches andere Fach als die Geschichte, die sich ja in erster Linie für den historischen Wandel menschlicher Existenz und damit für die Verschiedenheit interessiert, ist mehr dafür geeignet? Nun könnte man meinen: Jede Geschichte, die nach der Dynamik fragt, sei schon Anthropologie. Ganz so einfach ist es freilich nicht. Eine fast schon traditionell zu nennende Frauengeschichte etwa, die beispielsweise nach der Entwicklung der Frauenbewegung in der Weimarer Republik fragt, muß als

---

1 Siehe z. B.: Wolf Lepenies: Probleme einer Historischen Anthropologie, S. 140–148. In: Reinhard Rürup (Hg.): Historische Sozialwissenschaft. Beiträge zur Einführung in die Forschungspraxis, Göttingen 1977, S. 126–159. Gunter Gebauer / Dietmar Kamper / Dieter Lenzen / Gert Mattenklott / Christoph Wulf / Konrad Wünsche: Vorwort. In: Dies.: Historische Anthropologie. Zum Problem der Humanwissenschaften heute oder Versuche einer Neubegründung, Reinbek bei Hamburg 1989, S. 7–11.

2 Pierre Bourdieu: Im Gespräch mit Lutz Raphael. Über die Beziehungen zwischen Geschichte und Soziologie in Frankreich und Deutschland, S. 79. In: Geschichte und Gesellschaft 22 (1996), S. 62–89.

solche noch keine anthropologischen Dimensionen berühren. Sie tut es gewöhnlich auch nicht, wenn sich die Forschung etwa darauf beschränkt, die wichtigsten Persönlichkeiten der Frauenbewegung, deren Ideen und Wirken, zu rekonstruieren. Geschichte wird u. a. erst dann zur Anthropologie, zu einer Historischen Anthropologie, wenn Interpretationshorizonte anthropologischer Wissenschaften zu Bezugspunkten historischer Forschung werden[3]; so können zum Beispiel menschliche Elementarerfahrungen wie „Mann und Frau" oder „Krankheit, Sterben und Tod", für die etwa die Soziobiologie universelle Gesetze behauptet, in ihren historischen Verschiedenheiten rekonstruiert werden; so wird der historische und damit dynamische Charakter von Phänomenen, die andere Anthropologien als konstant denken, deutlich.

Schließlich gewinnt Geschichte im Rahmen einer Anthropologie der menschlichen Möglichkeiten insgesamt immens an Bedeutung. Sie ist in der Lage ein schier unerschöpfliches Kaleidoskop verschiedener menschlicher Handlungsweisen, Mentalitäten und Interpretationen zu erstellen.

Mit diesen Perspektiven, die sich Anthropologien dadurch bieten, daß sie die Geschichte in ihre Programme integrieren, ist auch angedeutet, welchen Stellenwert – umgekehrt – Anthropologien für die Geschichtswissenschaft haben können. Erstens kann die Geschichte über Impulse anthropologischer Wissenschaften zu Themen vordringen, die

---

3 Siehe dazu: Thomas Nipperdey: Die anthropologische Dimension der Geschichtswissenschaft, S. 33 f. In: Ders.: Gesellschaft, Kultur, Theorie. Gesammelte Aufsätze zur neueren Geschichte, Göttingen 1976, S. 33–58. Jochen Martin: Der Wandel des Beständigen. Überlegungen zu einer historischen Anthropologie, S. 40. In: Freiburger Universitätsblätter, Heft 126, Dezember 1994, S. 35–46.

lange Zeit von HistorikerInnen ignoriert worden sind, wie beispielsweise zu Krankheit oder Tod. Zweitens kann die Handlungskompetenz aller Menschen, ob sozial privilegiert oder nicht, und deren Mentalitäten und Verhaltensweisen ins Zentrum historischer Forschung rücken. Drittens kann die Geschichte für einen bestimmten Blick sensibilisiert werden – für einen Blick, der den eigenen Forschungsgegenstand, wie auch immer er definiert ist, quasi kultur- und sozialanthropologisch in seinem Fremd- bzw. Anderssein ernstnimmt; das heißt, daß er nicht sogleich als etwas analysiert wird, das einem selbst vertraut ist – Geschichte auch als eine Wissenschaft des historisch Fremden.

3.2. Paradigmenwechsel in den Geschichtswissenschaften

Ende der sechziger und anfangs der siebziger Jahre forderte Thomas NIPPERDEY als erster Historiker im deutschsprachigen Raum eine Anthropologisierung der Geschichtswissenschaft. Nipperdeys Plädoyer war zugleich auch eine Kritik an den vorherrschenden Strömungen in der damaligen deutschsprachigen und auch französischen Sozialgeschichte:

„Soziale Lagen, soziale Gebilde, soziale Prozesse stehen im Blick der Untersuchung, der Mensch, der in diesen Lagen, Gebilden, Prozessen lebt, tritt dagegen zurück. Man geht gleichsam ‚von außen‘, von den gesellschaftlichen Umständen auf die Menschen zu, ohne die Welt, in der sie leben, auch von ihrer ‚Innenseite‘ her zu erfassen, ohne zu fragen, wie Menschen durch die soziale Welt geprägt werden, wie sich ihr Handeln und ihr Verhalten konstituiert. Die ‚objektive‘, statische Beschreibung der Lage oder des Prozesses rangiert vor dem ‚subjektiven‘ Verhalten, das erst als konkrete Reaktion auf solche Lagen – Maschinensturm,

Hungerrevolten, Organisation und Ideologiebildung der Ar-beiterschaft z. B. – vorkommt.“ [4] Nipperdey meinte mit sei-ner Kritik vor allem eine Sozialgeschichte, die – ebenso wie die britische Sozialanthropologie à la Malinowski und Rad-cliffe-Brown (vgl. Kap. 2.4.) – versucht, ausschließlich Re-gelmäßigkeiten, Strukturen und Entwicklungslinien von Gesellschaften und Kulturen zu rekonstruieren.

Zwei solcher strukturgeschichtlicher Zugänge möchte ich kurz skizzieren, zum einen die *„Annales“*-Richtung von Fernand BRAUDEL, zum anderen das Konzept einer Histori-schen Sozialwissenschaft bzw. Gesellschaftsgeschichte. Braudel (wie auch die *„Annales“* insgesamt) und die Gesell-schaftsgeschichte haben mit einem historistischen Konzept gebrochen, das Geschichte auf politische Ereignisse und das Tun von politischen Eliten reduziert hatte. Beide genannten strukturgeschichtlichen Schulen sind von der Vorstellung getragen, *„daß Geschichte nicht in dem aufgeht, was die Menschen wechselseitig intendieren oder auch erfahren“*, nicht in Ereignissen, Personen und Handlungen, sondern vielmehr in den Bedingungen (Strukturen und Prozesse) für Ereignisse, Entscheidungen und Handlungen[5].

Fernand BRAUDEL (1902 – 1986) entwarf in seinem 1949 erstmals erschienenen dreibändigen Werk *„Das Mittel-meer und die mediterrane Welt in der Epoche Philipp II.“* [6]

---

4   Nipperdey: Die anthropologische Dimension der Geschichtswissen-schaft (wie Anm. 3), S. 48.

5   Jürgen Kocka: Historisch-anthropologische Fragestellungen – ein Defi-zit der Historischen Sozialwissenschaft? S. 73 In: Hans Süssmuth (Hg.): Historische Anthropologie. Der Mensch in der Geschichte, Göt-tingen 1984, S. 73–83. Siehe auch: Ders.: Sozialgeschichte. Begriffe – Entwicklung – Probleme, 2. erw. Aufl., Göttingen 1986, S. 163.

6   Fernand Braudel: Das Mittelmeer und die mediterrane Welt in der Epoche Philipp II., 3 Bd., Frankfurt a. M. 1990 (frz. Erstausgabe: 1949). Zur Einführung siehe auch das Taschenbuch: Ders. / Georges Duby / Maurice Aymard: Die Welt des Mittelmeeres. Zur Geschichte und Geo-graphie kultureller Lebensformen, Frankfurt a. M. 1990.

ein Drei-Stufen-Modell von Zeit; jede dieser Stufen besitzt nach Braudel eine spezifische Qualität für Geschichte bzw. historische Dynamik. Die erste Stufe sei jene der Ereignisgeschichte, die dynamisch, vielfältig, wechselhaft, geradezu unruhig sei, die sich aber lediglich an der Oberfläche der Geschichte bewege und daher für eine Analyse von Geschichte relativ bedeutungslos wäre. Weniger dynamisch, dafür aber bedeutender für den Ablauf von Geschichte sei die zweite Stufe – die ökonomischen, politischen, sozialen u. a. Strukturen eines Staats, einer Gesellschaft bzw. eines geographischen Raumes wie der des Mittelmeers. Diese Strukturen würden sich nur über mehrere Generationen hinweg spürbar verändern. Die zentrale Stufe der Geschichte, quasi die Tiefenschicht, sei aber jene der geographischen Faktoren – die Bedingungen, welche Gebirge und Ebene, Meer und Küste usw. für das soziale und kulturelle Leben setzen. Eine solche „géohistoire", wie Braudel es genannt hat, sei „eine gleichsam unbewegte Geschichte, (...) eine träge dahinfließende Geschichte, die nur langsame Wandlungen kennt, eine Geschichte, in der die Dinge beharrlich wiederkehren und die Kreisläufe immer wieder neu beginnen."[7] Die bedeutendste und wirkungsvollste Zeitspanne der Geschichte sei also die der „langen Dauer", der „longe durée". Dieter GROH hat darauf hingewiesen, daß das Braudelsche Modell quasi eine Analogie zur Strukturalen Anthropologie von LÉVI-STRAUSS sei[8]; beide fahndeten nach den Tiefenschichten menschlicher Existenz, nach jenen

---

7   Braudel: Mittelmeer, Bd. 1 (wie Anm. 6), S. 20. Siehe auch: Ders.: Geohistoire und geographischer Determinismus (1949). In: Matthias Middell / Steffen Sammler (Hg.): Alles Gewordene hat Geschichte. Die Schule der ANNALES in ihren Texten 1929 – 1992, Leipzig 1994, S. 233–246.

8   Dieter Groh: Die französische Strukturgeschichte und ihre Methoden, S. 139. In: Ders.: Anthropologische Dimensionen der Geschichte, Frankfurt a. M. 1992, S. 117–147.

Grundstrukturen, auf die einerseits die Menschen keinen
Einfluß ausüben könnten, die aber andererseits die über-
zeitliche, statische Folie seien, auf der sich Kultur und
Gesellschaft konstituieren würden.

Das Konzept der Gesellschaftsgeschichte unterscheidet sich auf dem ersten Blick massiv von dem Braudels.
Wegweisend für diesen geschichtswissenschaftlichen Zugang sind die bisher erschienenen drei Bände der *„Deutschen Gesellschaftsgeschichte"* des Bielefelder Sozialhisto-
rikers Hans-Ulrich WEHLER[9]. Die geographischen Bedingungen von Geschichte scheinen hier gar nicht auf. Vielmehr
orientiert sich die Gesellschaftsgeschichte an soziologischen und ökonomischen Theorien. Mit deren Hilfe werden
wirtschaftliche, politische und kulturelle Strukturen wie
auch die sozialen Formationen (Stände, Klassen usw.) einer
Gesellschaft und deren Veränderungen rekonstruiert und
als Parameter eines fortschreitenden Modernisierungsprozesses interpretiert. Gesellschaft wird dabei fast ausschließlich in ihrer politischen Dimension begriffen und als ein
Gebilde, das sich in drei weitgehend autonome Bereiche
untergliedern lassen würde – Wirtschaft, Herrschaft, Kultur, wobei unter Kultur lediglich das institutionalisierte
pädagogische und künstlerische Gefüge einer Gesellschaft
verstanden wird.

Die Akzente, die Braudel einerseits, die Gesellschaftsgeschichte andererseits in ihren Modellen gesetzt haben,
sind also sehr unterschiedlich. Was die *„Annales"* Braudel-

---

9 Hans-Ulrich Wehler: Deutsche Gesellschaftsgeschichte, 3 Bd., Mün-
chen 1987 / 1995. Siehe auch: Ernst Hanisch: Der lange Schatten des
Staates. Österreichische Gesellschaftsgeschichte im 20. Jahrhundert,
Wien 1994. Hans-Ulrich Wehler: Geschichte als Historische Sozialwis-
senschaft, Frankfurt a. M. 1973. Kocka: Sozialgeschichte (wie Anm. 5).
Ders.: Einleitung. In: Ders. (Hg.): Sozialgeschichte im internationalen
Überblick. Ergebnisse und Tendenzen der Forschung, Darmstadt 1989,
S. 1–17.

scher Prägung und die Gesellschaftsgeschichte aber eint, ist das Interesse für überindividuelle, von den Intentionen einzelner Individuen und sozialer Gruppen weitgehend unabhängige Strukturen und Prozesse von Staaten, Gesellschaften oder geographischen Räumen; diese Strukturen und Prozesse werden als *die* Triebkräfte von Geschichte gedacht. Was beide eint, ist zudem die Annahme, daß ein abstraktes Modell unabhängig von Zeit und Ort des Untersuchungsgegenstandes als Basis einer jeden Geschichtsanalyse verwendet werden kann. Was beide eint, ist deren Suche nach gesetzmäßigen Abläufen in der Geschichte. Was beide eint, ist schließlich und resümierend deren „Verwandtschaft" mit den Erkenntnisinteressen der systematischen Anthropologien.

Strukturgeschichtliche Ansätze solcherart haben in den vergangenen Jahren eine massive Kritik erfahren[10]. Ich

---

10 An dieser Stelle kann ich nur einige wenige Beispiele herausgreifen. Über den zu Beginn des Kapitels erwähnten Thomas Nipperdey hinaus: Hans Süssmuth: Geschichte und Anthropologie. Wege zur Erforschung des Menschen. In: Ders.: Historische Anthropologie. Der Mensch in der Geschichte, Göttingen 1984, S. 5–18. Hans Medick: „Missionare im Ruderboot"? Ethnologische Erkenntnisweisen als Herausforderung an die Sozialgeschichte. In: Geschichte und Gesellschaft 10 (1984), S. 295–319. Ders.: Entlegene Geschichte? Sozialgeschichte und Mikro-Historie im Blickfeld der Kulturanthropologie. In: Berliner Geschichtswerkstatt (Hg.): Alltagskultur, Subjektivität und Geschichte. Zur Theorie und Praxis von Alltagsgeschichte, Münster 1994, S. 94–109. Norbert Schindler: Spuren in die Geschichte der ‚anderen' Zivilisation. Probleme und Perspektiven einer historischen Volkskulturforschung. In: Richard van Dülmen / Norbert Schindler (Hg.): Volkskultur. Zur Wiederentdeckung des vergessenen Alltags (16.–20. Jahrhundert), Frankfurt a. M. 1984, S. 13–77. Alf Lüdtke: Einleitung: Was ist und wer treibt Alltagsgeschichte? In: Ders. (Hg.): Alltagsgeschichte. Zur Rekonstruktion historischer Erfahrungen und Lebensweisen, Frankfurt a. M. / New York 1989, S. 9–47. Reinhard Sieder: Was heißt Sozialgeschichte? In: ÖZG. Österreichische Zeitschrift für Geschichtswissenschaften 1 (1990), S. 25–48. Ders.: Sozialgeschichte auf dem Weg zu einer historischen Kulturwissenschaft? In: Geschichte und Gesellschaft 20 (1994), S. 445–468. Ute Daniel: „Kultur" und „Gesell-

möchte an dieser Stelle nur einige wenige zentrale Stichworte, quasi die Leitsätze dieser Kritik nennen, da die alternativen bzw. neuen geschichtswissenschaftlichen Zugangsweisen in den folgenden Kapiteln ausführlich vorgestellt werden.

Zunächst weisen die KritikerInnen darauf hin, daß die theoretischen Modelle beispielsweise Braudels oder der Gesellschaftsgeschichte ahistorisch konzipiert seien. Jede Zeit und jeder Ort benötige ihre je eigenen Theorien historischer Wirkungszusammenhänge; die zentralen historischen Triebkräfte könnten nicht vor jeder geschichtswissenschaftlichen Untersuchung in geographischen Determinanten oder in einer *„heiligen Dreifaltigkeit"* von Wirtschaft, Herrschaft und Kultur[11] geortet werden. Bezeichnenderweise analysiere die Gesellschaftsgeschichte in erster Linie die Geschichte moderner Industriestaaten, Braudel jene vorindustrieller geographischer Räume. Insbesondere letzterer, der die historische Dynamik – die Ereignisse – dem Diktat fast statischer räumlicher Vorgaben unterwerfe, könne daher zentrale Wandlungsprozesse, wie sie vor allem mit Beginn der Industrialisierung in der zweiten Hälfte des 18. Jahrhunderts einsetzten, nicht erklären; er könne sie lediglich ignorieren, indem er sie gar nicht erst thematisiere. Eine solche ahistorische Verwendungsweise theoretischer Konzeptionen stände letztlich in der Tradition metaphysischer Geschichtsauffassungen, weil sie entweder, wie Braudel, Geschichte

---

schaft". Überlegungen zum Gegenstandsbereich der Sozialgeschichte. In: Geschichte und Gesellschaft 19 (1993), S. 69–99. Roger Chartier: Zeit der Zweifel. Zum Verständnis gegenwärtiger Geschichtsschreibung. In: Christoph Conrad / Martina Kessel (Hg.): Geschichte schreiben in der Postmoderne. Beiträge zur aktuellen Diskussion, Stuttgart 1994, S. 83–97. Groh: Französische Strukturgeschichte (wie Anm. 8). Ders. / Martin Zürn: Der lange Schatten der „Gesellschaftsgeschichte". Zur Problematik einer Konzeption. In: ÖZG. Österreichische Zeitschrift für Geschichtswissenschaften 6 (1995), S. 569–596.

11 Groh / Zürn: Der lange Schatten (wie Anm. 10), S. 586.

schlußendlich eliminiere oder aber, wie das Konzept der Gesellschaftsgeschichte, Geschichte als einen fortwährenden, Modernisierungsschritt für Modernisierungsschritt verlaufenden Fortschritt interpretiere.

Ferner weisen KritikerInnen darauf hin, daß Geschichte im Lichte strukturgeschichtlicher Ansätze als eine Geschichte ohne Akteure erscheine. Geographische Räume bzw. wirtschaftliche und politische Strukturen würden als handelnde Wesen begriffen, die Handelnden selbst – Individuen und soziale Gruppen – blieben im Dunkeln und schienen, wenn überhaupt, nur als Marionetten überindividueller oder „natürlicher" Determinanten auf. „Kultur" sei bezeichnenderweise ein elitärer und institutionalisierter Bereich. Dem wird in den neuen geschichtswissenschaftlichen Ansätzen ein Konzept gegenübergestellt, welches den Menschen als ein Wesen begreift, das, ob einzeln oder in Gruppen, die Bedingungen, in denen gelebt wird, immer auch selbst mitgestaltet. Alle Menschen besäßen und gestalteten nicht nur Kultur, wie sie sich in bestimmten Ritualen und Festen ausdrücke; sie hätten auch Anteil an anderen Bereichen, die von der Gesellschaftsgeschichte als Strukturen ohne Akteure verstanden werden. „Klasse" beispielsweise sei im Verständnis der Gesellschaftsgeschichte quasi eine objektive statische Tatsache. Dabei sei „Klasse" auch – und darauf hat als erster der britische Historiker Edward P. THOMPSON zu Beginn der sechziger Jahre hingewiesen[12] – ein Prozeß, der wesentlich von den Erfahrungen, Verhaltensweisen und Handlungen bestimmter sozialer Gruppen mitgestaltet werde.

Wie diverse AnthropologInnen so haben auch viele HistorikerInnen eine methodologische, eine hermeneutische Wende vollzogen. Mit dieser Wende wird nicht mehr

---

12 Edward P. Thompson: Die Entstehung der englischen Arbeiterklasse, Frankfurt a. M. 1987 (brit. Erstausgabe: 1963).

nur nach den „objektiven" Strukturen einer historischen Gesellschaft, Kultur oder eines geographischen Raums gefragt. Von Interesse ist auch, wie Individuen und Kollektive ihre je eigene Welt interpretieren, wie sie sich in dieser von ihnen gedeuteten Welt verhalten und in ihr gehandelt haben – und wie sich im Wechselspiel der verschiedensten Deutungs-, Verhaltens- und Handlungsweisen Geschichte konstituiert hat.

In dem Moment, wo HistorikerInnen nach den Einstellungen und den Leben von Menschen fragen, werden auch Bereiche des menschlichen Erlebens interessant, die von der Gesellschaftsgeschichte (weniger vom Brandel-Ansatz) weitgehend ignoriert werden. Denn wenn man sich den subjektiven Momenten der Geschichte widmet, dann werden Themenfelder relevant, die für die Menschen in nahezu allen Kulturen und Gesellschaften Problemstellungen waren und sind, die organisiert gehören – zum Beispiel: Geschlecht, Familie, Geburt, Tod oder Kindheit.

Die Kritik an strukturgeschichtlichen Zugängen und die Umorientierung in der Geschichtswissenschaft gründet nicht zuletzt in einem Dialog vor allem jüngerer HistorikerInnen mit AnthropologInnen, vorwiegend kulturanthropologischer Provenienz. Der Dialog zwischen den VertreterInnen beider Disziplinen hat mittlerweile institutionalisierte Formen angenommen. Frühe Orte der Kommunikation, bereits in den fünfziger Jahren, sind die angelsächsischen Zeitschriften „Past & Present"[13] und „Comparative Studies in Society and History"[14] gewesen; zu Beginn der siebziger

---

13 Siehe dazu: Keith Thomas: History and Anthropology. In: Past & Present 13 (1963), S. 3–24.

14 Siehe dazu: Julian Pitt-Rivers: History and Anthropology. In: Comparative Studies in Society and History 5 (1963), S. 253–258. Bernhard S. Cohn: History and Anthropology: The State of the Play. In: Comparative Studies in Society and History 22 (1980), S. 198–221. Siehe

Jahre wurde zudem das *„Journal of Interdisciplinary History"* gegründet[15]. Im deutschsprachigen Raum sind *„Saeculum. Jahrbuch für Universalgeschichte"* [16], das von MitarbeiterInnen des Freiburger *Instituts für Historische Anthropologie* gestaltet wird, wie auch die bereits öfters erwähnte Zeitschrift *„Historische Anthropologie"* [17] Publikationen, in denen der Dialog zwischen Anthropologie und Geschichte gefördert wird. Nicht zuletzt ist auch das Göttinger *Max-Planck-Institut für Geschichte* zu einem Ort des Gesprächs zwischen HistorikerInnen einerseits und AnthropologInnen andererseits geworden[18].

Dieser Dialog und diese Zusammenarbeit haben einen doppelten Paradigmenwechsel in den Geschichtswissenschaften forciert. Einerseits sind neue Themen für historische Untersuchungen entdeckt worden; andererseits wird versucht, Geschichte mit neuen Blicken, Fragestellungen, Methoden usw. – mit einer *„Vielfalt von Forschungsstrategien"* [19] – zu erfassen. In den folgenden Kapiteln wird dargelegt, wie sich u. a. aus diesem Dialog heraus und unter

---

auch den Überblick: Rolf Sprandel: Historische Anthropologie. Zugänge zum Forschungsstand. In: Saeculum, Bd. 27, 1976, S. 121–142.

15 Siehe dazu z. B.: Bernhard S. Cohn: Toward a Rapproachment. In: Journal of Interdisciplinary History 12 (1982), S. 227–252.

16 Siehe z. B. Otto Köhler: Versuch einer „Historischen Anthropologie". In: Saeculum. Jahrbuch für Universalgeschichte, Bd. 25, 1974, S. 129–250. Rolf Sprandel: Historische Anthropologie (wie Anm. 14).

17 Siehe z. B.: Rhys Isaac: Geschichte und Anthropologie oder: Macht und (Be-)Deutung. In: Historische Anthropologie 2 (1994), S. 107–130.

18 Siehe dazu die aus einer interdiszplinären Zusammenarbeit entstandenen Sammelbände: Robert Berdahl / Alf Lüdtke / Hans Medick u. a.: Klassen und Kultur. Sozialanthropologische Perspektiven in der Geschichtsschreibung, Frankfurt a. M. 1982. Hans Medick / David Sabean (Hg.): Emotionen und materielle Interessen. Sozialanthropologische und historische Beiträge zur Familienforschung, Göttingen 1984. Alf Lüdtke (Hg.): Herrschaft als soziale Praxis. Sozialanthropologische und historische Studien, Göttingen 1991.

19 Georg Iggers: Geschichtswissenschaft im 20. Jahrhundert. Ein kritischer Überblick im internationalen Zusammenhang, Göttingen 1993, S. 101.

dem Vorzeichen dieses doppelten Paradigmenwechsels Historische Anthropologie konstituiert hat. Thematische und theoretische Grundpfeiler der Historischen Anthropologie werden herausgearbeitet – Grundpfeiler, die nicht in der Summe die Basis jedweder historisch-anthropologischer Arbeit sein müssen, die aber das Feld des historisch-anthropologischen Forschungszusammenhangs thematisch und theoretisch abstecken.

3.3. Paradigmenwechsel I: Themenfelder der Historischen Anthropologie

3.3.1. Menschliche Elementarerfahrungen

Eine „Geschichte der Kindheit" mag heute selbstverständlich sein. 1960, als der französische Historiker Philippe ARIÈS erstmals eine solche vorlegte[20], war es das nicht. Wer hätte sich schon vor vierzig Jahren eine Geschichte der Kindheit, des Todes, der Angst, der Umwelt, der Familie, der Geschlechterbeziehungen usw. vorstellen können? Inzwischen haben aber viele HistorikerInnen völlig neue Themen als historische Untersuchungsgegenstände entdeckt. Georg IGGERS hat kürzlich von einer „Explosion der Themen" gesprochen, die neuerdings „für die Geschichtsschreibung relevant sind."[21] Werfen wir einmal einen exemplarischen Blick in einige geschichtswissenschaftliche Zeitschriften und Sammelbände:

* in die „Beiträge zur Historischen Sozialkunde" beispielsweise; die „Beiträge" wurden 1969 zunächst eigentlich zu dem Zweck der Lehrerfortbildung gegründet; Herausgeber

---

20 Philippe Ariès: Geschichte der Kindheit, München 1978 (frz. Erstausgabe: 1960).

21 Iggers: Geschichtswissenschaft (wie Anm. 19), S. 101.

ist der „*Verein für Geschichte und Sozialkunde*", dessen Mitglieder sich vor allem aus dem Institut für Wirtschafts- und Sozialgeschichte an der Universität Wien rekrutieren. Das Periodikum erscheint vierteljährlich und jeweils mit einem Themenschwerpunkt. Die Schwerpunkte lauten u. a. wie folgt: „*Volksfrömmigkeit*" (1985, Nr. 1), „*Sexualität*" (1988, Nr. 1), „*Migration: Mittelalter und Frühneuzeit*" (1989, Nr. 3), „*Religion in Lebensgeschichten*" (1989, Nr. 4), „*Umwelt hat Geschichte*" (1990, Nr. 4), „*Multikultureller Alltag in Wien*" (1991, Nr. 2), „*Die Lebenden und die Toten*" (1991, Nr. 3), „*Mensch und Tier*" (1993, Nr. 1), „*Jugendkultur*" (1993, Nr. 2), „*Familie – Tradition – Probleme – Perspektiven*" (1993, Nr. 4), „*Sozialgeschichte der Kindheit*" (1994, Nr. 1), „*Traditionelle Lebensweisen auf dem Balkan*" (1994, Nr. 3).

* Auch die im vorangegangenen Kapitel bereits erwähnten „*Comparative Studies in Society and History*" gestalten ihre ebenfalls vierteljährlich erscheinenden Hefte zu jeweils einem Themenschwerpunkt. In den vergangenen Jahren gab es beispielsweise die Schwerpunkte: „*Religion and Politics*", „*Gender, Generation, Sex*", „*Modern Uses of Myth*", „*Changing Tradition (Maya, Malaysia)*", „*Violence and the State*", „*The Politics of the Terror*", „*Acts of Kinship*". Die fast zeitgleich mit den „*Comparative Studies*" gegründete Zeitschrift „*Past & Present*" gibt zwar keine Schwerpunkthefte heraus, hat aber zahlreiche Beiträge zu Geschlechterbeziehungen, zur Erziehung, zur Konfrontation mit Fremden und Fremdem, zu Festen und Ritualen, zur Kriminalität sowie zur Identität sozialer Gruppen veröffentlicht.

* Das jährlich von Rundfunkanstalten der deutschen ARD ausgerichtete „*Funkkolleg*", das sich in erster Linie als Fortbildung für LehrerInnen sowie für andere MultiplikatorInnen versteht, gestaltete Ende der siebziger Jahre einen „*Grundkurs Geschichte*"; untergliedert war der Grund-

kurs in Einheiten, die jeweils eine „*Grundsituation*" oder
„*elementare Erfahrung des Menschen*" historisch behan-
delten – zum Beispiel: „*Mann und Frau*", „*Geburt und
Tod*", „*Die Gruppe und der einzelne*", „*Arbeit und Freizeit*", „*Das Fremde und das Eigene*"[22].

* Das Freiburger *Institut für Historische Anthropologie* hat
in den achtziger Jahren ein interdisziplinäres Projekt
„*Kindheit – Jugend – Familie*" gestartet[23], aus dem heraus
umfangreiche Bände hervorgegangen sind; in diesen sind
die „*Geschlechtsreife und Legitimation zur Zeugung*"[24],
die „*Sozialgeschichte der Kindheit*"[25] wie auch „*Aufgaben, Rollen und Räume von Frau und Mann*"[26] in verschiedenen Kulturen zu verschiedenen Zeiten untersucht
worden.

* 1993 hat der Mediävist Peter DINZELBACHER eine „*Europäische Mentalitätsgeschichte*" herausgegeben[27]. Der breit
angelegte Band strukturiert sich dabei nach Themen, die
einerseits einen „*anthropologisch konstanten Grundbestand von Denk-, Empfindungs- und Verhaltensweisen*"
kennzeichnen; andererseits werden aber deren historisch
wandelbare Ausdrucksformen hervorgestrichen und besprochen. Die Themenfelder lauten (u. a.): „*Individu-
um/Familie/Gesellschaft*", „*Sexualität/Liebe*", „*Religiosität*", „*Körper und Seele*", „*Krankheit*", „*Lebensalter*",

---

22 Werner Conze / Karl-Georg Faber / August Nitschke (Hg.): Funk-Kolleg
   Geschichte, Bd. 1, Frankfurt a. M. 1981.
23 Zur Einführung siehe: Jochen Martin: Probleme historisch-anthropologischer Forschung. In: Hans Süssmuth (Hg.): Historische Anthropologie. Der Mensch in der Geschichte, Göttingen 1984, S. 43–48.
24 Ernst Wilhelm Müller (Hg.): Geschlechtsreife und Legitimation zur
   Zeugung, Freiburg / München 1985.
25 Jochen Martin / August Nitschke (Hg.): Zur Sozialgeschichte der Kindheit, Freiburg / München 1986.
26 Jochen Martin / Renate Zoepffel (Hg.): Aufgaben, Rollen und Räume
   von Frau und Mann, 2 Bd., Freiburg / München 1989.
27 Peter Dinzelbacher: Europäische Mentalitätsgeschichte. Hauptthemen
   in Einzeldarstellungen, Stuttgart 1993.

„Sterben/Tod", „Ängste und Hoffnungen", „Arbeit und Fest", „Natur/Umwelt", „Raum", „Zeit/Geschichte".

Was haben all diese aufgelisteten Themen gemeinsam? Unter welchem gemeinsamen Dach stehen Themenfelder, wie beispielsweise „Kindheit" und „Natur/Umwelt"? Ulrich RAULFF hat gemeint, daß diese Themen solche des *„homo humanus"* wären[28]. Die neuen Themen ergeben sich nicht über den Bezug zu (einem konkreten) „Staat" oder zu (einer nationalen) „Gesellschaft", sondern sind Themen *des* Menschen. Die Gestalter des *„Funkkolleg Geschichte"* sprechen bezüglich der Themen von *„Grundsituationen und elementaren Erfahrungen des Menschen"*[29], Peter DINZELBACHER von einem *„anthropologisch konstanten Grundbestand"*; Jochen MARTIN nennt sie *„menschliche Grundphänomene"*[30], Hans MEDICK *„elementare menschliche Verhaltensweisen, Erfahrungen und Grundsituationen"*[31]. Das heißt: Jeder Mensch durchlebt bzw. erfährt so etwas wie eine „Kindheit" und steht auch immer in einer Beziehung mit der ihn umgebenden natürlichen Umwelt – ob er auf einer ozeanischen Insel lebt oder in einer europäischen Millionenstadt, ob er im 19. oder im 8. Jahrhundert gelebt hat.

Einige systematische Anthropologien haben versucht, solcherart menschliche „Grundsituationen", „Grundphänomene" etc., die unabhängig von Ort und Zeit existieren, herauszuarbeiten. Auch die Kultur- und Sozialanthropolo-

---

28 Ulrich Raulff: Vorwort. Mentalitäten-Geschichte, S. 8. In: Ders.: Mentalitäten-Geschichte. Zur historischen Rekonstruktion geistiger Prozesse, Berlin 1987, S. 7–17.

29 Den gleichen Begriff wählt auch: Süssmuth: Geschichte und Anthropologie (wie Anm. 10), S. 5.

30 Martin: Wandel des Beständigen (wie Anm. 3), S. 42.

31 Hans Medick: „Missionare im Ruderboot"? Ethnologische Erkenntnisweisen als Herausforderung an die Sozialgeschichte, S. 54. In: Alf Lüdtke (Hg.): Alltagsgeschichte. Zur Rekonstruktion historischer Erfahrungen und Lebensweisen, Frankfurt a. M. / New York 1989, S. 48–84.

gien haben diese Bereiche umfassend thematisiert. Zur Erinnerung: KulturanthropologInnen und Sozialanthropolog-
Innen haben meist außereuropäische Kulturen studiert, die
weitgehend schriftlos und kaum in überregionalen staatlichen Strukturen eingebunden gewesen sind. Das hat es notwendig gemacht, Lebensbereiche zu untersuchen, die den
Alltag der betreffenden Kulturen kennzeichnen – Lebensbereiche, die in anderen Sozial- und Geisteswissenschaften,
die vor allem an hiesigen „gesamtgesellschaftlichen" bzw.
staatlichen, politischen, wirtschaftlichen und sozialen Prozessen und Strukturen interessiert waren, wenn überhaupt,
lange Jahrzehnte nur Randthemen darstellten: Familien-
und Verwandtschaftsverhältnisse, Geschlechterbeziehungen und -rollen, Lebensphasen wie Kindheit und Jugend,
religiöse Riten, der Umgang mit Geburt und Tod, Ernäh-
rungsweisen usw.

Im Gegensatz zu Anthropologien, die den universellen
Charakter menschlicher Grundphänomene hervorgestrichen
haben, hat aber gerade die kulturanthropologische Forschung deutlich gemacht, daß wir es hier zwar einerseits mit
Phänomenen zu tun haben, von denen Menschen zu allen
Zeiten und an allen Orten betroffen sind. Andererseits können wir aber nicht von anthropologischen Konstanten in
dem Sinne sprechen, daß Geburt, Kindheit, Jugend, Sterben
usw. in allen Kulturen und Gesellschaften in gleicher oder
auch nur ähnlicher Weise stattfinden. Margaret MEAD machte schon in den zwanziger Jahren mit ihren Studien auf
Samoa darauf aufmerksam, daß sich das nordamerikanische
oder auch europäische Konzept von Kindheit und Jugend
nicht auf für uns fremde Kulturen und Gesellschaften über-
tragen läßt[32]. Es war und ist also *eine* Aufgabe der Kultur-

---

32 Margaret Mead: Jugend und Sexualität in primitiven Gesellschaften.
   Bd. 1: Kindheit und Jugend in Samoa, München 1970 (amerikan. Erstausgabe: 1928).

und Sozialanthropologie bzw. Ethnologie, die verschiedensten kulturspezifischen Formen des Umgangs mit universellen Problemstellungen unter dem Gesichtspunkt ihrer Örtlichkeit herauszuarbeiten. Die Historische Anthropologie tut dies „*unter dem Gesichtspunkt ihrer Zeitlichkeit*"[33].

Um in diesem Zusammenhang noch einmal auf Philippe ARIÈS und seine „*Geschichte der Kindheit*" zurückzukommen: Ariès hat aufgezeigt, daß sich die Kindheit als eigene Lebensphase, die sich u. a. durch eine institutionalisierte Erziehung, Spiel und eine spezifische Kleidung auszeichnet, erst seit dem 14. Jahrhundert nach und nach herausgebildet hat. So umstritten heutzutage seine Thesen im Detail auch sind, so bahnbrechend und beispielhaft war doch seine Arbeit hinsichtlich der Historisierung eines Lebensbereiches, dessen historische Dimension zuvor weder bewußt gewesen noch reflektiert worden war. Ariès sensibilisierte damit insgesamt für eine Historisierung von menschlichen Phänomenen, die oft als statische Tatsachen begriffen werden. Er machte Lust auf eine Historische Anthropologie, die es sich zur zentralen Aufgabe macht, die „*geschichtliche Variabilität*", die „*geschichtliche Bedingtheit und Wandelbarkeit anthropologischer Strukturen*"[34] bzw. den „*Umbildungen der menschlichen Grundkonstitution (...) in historischer Zeit*" zu erforschen, da „*die kulturgeprägten Formen menschlichen Daseins ,sehr tiefgehend'* sind.*"[35] Ein solcher Zugang verwechselt daher das Bestän-

---

33 Martin: Wandel des Beständigen (wie Anm. 3), S. 42.

34 Wolf Lepenies: Geschichte und Anthropologie. Zur wissenschaftlichen Einschätzung eines aktuellen Disziplinenkontaktes, S. 330. In: Geschichte und Gesellschaft 1 (1975), S. 325–343. Siehe auch: Ders.: Probleme einer Historischen Anthropologie (wie Anm. 1). Nipperdey: Die anthropologische Dimension der Geschichtswissenschaft (wie Anm. 3), S. 35.

35 Gernot Böhme: Vorlesung: Historische Anthropologie, S. 251. In: Ders.: Anthropologie in pragmatischer Hinsicht. Darmstädter Vorlesungen, Frankfurt a. M. 1985, S. 251–265.

dige auch nicht mit anthropologischen Universalien, sondern versteht Konstanz, und darauf hat Jochen MARTIN hingewiesen, als kulturelle Leistung[36].

Ich selbst möchte solche Felder wie Geschlecht, Familie,
Kindheit, Geburt, Tod, Sexualität usw. als „menschliche
Elementarerfahrungen" bezeichnen. Denn Begriffe wie
„menschliche Grundbefindlichkeiten", „anthropologisch
konstanter Grundbestand", „elementare menschliche Verhaltensweisen" usw. können suggerieren, auch wenn es die
entsprechenden AutorInnen nicht beabsichtigen, daß es
sich hier um anthropologische Konstanten handelt. Gerade
der Begriff Elementarerfahrungen beinhaltet meiner An-
sicht nach den historischen Wandel und die kulturelle Vielfalt. Denn Erfahrungen machen Individuen und Kollektive
immer in und mit einem kulturellen oder gesellschaftlichen
Kontext; dieser Kontext ist historisch und kulturell verschieden, so auch die Erfahrungen, die in und mit ihm
gemacht werden – und damit auch die Menschen. Sodann
kann man „Grundbefindlichkeit" oder „menschliche elementare Verhaltensweisen" als etwas verstehen, was ausschließlich die subjektiven Dimensionen meint. Der Erfah-
rungsbegriff berücksichtigt sowohl die „objektiven" Gegebenheiten als auch den subjektiven menschlichen Umgang
damit, da Erfahrung und Kontext letztlich nicht zu trennen
sind. Wenn man etwa Familie als Elementarerfahrung begreift, dann sieht man Familie erstens als etwas, das in
einer konkreten historischen oder kulturellen Situation eine spezifische Struktur (Produktionsweise, Rollen der Familienmitglieder usw.) aufweist; und zweitens ist Familie
damit ein Bereich, in dem Menschen (Männer, Frauen, Kinder usw.) in einer jeweils bestimmten Art und Weise wahrnehmen und handeln. Schließlich eignet sich die Bezeich-

---

36 Martin: Wandel des Beständigen (wie Anm. 3).

nung Elementarerfahrung am ehesten als Überbegriff für alle Themen, die für die Historische Anthropologie relevant geworden sind bzw. werden können. Kindheit ist keine menschliche Grundbefindlichkeit; aber jeder Mensch macht Erfahrungen mit Kindheit. Zeit und Raum sind keine elementaren menschlichen Verhaltensweisen; aber jeder Mensch macht Erfahrungen mit Zeit und Raum. Historische Anthropologie fragt also nach den historischen individuellen und kollektiven Erfahrungen mit Geschlecht, Kindheit, Geburt, Tod, Sexualität, Familie usw.

Was läßt sich aber nun alles als menschliche Elementarerfahrungen bezeichnen? Anders gefragt: Was sind die Themenfelder der Historischen Anthropologie? Ein Katalog von Themen gestaltet sich je nach dem, von welchem Kontext ausgegangen wird. *„Was als Humana angesehen wird"*, hat Gernot BÖHME gemeint, *„hängt davon ab, was man als für das Menschsein wichtig ansieht"* [37] – und das ist zumindest kulturell und zeitlich recht unterschiedlich. Dieter GROH hat darauf hingewiesen, daß man in der empirischen Beschäftigung mit Vergangenheit und fremden Kulturen immer mit Begriffen und Kategorien operiert, die *„sich, wenn überhaupt, nur mit verhältnismäßig großem wissenschaftlichen Aufwand (...) nachweisen lassen."* [38] Das heißt: Kindheit, Sexualität und andere Bezeichnungen für Elementarerfahrungen sind immer Begriffe der Gegenwart und damit auch Begriffe, die bestimmte Bedeutungen haben, nämlich die des Hier und Jetzt. Die Begriffe können,

---

37 Gernot Böhme: Vorlesung: Oblique Anthropologie, S. 284. In: Ders.: Anthropologie in pragmatischer Hinsicht. Darmstädter Vorlesungen, Frankfurt a. M. 1985, S. 281–290.
38 Dieter Groh: Strategien, Zeit und Ressourcen. Risikominimierung, Unterproduktivität und Mußepräferenz – die zentralen Kategorien von Subsistenzökonomien, S. 65. In: Ders.: Anthropologische Dimensionen der Geschichte, Frankfurt a. M. 1992, S. 54–113.

wenn man Geschichte und Kulturen aus dem jeweils eigenen Kontext erklären will, immer nur Hilfsmittel sein, damit man für die Gegenwart verständlich bleibt; sie sind aber
keine Wahrheiten in dem Sinne, daß Menschen wann-auch-
immer und wo-auch-immer in den Begriffen, geschweige
denn in den Bedeutungen, den wir ihnen heute verleihen,
gedacht und gelebt hätten[39]. Mit ihnen läßt sich eine historische kulturelle Praxis nie völlig adäquat deuten. Das, was
wir in unserer heutigen westlichen Gesellschaft als Kindheit bezeichnen, war beispielsweise für Menschen vor über
fünfhundert Jahren außerhalb jeder Vorstellungskraft.

Historische Anthropologie ist also immer auch eine
Gratwanderung. Einerseits muß sie aktuelle Begriffe und
Kategorien der Verständlichkeit wegen verwenden; andererseits sollte sie diese im Kontext des jeweils spezifischen
historischen Forschungsfeldes relativieren.

Daher sehe ich zwei grundsätzliche Möglichkeiten,
thematische Kategorien der Historischen Anthropologie zu
erstellen. Erstens kann dies unmittelbar aus dem zeitlichen
und kulturellen Kontext des historischen Forschungsgegenstandes selbst geschehen. Wenn es darum geht, wie Hans
SÜSSMUTH meint, *„zu erforschen, was Menschsein zu verschiedenen Zeiten beinhaltete“*[40], dann gestalten sich die
Themenfelder der Historischen Anthropologie als ein En-
semble von menschlichen Elementarerfahrungen, das sich
von Untersuchungsfeld zu Untersuchungsfeld wandeln
kann, ja, immer auch wandeln muß. Der Konstanzer Historiker Arno BORST hat schon 1973 versucht, die *„condicio
humana“* des Mittelalters auf die Grundkategorien *„Zeit
und Lebenslauf“*, *„Raum und Umwelt“*, *„Mensch und Ge-*

---

39 Richard van Dülmen: Fragmentarisierung unseres Geschichtsbildes
   oder die Geschichtswissenschaft auf neuen Wegen, S. 49. In: magazin
   forschung der Universität des Saarlandes, Nr. 1, 1995, S. 46–49.
40 Süssmuth: Geschichte und Anthropologie (wie Anm. 10), S. 7.

meinschaft", die *„societas humana"* dieser historischen
Epoche unter den sozialen Typen *„Bauern und Bürger"*,
„Adelige und Fürsten", *„Geistliche und Gebildete"*, *„Au-
ßenseiter und Exoten"* zu abstrahieren[41]. Ähnlich hat Jacques LE GOFF den *„Mensch des Mittelalters"* in verschiedenen sozialen Typen erfaßt, die für die damalige Epoche
prägnant waren[42]. Sowohl Borst auch als Le Goff verwenden natürlich heute gebräuchliche Begriffe, der Katalog an
den anthropologischen Themen des Mittelalters wird aber
direkt aus dem historischen Zusammenhang der von ihnen
untersuchten Epoche heraus erstellt. Das heißt: Das Thema
eines solchen historisch-anthropologischen Zugangs ist
nicht vorgegeben, sondern es konstituiert sich *„erst über
die historisch-unterschiedlichen Erscheinungen und ist damit selbst dauerndem Wandel unterworfen."*[43]

Zweitens können die Themenfelder der Historischen
Anthropologie aus einem bewußten und reflektierten Ge-
genwartsbezug heraus formuliert werden. Bei allen Impul-
sen, die von verschiedenen Anthropologien für die Historisierung von menschlichen Elementarerfahrungen ausgegangen sind – daß der *„homo humanus"*, um noch einmal den
Begriff von Ulrich Raulff zu verwenden, so massiv ins historische Interesse gerückt ist, hängt auch mit gesellschaftlichen Wandlungsprozessen der vergangenen Jahre und
Jahrzehnte zusammen. In einer Vielzahl von Lebens-
bereichen hat sich in der jüngeren Vergangenheit die gesellschaftliche Praxis in Europa massiver denn je gewandelt.
Weiblichkeit, Männlichkeit, Sexualität, Liebe, einzelne Lebensphasen, Religion, Körper, verschiedenste soziale Bezie-

---

41 Arno Borst: Lebensformen im Mittelalter, 14. Aufl., Frankfurt a. M. /
    Berlin 1995 (Erstausgabe: 1973).
42 Jacques Le Goff (Hg.): Der Mensch des Mittelalters, 2. korr. Aufl.,
    Frankfurt a. M. / New York / Paris 1990; siehe darin bes.: Ders.: Ein-
    führung. Der Mensch des Mittelalters, S. 7–45.
43 Martin: Wandel des Beständigen (wie Anm. 3), S. 45.

hungen, aber auch die Beziehung zwischen Menschen und
ihrer Umwelt, um zunächst nur einige Bereiche zu nennen,
bedeuten kurz vor dem Jahr 2000 etwas anderes als noch
1930 oder 1960; sie werden anders gelebt und erlebt. Wolf
LEPENIES sieht eine enge Beziehung zwischen der Konstituierung von Historischer Anthropologie und den Erfahrungen des *„Verlust(s) kultureller und historischer Selbstverständlichkeiten. (…) (D)ie Einsicht, daß für die Alltagser-
fahrung unveränderliche Phänomene keineswegs
unveränderbar waren, sondern einer breiten kulturellen
und historischen Variation unterliegen"* [44], haben zu einer
wissenschaftlichen Beschäftigung mit menschlichen Elementarerfahrungen animiert.

Einerseits setzen sich systematische Anthropologien
wie etwa die Soziobiologie mit Elementarerfahrungen wissenschaftlich auseinander. Quasi als Gegenreaktion auf den
gesellschaftlichen Wandel versuchen sie ewig gleichbleibende und universell gültige Determinanten für diese herauszuarbeiten (vgl. Kap. 2.1.). Andererseits befaßt sich u. a. auch
die Historische Anthropologie mit menschlichen Elementarerfahrungen, die sie als historische und kulturelle Variabeln
begreift. Damit historisiert sie auch gleichzeitig Kategorien,
die die Soziobiologen universell denken; sie überprüft sie
historisch auf ihre Relevanz, das heißt: Elementarerfahrungen werden in ihren jeweils spezifischen historischen und
kulturellen Ausformungen und Bedeutungen analysiert; damit wird deren angenommener orts- und zeitübergreifender
Charakter relativiert. Nicht zufällig sehen daher einige Historische AnthropologInnen biologie- bzw. körpernahe Themen, wie Geburt, Tod und Ernährung, im Zentrum ihrer
Forschungen[45]. Gerade HistorikerInnen der *„Annales"* zäh-

---

44 Wolf Lepenies: Probleme einer Historischen Anthropologie, S. 153. In:
    Reinhard Rürup (Hg.): Historische Sozialwissenschaft. Beiträge zur
    Einführung in die Forschungspraxis, Göttingen 1977, S. 126–159.
45 Lepenies: Geschichte und Anthropologie (wie Anm. 34), S. 138f. Ders.:

len eine Geschichte der Ernährung, des Körpers, der Krankheiten und des Sexualverhaltens zu den bevorzugten Themen der Historischen Anthropologie[46]. Ich selbst möchte die Themenfelder der Historischen Anthropologie nicht auf „körper"- bzw. „biologienahe" reduzieren. Menschliche Elementarerfahrungen sind mehr als nur solche, die unmittelbar mit dem Körper zusammenhängen. Und mehr als nur unmittelbar körperbezogene Elementarerfahrungen haben sich in der näheren Vergangenheit gewandelt.

Die menschlichen Elementarerfahrungen, die im Anschluß als historisch-anthropologische Themen vorgestellt werden, sind also Kategorien, deren Veränderungen gegenwärtig offensichtlich sind. Sie sind aber auch solche, die von der historisch-anthropologischen Forschung bereits – mehr oder weniger – ausführlich aufgegriffen worden sind. Das heißt: Der Themenkatalog ist nicht vollständig. Einige Themen, die man berechtigterweise einfordern könnte, weil sie erstens menschliche Elementarerfahrungen insbesondere der Gegenwart sind und zweitens auch einem Wandel unterliegen, scheinen nicht auf. Denn sie sind in ihren historischen Dimensionen vor allem von der deutschsprachigen Forschung bislang nur wenig thematisiert worden. Die Ka-

---

Probleme einer Historischen Anthropologie (wie Anm. 1), S. 338. Martin: Probleme historisch-anthropologischer Forschung (wie Anm. 23), S. 44. Otto Gerhard Oexle: Gruppenbindung und Gruppenverhalten bei Menschen und Tieren. Beobachtungen zur Geschichte der mittelalterlichen Gilden, S. 29. In: Saeculum. Jahrbuch für Universalgeschichte, Bd. 36, 1985, S. 28–45.

46 André Burguière: Historische Anthropologie. In: Jacques Le Goff / Roger Chartier / Jacques Revel (Hg.): Die Rückeroberung des historischen Denkens. Grundlagen der Neuen Geschichtswissenschaft, Frankfurt a. M. 1994, S. 62–102. Im selben Band auch: Jacques Le Goff: Neue Geschichtswissenschaft, S. 11–61, bes. S. 38f. Siehe zudem: Michael Erbe: Historisch-anthropologische Fragestellungen der Annales-Schule. In: Hans Süssmuth (Hg.): Historische Anthropologie. Der Mensch in der Geschichte, Göttingen 1984; S. 19–31.

tegorie „Kommunikation" (also historisch unterschiedliche Formen der Kommunikation)[47] fehlt beispielsweise ebenso wie das Thema „Krankheit"[48] oder ein möglicher Themenbereich „Identitäten: zwischen Individualität und Kollektivität"[49]. Auch könnte man insgesamt den Katalog in einer anderen Art und Weise strukturieren[50].

Bei den Elementarerfahrungen, die angeführt sind, versteht es sich von selbst, daß an dieser Stelle der jeweils

47 Ausnahmen sind z. B. die Beiträge zur Kommunikation in der Antike, im Mittelalter und in der Neuzeit von Hans Kloft, Albert Classen und Jörg Requate in dem Band: Dinzelbacher: Europäische Mentalitätsgeschichte (wie Anm. 27), S. 362–399. Oder auch: Kristina Popova: Einleitung: In: Dies. (Hg.): „Ein roter und ein weißer Zwirn". Jugend auf dem Balkan, Wien / Köln / Weimar 1996, S. 15–51. Popova arbeitet hier u. a. die Bedeutung einer non-verbalen Symbolik in ländlichen Regionen Bulgariens zu Beginn unseres Jahrhunderts heraus. Weiters: Norbert Schindler: Die Prinzipien des Hörensagens. Predigt und Publikum in der Frühen Neuzeit. In: Historische Anthropologie 1 (1993), S. 359–393.

48 Zu einer Historischen Anthropologie der Krankheit siehe z. B.: Burguière: Historische Anthropologie (wie Anm. 46); S. 83–85. Ebenso die Beiträge von Ines Stahlmann, Klaus Arnold und Beatrix Bastl zur Krankheit in der Antike, im Mittelalter und in der Neuzeit in dem Band: Dinzelbacher: Europäische Mentalitätsgeschichte (wie Anm. 27), S. 187–207.

49 Als Ausnahme siehe wiederum die Arbeit: Popova: Einleitung (wie Anm. 47). Popova unterstreicht hier am Beispiel der Bedeutung der Namenstage (im Vergleich zu den Geburtstagen) und der Familiennamen (im Vergleich zu den Vornamen) die mehr kollektive Identität der Menschen im ländlichen Bulgarien zu Beginn des 20. Jahrhunderts. Siehe auch die Beiträge von Barbara Feichtinger, Peter Dinzelbacher und Martina Kessel zu „Individuum / Familie / Gesellschaft" in der Antike, im Mittelalter und in der Neuzeit in dem Sammelband: Dinzelbacher: Europäische Mentalitätsgeschichte (wie Anm. 27), S. 1–53. Sowie: Hartmut Boockmann: Die Gruppe und der einzelne. In: Conze / Faber / Nitschke: Funk-Kolleg Geschichte (wie Anm. 22). Aaron Gurjewitsch: Das Individuum im europäischen Mittelalter, München 1994.

50 Andere Themenkataloge bzw. Strukturierungen von Themen finden sich zum Beispiel bei: Conze / Faber / Nitschke: Funk-Kolleg Geschichte (wie Anm. 22). Dinzelbacher: Europäische Mentalitätsgeschichte (wie Anm. 27).

mit ihnen verbundene Forschungsstand nur skizzen- und
bruchstückhaft vorgestellt werden kann; für ausführlichere
Informationen verweise ich auf umfangreichere Literaturbe-
richte. Es geht auch weniger darum, den Forschungsstand
vollständig darzustellen; vielmehr soll anhand einiger Beispiele deutlich werden, wie unterschiedlich anthropologische Themen historisch analysiert werden können. Diese
Themenliste erhebt also weder den Anspruch, den Menschen schlechthin noch jenen der europäischen Gegenwart
voll zu erfassen.

Schließlich sind die nachfolgenden Kategorien so
nicht abgrenzbar, wie es hier den Anschein haben mag;
viele Forschungsarbeiten, die jeweils einzelnen Elementarerfahrungen zugeordnet werden, könnten auch unter anderen historisch-anthropologischen Themenfeldern aufschei-
nen. An dieser Stelle dazu nur ein Beispiel: Markus SCHÄR
hat eine Studie vorgelegt, in der er für das frühneuzeitliche
Zürich das erhöhte Aufkommen von Selbstmorden im Zusammenhang mit Erkrankungen an Melancholie analysiert.
Auffallend ist, daß Suizid und Melancholie vor allem bei
jenen Menschen auftraten, die sich als gottesfürchtige Untertanen verstanden und eine strenge Frömmigkeit im Sinne Zwinglis lebten. Schär berührt mit seiner Analyse gleich
vier grundlegende anthropologische Themen: Tod, Religion, Gefühle und – im folgenden nicht näher ausgeführt –
Krankheit[51].

3.3.2. Familie

Philippe ARIÈS legte 1960 mit seiner „*Geschichte der Kindheit*", wie nachher zu sehen sein wird, auch eine familien-

---

51 Markus Schär: Seelennöte der Untertanen. Selbstmord, Melancholie
   und Religion im Alten Zürich, 1500 – 1800, Zürich 1985.

historische Untersuchung vor[52]. Familie wurde seitdem in einer Weise zu einem wichtigen historischen Forschungsgegenstand, daß sich in den siebziger Jahren eine eigene Historische Familienforschung etablierte; in Großbritannien stehen etwa die „*Cambridge Group for the History of Population and Social Structure*" um Peter LASLETT und der historisch arbeitende Sozialanthropologe Jack GOODY[53] dafür, im deutschen Sprachraum beispielsweise eine Gruppe um den Wiener Sozialhistoriker Michael MITTERAUER[54] wie auch die Namen Karin HAUSEN, Helmut MÖLLER, Heidi ROSENBAUM und Ingeborg WEBER-KELLERMANN[55].

52 Ariès: Geschichte der Kindheit (wie Anm. 20), bes. S. 469–558.

53 Peter Laslett / Richard Wall (Hg.): Household and Family in Past Time, Cambridge 1972; darin bes.: Peter Laslett: Introduction: the History of the Family, S. 1–89. Ders.: Family Life and Illicit Love in Earlier Generations, Cambridge 1977. Jack Goody: Die Entwicklung von Ehe und Familie in Europa, Frankfurt a. M. 1989.

54 Siehe z. B.: Michael Mitterauer / Reinhard Sieder: Vom Patriarchat zur Partnerschaft. Zum Strukturwandel der Familie, München 1977. Josef Ehmer / Michael Mitterauer (Hg.): Familienstruktur und Arbeitsorganisation in ländlichen Gesellschaften, Wien 1986. Reinhard Sieder: Sozialgeschichte der Familie, Frankfurt a. M. 1987. Michael Mitterauer: Historisch-anthropologische Familienforschung. Fragestellungen und Zugangsweisen, Wien / Köln 1990. Ders.: Familie und Arbeitsteilung. Historisch-vergleichende Studien, Wien / Köln / Weimar 1992. Zum Einstieg in die vielfältigen Zugangsweisen der Wiener Historischen Familienforschung siehe: Josef Ehmer / Albert Müller: Sozialgeschichte in Österreich. Traditionen, Entwicklungsstränge und Innovationspotential. In: Jürgen Kocka (Hg.): Sozialgeschichte im internationalen Überblick. Ergebnisse und Tendenzen der Forschung, Darmstadt 1989, S. 109–140.

55 Helmut Möller: Die kleinbürgerliche Familie im 18. Jahrhundert. Verhalten und Gruppenkultur, Berlin 1969. Heidi Rosenbaum: Formen der Familie. Untersuchungen zum Zusammenhang von Familienverhältnissen, Sozialstruktur und sozialem Wandel in der deutschen Gesellschaft des 19. Jahrhunderts, Frankfurt a. M. 1982. Dies.: Proletarische Familien. Arbeiterfamilien und Arbeiterväter im frühen 20. Jahrhundert zwischen traditioneller, sozialdemokratischer und kleinbürgerlicher Orientierung, Frankfurt a. M. 1992. Ingeborg Weber-Kellermann: Die deutsche Familie, Frankfurt a. M. 1974. Dies.: Die Familie. Geschichte, Geschichten und Bilder, Frankfurt a. M. 1976. Einen Ein-

Wenn hier eine Geschichtsforschung, die Familie und Verwandtschaft als historische Phänomene begreift, an erster Stelle vorgestellt wird, so geschieht dies aus zweierlei Gründen. Zum einen ist die Historische Familienforschung ein Katalysator für die Historische Anthropologie insgesamt gewesen. Sie ist in den siebziger Jahren vor allem im deutschsprachigen Raum einer der ersten geschichtswissenschaftlichen Zugänge gewesen, die Themen, welche weitläufig als anthropologische Konstanten, als statische und ahistorische Phänomene begriffen worden sind, historisierte. *„Man sieht in ihr (der Familie / G. D.) eine überzeitlich gleichbleibende Konstante menschlichen Lebens, eine natürlich vorgegebene Einheit."*[56] Zum anderen (aber durchaus im Zusammenhang mit einer Historisierung einer oft als „naturhaft" gedachten menschlichen Institution) hat sich gerade die Historische Familienforschung von allem Anfang an immer auch als gegenwartsbezogen und damit als unmittelbare Reaktion auf gesellschaftliche Veränderun-

---

bzw. Überblick über die frühen Arbeiten der Historischen Familienforschung geben: Karin Hausen: Familie als Gegenstand historischer Sozialwissenschaft. Bemerkungen zu einer Forschungsstrategie. In: Geschichte und Gesellschaft 1 (1975), S. 171–209. Dies.: Historische Familienforschung. In: Reinhard Rürup (Hg.): Historische Sozialwissenschaft. Beiträge zur Einführung in die Forschungspraxis, Göttingen 1977, S. 59–95. Dies.: Familie und Familiengeschichte. In: Wolfgang Schieder / Volker Sellin (Hg.): Sozialgeschichte in Deutschland. Band II: Handlungsräume von Menschen in der Geschichte, Göttingen 1986, S. 64–89. Heidi Rosenbaum: Zur neueren Entwicklung der Historischen Familienforschung. In: Geschichte und Gesellschaft 1 (1975), S. 210–225. Dies. (Hg.): Seminar: Familie und Gesellschaftsstruktur. Materialien zu den sozioökonomischen Bedingungen von Familienformen, Frankfurt a. M. 1978. Werner Conze (Hg.): Sozialgeschichte der Familie in der Neuzeit Europas, Stuttgart 1976. Michael Mitterauer / Reinhard Sieder (Hg.): Historische Familienforschung, Frankfurt a. M. 1982.

56 Michael Mitterauer: Die Familie als historische Sozialform, S. 13. In: Ders. / Reinhard Sieder: Vom Patriarchat zur Partnerschaft. Zum Strukturwandel der Familie, München 1977, S. 13–37.

gen und Diskussionen verstanden – als Reaktion auf sich
rasch wandelnde Familienstrukturen seit den sechziger
Jahren, auf die Zunahme der Scheidungsraten, auf sich ver-
ändernde Beziehungen zwischen den einzelnen Familien-
mitgliedern wie auch auf das öffentliche Gerede um eine
„Krise der Familie": *„(A)us dieser naturrechtlichen Perspektive erscheint die Familie als ein gleichbleibendes, im
Wandel der Zeiten unverändertes Gebilde, oder jedenfalls
als eines, das nicht verändert werden soll. Wir kennen diese
Haltung aus vielen Stellungnahmen in der Öffentlichkeit.
Überall, wo es um Modifikationen der Familienstrukturen
geht, sei es durch verändertes gesellschaftliches Verhalten,
wird sehr rasch ein Eingriff in die ‚natürliche‘ Ordnung
gesehen. Diese Auffassung der Familie hat auch die historische Forschung stark bestimmt.*“[57]

Nun kann eine Geschichte der Familie (wie auch die
aller anderen historisch-anthropologischer Themenfelder)
unterschiedlich geschrieben werden. Gerade am Beispiel
der Historischen Familienforschung läßt sich gut demon-
strieren, wie vielfältig historisch-anthropologische Forschung insgesamt ist. Bereits ein flüchtiger Blick in die
Inhaltsverzeichnisse kann dies illustrieren. Ich greife exem-
plarisch drei Gliederungen von familienhistorischen Arbeiten heraus:

a) Helmut MÖLLER: Die kleinbürgerliche Familie im 18. Jahrhundert. Verhalten und Gruppenkultur, Berlin 1969.
   Der Volkskundler Möller beschreibt die Entwicklung der kleinbürgerlichen Familie vor allem in Verbindung mit dem Wandel
   anderer menschlicher Elementarerfahrungen:
   I. Formen der kleinbürgerlichen Familie
      1. Familientypen
      2. Kernfamilie
   II. Zum Sozialisierungsprozeß des Kleinbürgers

---

57 Ebd., S. 13.

III. Familie und soziale Umwelt
   (1. Kirche; 2. Obrigkeit; 3. Zunft)
IV. Lebensstandard
   (1. Einkommensniveau; 2. Wohnung; 3. Essen und Trinken; 4. Kleidung)
V. Lebens-Formen
   (1. Sozialtermionologisches; 2. Tagesablauf; 3. Feier-Tage; 4. Hochzeit, Geburt und Tod; 5. Altdeutsches)
VI. Orientierungssysteme
   (1. Ehrbarkeit; 2. Glaube; 3. Aber-Glaube; 4. Wissen)
VII. Stabilitätsprobleme der Kleinbürgerfamilie
   (1. Desintegratives; 2. Integratives)

b) Jack GOODY: Die Entwicklung von Ehe und Familie in Europa, Frankfurt a. M. 1989.
Der Sozialanthropologe Goody beschreibt die europäische Entwicklung von Ehe und Familie im Rahmen eines übergeordneten Prozesses der wachsenden Kontrolle aller gesellschaftlicher Bereiche durch die Kirche. Familie selbst wird vor allem als ein System verstanden, das sich über Erbrechtsfragen, Abstammungs- und Verwandtschaftsstrukturen definiert (Ausschnitt):
1. Perspektiven
2. Zwei Seiten zum Mittelmeer
   („Östliche und westliche Strukturen"; Verwandtschaftsgruppen und Gruppenzusammensetzungen: Nachfolge, Erbrecht und Abstammungsberechnung; Heiratstransaktionen und Erbschaftsübertragungen; Bilateralität in Familie und Verwandtschaftsbezeichnungen; Das konjugale Paar; Die Stellung der Frauen; Die Ehrauffassung; Matrimoniale Allianzen)
3. Der Wandel in Germanien
4. Kusinen, Witwen, Adoptivkinder und Konkubinen
5. Von der Sekte zur Kirche
6. Kirche, Land und Familie im Westen
7. Reformation und Reform -
8. Die heimliche Ordnung der Verwandtschaft
9. „Spirituelle" und „natürliche" Verwandtschaft

Anhang
1. Verwandtschaftsgruppen: Klans, Verwandtschaftsverbände und lignages
2. Vom Brautpreis zur Mitgift?
3. „Bilateralität" und die Entwicklung der englischen Verwandtschaftsterminologie

c) Reinhard SIEDER: Sozialgeschichte der Familie, Frankfurt a. M. 1987.
Der Sozialhistoriker Sieder beschreibt die Entwicklung der Familienstruktur vom 18. Jahrhundert bis zur Gegenwart in erster Linie im Zusammenhang mit dem Reproduktionsverhalten und den Produktionsbedingungen. Er orientiert sich an einer Gliederung, die sich nach Familientypen strukturiert:
* Die bäuerliche Familie
* Die Familien der Heimarbeiter auf dem Land
* Die Familien der Handwerker
* Die bürgerliche Familie
* Die Familien der industriellen Lohnarbeiter
* Lohnabhängige Familien seit dem Ersten Weltkrieg
* „Goldenes Zeitalter" und Krise der Familie von 1960 bis zur Gegenwart

Der kanadische Historiker William H. HUBBARD hat 1983 zwischen drei grundsätzlichen Zugangsweisen innerhalb der Historischen Familienforschung unterschieden – zwischen einer demographischen Richtung, einem „Gefuhls"-Ansatz und einer ökonomischen Betrachtungsweise[58]. Für die demographische Betrachtungsweise stehen u. a. die zuvor erwähnte *„Cambridge Group for the History of Population and Social Structure"* wie auch die frühe Wiener Historische Familienforschung. Ein solcher Zugang versteht Fa-

---

58 William H. Hubbard: Familiengeschichte. Materialien zur deutschen Familie seit dem Ende des 18. Jahrhunderts, München 1983, S. 17–35. Diese Differenzierung der familienhistorischen Forschung geht zurück auf: Michael Anderson: Approaches to the History of the Western Family 1500–1914, London 1980.

milie in erste Linie als *„sozio-biologische Institution"*[59]. Demographische Daten sind hier u. a. einer computerunterstützten Familienrekonstitutionsmethode unterzogen worden, um zu allgemeinen Aussagen etwa über Haushaltsbildung, Heiratsalter, Familienzusammensetzung, Ehedauer oder den Zusammenhang von Geburten- und Sterberate und dem Reproduktionsverhalten von Familien zu gelangen. Diese Forschungen haben das traditionelle Bild von der europäischen Familie gründlich revidiert. U. a. haben sie deutlich gemacht, daß in vergangenen Zeiten Teile der erwachsenen Bevölkerung niemals geheiratet haben, und daß, wie Michael MITTERAUER sagt, geradlinige *„Modelle einer Evolution von der ‚Großfamilie' zur ‚Kleinfamilie'"* unzutreffend seien[60]. Damit ist auch die Vorstellung von der vorindustriellen Großfamilie als einer unter einem Dach lebenden Drei-Generationen-Familie als ein Mythos entlarvt worden, weil die Zahlen eben etwas anderes sagen[61].

Zweitens sind familienhistorische Studien auf Basis eines „Gefühls"-Ansatzes entstanden. Familie wird hier zuvorderst als, wie Hubbard es nennt, *„Gefühlsgebilde"* betrachtet: *„Wie reagieren die einzelnen Mitglieder aufeinander und welcher emotionale Gehalt wird in diesem Verhalten ausgedrückt?"*[62]. ARIÈS' *„Geschichte der Kindheit"* ist ein Beispiel eines solchen Zugangs. Die „Entdeckung" bzw. „Erfindung" der Kindheit in der frühen Neuzeit Europas geht bei Ariès Hand in Hand mit der Entstehung eines

---

59 Hubbard: Familiengeschichte (wie Anm. 58), S. 17.
60 Michael Mitterauer: Faktoren des Wandels historischer Familienforschung. In: Helge Pross (Hg.): Familie – wohin? Leistungen. Leistungsdefizite und Leistungswandlungen der Familien in hochindustrialisierten Gesellschaften, Reinbek bei Hamburg 1979, S. 83–124.
61 Siehe dazu z. B.: Michael Mitterauer: Der Mythos von der vorindustriellen Großfamilie. In: Ders. / Reinhard Sieder: Vom Patriarchat zur Partnerschaft. Zum Strukturwandel der Familie, München 1977, S. 38–63.
62 Hubbard: Familiengeschichte (wie Anm. 58), S. 22.

neuen, modernen Familiengefühls; die soziale Orientierung
der Menschen hätte sich von mehr oder weniger öffentlichen – nachbarschaftlichen und freundschaftlichen – Beziehungen in eine nach „außen" hin abgeschlossene, private
Intimsphäre verlagert[63]. Edward SHORTER hat an Ariès ange-
knüpft; er hat die Entwicklung der europäischen Familie
als eine rekonstruiert, die von einem wirtschaftlichem
Zweckverband, in dem die Gefühlsbindungen zwischen
den einzelnen Mitgliedern kaum ausgeprägt gewesen wären, zu einer Kleinfamilie führte, die von engen emotionel-
len Bindungen zwischen den einzelnen Familienmitglie-
dern gekennzeichnet sei. Shorter hat auch die sinkende
Säuglings- und Kindersterblichkeit im 19. Jahrhundert mit
der neuen Bedeutung familialer Intimität und Aufmerksamkeit in Beziehung gesetzt[64]. Basiert die demographische Zugangsweise auf harten und quantifizierbaren Facts, die u. a.
aus Pfarrmatrikeln und Zensus- und Haushaltslisten gewonnen werden, so besitzen die Quellen des „Gefühls"-An-
satzes meist einen qualitativen bzw. subjektiven Charakter;
das heißt: sie sind vorwiegend literarische und andere
schriftliche Berichte sowie materielle Artefakte wie etwa
bildliche Darstellungen, Grabsteine, Kleidungsstücke und
Hauseinrichtungen.

Als dritten Zugang der Historischen Familienforschung
nennt Hubbard die ökonomische Betrachtungsweise. *„Die
Familie bzw. der Haushalt wird als Organisations- und Vermittlungsinstanz zwischen materiellen und personellen Ressourcen betrachtet. Durch ihre Reproduktions- und Soziali-
sationstätigkeit beeinflußt sie einerseits maßgeblich die Zahl
und Art der Arbeitskräfte. Andererseits hängen Struktur und
Verhalten der Familie sowie das Verhältnis der einzelnen*

---

63 Ariès: Geschichte der Kindheit (wie Anm. 20), S. 469–558.
64 Edward Shorter: Die Geburt der modernen Familie, Reinbek bei Hamburg 1977.

Mitglieder zueinander vom realen Arbeitsbedarf und den Besitzverhältnissen ab."[65] Eine Reihe von deutschsprachigen HistorikerInnen haben auf der Folie dieses Ansatzes Studien vorgelegt – beispielsweise eine Arbeitsgruppe am Göttinger *Max-Planck-Institut für Geschichte*, die sich der protoindustriellen Heimarbeiterfamilie gewidmet hat. Sie hat diese als zentrale Institution eines gesellschaftlichen Systems analysiert, das Produktion, Konsum und generative Reproduktion vereint[66]. Josef EHMER wiederum, aus der Wiener Schule der Historischen Familienforschung kommend, hat den Wandel der Arbeiterfamilie in Wien im 18. und 19. Jahrhundert unter dem Blickwinkel der Wechselwirkungen zwischen Arbeitsorganisation und Familienstruktur untersucht[67]. Auch die von Reinhard SIEDER und Heide ROSENBAUM vorgelegten Überblicksdarstellungen orientieren sich weitgehend an einer ökonomischen Zugangsweise; die neuzeitliche Entwicklung der Familie wird vor allem in Beziehung mit den je spezifischen familialen Produktionsweisen gesehen[68]. Ähnlich dem demographischen Zugang gründet sich auch ein ökonomischer Ansatz in erster Linie auf quantifizierbaren Daten aus Haushalts- und Zensuslisten usw., die aber mit „großen" ökonomischen Daten (Preise, Löhne usw.) in Beziehung gesetzt werden.

Die Historische Familienforschung hat sich freilich nie in den drei von Hubbard beschriebenen Zugangsweisen erschöpft. Mit den zuvor aufgelisteten Inhaltsverzeichnissen

---

65 Hubbard: Familiengeschichte (wie Anm. 58), S. 24.
66 Peter Kriedte / Hans Medick / Jürgen Schlumbohm: Industrialisierung vor der Industrialisierung. Gewerbliche Warenproduktion auf dem Lande in der Formationsperiode des Kapitalismus, Göttingen 1977.
67 Josef Ehmer: Familienstruktur und Arbeitsorganisation im frühindustriellen Wien, Wien 1980.
68 Z. B.: Rosenbaum: Formen der Familie (wie Anm. 55). Sieder: Sozialgeschichte der Familie (wie Anm. 54).

ist ja bereits auf volkskundliche wie auch auf sozialanthropologische Herangehensweisen an den Gegenstand „Familie" hingewiesen worden. Die Arbeit von Helmut MÖLLER
demonstriert, daß VolkskundlerInnen, u. a. eben im Rahmen der Historischen Familienforschung, schon frühzeitig
eine Reihe von menschlichen Elementarerfahrungen historisiert haben.

An sozial- und kulturanthropologischen Traditionen
knüpft eine Gruppe von Grazer Historikern an. Unter der
Ägide von Karl KASER haben sie für die Historische Familienforschung das Untersuchungsfeld an die europäische
Peripherie, nach Südosteuropa verlagert. Ihre Arbeiten verdeutlichen, daß sich Familie auf dem Balkan, auch „Zadru-
ga" genannt, sowohl historisch als auch aktuell massiv von
west- bzw. mitteleuropäischen Modellen der Familie dadurch unterscheidet, daß sie weitaus komplexer und streng
patrilinear strukturiert ist[69].

Ebenfalls über die Grenzen Europas hinaus blickt eine
Forschungsgruppe um das Freiburger *Institut für Histori-*
sche Anthropologie. Im Rahmen eines in den achtziger Jahren gestarteten Projekts *„Kindheit – Jugend – Familie"* sind
eine Reihe von interdisziplinär angelegten, interkulturell-
vergleichenden Studien zu verschiedenen familienhistorischen Aspekten vorgelegt worden[70].

---

69 Karl Kaser: Hirten, Kämpfer, Stammeshelden. Ursprünge und Gegenwart des balkanischen Patriarchats, Wien / Köln / Weimar 1992. Ders.:
   Familie und Verwandtschaft auf dem Balkan. Analyse einer untergehenden Kultur, Wien / Köln / Weimar 1995. Franz Baxhaku / Karl
   Kaser: Die Stammesgesellschaften Nordalbaniens. Berichte und Forschungen österreichischer Konsuln und Gelehrter (1861–1917), Wien /
   Köln / Weimar 1996.
70 Müller: Geschlechtsreife und Legitimation (wie Anm. 24). Martin /
   Nitschke: Sozialgeschichte der Kindheit (wie Anm. 15). Martin / Zoepffel: Aufgaben, Rollen und Räume von Frau und Mann (wie
   Anm. 26). Zur Einführung siehe: Martin: Probleme historisch-anthropologischer Forschung (wie Anm. 23).

Auch die zuvor erwähnte Gruppe um das *Max-Planck-Institut für Geschichte* in Göttingen hat sich bereits frühzeitig von kulturanthropologischen Ansätzen inspirieren lassen. Daraus hat sich eine familienhistorische Zugangsweise entwickelt, die Familie nicht mehr in starren Typologien von Haushaltsstrukturen und Familienformen denkt. Vielmehr wird versucht, wie etwa in einer Lokalstudie David SABEANS, Familie als ein dynamisches Beziehungsgeflecht zu begreifen, in dem die einzelnen Mitglieder über wechselseitig wirkende Emotionen und Besitzverhältnisse bzw. Besitzverschiebungen mit- und auch gegeneinander agieren[71].

Gerade dadurch scheinen die einzelnen Familienmitglieder – Männer und Frauen, Alte und Junge – als historische Subjekte auf. Und damit geraten auch Themen in den Blick der Historischen Anthropologie, die über „Familie" hinausreichen. *„So erweitert sich die Geschichte der Familie zwanglos zur Geschichte der alltäglichen Lebensverhältnisse, in denen sich die familiale Reproduktion vollzieht. Sie schließt die Geschichte der Jugend und des Alters ebenso ein wie die der Sexualität, der Liebe und des Todes; sie begreift (sic!) die historischen Verschiebungen der Scheidewände zwischen Privatleben mit ein, und sie umfaßt das sich wandelnde Verhältnis von Mann und Frau, zwischen Eltern und Kindern (. . .)."*[72]

---

71 David Sabean: Property, Production and Familiy in Neckarhausen 1700 to 1870, Cambridge 1990. Siehe auch: Medick / Sabean: Emotionen und materielle Interessen (wie Anm. 18); darin bes.: Dies.: Emotionen und materieller Interessen in Familie und Verwandtschaft: Überlegungen zu neuen Wegen und Bereichen einer historischen und sozialanthropologischen Familienforschung, S. 27–54.
72 Schindler: Spuren in die Geschichte (wie Anm. 10), S. 49. Siehe auch: Lepenies: Probleme einer Historischen Anthropologie (wie Anm. 1), S. 138f.

3.3.3. Frauen – Männer – Geschlecht

Die Geschichtswissenschaft blendete jahrzehntelang „Geschlecht" auf zwei Ebenen konsequent aus. Einmal kamen ca. fünfzig Prozent der Bevölkerung(en), die Frauen, schlicht und einfach nicht vor. Sodann beschränkten sich Analysen historischer gesellschaftlicher Strukturen auf die Unterschiede und Ungleichheiten zwischen Klassen bzw. Schichten. Daß auch Geschlecht, die Ungleichheit zwischen Männern und Frauen, ein zentrales Strukturmerkmal aller gegenwärtiger und vergangener Gesellschaften und Kulturen ist, wurde von den Historikern – und die Mehrheit der Historiker waren jahrzehntelang Männer – nicht wahrgenommen.

Dies änderte sich seit Ende der sechziger Jahre im Zuge der neuen Frauenbewegung. Diese hat für kulturelle und gesellschaftliche Differenzen zwischen Männern und Frauen ebenso sensibilisiert wie sie auch eine weibliche Identität bewußt reflektiert und in der Geschichte gesucht hat. Frauen haben sich mehr und mehr als Historikerinnen einen Platz im Wissenschaftsbetrieb erkämpft und zunächst frauen-, später dann geschlechtergeschichtliche Zugangsweisen in die geschichtswissenschaftliche Praxis integriert. Dies ist seit nun ca. zwei Jahrzehnten in unterschiedlicher Art und Weise geschehen[73].

---

73 Die Forschungen zu einer Frauen- und Geschlechtergeschichte sind mittlerweile kaum mehr überschaubar. Einstiege in Zugangsweisen und Überblicke zum Forschungsstand geben u. a.: Gisela Bock: Geschichte, Frauengeschichte, Geschlechtergeschichte. In: Geschichte und Gesellschaft 14 (1988), S. 364–391. Alain Corbin / Arlette Farge / Michelle Perrot u. a.: Geschlecht und Geschichte. Ist eine weibliche Geschichtsschreibung möglich? Frankfurt a. M. 1988. Carola Lipp: Überlegungen zur Methodendiskussion. Kulturanthropologische, sozialwissenschaftliche und historische Ansätze zur Erforschung der Geschlechterbeziehungen. In: Arbeitsgruppe Volkskundliche Frauenforschung Freiburg (Hg.): Frauenalltag – Frauenforschung, Frankfurt a. M.

In der Anfangszeit der Frauengeschichte dominierten Zugangsweisen, die sich an traditionellen Verfahren der Geschichtsforschung orientierten. U. a. sind dabei Forschungen von Bedeutung gewesen, die das Leben von „großen Frauen" – quasi Heldinnen der Geschichte – dokumentiert oder gesellschaftliche Bereiche historisch aufgearbeitet haben, in denen Frauen, wie etwa in früheren Frauenbewegungen, emanzipatorisch tätig gewesen waren[74]. Schließlich ist die Frauengeschichte zunächst dadurch gekennzeichnet gewesen, daß sie die Geschichte der Frauen ausschließlich als eine Unterdrückungsgeschichte geschrieben hat. Hier sind in ideen- bzw. geistesgeschichtlicher Tradition meist Texte bürgerlicher Männer (vor allem von Medizinern, Philosophen, anderen Wissenschaftlern und Literaten) aus dem 18. und 19. Jahrhundert analysiert worden. Wegweisend ist dabei ein Aufsatz von Karin HAUSEN gewe-

---

1988, S. 29–45. Herta Nagl-Docekal: Feministische Geschichtswissenschaft – ein unverzichtbares Projekt. In: L'Homme. Zeitschrift für Feministische Geschichtswissenschaft 1 (1990), S. 7–18. Bea Lundt (Hg.): Auf der Suche nach der Frauen im Mittelalter. Fragen, Quellen, Antworten, München 1991. Beate Fiesler / Birgit Schulze (Hg.): Frauengeschichte gesucht – gefunden? Auskünfte zum Stand der Historischen Frauenforschung, Köln / Weimar / Wien 1991. Karin Hausen / Heide Wunder (Hg.): Frauengeschichte – Geschlechtergeschichte, Frankfurt a. M. 1992. Hedwig Röckelein: Historische Frauenforschung. Ein Literaturbericht zur Geschichte des Mittelalters. In: Historische Zeitschrift 255 (1992), S. 377–409. Rebekka Habermas: Geschlechtergeschichte und „anthropology of gender". Geschichte einer Begegnung. In: Historische Anthropologie 1 (1993), S. 485–509. Edith Saurer: Frauengeschichte in Österreich. Eine fast kritische Bestandsaufnahme. In: L'Homme. Zeitschrift für Feministische Geschichtswissenschaft 4 (1993), S. 37–63. Edith Ennen: Frauen im Mittelalter, 5. durchges. Aufl., München 1994.

74 Siehe z. B.: Erika Weinzierl: Emanzipation? Österreichische Frauen im 20. Jahrhundert, Wien 1975. Ruth-Ellen Boetschers-Joeres: Die Anfänge der deutschen Frauenbewegung. Luise Otte Peters, Frankfurt a. M. 1983. Siehe auch den Überblick in: Saurer: Frauengeschichte in Österreich (wie Anm. 73), S. 46–53. Habermas: Geschlechtergeschichte (wie Anm. 73), S. 488f.

sen, in dem sie die bürgerlich-männliche Ideologie der po-
laren „Geschlechtscharaktere" herausgearbeitet hat. Die
Ideologie der „Geschlechtscharaktere" hätte „Mann" und
„Frau" – im Singular – als sich strikt voneinander unterscheidende „Wesen" verstanden – „der Mann" als ein akti-
ves, veränderndes und reflektierendes „Wesen" als Synonym für Kultur, „die Frau" als passives, bewahrendes und
emotionelles „Wesen" als Synonym für Natur[75].

Inzwischen haben aber innerhalb der Historischen
Frauenforschung auch neue Zugangsweisen an Relevanz
gewonnen. Einmal beschränkt sich das Interesse an Biographien bzw. für eine weibliche Subjektivität nicht mehr auf
die „großen Frauen" der Geschichte; Oral-History-Projekte
und Veröffentlichungen schriftlicher Selbstzeugnisse von
Frauen widmen sich verstärkt den Lebensweisen, Denk-
und Wahrnehmungsformen von Frauen aus unteren sozialen Schichten: Arbeiterinnen, Frauen im und nach dem
Zweiten Weltkrieg, Dienstmädchen, Mägde usw.[76] Gerade

---

75 Karin Hausen: Die Polarisierung der „Geschlechtscharaktere" – Eine
Spiegelung der Dissoziation von Erwerbs- und Familienleben. In: Wer-
ner Conze (Hg.): Sozialgeschichte der Familie in der Neuzeit Europas,
Stuttgart 1976, S. 363–393. Siehe auch: Annegret Stopczyk: Was Philo-
sophen über Frauen denken, München 1980. Edith Stolzenberg-Bader:
Weibliche Schwäche – Männliche Stärke. Das Kulturbild der Frau in
medizinischen und anatomischen Abhandlungen um die Wende des
18. zum 19. Jahrhundert. In: Martin / Zoepffel: Aufgaben, Rollen und
Räume von Mann und Frau (wie Anm. 26), Bd. 2, S. 751–818. Claudia
Honegger: Die Ordnung der Geschlechter. Die Wissenschaften vom
Menschen und das Weib, Frankfurt a. M. 1991.

76 Siehe z. B. im von Lutz Niethammer und Alexander von Plato herausgegebenen Band: „Wir kriegen jetzt andere Zeiten". Auf der Suche nach
der Erfahrung des Volkes in nachfaschistischen Ländern, Berlin / Bonn
1985 die Beiträge: Ingrid Bauer: Die „Tschikweiber". Über die Lebens-
zusammenhänge der Halleiner Zigarrenfabriksarbeiterinnen in der
Zwischenkriegszeit, S. 53–71; Ulrike Ludwig-Bühler: Im NS-Musterbe-
trieb. Frauen in einem Textilunternehmen an der Schweizer Grenze,
S. 72–90. Weiters: Sibylle Meyer / Eva Schulze: Wie wir das alles
geschafft haben. Alleinstehende Frauen berichten über ihr Leben nach
1945, München 1984. Maria Gremel: Mit neun Jahren in den Dienst.

solche Arbeiten machen deutlich, daß wir nicht von „der Frau" in der Geschichte sprechen können, sondern daß sich Frauen (und Männer) je nach Zeit, Ort und sozialer Gruppe massiv voneinander unterscheiden. Gisela BOCK schreibt: *„Die Geschichte der Frauen ist nur im Plural zu begreifen, nicht im Singular"* [77].

Sodann haben frauengeschichtliche Arbeiten zunehmend spezifische anthropologische Themenfelder analysiert. Oft als naturhaft und konstant gedachte Bereiche wie etwa der (weibliche) Körper oder auch die Mutterliebe sind historisiert worden [78]. Dabei wird deutlich, inwieweit das, was als „Männlichkeit" und „Weiblichkeit" bezeichnet und gelebt wird, historisch und kulturell variabel ist. Auch interkulturell-vergleichende Studien, wie sie beispielsweise das *Institut für Historische Anthropologie* in Freiburg vorgelegt hat, zeigen auf, daß „Männlichkeit" und „Weiblichkeit" kulturell bzw. gesellschaftlich geformte Phänomene

---

Mein Leben im Stübl und am Bauernhof 1900–1930, Wien / Köln 1983. Maria Horner: Aus dem Leben einer Hebamme, hg. von Christa Hämmerle, Wien / Köln 1985. Therese Weber (Hg.): Mägde. Lebenserinnerungen an die Dienstbotenzeit bei Bauern, Wien / Köln 1985. Agnes Pohanka: „Ich nehm' die Blüten und die Stengel ..." Kräutlerin am Schlingermarkt, Wien / Köln 1987. Barbara Passrugger: Hartes Brot. Aus dem Leben einer Bergbäuerin, Wien / Köln 1989. Susanne zur Nieden: Alltag im Ausnahmezustand. Frauentagebücher aus dem zerstörten Deutschland 1943 bis 1945, Berlin 1993. Für weibliche Lebensäußerungen im Mittelalter siehe z. B.: María-Milagros Rivera Garretas: Orte und Worte von Frauen. Eine feministische Spurensuche im Mittelalter, Wien 1993.

77 Bock: Geschichte (wie Anm. 73), S. 369

78 Siehe z. B. Elisabeth Badinter: Die Mutterliebe. Geschichte eines Gefühls vom 17. Jahrhundert bis heute, München / Zürich 1981. Johanna Geyer-Kordesch / Annette Kuhn (Hg.): Frauenkörper – Medizin – Sexualität. Auf dem Wege zu einer neuen Sexualmoral, Düsseldorf 1986. Barbara Duden: Geschichte unter der Haut. Ein Eisenacher Arzt und seine Patientinnen um 1730, Stuttgart 1987. L'Homme. Zeitschrift für Feministische Geschichtswissenschaft 5 (1994), Heft 1: Körper.

sind[79]. Andere Arbeiten, die sich mit individuellen und
kollektiven Wahrnehmungs- und Identifizierungsformen
von Geschlecht befassen, verdeutlichen schließlich, daß die
Grenzen zwischen „Männlichkeit" und „Weiblichkeit"
bzw. „Mannsein" und „Frausein" weniger strikt sind, als
wir gemeinhin glauben. So haben beispielsweise Rudolf
DEKKER und Lotte van de POL auf Basis von Selbstzeugnissen und Gerichtsprotokollen für die Niederlande des
18. Jahrhunderts hundertzwanzig Fälle rekonstruiert, in denen Frauen eine männliche Identität annahmen. Sie trugen
eine für jene Zeit typische männliche Kleidung, übten lange
Jahre unerkannt damals typische männliche Tätigkeiten aus
und bewegten sich unerkannt in meist nur Männern vorbe-
haltenen Räumen, wie etwa in Wirtshäusern. Oft wurde der
sozialen Umwelt ihr „wahres biologisches Geschlecht" erst
nach dem Tod bekannt. Solche Arbeiten machen nicht nur
auf eine notwendige Differenzierung zwischen „sex" und
„gender", zwischen einem biologischen sowie einem kulturell und sozial geformten Geschlecht aufmerksam; sie stellen letztlich auch die Frage, inwieweit wir überhaupt von
einem relevanten eigenständigen biologischen Geschlecht
sprechen können.

Mit Arbeiten wie jener von Dekker und van de Pol
nähert sich die Frauengeschichte einer Anthropologie an,
die sich als eine (historische) Anthropologie der Möglichkeiten begreift. Jene frauengeschichtliche Strömung, die in
erster Linie eine Unterdrückungsgeschichte der Frauen
schreibt, tradiert, provokant gesagt, das bürgerlich-männliche Frauenbild, das sie zu kritisieren gedenkt. Denn Frauen
werden über alle Zeiten und Orte hinweg, gleichsam dem
Frauenbild bürgerlicher Männer, als passive und hand-
lungsunfähige Menschen gedacht. Dabei sind Texte von

---

79 Siehe z. B. Martin / Zoepffel: Aufgaben, Rollen und Räume von Mann
   und Frau (wie Anm. 26).

Philosophen, Literaten und anderen eher als Vorstellungswelten einer bestimmten sozialen Gruppe – nämlich jener,
die die Texte geschrieben hat – zu verstehen und weniger
als Ausdruck einer konkreten kulturellen oder gesellschaftlichen Praxis der Geschlechter[80]. Viele neuere frauengeschichtliche Arbeiten zeigen indes, daß Frauen bei allen
sozialen Ungleichheiten und männlichen Unterdrückungs-
strategien immer auch ein Handlungsspielraum zur Verfügung stand und steht; Frauen erscheinen (auch) als handelnde und aktive Personen, die Geschichte mitgestalten[81].
Und sie zeigen, daß wir Weiblichkeiten bzw. Lebenswelten
von Frauen besser in den Blick bekommen, wenn wir
gleichzeitig quasi das Pendant dazu, Männlichkeiten bzw.
männliche Lebenswelten, erfassen (und umgekehrt). Männer und Frauen leben bzw. lebten nur in den seltensten
Fällen in völlig voneinander getrennten Welten, sie agieren
mit- und gegeneinander, sie kommunizieren untereinander;
männliche und weibliche Lebenspraxis entwickeln sich im
alltäglichen Mit- und Gegeneinander der Geschlechter.

---

80 Siehe z. B.: Anne-Charlot Trepp: Anders als sein „Geschlechtscharak-
    ter". Der bürgerliche Mann um 1800. Ferdinand Beneke (1774–1848).
    In: Historische Anthropologie 4 (1996), S. 57–77.
81 Siehe dazu weitere Arbeiten, z. B.: Michelle Perrot: Die Frauen, die
    Macht und die Geschichte. In: Alain Corbin / Arlette Farge / Michelle
    Perrot u. a.: Geschlecht und Geschichte. Ist eine weibliche Geschichts-
    schreibung möglich? Frankfurt a. M. 1988, S. 225–248. Carola Lipp:
    Schimpfende Weiber und patriotische Jungfrauen. Frauen im Vormärz
    und in der Revolution 1848/49, Buehl-Moos 1989. Arlette Farge: Das
    brüchige Leben. Verführung und Aufruhr im Paris des 18. Jahrhun-
    derts, Berlin 1989. Gabriella Hauch: Frau Biedermeier auf den Barrika-
    den. Frauenleben in der Wiener Revolution 1848, Wien 1990. Claudia
    Opitz: Evatöchter und Bräute Christi. Weiblicher Lebenszusammen-
    hang und Frauenkultur im Mittelalter, Weinheim 1990. Rainer Beck:
    Eheleben und Ehescheidungen in der ländlichen Gesellschaft Bayerns
    während des Ancien Régime. In: Richard van Dülmen (Hg.): Dynamik
    der Tradition. Studien zur historischen Kulturforschung IV, Frankfurt
    a. M. 1992; darin auch: Susanna Burghartz: Jungfräulichkeit oder Rein-
    heit. Zur Änderung von Argumentationsmustern vor dem Baseler Ehe-
    gericht im 16. und 17. Jahrhundert, S. 13–40.

Und so entwickeln sich Frauengeschichte und die ersten Ansätze einer Männergeschichte[82] zunehmend zu einer Geschlechtergeschichte, die *„die konsequente gleichberechtigte Nutzung der Kategorie Geschlecht neben Schicht und/oder Klasse als neuen Zugang zur Analyse von Gesellschaft und ihrer Geschichte"* ebenso einfordert wie die *„Erforschung der wechselnden Modellierung von Frauen und Männern, ihren Rollen und Verkörperungen als Weiblichkeit und Männlichkeit (…)."*[83] Eine Reihe von Forschungen, die sich als Mikro- bzw. Lokalstudien mit den Geschlechterverhältnissen der frühen Neuzeit befaßt haben, stehen beispielsweise dafür[84]. Auch interdisziplinär

---

82 Siehe z. B. Klaus Theweleit: Männerphantasien. Bd. 1: Frauen, Fluten, Körper, Geschichte; Bd. 2: Männerkörper – Zur Psychoanalyse des Weißen Terrors, Frankfurt a. M. 1977/78. Gisela Vögler / Karin v. Welck (Hg.): Männerbande – Männerbünde. Zur Rolle des Mannes im Kulturvergleich. 2 Bände, Köln 1990. Ute Frevert: Männergeschichte oder die Suche nach dem ersten Geschlecht. In: Manfred Hettling u. a. (Hg.): Was ist Gesellschaftsgeschichte. Positionen, Themen, Analysen, München 1991, S. 31–43. Dies.: Ehrenmänner. Das Duell in der bürgerlichen Gesellschaft, München 1991. Thomas Kühne (Hg.): Männergeschichte – Geschlechtergeschichte. Männlichkeit im Wandel der Moderne, Frankfurt a. M. / New York 1996.

83 Heide Wunder: Basel – eine Stadt der Frauen, S. 4 bzw. 6. In: Dies. (Hg.): Eine Stadt der Frauen. Studien und Quellen zur Geschichte der Baslerinnen im späten Mittelalter und zu Beginn der Neuzeit, Basel / Frankfurt a. M. 1995, S. 1–19.

84 Siehe z. B. zu Lyon: Natalie Zemon Davis: Frauen und Gesellschaft am Beginn der Neuzeit, Berlin 1986. Zu Basel: Heide Wunder (Hg.): Eine Stadt der Frauen. Studien und Quellen zur Geschichte der Baslerinnen im späten Mittelalter und zu Beginn der Neuzeit, Basel / Frankfurt a. M. 1995, S. 1–19. Als erstes Überblickswerk: Dies.: „Er ist die Sonn', sie ist der Mond". Frauen in der Frühen Neuzeit, München 1992. Über den zeitlichen Rahmen der Frühen Neuzeit hinausreichend: Heide Dienst / Edith Saurer (Hg.): „Das Weib existiert nicht für sich". Geschlechterbeziehungen in der bürgerlichen Gesellschaft, Wien 1990. Katharina Middell (Hg.): Studien zu Frauengeschichte und Geschlechterverhältnissen von der frühen Neuzeit bis zur Gegenwart, Leipzig 1993. Edith Saurer (Hg.): Die Religion der Geschlechter. Historische Aspekte religiöser Mentalitäten, Wien / Köln / Weimar 1995.

und interkulturell-vergleichend angelegte Untersuchungen orientieren sich an einem solchen geschlechtergeschichtlichen Zugang[85].

3.3.4. Lebensphasen: Kindheit, Jugend, Alter

Man spricht heute von einer „*Normalbiographie*"[86]. Normalbiographie meint, daß alle Menschen einer Gesellschaft – bei allen Unterschieden im Detail – unabhängig von ihrer jeweils lokalen und sozialen Herkunft bestimmte und gleiche Lebensphasen durchlaufen, für die es jeweils einheitliche Anforderungen gibt. In der Kindheit erlernen die Menschen Fertigkeiten, die von der Gesellschaft als grundlegend verstanden werden, wie Schreiben, Lesen und Rechnen; in der Jugend durchlaufen die Individuen ein spezialisiertes Ausbildungssystem; als (junge) Erwachsene ergreifen die Menschen einen Beruf und gründen eine Familie – usw. usw.

So selbstverständlich dies für heute einerseits klingen mag, so sehr wird andererseits ein solcher „normaler" Biographieverlauf gegenwärtig zunehmend in Frage gestellt, wenn etwa Menschen, die längst der Jugendphase entrückt sind, erneut die Schulbank „drücken", weil sie sich beruflich umorientieren müssen, wenn nicht überhaupt ein „lebenslanges Lernen" zum pädagogischen Prinzip wird.

Noch weniger selbstverständlich waren solch einheitlich definierte Lebensphasen in der Vergangenheit. Philippe ARIÈS, zuvor schon mehrfach als Pionier historisch-an-

---

85 Martin / Zoepffel: Aufgaben, Rollen und Räume von Mann und Frau (wie Anm. 26).

86 Martin Kohli: Normalbiographie und Individualität. Zur institutionellen Dynamik des gegenwärtigen Lebenslaufregimes. In: Hans-Georg Bosse / Bruno Hildebrand (Hg.): Vom Ende des Individuums zur Individualität ohne Ende, Opladen 1988, S. 33–53.

thropologischer Zugangsweisen genannt, hat in seiner „Geschichte der Kindheit" anschaulich dargelegt, wie das Konzept einer modernen Kindheit erst in der frühen Neuzeit entstanden ist[87]. Erst vor wenigen Jahrhunderten wurde damit begonnen, Menschen in einer bestimmten Altersstufe mehr und mehr institutionell, also in Schulen, zu erziehen, sie vom Arbeitsbereich fernzuhalten und sie in einer bestimmten – kindgerechten – Art und Weise anzuziehen. Ariès hat schließlich darauf hingewiesen, daß diese Entstehung der Kindheit mit einem neuen Konzept von Familie und Privatheit in Verbindung stand, das Familie als einen nach außen hin abgeschlossenen, intimisierten Ort begriff. Ariès selbst hat diese historische Entwicklung eher skeptisch beurteilt. Denn mit ihr seien mehr oder weniger öffentliche (nachbarschaftliche und freundschaftliche) Beziehungen, in denen auch die Kinder eingebunden gewesen waren, verloren gegangen. Im Unterschied dazu haben Lloyd de MAUSE und Edward SHORTER, die ihrerseits Überblickswerke auf Grundlage eines „Gefühls"- bzw. psychohistorischen Ansatzes über die historische Entwicklung der Kindheit und Familie vorgelegt haben, diesen Prozeß der Intimisierung positiv beurteilt. Denn mit ihm hätten Kinder zunehmend mehr Aufmerksamkeit und Fürsorge seitens der Eltern und anderer Erwachsener erfahren[88].

Ein Überblickscharakter bringt es mit sich, daß doch recht pauschal von *der* Kindheit in den vergangenen Jahrhunderten gesprochen wird. Daher haben eine Reihe von Publikationen, die auf der Basis von schriftlichen Selbstzeugnissen oder lebensgeschichtlichen Interviews entstanden sind, die von Ariès und anderen begonnene Historisierung der Kindheit konsequent fortgesetzt, indem sie auf

---

87 Ariès: Geschichte der Kindheit (wie Anm. 20).
88 Lloyd de Mause: Hört ihr die Kinder weinen? Eine pschogenetische Geschichte der Kindheit, 7. Aufl., Frankfurt a. M. 1992. Shorter: Geburt der modernen Familie (wie Anm. 64).

schichtspezifische und regionale Unterschiede hingewiesen haben. Subjektive Quellen können Auskunft darüber geben, daß Kindheit, gerade im proletarischen und auch bäuerlichen Milieu, bis weit in das jetzige Jahrhundert hinein heißen konnte: keine strikte Trennung zwischen Arbeit und Spiel, alltägliche Kinderarbeit usw. Irene HARDACH-PINKE hat beispielsweise autobiographische Schriften zur bäuerlichen, proletarischen, kleinbürgerlichen, bürgerlichen und adeligen Kindheit im 18. und 19. Jahrhundert zusammengetragen und analysiert[89], und Christa HÄMMERLE hat autobiographisches Material zur Kindheit im Ersten Weltkrieg ausgewertet[90]. Die Bedeutung eines solchen lebensgeschichtlichen Materials liegt nicht zuletzt darin, daß deutlich wird, daß auch Kinder handlungsfähige Personen sind. Auch ihnen steht immer ein Handlungsspielraum zur Verfügung. Die historische Praxis von Kindheit ist nur zum Teil das gewesen, was Erwachsene für sie konzipiert haben.

Inwieweit die Bilder von Erwachsenen und die Praxis von Kindern voneinander abweichen konnten, unterstreicht eine Studie von Reinhard SIEDER. Er hat die Wiener Arbeiterkindheit anfangs unseres Jahrhunderts auf Basis narrativer Interviews untersucht[91]. Sozialdemokratische Pädagogen nahmen die proletarische Gassenkinder als „verwahrlost" und „kriminell" wahr. Die Erinnerungen der Interviewten sprechen indes eine andere Sprache; sie zeigen auf, daß sie sich als Kinder „auf der Straße" mehr als im Kindergarten, in der Schule oder in sozialdemokrati-

---

89 Irene Hardach-Pinke / Gerd Hardach (Hg.): Kinderalltag. Deutsche Kindheiten in Selbstzeugnissen 1700 – 1900, Reinbek bei Hamburg 1981. Irene Hardach-Pinke: Kinderalltag. Aspekte von Kontinuität und Wandel der Kindheit in autobiographischen Zeugnissen 1700 bis 1900, Frankfurt a. M. / New York 1981.

90 Christa Hämmerle: Kindheit im Ersten Weltkrieg, Wien / Köln / Weimar 1993.

91 Reinhard Sieder: Gassenkinder. In: Aufrisse 5 (1984), Heft 4, S. 8–21.

schen Kinderorganisationen Kompetenzen aneignen konnten, die den Anforderungen ihrer Lebenswelt gerecht wurden. Gerade in der Zeit des Ersten Weltkriegs und in den
ersten Jahren danach trugen viele Kindern dazu bei, die
Existenz ihrer Familie zu sichern. War die (oft nicht legale)
Beschaffung von Heizmaterial und Lebensmitteln in den
Augen der sozialdemokratischen Eliten das Anzeichen einer „Verwahrlosung", so war dies aus der Perspektive der
Betroffenen schlicht Überlebensarbeit.

Eine deutsch-holländische Projektgruppe, die sich aus
PädagogInnen und SoziologInnen zusammensetzt, hat
ebenfalls mit lebensgeschichtlichen Interviews zu Arbeiter-
Kindheiten gearbeitet. Sie hat eine interkulturell-vergleichende Mikrostudie vorgelegt[92]. Am Beispiel von je einem
städtischen Quartier im hessischen Wiesbaden und im hol-
ländischen Leiden wird hier erstens aufgezeigt, wie sich zu
Beginn unseres Jahrhunderts innerhalb des Arbeitermilieus
Kindheiten regional voneinander unterscheiden konnten.
Zweitens wird auf einer allgemeineren Ebene herausgearbeitet, wie sich Arbeiterkindheit generell im Verlauf der
vergangenen Dezennien mehr und mehr an bürgerlichen
Standards orientiert hat.

So zahlreich wie mittlerweile historisch-anthropologische
Studien zur Kindheit vorliegen, so wenig wird, wenn ich es
recht überblicke, historisch-anthropologisch zu anderen
Lebensphasen, zu Jugend und Alter, geforscht. Einige Über-

---

92 Imbke Behnken / Manuela du Bois Reymond / Jürgen Zinnecker: Le-
    bensräume im Prozeß der Modernisierung. Wiesbadener und Leidener
    Arbeiter-Kindheiten um 1900. In: Gisela Trommsdorff (Hg.): Sozialisa-
    tion im Kulturvergleich, Stuttgart 1989, S. 196–221. Dies.: Stadtge-
    schichte als Kindheitsgeschichte. Lebensräume von Großstadtkindern
    in Deutschland und Holland um 1900, Opladen 1989. Als weitere
    interkulturell-historisch vergleichende Analyse siehe: Martin / Nitsch-
    ke: Sozialgeschichte der Kindheit (wie Anm. 25).

blicksstudien sind aber bereits erstellt worden, wie beispielsweise von Michael MITTERAUER zur „*Sozialgeschichte
der Jugend*" [93]. Mitterauer weist dabei u. a. auf den Stellenwert hin, der gesellschaftlichen bzw. kulturellen Bedingungen (trotz aller physiologischen Faktoren beim menschlichen Reifungsprozeß) bei dem zukommt, wie Jugend historisch und kulturell unterschiedlich verstanden und gelebt
wird. Dem Spannungsfeld von biologischen Parametern
und kulturellen Faktoren widmet sich auch ein interdisziplinärer Sammelband des Freiburger *Instituts für Historische Anthropologie*, das mehrere ethnologische und historische Analysen zur „*Geschlechtsreife und Legitimation zur
Zeugung*" beinhaltet[94]. Arthur IMHOF hat, vor allem mit
demographischem Material, zum Alter bzw. zur zunehmen-
den Verlängerung der Lebenserwartung bzw. Lebenszeit im
Verlauf der vergangenen Jahrhunderte geforscht[95]. Peter
BORSCHEID hat eine „*Geschichte des Alters*" geschrieben[96];
u. a. auf Basis von Rechtsquellen hat er dabei insbesondere

---

93 Michael Mitterauer: Sozialgeschichte der Jugend, Frankfurt a. M. 1986.
    Siehe weiters: Andreas Gestrich: Traditionelle Jugendkultur und Indu-
    strialisierung. Sozialgeschichte der Jugend in einer ländlichen Arbei-
    tergemeinde Württembergs 1800–1920, Göttingen 1986. Jean-Claude
    Schmitt / Giovanni Levi (Hg.): Histoire des Jeunes / Storia della Juven-
    tute, Rom / Paris 1994. Wie auch die Überblicksdarstellung: Ulrich
    Herrmann: Jugend in der Sozialgeschichte. In: Wolfgang Schieder /
    Volker Sellin (Hg.): Sozialgeschichte in Deutschland. Band IV: Soziale
    Gruppen in der Geschichte, Göttingen 1987, S. 133–155.
94 Müller: Geschlechtsreife und Legitimation zur Zeugung (wie Anm. 24).
95 Arthur E. Imhof: Die gewonnenen Jahre. Von der Zunahme unserer
    Lebensspanne seit dreihundert Jahren oder von der Notwendigkeit ei-
    ner neuen Einstellung zu Leben und Sterben. Ein historischer Essay,
    München 1981. Ders.: Von der unsicheren zur sicheren Lebenszeit.
    Fünf historisch-demographische Studien, Darmstadt 1988. Ders.: Le-
    benszeit. Vom aufgeschobenen Tod und von der Kunst des Lebens,
    München 1988. Ders.: Lebenserwartung in Deutschland vom 17. bis
    19. Jahrhundert, Weinheim 1990.
96 Peter Borscheid: Geschichte des Alters, 16.–18. Jahrhundert, München.
    1987

die sich wandelnden Bilder über alte Menschen im Europa
der frühen Neuzeit nachgezeichnet und die These vertreten,
daß im bürgerlichen Selbstverständnis das Alter eine Hö-
herbewertung erfuhr. Josef EHMER wiederum hat die Bor-
scheid-Thesen relativiert, indem er u. a. auf die oft triste
materielle Realität älterer Menschen im 19. Jahrhundert
hingewiesen hat[97].

Einzel- bzw. Fallstudien liegen im Bereich einer zeitgeschichtlich orientierten Historischen Anthropologie der
Jugend etwas zahlreicher vor, insbesondere zur proletarischen Jugend, die mit ihrem lebensweltlichen und gesellschaftlichen Umfeld in Konflikt geriet. Zum Beispiel: Detlev PEUKERT hat die Lebenswelten von Arbeiterjungen in
der Weimarer Republik rekonstruiert[98]. Christian GERBEL
und Alexander MEJSTRIK haben sich mit den „Schlurfs"
befaßt – Wiener Jugendliche, deren kulturelle Ausdrucksformen in der NS-Zeit als oppositionell eingestuft wurden[99]. Und Rolf LINDNER hat sich mit den Berliner „Wilden
Cliquen" in der Zwischenkriegszeit auseinandergesetzt –
Arbeiterjugendliche, die nicht offiziell (in Parteien oder in
der Jugendbewegung) organisiert waren, die aber kulturelle
Elemente der Jugendbewegung zum Teil adaptierten und
ihnen eine eigene Bedeutung gaben[100].

In einer, auch für die herkömmliche Praxis der Historischen Anthropologie eigenwilligen Art und Weise arbeitet

97 Josef Ehmer: Sozialgeschichte des Alters, Frankfurt a. M. 1990.
98 Detlev J. K. Peukert: Jugend zwischen Krieg und Krise. Lebenswelten
     von Arbeiterjungen in der Weimarer Republik, Köln 1987.
99 Christian Gerbel / Alexander Meystrik / Reinhard Sieder: Die
     „Schlurfs". Verweigerung und Opposition von Wiener Arbeiterju-
     gendlichen im „Dritten Reich". In: Emmerich Tálos / Ernst Hanisch /
     Wolfgang Neugebauer (Hg.): NS-Herrschaft in Österreich 1938–1945,
     Wien 1988, S. 243–268.
100 Rolf Lindner: Die Wilden Cliquen in Berlin. Ein Beitrag zur histori-
      schen Kulturanalyse. In: Historische Anthropologie 1 (1993), S. 451–
      467.

Heinz BLAUMEISER zum Bereich „Alter". Er versucht Erkenntnisse über historische Formen des Alters an SeniorInnen weiterzugeben, denen dieses Wissen in Verbindung mit einer persönlichen lebensgeschichtlichen Reflexion als Orientierungshilfe zur befriedigenden Organisation der letzten Lebensphase dient[101]. Historische Anthropologie wird hier quasi zu einer angewandten Wissenschaft, die ihr Wissen unmittelbar an dafür relevante gesellschaftliche Teilbreiche fast sozialarbeiterisch weitergibt (vgl. Kap. 5).

Erhard CHVOJKA wiederum hat jüngst eine Studie zum Alter auf Grundlage von statistischem Material, lebensgeschichtlichen Aufzeichnungen und Bildquellen vorgelegt. Er hat herausgearbeitet, wie mit dem Entstehen eines bürgerlichen Familienmodells seit dem 18. Jahrhundert auch eine Neudefinition der Großelternrollen einhergeht; in einem modernen Verständnis wurden und werden Großeltern nun vor allem als ErzieherInnen der Enkelkinder innerhalb des Familienverbands verstanden[102].

Chvojkas Forschungen weisen uns darauf hin, daß Historische Anthropologie, die den historisch und kulturell sich verändernden Bedeutungen von Kindheit, Jugend und Alter auf die Spur kommt, letztlich auch die Frage nach sich wandelnden Beziehungen zwischen VertreterInnen der einzelnen Lebensphasen, also nach Generationenbeziehungen und auch nach verschiedenen Generationenprägungen stellen muß. Doch von einigen wenigen soziologischen Arbeiten abgesehen, steckt eine historisch-anthropologische

---

101 Heinz Blaumeiser: Wenn Geschichte alt macht. Historische Dynamik und „Altern zweiter Art". In: Historische Anthropologie 1 (1993), S. 25–41.

102 Erhard Chvojka: Geschichte der Geschlechterrollen. 16. – 20. Jahrhundert, Wien / Köln / Weimar 1996. Zur Geschichte des Alters siehe auch: Christoph Conrad / Hans-Joachim von Kondratowitz (Hg.): Zur Kulturgeschichte des Alters, Berlin 1993.

Generations- und Generationenbeziehungsforschung noch
in den Kinderschuhen[103].

3.3.5. Geburt und Tod

Geburt markiert den Beginn, Tod das Ende eines menschli-
chen Lebens. Viele mögen sich fragen, was denn an diesen
Eckpunkten des Lebens überhaupt historisch sein kann.
Geboren wird jeder, sterben muß jeder …

So sehr Geburt und Tod elementare anthropologische
Elementarerfahrungen zu allen Zeiten und an allen Orten
sind, so verschieden sind und waren die Formen, mit denen
Menschen damit umgehen und umgingen. Gerade der Kontrast macht dies deutlich – sowohl jener zwischen Kulturen[104] als auch der zwischen Zeiten. Zum Beispiel: In der
europäischen Gegenwart wird Tod oft als definitiver End-
punkt eines individuellen Lebens gedacht; es wird an dafür
vorgesehenen, fast ghettoisierten Orten (im Altenheim oder
im Krankenhaus) gestorben; Friedhöfe sind Orte der Stille
und liegen am Rande von Ortschaften; und der Tod wird
meist von einem Arzt begleitet oder zumindest festgestellt.
Im abendländischen Mittelalter dagegen stellte man sich
Tod lediglich als einen Einschnitt in einem Leben vor, der

---

103 Yvonne Schütze / Dieter Geulen: Die „Nachkriegskinder" und die
„Konsumkinder": Kindheitsverläufe zweier Generationen; Marina Fi-
scher-Kowalski: Halbstarke 1958, Studenten 1968: Eine Generation
und zwei Rebellionen; beides in: Ulf Preuss-Lausitz u. a.: Kriegskinder Konsumkinder Krisenkinder. Zur Sozialisationsgeschichte seit
dem Zweiten Weltkrieg, Weinheim / Basel 1983, S. 29–52 bzw. S. 53–
70. Gabriele Rosenthal: Zur Konstitution von Generationen in familienbiographischen Prozessen. In: ÖZG. Österreichische Zeitschrift
für Geschichtswissenschaften 5 (1994), S. 489–516. Siehe auch: Gert
Dressel / Günter Müller: (Hg.): Geboren 1916. Neun Lebensbilder
einer Generation, Wien / Köln / Weimar 1996.
104 Siehe z. B.: Peter Dinzelbacher (Hg.): An der Schwelle zum Jenseits.
Sterbevisionen im interkulturellen Vergleich, Freiburg 1989.

den Übergang vom irdischen ins jenseitige Leben markierte; Sterben war im Alltag überall präsent, weil viele Krankheiten nicht kontrollierbar waren und weder vor alt noch vor jung halt machten; die Friedhöfe lagen zentral in den Ortschaften und waren Orte der Geselligkeit; und der Priester, eine religiöse Institution, war die zentrale Instanz des Sterbens[105].

Es ist auch hier wieder Philippe ARIÈS gewesen, der eine epochenübergreifende Darstellung vorgelegt hat. Ariès zeichnet eine langsam voranschreitende Entwicklung nach, innerhalb dessen sich das Verhältnis zum Tod vom Mittelalter an gewandelt hat – von einer gedachten Einheit zwischen Diesseits und Jenseits zu einer Liebe zum individuellen irdischen Leben und zur Angst vor einem gescheiterten Leben, von einer Vertrautheit zu einer Unvertrautheit mit dem Tod, von einer religiösen zu einer verweltlichten, letztlich gar keinen Vorstellung vom Tod[106]. Daß mit einem sich zunehmend säkularisierenden europäischen Weltbild der Tod zu einem großen Rätsel geworden ist, daß Bilder über den Tod und „das danach" aus nicht-europäischen Traditionen (z. B. Reinkarnationsvorstellungen) mehr und mehr an Attraktivität gewonnen haben – all das macht eine Beschäftigung mit vergangenen Vorstellungen über Tod und Jenseits so interessant.

---

105 Zum schnellen Einblick in die Geschichte des Todes im Mittelalter und in die Neuzeit siehe: Peter Dinzelbacher: Sterben / Tod. Mittelalter; Martina Kessel: Sterben / Tod. Neuzeit; beides in: Dinzelbacher: Europäische Mentalitätsgeschichte (wie Anm. 27), S. 244–260 bzw. 260–274.

106 Philippe Ariès: Geschichte des Todes, München 1980. Siehe auch: Ders.: Studien zur Geschichte des Todes im Abendland, München / Wien 1976. Ders.: Bilder zur Geschichte des Todes, München 1984. Arthur Imhof: Ars moriendi. Die Kunst des Sterbens einst und heute, Wien / Köln / Weimar 1991. Marianne Mischke: Der Umgang mit dem Tod. Vom Wandel in der abendländischen Geschichte, Berlin 1996.

Wie Ariès so widmen sich auch viele andere historisch-anthropologisch orientierte Arbeiten dem Thema Tod
in seiner subjektiven Dimension, also den Vorstellungen
und Bildern, die sich Menschen in früheren Zeiten vom
Tod gemacht haben. Ein großer Teil dieser Literatur wiederum konzentriert sich auf das Mittelalter[107]. Das Reizvolle
gerade an der Erforschung mittelalterlicher Todesvorstellungen ist einerseits das, im Vergleich zu heute, andere
bzw. fremde Verständnis vom Lebensende, das eben vor
mehr als fünfhundert Jahren nicht als ein solches gedeutet
worden ist; andererseits wird deutlich, wie Bilder, die uns
heute zum Teil noch im Kopf sind, schon in mittelalterlichen Veränderungsprozessen begründet sind – etwa in der
im Hochmittelalter dogmatisierten Vorstellung vom Fegefeuer, einer neuen jenseitigen Instanz neben Himmel und
Hölle; mit ihr erhielt das gelebte individuelle irdische Leben eine größere Bedeutung; denn der individuelle, keineswegs als angenehm gedachte Aufenthalt im Fegefeuer „be-
rechnete" sich aus den Sündenstrafen, die jeder und jede
einzelne im Leben auf sich geladen hatte[108].

Andere Forschungen haben sich historisch-demographisch mit dem Tod auseinandergesetzt. Viele Arbeiten von
Arthur IMHOF beispielsweise zeigen mittels statistischer Be-
rechnungen, wie die zunehmende Ghettoisierung und Verdrängung des Todes u. a. mit der wachsenden durchschnittlichen Lebenserwartung, einer geglückten weitge-

---

107 Siehe z. B.: Alois M. Haas: Todesbilder im Mittelalter, Darmstadt
     1982. Jacques Le Goff: Die Geburt des Fegefeuers. Vom Wandel des
     Weltbildes im Mittelalter, Stuttgart 1984. Claude Leconteux: Ge-
     schichte der Gespenster und Wiedergänger im Mittelalter, Köln 1987.
     Norbert Ohler: Sterben und Tod im Mittelalter, München 1990. Jean-
     Claude Schmitt: Bilder als Erinnerung und Vorstellung. Die Erschei-
     nung der Toten im Mittelalter. In: Historische Anthropologie 1 (1993),
     S. 347–358. Ders.: Die Wiederkehr der Toten. Geistergeschichten im
     Mittelalter, Stuttgart 1995.
108 Le Goff: Geburt des Fegefeuers (wie Anm. 107).

henden Bekämpfung der Säuglings- und Kindersterblichkeit sowie von seuchenartig auftretenden Krankheiten
Hand in Hand gegangen sind[109].

Was für den Tod gilt, gilt auch für die Geburt. Die historischen und kulturellen Vorstellungen von dem, was denn
Geburt ist, sind verschieden[110]. Und so wie sich auch in
Bildern vom Tod und Jenseits die jeweilige Bedeutung ausdrücken kann, die eine Identität als Individuum für die
betreffende Kultur hat, so kann sich diese Bedeutung auch
in Geburtsbildern zeigen – genauer: in Lebensanfangsbil-
dern. Monika BERNOLD hat sich dafür autobiographische
Zeugnisse aus verschiedenen sozialen Milieus (des 20.
Jahrhunderts) angeschaut. Sie hat untersucht, wie sich im
Beginn solcher schriftlichen lebensgeschichtlichen Aufzeichnungen der Grad einer individuellen Identität des jeweiligen Verfassers bzw. der jeweiligen Verfasserin zeigt.
Wenn eine Autobiographie mit der eigenen Geburt beginnt,
ist dieser Grad womöglich höher, als wenn zum Beispiel
mit einer Aufzählung aller Familienmitglieder begonnen
wird und wenn das eigene Ins-Leben-Treten in einem späteren Nebensatz oder gar nicht festgehalten wird[111]. Unter
einer anderen Fragestellung hat Claudi TÖNGI spezifische
Geburtsvorstellungen rekonstruiert. Sie hat körperbezogene
Ängste von Frauen vor und während der Geburt in einem
Schweizer Alpendorf unseres Jahrhunderts beschrieben[112].

---

109 Vgl. Anm. 95.
110 Als Einführung siehe z. B.: Jacques Gélis: Die Geburt. Volksglaube,
     Rituale und Praktiken von 1500–1900, München 1989. Ders.: Das
     Geheimnis der Geburt. Rituale, Volsglaube, Überlieferungen, Freiburg
     i. Br. / Wien 1992.
111 Monika Bernold: Anfänge. Zur Selbstverortung in der popularen Au-
     tobiographik. In: Historische Anthropologie 1 (1993), Heft 1, S. 5–24.
112 Claudia Töngi: Im Zeichen der Geburt. Der Ort des weiblichen Kör-
     pers in Gefährdungsvorstellungen am Beispiel eines Urner Bergdor-
     fes. In: Historische Anthropologie 1 (1993), S. 253–272.

Befassen sich die vorher genannten Arbeiten vor allem mit subjektiven Dimensionen des Themas Geburt, so haben andere Studien vorwiegend „objektive" Momente der Geburt analysiert. Oft sind sie historisch-demographisch dem Phänomen der Illegitimität nachgegangen; sie haben u. a. untersucht, wie die, sich regional unterscheidende Anzahl von illegitimen (also außer- oder voreheliche) Geburten mit jeweils spezifischen sozio-ökonomischen und kulturellen Bedingungen zusammenhing[113]. Norbert ORTMAYR hat dabei u. a. die These aufgestellt, daß Säuglings- und Kindersterblichkeit gerade in jenen Regionen häufiger auftrat, in denen auch die Rate der illegitimen Geburten überdurchschnittlich hoch war[114].

3.3.6. Religion – Religiosität

Im vorangegangenen Kapitel sollte deutlich geworden sein, daß Einstellungen zum bzw. Vorstellungen über den Tod immer auch mit den religiösen Weltbildern in Verbindung stehen, denen sich Menschen verbunden fühlen. Religion berührt viele Bereiche menschlichen Lebens, sie ist bei vielen menschlichen Elementarerfahrungen von zentraler Bedeutung. So hat Jacques LE GOFF zum Beispiel in seiner Beschreibung des anthropologischen Weltbilds des Mittelalters festgehalten, „daß wenige Epochen von der Existenz

113 Siehe z. B. Michael Mitterauer: Ledige Mütter. Zur Geschichte illegitimer Geburten in Europa, München 1983. Peter Becker: Leben und Lieben in einem kalten Land. Sexualität im Spannungsfeld von Ökonomie und Demographie. Das Beispiel St. Lambrecht 1600–1850, Frankfurt a. M. / New York 1990. Norbert Ortmayr: Sozialhistorische Skizzen zur Geschichte des ländlichen Gesindes in Österreich. In: Ders. (Hg.): Knechte. Autobiographische Dokumente und sozialhistorische Skizzen, Wien / Köln / Weimar 1992, S. 297–356.
114 Ortmayr: Sozialhistorische Skizzen (wie Anm. 113).

eines allgemeingültigen und ewigen Menschenbildes so überzeugt waren wie das christliche Mittelalter des 11. bis 15. Jahrhunderts. In dieser von der Religion beherrschten und bis in ihre intimsten Strukturen durchdrungenen Gesellschaft wurde dieses Menschenbild offenbar von der Religiosität definiert."[115] Gerade im abendländischen Mittelalter scheint es keine Vorstellungen über Welt, Wirklichkeit und Leben außerhalb eines von der christlichen Religion geprägten Weltbildes gegeben zu haben. So hat Le GOFF auch aufgezeigt, wie die Geburt des Konzepts des Individuums mit der Entstehung der christlichen Vorstellung vom Fegefeuer im Mittelalter in Beziehung stand[116]. Und auch eine Geschichte der Namen kann als eine religionsgeschichtliche Untersuchung geschrieben werden, gerade dann, wenn sie den Bedeutungen der Namen wie auch der Namensgebung nachspürt[117]. Religion wird von der Historischen Anthropologie als etwas verstanden, über das Geschichte erklärt werden kann.

Religion ist allerdings auch eine problematische Bezeichnung. Der Begriff beinhaltet bereits eine Wertung, grenzt sich von anderen Termini wie „Aberglauben" und „Magie" ab, als ob „Religion" für einen „wahren Glauben" stehen würde. Religion schien lange Zeit mit dem Verständnis einer europäischen Rationalität kompatibel zu sein, „Aberglauben" und „Magie" schienen es eher nicht zu sein und sind oft als irrationale Phänomene charakterisiert worden. Diese Zuordnung hat u. a. damit zu tun, daß seit der

---

115 Le Goff: Einführung: Mensch des Mittelalters (wie Anm. 42), S. 10.
116 Jacques Le Goff: Geburt des Fegefeuers (wie Anm. 107).
117 Siehe z. B. die interreligiös-vergleichende Studie: Michael Mitterauer: Abdallah und Godelive. Zum Status von Frauen und Männern im Spiegel „heiliger" Namen. In: Edith Saurer (Hg.): Die Religion der Geschlechter. Historische Aspekte religiöser Mentalitäten, Wien / Köln / Weimar 1995, S. 45–72. Auch: Ders.: Ahnen und Heilige. Namensgebung in der europäischen Geschichte, München 1993.

frühen Neuzeit sowohl die Institutionen und Repräsentanten der christlichen Kirchen als auch die Vertreter der Aufklärung versuchten, volkskulturelle religiöse und magische Traditionen zu disqualifizieren.

Mittlerweile hat sich dies aber geändert, weil die christliche Religion in unserer Gesellschaft Schritt für Schritt an Bedeutung verloren hat; anders als etwa im Mittelalter sind christliche Glaubensvorstellungen heute nur mehr eine Alternative innerhalb eines großen Angebots an Weltanschauungen, Religionen und esoterischen Modellen. Eva LABOUVIE meint daher auch zur momentanen Sichtweise der Religionsgeschichte: *„Kein Forscher wird heute magische Vorstellungen und Praktiken mehr als antisozial, primitiv oder unlogisch bezeichnen; der Begriff des ‚Irrationalen' taucht gelegentlich noch auf, der Terminus ‚Aberglaube' ist, außer in der Superstitionsforschung, zumeist durch den wertfreieren und von Ethnologie/Anthropologie neu definierten Terminus der ‚Magie' ersetzt."*[118]

Den „magischen" volkskulturellen und kaum schriftlich tradierten religiösen Vorstellungen und Praktiken der popularen Frömmigkeit in der eigenen europäischen Geschichte, insbesondere im Mittelalter und in der frühen Neuzeit, versucht ein großer Teil der religionsgeschichtlichen Historischen Anthropologie auf die Spur zu kommen[119]. Dabei versucht sie den Gegensatz Glaube – Aber-

---

118 Eva Labouvie: Wissenschaftliche Theorien – rituelle Praxis. Annäherungen an die populäre Magie der Frühen Neuzeit im Kontext der „Magie- und Aberglaubensforschung", S. 296. In: Historische Anthropologie 2 (1994), S. 287–307.

119 Siehe z. B. die Sammelbände: Wolfgang Schieder (Hg.): Volksreligiosität in der modernen Sozialgeschichte, Göttingen 1986. Richard van Dülmen: Religion und Gesellschaft. Beiträge zu einer Religionsgeschichte der Neuzeit, Frankfurt a. M. 1989; darin bes. die Konzeption einer sozialgeschichtlichen, man könnte auch sagen, historisch-anthropologischen Religionsforschung: Religionsgeschichte in der hi-

glaube aufzulösen, die je eigenen Logiken von Praktiken popularer Frömmigkeit, also spezifische, uns fremde Rationalitäten zu entschlüsseln. Eva LABOUVIE hat dies selbst in einer Monographie über ländlichen Hexenglauben in der frühen Neuzeit getan[120], Carlo GINZBURG hat einerseits das, von den Vorstellungen der religiösen und weltlichen Eliten stark abweichende religiöse Weltbild eines norditalienischen Müllers um 1600 rekonstruiert, und ist andererseits den lange zurückreichenden und über Europa hinausreichenden Traditionen des Hexensabbats nachgegangen[121].

---

storischen Sozialforschung, S. 215–240. Peter Dinzelbacher / Dieter R. Bauer (Hg.): Volksreligion im hohen und späten Mittelalter, Paderborn / München / Zürich / Wien 1990. Dieter Harmening / Erich Wimmer (Hg.): Volkskultur – Geschichte – Religion. Festschrift für Wolfgang Brückner zum 60. Geburtstag, Würzburg 1990. Siehe auch: Aaron J. Gurjewitsch: Das Weltbild des mittelalterlichen Menschen, München 1980. William A. Christian: Local Religion in Sixteenth-Century Spain, Princeton 1981. Robert Muchembled: Kultur des Volkes – Kultur der Eliten. Die Geschichte einer erfolgreichen Verdrängung, Stuttgart 1982. Rosalind u. Christopher Brooke: Popular Religion in the Middle Ages. Western Europe 1000–1300, London 1984. Wolfgang Schieder: Religion in der Sozialgeschichte. In: Wolfgang Schieder / Volker Sellin (Hg.): Sozialgeschichte in Deutschland. Band III: Soziales Verhalten und soziale Aktionsformen in der Geschichte, Göttingen 1987, S. 101–121.

120 Eva Labouvie: Zauberei und Hexenwerk in der frühen Neuzeit, Frankfurt a. M. 1993.

121 Carlo Ginzburg: Der Käse und die Würmer. Die Welt eines Müllers um 1600, Frankfurt a. M. 1983. Ders.: Hexensabbat. Entzifferung einer nächtlichen Geschichte, Berlin 1990. Siehe auch: Ders.: Die Benandanti. Feldkulte und Hexenwesen im 16. und 17. Jahrhundert, Frankfurt a. M. 1980. Weitere Einzelstudien: Jean-Claude Schmitt: Der heilige Windhund. Die Geschichte eines unheiligen Kults, Stuttgart 1982. Richard van Dülmen (Hg.): Hexenwelten. Magie und Imaginationen vom 16.–20. Jahrhundert, Frankfurt a. M. 1987. Michael Mitterauer: „Heut' ist eine heilige Samstagnacht". Ein Passionsgebet im sozialgeschichtlichen Kontext seiner Überlieferung. In: Richard van Dülmen (Hg.): Arbeit, Frömmigkeit und Eigensinn. Studien zur historischen Kulturforschung II, Frankfurt a. M. 1990, S. 260–299. Rebekka Habermas: Wallfahrt und Aufruhr. Zur Geschichte des Wanderglaubens in der Frühen Neuzeit, Frankfurt a. M. 1991. Rainer

So sehr das Klischee Aberglauben bzw. populare Frömmigkeit im Gegensatz zur offiziellen Religion denkt, so wenig läßt sich diese Polarität für die historische Realität aufrechterhalten. Einerseits waren die volksreligiösen Praktiken auch von der christlichen Religion, von offiziellen Dogmen der Amtskirche geprägt und wandelten sich von Zeit zu Zeit. Das zeigt sich beispielsweise in einer Studie von Edith SAURER, die die Beichtpraxis von Frauen zu Beginn des 19. Jahrhunderts rekonstruiert hat[122]; der Volkskundler Martin SCHARFE wiederum hat untersucht, inwieweit sich mit dem Aufkommen des süddeutschen Pietismus in der frühen Neuzeit die Lebensweisen der Menschen insgesamt veränderten[123]. Andererseits machte auch „die Kirche" Konzessionen an „das Volk". Pfarrer traten beispielsweise selbst als „weise Leute", als Experten für volksreligiöses und volksmedizinisches Wissen auf[124]. Aufgrund der Verflechtungen zwischen einer popularen Kultur und einer Elitenkultur, analysiert eine historisch-anthropologische Religionsforschung in einem lebensweltlichen Gesamtkontext auch jene religiösen Praktiken, die von den Eliten – Theologen, Pfarrfamilien usw. – praktiziert wur-

Walz: Hexenglaube und magische Kommunikation im Dorf. Frühneuzeitliche Hexenverfolgungen in der Grafschaft Lippe, Paderborn 1993. Zur Bedeutung religiöser Traditionen in volkskulturellen Lebenswelten in der nahen Vergangenheit siehe: Olivia Wiebel-Fanderl: Religion als Heimat? Zur lebensgeschichtlichen Bedeutung katholischer Glaubenstraditionen, Wien / Köln / Weimar 1993.

122 Edith Saurer: Frauen und Priester. Beichtgespräche des frühen 19. Jahrhunderts. In: Richard van Dülmen (Hg.): Arbeit, Frömmigkeit und Eigensinn. Studien zur historischen Kulturforschung II, Frankfurt a. M. 1990, S. 141–170.

123 Martin Scharfe: Die Religion des Volkes. Kleine Kultur- und Sozialgeschichte des Pietismus, Gütersloh 1980.

124 Labouvie: Wissenschaftliche Theorien (Wie Anm. 118), S. 306.

den; einige Überblicksstudien liegen dafür bereits vor[125] wie auch Einzelanalysen[126].

Eine Historische Anthropologie der Religion kann und sollte sich natürlich nicht auf die eigene europäische Geschichte, auf die populare Frömmigkeit und auf die christliche Religion beschränken. Daher sollten an dieser Stelle jene Studien hervorgehoben werden, die zwar (soweit ich weiß) bislang äußerst rar sind, die aber verschiedene religionsgeschichtliche Aspekte in einem interkulturell-vergleichenden Rahmen analysieren, der auch nicht-christliche Religionen miteinbezieht[127]. Denn gerade interkulturell-komparatistische Studien können verdeutlichen, daß eine Religion (Christentum, Islam usw.) niemals ein zeitloses und ortsübergreifendes homogenes Gebilde ist, sondern daß Religionen historisch und kulturell immer verschieden erfahren und gelebt werden; schließlich können sie aufzeigen, inwieweit Geschichte, Kultur und Gesellschaft durch Religion mitgeprägt waren und sind, inwieweit sich Religion in kulturellen und gesellschaftlichen Strukturen wie auch in der Lebenspraxis von Menschen je spezifisch ausdrückt.

---

125 Siehe z. B.: Christa Habiger-Tuczay: Magie und Magier im Mittelalter, München 1992. Jean-Claude Schmitt: Heidenspaß und Höllenangst. Aberglaube im Mittelalter, Frankfurt a. M. / New York 1993.

126 Siehe z. B.: David Gugerli: Zwischen Pfund und Predigt. Die protestantische Pfarrfamilie auf der Zürcher Landschaft im ausgehenden 18. Jahrhundert, Zürich 1988.

127 Siehe z. B.: Stephen Wilson (Hg.): Saints and their Cults. Studies in Religious Sociology, Folklore and History, Cambridge 1983. Michael N. Ebertz / Franz Schultheis (Hg.): Volksfrömmigkeit in Europa. Beiträge zur Soziologie popularer Frömmigkeit aus 14 Ländern, München 1986. Clifford Geertz: Religiöse Entwicklungen im Islam. Beobachtet in Marokko und Indonesien, Frankfurt a. M. 1988. Mitterauer: Abdallah und Godelive (wie Anm. 117).

3.3.7. Arbeit

Das nun skizzierte Themenfeld ist ein Bereich, dem sich historisch-anthropologisch orientierte Forschungen, meines Wissens nach, bislang noch recht wenig gewidmet haben. Dabei ist „Arbeit" gerade von europäischen Philosophen der Neuzeit als *die* anthropologische Grundbestimmung schlechthin verstanden worden – Arbeit im Sinne des Herstellens oder Hervorbringens eines Gegenstandes. John LOCKE wie auch Karl MARX haben Arbeit so verstanden, ebenso tut dies heute Jürgen HABERMAS[128]. Dabei haben sie Arbeit grundsätzlich positiv bewertet. Für John Locke etwa war Arbeit der Weg zum Eigentum und zur persönlichen Unabhängigkeit. Karl Marx hat den Entfremdungsaspekt von Arbeit hervorgehoben; entgegen der Annahme Lockes meinte Marx, daß in kapitalistischen Produktionsbedingungen weder der Mensch sich in seiner Arbeit wiederfinden könne noch die Arbeit dem gesellschaftlichen Ganzen diene, sondern lediglich dem Markt bzw. der kapitalistischen Profitmaxime. Auch ein solches Konzept schreibt Arbeit grundsätzlich eine positive Bedeutung zu, weil es die individuelle Identifikation mit Arbeit wie auch den gesellschaftlichen Nutzen von Arbeit als Grundlagen einer besseren Gesellschaft begreift.

Gernot BÖHME hat gemeint, daß *„der Mensch als Arbeitender definiert wird, hat (...) in der bürgerlichen Gesellschaft seinen Ursprung."* [129] So zentral „Arbeit" unsere

---

128 Siehe dazu z. B.: Gernot Böhme: Arbeit. In: Ders.: Anthropologie in pragmatischer Hinsicht. Darmstädter Vorlesungen, Frankfurt a. M. 1985, S. 153–166. Dieter Groh: „Spuren der Vernunft in der Geschichte". Der Weg von Jürgen Habermas zur *Theorie des kommunikativen Handelns* im Schatten Max Webers, S. 231–233. In: Ders.: Anthropologische Dimensionen der Geschichte, Frankfurt a. M. 1992, S. 190–233.

129 Böhme: Arbeit (wie Anm. 128), S. 157.

Identität als modernen europäischen Menschen bestimmt (das Arbeitsverständnis europäischer Philosophen sind ja auch ein Ausdruck dessen), so sehr muß die These von der Arbeit als *die* Grundbestimmung *des* Menschen historisch in Frage gestellt werden. Dazu könnte eine Historische Anthropologie der Arbeit auf unterschiedliche Art und Weise beitragen.

Sie könnte zum Beispiel durchaus in einer weitgehend ideen- bzw. begriffsgeschichtlichen Tradition die Vorstellungen von Arbeit in historischen Philosophien bzw. in vergangenen anthropologischen Modellen rekonstruieren. Auch wenn eine solche Zugangsweise nur die Denkweisen gesellschaftlicher bzw. kultureller Eliten erschließt, könnte schon damit das aktuelle europäische Selbstverständnis von Arbeit relativiert werden. Denn es würde u. a. deutlich werden, daß vergangene Vorstellungen nicht immer eine Bezeichnung für das hatten, was wir heute mit dem Begriff „Arbeit" umschreiben.

Hans KLOFT hat beispielsweise einen solchen ideen- und begriffsgeschichtlichen Zugang für die Antike versucht. Er hat dabei festgehalten, daß sowohl Griechen als auch Römern *„der Begriff der Arbeit, der uns heute geläufig ist, wie ihr moderner Stellenwert im ökonomischen, sozialen und ethischen Sinne nicht präsent (war). Arbeit als Daseinserfüllung, als Mittel menschlicher Selbstverwirklichung lag ihnen begrifflicherweise fern."* [130] Viele antike philosophische und literarische Texte würden davon zeugen, daß Arbeit nicht ein Kriterium gesellschaftlicher Anerkennung war, sondern in erster Linie ein sozialer Status, der vor allem die Gruppe der Sklaven kennzeichnete; diesen wäre die Notwendigkeit auferlegt worden, zu arbeiten. Das Gegenteil von Arbeit wäre in vielen antiken Vorstellungen – geradezu

---

130 Hans Kloft: Arbeit und Fest. Antike, S. 326. In: Dinzelbacher: Europäische Mentalitätsgeschichte (wie Anm. 27), S. 326–336.

im Gegensatz zu John Locke fast zweitausend Jahre später –
die Freiheit.

Jacques LE GOFF hat das Arbeitsverständnis des europäischen Mittelalters rekonstruiert; er hat dabei sowohl „offizielle" Vorstellungen von Arbeit als auch Auswirkungen
von gesellschaftlichen Wandlungsprozessen auf die Arbeits-
praxis analysiert. Auch im Mittelalter hätte es *„keine präzise
Definition für Arbeit"* gegeben, meint Le Goff[131]. Gleichwohl
wären alttestamentarische Traditionen wirksam gewesen,
die Arbeit als Plage, als Bestrafung und Buße für den Sün-
denfall von Adam und Eva begriffen hätten – Arbeit also als
ein Zeichen des sündigen Charakters der Menschen und
damit auch als eine notwendige, aber keine lobenswerte
Form der Anstrengung. Mit der Herausbildung neuer sozialer, vor allem städtischer Gruppen im Mittelalter (Intellektu-
elle und Kaufleute) wäre es allerdings zu einer Umbewer-
tung der Arbeit gekommen; und es hätten sich Formen ratio-
nalisierter, zeitgeregelter Arbeiten herausgebildet. Erst mit
solch einer Zeitregelung hätte die Freizeit als ein der Arbeit
entgegengesetzter Bereich entstehen können[132].

---

131 Jacques Le Goff: Arbeit und Fest. Mittelalter, S. 336. In: Dinzelbacher:
     Europäische Mentalitätsgeschichte (wie Anm. 27), S. 336–349. Siehe
     auch: Ders.: Für ein anderes Mittelalter. Zeit, Arbeit und Kultur im
     Europa des 5.–15. Jahrhunderts, Frankfurt a. M. 1984.
132 Zur Arbeit, Freizeit und Fest siehe bspw. folgende Überblickswerke bzw.
     Sammelbände: Arne Eggebrecht u. a.: Geschichte der Arbeit vom alten
     Ägypten bis zur Gegenwart, Köln 1980. Klaus Tenfelde (Hg.): Arbeit und
     Arbeitserfahrung in der Geschichte, Göttingen 1986. Gerhard Huck
     (Hg.): Sozialgeschichte der Freizeit. Untersuchungen zum Wandel der
     Alltagskultur in Deutschland, Wuppertal 1980. Uwe Schultz (hg.): Das
     Fest – eine Kulturgeschichte, München 1988. Michael Maurer: Feste
     und Feiern als historischer Forschungsgegenstand. In: Historische Zeit-
     schrift 253 (1991), S. 101–130. Zu einer sich von unserem Verständnis
     weitgehenden unterscheidenden Festkultur, z. B. des Karnevals, im
     Mittelalter und in der Frühen Neuzeit siehe: Emmanuel Le Roy Ladurie:
     Karneval in Romans. Eine Revolte und ihr blutiges Ende 1579–1580,
     Stuttgart 1982. Norbert Schindler: Widerspenstige Leute. Studien zur
     Volkskultur in der frühen Neuzeit, Frankfurt a. M. 1992.

Der Beitrag von Le Goff zur Arbeit im Mittelalter zeigt eine weitere Perspektive einer Historischen Anthropologie der Arbeit auf. Sie könnte die jeweils konkrete historische Praxis von dem, was wir als Arbeit verstehen, aufspüren. Dabei müßte sie nach den einzelnen kulturellen, sozialen und ökonomischen Zusammenhängen fragen, in dem sich bestimmte Vorstellungen über Arbeit und deren alltägliche Ausdrucksformen entwickelten.

Erste Ansätze dafür finden sich in bereits an anderer Stelle vorgestellten familienhistorischen Studien. Sie haben den Zusammenhang zwischen Familienstrukturen sowie familialer und gesellschaftlicher Arbeitsorganisation untersucht – und damit auch die Bedeutung von Arbeit und die Arbeitsteilung in verschiedenen historischen Familienformen[133]. In eine ähnliche Richtung zielen zwei von Jochen MARTIN und Renate ZOEPFFEL herausgegeben interdisziplinäre Sammelbände. Deren einzelne Beiträge setzen sich u. a. mit der Arbeitsteilung zwischen Männern und Frauen in verschiedenen historischen (von der Antike bis zur Neuzeit) und kulturellen (u. a. diverse europäische Regionen, Japan, China) Kontexten auseinander[134]. In einem sehr eng umrissenen räumlichen und zeitlichen Feld, im Lyon der frühen Neuzeit, hat die amerikanische Historikerin Natalie Zemon DAVIS geforscht. Dabei hat sie ihre Aufmerksamkeit u. a. auf Frauen im Handwerk gelenkt, auf die spezifischen Formen ihrer Tätigkeiten wie auch auf ein prägnantes Selbstverständnis, das sich aus ihrem handwerklichen Tun ergab[135].

---

133 Siehe z. B. Ehmer: Familienstruktur und Arbeitsorganisation (wie Anm. 67). Kriedte / Medick / Schlumbohm: Industrialisierung vor der Industrialisierung (wie Anm. 66).

134 Martin / Zoepffel: Aufgaben, Rollen und Räume von Frau und Mann (wie Anm. 26).

135 Natalie Zemon Davies: Frauen im Handwerk. Zur weiblichen Arbeitswelt. Zur weiblichen Arbeitswelt im Lyon des 16. Jahrhunderts. In: Richard van Dülmen (Hg.): Arbeit, Frömmigkeit und Eigensinn. Studien zur historischen Kulturforschung II, Frankfurt a. M. 1990, S. 43–74.

Mit Identitäten, die sich u. a. über einen bestimmten Arbeitszusammenhang vermitteln, hat sich auch der Volkskundler Wolfgang KASCHUBA beschäftigt. In seiner Analyse
der deutschen Arbeiterkultur hat er den auf individuelle
körperliche Leistungsfähigkeit beziehenden Arbeitsethos
ebenso beschrieben wie die Bedeutung einer kräftemessenden Körperlichkeit insgesamt; physische Kraft, Stärke und
Leistungsfähigkeit wären innerhalb der sozialen Zusammenhänge der Arbeiterkultur jene Eigenschaften gewesen, mit
denen der Einzelne von seinen Kollegen Aufmerksamkeit
und Anerkennung hätte erhalten können[136].

3.3.8. Konflikt

Hans MEDICK hat gemeint, daß „*kulturelle(r) Differenzen
und Gegensätze als entscheidende(r) Triebkräfte für historische Veränderungen (wirken).*"[137] Kultur ist dabei nicht nur
als eine ethnische Kategorie zu verstehen, sondern ebenso
als ein Phänomen, das sich zwischen verschiedenen sozialen Gruppen einer Gesellschaft oder eines Staates unterscheidet. Das heißt: Kulturelle Unterschiede existieren
nicht nur beispielsweise zwischen Deutschen und TürkInnen, sondern auch zwischen den Eliten und den Unterschichten einer Gesellschaft, zwischen Männern und Frauen usw. Wenn man nun davon ausgeht, daß historische
Dynamik vor allem aus dem Aufeinanderprallen kultureller
Gegensätze resultiert, dann ist erstens eine historische Konfliktforschung ein zentraler Bestandteil historisch-anthro

---

136 Wolfgang Kaschuba: Volkskultur und Arbeiterkultur als symbolische
    Ordnungen. Einige volkskundliche Anmerkungen zur Debatte um
    Alltags- und Kulturgeschichte. In: Alf Lüdtke (Hg.): Alltagsgeschichte. Zur Rekonstruktion historischer Erfahrungen und Lebensweisen,
    Frankfurt a. M. / New York 1989, S. 191–223.
137 Medick: „Missionare im Ruderboot" (wie Anm. 31), S. 50.

pologischer Forschungspraxis; und dann gilt zweitens das historische Interesse auch sozialen Gruppen, die von einer traditionellen Geschichtswissenschaft ignoriert worden sind, Gruppen, die nicht den Eliten einer Gesellschaft bzw. Kultur angehörten: Bauern, Handwerker, Arbeiter und Arbeiterinnen usw.

Schon frühzeitig, in Großbritannien seit den sechziger Jahren, in der BRD seit den siebziger Jahren, haben sich historisch-anthropologisch orientierte ForscherInnen verschiedensten historischen Protestaktionen und -formen gewidmet[138], etwa bäuerlichen Revolten[139] und Aufständen von Handwerksgesellen in der frühen Neuzeit[140] oder Protesten im Vormärz und während der Revolutionsjahre 1848/49[141]. Kennzeichnend für viele Studien ist, daß sie nicht nur die quasi „objektiven" Bedingungen von Protesten herausarbeiten, also die sozio-ökonomische Situation der Protestierenden, offensichtliche poltische Spannungssituationen usw.;

---

138 Als Überblick siehe: Werner Giesselmann: Protest als Gegenstand sozialgeschichtlicher Forschung. In: Wolfgang Schieder / Volker Sellin (Hg.): Sozialgeschichte in Deutschland, Band III: Soziales Verhalten und soziale Aktionsformen in der Geschichte, Göttingen 1987, S. 50–77.

139 Siehe z. B.: Peter Blickle u. a.: Aufruhr und Empörung? Studien zum bäuerlichen Widerstand im Alten Reich, München 1980. Winfried Schulze (Hg.): Europäische Bauernrevolten der frühen Neuzeit, Frankfurt a. M. 1982. Ders. (Hg.): Aufstände, Revolten, Prozesse. Beiträge zu bäuerlichen Widerstandsbewegungen im frühneuzeitlichen Europa, Stuttgart 1983. Emmanuel Le Roy Ladurie: Karneval in Romans. Eine Revolte und ihr blutiges Ende 1579–1580, Stuttgart 1982.

140 Siehe z. B.: Andreas Grießinger: Das symbolische Kapital der Ehre. Streikbewegungen und kollektives Bewußtsein deutscher Handwerksgesellen im 18. Jahrhundert, Frankfurt a. M. / Berlin / Wien 1981.

141 Siehe z. B.: Rainer Wirtz: „Widersetzlichkeiten, Excesse, Crawalle, Tumulte und Skandale". Soziale Bewegung und gewalthafter sozialer Protest in Baden 1816–1848, Frankfurt a. M. / Berlin / Wien 1981. Carola Lipp: Schimpfende Weiber (wie Anm. 81).

darüber hinaus werden die Protestaktionen aus einer je spezifischen Kultur der Aufständischen heraus erklärt. Die Aktionen folgten einer eigenen Rationalität der protestierenden Gruppen wie auch der Protestverlauf einer spezifischen Logik der Akteure entsprach. Andreas GRIESSINGER beispielsweise hat darauf hingewiesen, daß deutsche Handwerksgesellen im 18. Jahrhundert gegen staatliche Maßnahmen rebellierten, die spezifischen Auffassungen einer handwerklichen Ehre widersprachen[142]. Und Edward P. THOMPSON hat schon in den sechziger Jahren herausgearbeitet, wie sich aufständische Unterschichten in Zeiten vor der Industrialisierung an den Normen einer eigenen „moralischen Ökonomie" orientierten; diese forderte u. a. von der Obrigkeit ein, gerechte Löhne und Preise zu gewährleisten[143].

Bei aller spezifischer Logik der Protestierenden und Proteste – die Eliten nahmen die Aufstände meist als spontane, fast irrationale Ausbrüche wahr[144]. Das führt uns zu einem weiteren Bereich, den eine historisch-anthropologisch orientierte Konfliktforschung berührt – die Kriminalität. Ein historisch-anthropologischer Ansatz kann dabei nicht von einem Konzept ausgehen, das moralisch und universell definiert, was denn nun kriminell sei; er muß vielmehr den verschiedenen historischen und kulturellen Konzepten von Kriminalität auf die Spur kommen, die sich in den jeweiligen Spannungsfeldern einer obrigkeitlichen Norm einer-

---

142 Grießinger: Das symbolische Kapital der Ehre (wie Anm. 140).

143 Edward P. Thompson: Plebeische Kultur und moralische Ökonomie. Aufsätze zur englischen Sozialgeschichte des 18. und 19. Jahrhunderts, Frankfurt a. M. / Berlin / Wien 1980; darin bes. der Aufsatz: Die „moralische Ökonomie" der englischen Unterschichten im 18. Jahrhundert, S. 67–130.

144 Dieter Groh: Kollektives Verhalten vom 17. bis ins 20. Jahrhundert; Wandel der Phänomene, Wandel der Wahrnehmung oder überhaupt kein Wandel? S. 241. In: Ders.: Anthropologische Dimensionen der Geschichte, Frankfurt a. M. 1992, S. 237–266.

seits sowie den Handlungen vieler Individuen und sozialer Gruppen andererseits konstituiert haben.

Peter BECKER hat beispielsweise in einer Abhandlung über neueste Entwicklungen in der historischen Kriminalitätsforschung deutlich gemacht, wie im Verlauf des 19. Jahrhunderts ein spezifisches bürgerliches Verständnis von Kriminalität bzw. über Kriminelle mittels pädagogischen, wissenschaftlichen, polizeilichen, legislativen u. a. Maßnahmen in einigen europäischen Staaten durchgesetzt wurde. „Der Kriminelle" wäre in diesem Konzept das Gegenteil vom „Bürger" gewesen, gleichsam dem bürgerlichen Modell von „böse" und „gut"; der „Kriminelle" wäre als „arbeitsscheu" (im Gegensatz zum „arbeitssamen Bürger"), als „sexuell ausschweifend" (im Gegensatz zum „sittsamen Bürger") und – durch psychiatrische Wissenschaften – als „krank" (im Gegensatz zum „gesunden Bürger") etikettiert worden[145]. Anders (und das wundert nicht) das Selbstbild der Kriminellen bzw. Kriminalisierten, das sich aus subjektiven Quellen, wie etwa Liedern und Kerkerinschriften, rekonstruieren läßt: dem eigenen Tun wurden positive Eigenschaften zugeschrieben.

Mittlerweile liegen eine Reihe von Forschungen, in erster Linie Fallstudien, zu einer historisch-anthropologisch orientierten Kriminalitätsgeschichte der europäischen frühen Neuzeit vor[146].

---

145 Peter Becker: Kriminelle Identitäten im 19. Jahrhundert. Neue Entwicklungen in der historischen Kriminalitätsforschung. In: Historische Anthropologie 2 (1994), S. 142–157. Siehe auch die Konzeption einer Kriminalitätsgeschichte: Gerd Schwerhoff: Devianz in der alteuropäischen Gesellschaft. Umrisse einer historischen Kriminalitätsforschung. In: Zeitschrift für historische Forschung 19 (1992), S. 385–414.

146 Siehe z. B.: Heinz Reif (Hg.): Räuber, Volk und Obrigkeit. Studien zur Geschichte der Kriminalität in Deutschland seit dem 18. Jahrhundert, Frankfurt a. M. 1984. Richard van Dülmen (Hg.): Verbrechen, Strafen und soziale Kontrolle. Studien zur historischen Kulturforschung III,

Kriminalität schließt immer auch Gewalt mit ein – seitens
der kriminellen bzw. kriminalisierten Handlungen sowie
auch seitens der Obrigkeit, die kriminalisiert und kriminelle Delikte auf eine bestimmte Art und Weise ahndet. Gewalt
wiederum, wie immer sie auch definiert ist (physisch, psy-
chisch, strukturell bzw. obrigkeitlich usw.), ob sie, wie u. a.
in nationalistischen, an siegreiche Schlachten erinnernden
Monumenten, positiv oder ob sie negativ besetzt ist – Gewalt ist eine Form von Konfliktaustragung. Eine historisch-
anthropologische Konfliktforschung muß sich daher auch
mit den verschiedenen historischen Formen, Bedeutungen
und Veränderungen von Gewalt beschäftigen. Schon Norbert ELIAS hat in seiner erstmals 1939 erschienenen Studie
über den „*Prozeß der Zivilisation*" die europäische neuzeitliche Entwicklung einer wachsenden Ächtung von in der
Öffentlichkeit ausgetragener Gewalt und die zunehmende
„Zivilisierung" der Konfliktaustragung beschrieben[147].
Doch wenn ich recht sehe, beschäftigen sich im deutschsprachigen Raum bislang nur wenige Publikationen mit Gewalt als einem historisch-anthropologischen Thema. Einige
wenige Fall- bzw. Einzelstudien liegen vor allem zur physischen und sexuellen Gewalt in unterschiedlichen historischen Kontexten vor[148].

Frankfurt a. M. 1990. Ders. (Hg.): Theater des Schreckens. Gericht-
spraxis und Strafrituale in der frühen Neuzeit, 4. durchges. Aufl.,
München 1995. Gerd Schwerhoff: Köln im Kreuzverhör. Kriminalität,
Herrschaft und Gesellschaft in einer frühneuzeitlichen Stadt, Köln
1991. Andreas Blauert / Gerd Schwerhoff (Hg.): Mit den Waffen der
Justiz. Zur Kriminalitätsgeschichte des Späten Mittelalters und der
Frühen Neuzeit, Frankfurt a. M. 1993.

147 Norbert Elias: Über den Prozeß der Zivilisation. Soziogenetische und
Psychogenetische Untersuchungen. 2 Bände, Frankfurt a. M. 1976.

148 Alain Corbin (Hg.): Die sexuelle Gewalt in der Geschichte, Berlin
1992. Werkstatt*Geschichte*. Schwerpunktheft: Physische Gewalt im
Alltag, Heft 4, März 1993. Thomas Lindenberger / Alf Lüdtke (Hg.):
Physische Gewalt. Studien zur Geschichte der Neuzeit, Frankfurt
a. M. 1995.

3.3.9. Begegnung mit dem Fremden

Mehr und mehr scheinen wir in den vergangenen Jahrzehnten mit Fremden und Fremdem konfrontiert zu sein. Der
wachsende Boom an Reisen in außereuropäische Regionen
steht ebenso dafür wie weltweite Migrationsbewegungen.
So sehr „das Fremde" (und „das Eigene") gerade in den
vergangenen Jahren zum Thema verschiedenster wissenschaftlicher Disziplinen und auch politischer Auseinandersetzungen geworden ist, so sehr ist die Begegnung mit dem
Fremden aber auch eine menschliche Elementarerfahrung,
die in allen historischen Kontexten relevant ist.

Jochen MARTIN hat gemeint, daß ein „Wir-Ihr-Gegen-
satz", die Wahrnehmung und der Umgang mit Fremden und
Fremdem eine universelle anthropologische Problemstellung sei. Freilich könne man nicht sagen, daß es, wie es
etwa biologische Anthropologien zu vermitteln versuchen,
zeit- und ortsungebundene Gesetzmäßigkeiten gäbe, die solche Begegnungen mit Fremden strukturieren. „Die Wahrnehmung des Fremden äußert sich je nach dem, mit welchen Formen von Gruppenbildung wir es zu tun haben (...)
Wie Fremde wahrgenommen werden, ist also ein beständiges Problem, aber es zeigt sich als beständiges nur in seinem Wandel. Es gibt keine für die Formulierung des Problems gültigen Strukturen, die es erlauben, die jeweiligen
historischen Erscheinungsformen vorherzusagen."[149]
Insbesondere die Kultur- und Sozialanthropologien
bzw. Ethnologie interessieren sich seit jeher für fremde Kulturen und Gesellschaften. Wahrnehmungsweisen und Formen von Kontakten zwischen einander fremden Kulturen
allerdings sind lange Zeit ebenso unthematisiert und unre-
flektiert geblieben wie die Begegnung zwischen den europäischen oder nordamerikanischen Forschenden und den au-

---

149 Martin: Wandel des Beständigen (wie Anm. 3), S. 43 f.

ßereuropäischen Forschungs"objekten". In einem der vorangegangenen Kapitel (vgl. Kap. 2.4.) sind die posthum veröffentlichten Feldtagebücher des Sozialanthropologen Bronislaw MALINOWSKI erwähnt worden. Malinowskis Notizen geben einen Einblick in Irritationen, Ressentiments und
andere Gefühlslagen, die in einer Feldforschungssituation
auf Seiten des Forschenden und letztlich auch auf Seiten
der Erforschten entstehen können. Die Tagebücher zeigen
eindrucksvoll auf, daß die Begegnungen zwischen einander
fremden Menschen immer anders charakterisiert sind als
Begegnungen zwischen einander vertrauten Personen.

Mittlerweile haben die anthropologischen Wissenschaften, auch die Historische Anthropologie, den Kontakt
zwischen Kulturen auf zwei Ebenen zum Thema gemacht;
erstens auf einer wissenschaftstheoretischen Ebene, die
Feldforschungssituationen und das Aufeinandertreffen zwischen Forschenden und Erforschten reflektiert (vgl.
Kap. 3.4.3.); zweitens auf einer thematischen Ebene, die
gegenwärtige und historische Kulturkontakte erkundet.

Ein großer Teil der historischen Forschungen, die solche
Kulturkontakte aufarbeiten, widmen sich den Begegnungen
zwischen EuropäerInnen und Einheimischen im Zuge der
europäischen Eroberung der restlichen Welt seit dem Mittelalter.

Der Schweizer Ethnolge Urs BITTERLI hat an Hand von
konkreten Beispielen dieser europäischen Expansion ein
Konzept entworfen, mit denen sich verschiedene Grade der
Begegnung zwischen einander fremden Kulturen fassen lassen. Er unterscheidet zwischen drei Grundformen des Kulturkontaktes: zwischen einer Kulturberührung, einem Kulturzusammenstoß und einer Kulturbeziehung[150].

---

150 Urs Bitterli: Alte Welt – neue Welt. Formen des europäisch-überseei-
    schen Kulturkontaktes vom 15. bis zum 18. Jahrhundert, München

Der europäischen Eroberung des amerikanischen Kontinents und anderer Überseegebiete seit dem Mittelalter hat sich in einer sehr unkonventionellen interdisziplinären Zugangsweise auch Alfred W. CROSBY gewidmet, der naturwissenschaftliches Material für seine Analyse verwendet hat. Crosby deutet die europäische Expansion als einen ökologischen Imperialismus, das heißt, als eine Geschichte, die von den „importierten" Mikroorganismen (Krankheitserregern), Pflanzen und Tieren maßgeblich mitentschieden worden sei; denn erstens sei dadurch das ökologische Gleichgewicht in den Überseegebieten zerstört worden; zweitens hätte die biologische Widerstandskraft der dort ursprünglich lebenden Menschen nicht ausgereicht, um gegen die von den Europäern eingeschleppten Krankheiten zu bestehen[151].

Eine Analyse des historischen Diskurses der europäischen Aneignung der Welt hat der Literaturwissenschaftler Stephen GREENBLATT vorgelegt. Dabei dienen ihm seine Quellen (Tagebücher, Reiseberichte etc.) nicht dazu, Informationen über Fremde, wie etwa mittelamerikanische Ureinwohner, zu erhalten; er versteht die Texte vielmehr als spezifische Übersetzungen des Fremden, die mehr über die Übersetzer sagen als über die, die darin thematisiert werden. Daher müßten die Quellen dahingehend interpretiert werden, wie die Verfasser, also Europäer, das ihnen Fremde wahrgenommen haben, welche Emotionen ausgelöst worden und welche Handlungsweisen daraus resultiert sind. Hinsichtlich der spanischen Eroberung Amerikas weist Greenblatt auf einen Zusammenhang zwischen der Erfahrung der Verwunderung über das Neue und Fremde sowie

---

1986. Siehe auch: Ders.: Die „Wilden" und die „Zivilisierten". Grundzüge einer Geistes- und Kulturgeschichte der europäisch-überseeischen Begegnung, München 1982.

151 Alfred W. Crosby: Die Früchte des weißen Mannes. Ökologischer Imperialismus 900–1900, Frankfurt a. M. / New York 1991.

der militärischen, politischen, religiösen und wirtschaftlichen Besitzergreifung des Landes hin[152].

Im Gegensatz zu Greenblatt sind andere Autoren daran gegangen, Wahrnehmungsformen des Fremden aus einer – aus europäischer Sicht – verdrehten Perspektive zu rekonstruieren. So hat der Kulturanthropologe Marshall SAHLINS versucht, die Ermordung des englischen Weltumseglers James Cook durch Ureinwohner auf Hawaii als eine Handlung zu beschreiben, die ihre Bedeutung aus einem spezifischen lokalen religiösen System erhält[153]. Michael HARBSMEIER wiederum hat seine Studien über das deutsche Bild von fremden Kulturen mit einer Arbeit ergänzt, die rekonstruiert, wie die europäische Besitzergreifung Afrikas im 19. Jahrhundert aus der Sicht der Eroberten wahrgenommen wurde[154].

Auffällig ist, daß der Großteil der genannten Autoren nicht Historiker sind. Diese haben sich bislang vor allem den historischen Begegnungen zwischen einander fremden und nicht ethnisch definierten Kulturen im eigenen Raum, also in Europa, gewidmet. Zuvor, als eine historische Konfliktforschung skizziert worden ist, ist schon darauf hingewiesen worden: Kultur ist nicht nur eine ethnische Kategorie. Kulturelle Differenzen existieren auch beispielsweise zwischen Männern und Frauen, Oberschichten und Unterschichten, Alten und Jungen usw. – man ist sich immer

152 Stephen Greenblatt: Wundersame Besitztümer. Die Erfindung des Fremden: Reisende und Entdecker, Berlin 1994.
153 Marshall Sahlins: Der Tod des Kapitän Cook. Geschichte als Metapher und Mythos als Wirklichkeit in der Frühgeschichte des Königreiches Hawaii, Berlin 1986.
154 Michael Harbsmeier: Wilde Völkerkunde. Andere Welten in deutschen Reisenberichten der frühen Neuzeit, Frankfurt a. M. 1994. Ders.: Schauspiel Europa. Die außereuropäische Entdeckung Europas im 19. Jahrhundert am Beispiel afrikanischer Texte. In: Historische Anthropologie 2 (1994), S. 331–350.

wieder einander fremd. Eine Kriminalitätsgeschichte etwa, die bürgerliche Bilder über Kriminalität und Kriminelle nachzeichnet, die sich vor allem auf nicht-bürgerliche soziale Gruppen bezogen haben, ist immer auch ein Beitrag zu einer Historischen Anthropologie über die Begegnung von einander fremden Menschen und Lebenswelten.

Carlo GINZBURG, um nur einen Autor hervorzuheben, hat eine solche Begegnung, jene zwischen dem Müller Menocchio und den Inquisitoren im frühneuzeitlichen Friaul, ins Zentrum einer Studie gestellt. Im Zusammenhang mit seinen Forschungen über mittelalterliche und frühneuzeitliche Inquisition und Hexenverfolgung hat Ginzburg zudem darauf aufmerksam gemacht, daß diese Auseinandersetzungen immer Konflikte zwischen VertreterInnen verschiedener Vorstellungswelten waren, die nicht oder nur wenig kompatibel waren. Konsequenterweise begreift er, ähnlich dem zuvor erwähnten Stephen Greenblatt, die Protokolle von Hexenprozessen und andere Texte jener Elitenkultur, die die Inquisition forcierte, nicht als eine Quelle, die quasi objektiv die Kultur der Verfolgten wiedergibt; vielmehr hätten wir es hier mit Dokumenten zu tun, die zunächst einmal etwas darüber sagen, wie die Verfasser (die Inquisitoren) ihnen fremde Denk- und Lebensformen wahrgenommen und für sich übersetzt hätten[155].

---

155 Carlo Ginzburg: Der Käse und die Würmer (wie Anm. 121). Ders.: Der Inquisitor als Anthropologe. In: Rebekka Habermas / Niels Minkmar (Hg.): Das Schwein des Häuptlings. Beiträge zur Historischen Anthropologie, Berlin 1992, S. 42–55.

3.3.10. Raum und Zeit

Keine Geschichte ohne Raum und Zeit – konkreter: jede
Geschichtswissenschaft befaßt sich mit Menschen, die in
einem konkreten Raum zu einer konkreten Zeit leben. Die
Geschlechterrollen zu Beginn des 20. Jahrhunderts in Wien
unterscheiden sich beispielsweise von jenen zur gleichen
Zeit in einer südspanischen Stadt, wie auch die Rollen von
Männern und Frauen in Wien um 1600 sich anders gestalteten als dreihundert Jahre später. So wie alle Menschen, so
haben auch HistorikerInnen eine Vorstellung von dem, was
denn Raum und Zeit sei – und diese Vorstellungen sind
durchaus unterschiedlich. Wenn einerseits, um ein belieb-
ges Beispiel herauszugreifen, Marie-Luise DEISSMANN die
*„Aufgaben, Rollen und Räume von Mann und Frau im an-
tiken Rom"* in erster Linie aus der Stellung ableitet[156], die
die Familie innerhalb des römischen Staates besaß, wenn
andererseits Fernand BRAUDEL das Leben im Mittelmeerraum in letzter Konsequenz aus den (verschiedenen) geographischen Gegebenheiten der Region herleitet (vgl.
Kap. 3.2.) – dann haben wir es hier mit zwei verschiedenen
Konzeptionen von Raum, einer politischen und einer geographischen, zu tun. Oder: Wenn einerseits Geschichtsphilosophen, wie etwa HEGEL und MARX, von der Annahme
ausgingen, daß Geschichte sich Schritt für Schritt zu einem
Idealzustand hin entwickeln würde, wenn andererseits Dieter LENZEN Wissenschaftsgeschichte nicht mehr als Fortschrittsgeschichte denkt, sondern als ein fast zyklisch ab-
laufendes Phänomen, das Wiederholungen von Dagewese-
nem kennt (vgl. Kap. 2.4.) – dann haben wir es hier mit
zwei verschiedenen Konzeptionen von Zeit zu tun.

---

156 Marie-Luise Deißmann: Aufgaben, Rollen und Räume von Mann und
Frau im antiken Rom. In: Martin / Zoepffel: Aufgaben, Rollen und
Räume von Mann und Frau (wie Anm. 26), Bd. 2, S. 501–564.

Raum und Zeit sind also Variabeln; sie sind keine ahistorischen unveränderlichen Zustände. Das haben in den vergangenen Jahren vor allem einige wissenschaftlichen Beobachter des Heute, wie etwa Paul VIRILIO und Marc AUGÉ, mit ihren Analysen unterstrichen. Hinsichtlich neuer Kommunikationstechnologien und einer immer schneller werdenden Fortbewegung der Menschen reden sie von einer wachsenden Entgrenzung und Beschleunigung, was in letzter Konsequenz in einem Verschwinden des Raums und der Zeit enden könne[157]. Die Strukturierungen und Wahrnehmungen von Raum und Zeit sind also einem permanenten Wandel unterworfen.

Jüngst ist ein Buch erschienen, daß man als eine Anthropologie der Orte der europäischen Neuzeit bezeichnen kann. So wie Jacques Le Goff *den* Menschen des Mittelalters anthropologisch umrissen hat, bespricht dieser Sammelband wichtige (soziale) Orte, an denen Menschen kommuniziert, gearbeitet, gewohnt usw. haben, etwa: der Acker, die Mühle, das Kaffeehaus, die Küche, die Schule, der Friedhof[158].

Das Gros der historisch-anthropologischen Raum- und Zeitstudien interessiert sich jedoch für die subjektiven Momente des Themas – für das variierende Raum- und Zeitempfinden von Menschen. Wolfgang SCHIEVELBUSCH hat zum Beispiel untersucht, wie sich mit der neuen Erfahrung einer beschleunigten Fortbewegung, die im 19. Jahrhundert die Eisenbahn bewirkte, auch das menschliche Raum- und

---

157 Paul Virilio: Ästhetik des Verschwindens, Berlin 1986. Marc Augé: Orte und Nicht-Orte. Vorüberlegungen zu einer Ethnologie der Einsamkeit, Frankfurt a. M. 1994.

158 Heinz-Gerhard Haupt (Hg.): Orte des Alltags. Miniaturen aus der europäischen Kulturgeschichte, München 1994.

159 Wolfgang Schievelbusch: Geschichte der Eisenbahnreise. Zur Industrialisierung von Raum und Zeit im 19. Jahrhundert, München / Wien 1977.

Zeitempfinden wandelte[159]. Eisenbahn und Raumwahrneh-
mung hat auch Wolfgang KOS in Beziehung gesetzt; er hat
deutlich gemacht, wie mit der Eröffnung der Semmering-
bahn in den Ostalpen sich bestimmte Landschaftsbilder
bzw. Blicke auf den geographischen Raum überhaupt erst
konstituierten[160].

Alain CORBIN wiederum hat in seiner jüngsten Studie
„Die Sprache der Glocken" aufgezeigt, wie das Läuten der
Kirchenglocken den Kommunikations- und Arbeitsrhythmus sowie den Zeit- und Raumsinn insgesamt der französischen Landbevölkerung im vergangenen Jahrhundert steu-
erte; zudem wird deutlich, wie sich an den Versuchen der
französischen Staatsmacht, die Glocken wegen ihrer religiösen Bedeutung mehr und mehr abzuschaffen, Konflikte
und Aufstände entzündeten[161].

Die Kirche in einem Dorf ist auch für Kristina POPOVA
von Interesse, die das Raum- und Zeitbewußtsein in einem
ländlichen Milieu in Bulgarien Ende des 19. und anfangs
des 20. Jahrhunderts analysiert hat. Die neue Uhr am Kirch-
turm war hier Ausdruck für den Übergang von einem zykli-
schen zu einem linearen Zeitbewußtsein wie auch (und im
Zusammenhang damit) für eine wachsende Aufmerksamkeit für politische Ereignisse außerhalb der unmittelbaren
dörflichen Lebenswelt[162].

---

160 Wolfgang Kos: Über den Semmering. Kulturgeschichte einer künstli-
     chen Landschaft, Wien 1984.
161 Alain Corbin: Die Sprache der Glocken. Ländliche Gefühlskultur und
     symbolische Ordnung im Frankreich des 19. Jahrhunderts, Frankfurt
     a. M. 1995. Siehe auch: Ders.: Wunde Sinn. Über die Begierde, den
     Schrecken und die Ordnung der Zeit im 19. Jahrhundert, Stuttgart
     1993.
162 Kristina Popova: Die Einweihung der Kirche Sveti Dimitar und die
     Schlacht von Port Arthur. Zeit- und Raumbewußtsein in den Rand-
     glossen der Evangeliare von Tesovo 1849 – 1927. In: Historische
     Anthropologie 3 (1995), S. 72–99. Siehe weitere Arbeiten zur histori-
     schen Formen der Zeit- oder Raumwahrnehmung, z. B.: Jacques Le
     Goff: Die Arbeitszeit in der ‚Krise' des 14. Jahrhunderts: von der

Ein letztes Beispiel – und mit ihm kehre ich auch noch einmal zu den Raumbildern u. a. von Wissenschaften zurück: Die im 18. Jahrhundert von philosophischen, biologischen und anderen Wissenschaften konstruierten „Geschlechtscharaktere", von der einige Seiten zuvor bereits die Rede gewesen ist, schlossen auch eine dichotome räumliche Zuordnung mit ein – „der Mann" im öffentlichen, „die Frau" im privaten Bereich. Die Frauengeschichte hat in ihren Anfangsjahren dieses Bild zum Teil tradiert bzw. universell in die Geschichte zurückprojiziert; neuere Forschungen, in denen die weibliche (und männliche) Lebenspraxis in unterschiedlichen historischen Kontexten rekonstruiert worden ist, haben dieses Bild relativiert, indem spezifische Orte einer weiblichen Öffentlichkeit und bestimmte öffentliche Orte, in denen sich sowohl Männer als auch Frauen bewegten, ausfindig gemacht worden sind[163].

3.3.11. Körper

Gemeinhin versteht man Körper und Geist bzw. Natur und Kultur als zwei voneinander getrennte Bereiche. Solch ein dualistisches Konzept von Körper/Natur und Geist/Kultur begreift den ersten Bereich als eine, zumindest in den Maßstäben einer menschlichen Geschichte gedacht, weitgehend

---

mittelalterlichen zur modernen Zeit. In: Ders.: Für ein anderes Mittelalter. Zeit, Arbeit und Kultur im Europa des 5.–15. Jahrhunderts, Frankfurt a. M. 1984, S. 29–42. Gerhard Strohmeier: Das Raumbild des amerikanischen Westen. In: Historische Anthropologie 1 (1993), S. 63–92.

163 Siehe z. B.: Mireille Othenin-Girarad / Anna Gossenreiter / Sabine Trautweiler (Hg.): Frauen und Öffentlichkeit. Beiträge der 6. Schweizerischen Historikerinnentagung, Zürich 1991. Leonore Davidoff: „Alte Hüte". Öffentlichkeit und Privatheit in der feministischen Geschichtsschreibung. In: L'Homme. Zeitschrift für Feministische Geschichtswissenschaft 4 (1993), Heft 2, S. 7–36.

unveränderliche Konstante, den zweiten als einen dynami-
schen, historisch wandelbaren Bereich. Das heißt auch: Natur bzw. Körper ist ein Parameter, der Kulturelles beeinflussen kann, aber nicht umgekehrt – das Wirkungsfeld von
Natur und Kultur als eine Einbahnstraße. Nicht nur in der
Philosophie oder in der Biologie und Medizin, sondern
auch in der Geschichtswissenschaft hat eine solche Konzeption Tradition. Der „Annales"-Historiker André BURGU-
IÈRE etwa hat in seinem Konzept von Historischer Anthropologie die Geschichte körperlicher Krankheiten dem Bereich der „Naturgeschichte", einer Geschichte von über
allen Zeiten hinweg, gleich wirkenden natürlichen Faktoren zugeordnet. „So wie es eine Naturgeschichte des Klimas
gibt, so auch eine der Epidemien." [164]
    Wenn man sich einem solchen Verständnis einer weit-
gehend unveränderlichen Natur und einer weitgehend
gleichbleibenden körperlichen Konstitution anschließt,
würden sich alle weiteren Gedanken zu einer Geschichte
des Körpers erübrigen.

Freilich ist die angesprochene Dichotomie auch in der
„westlichen Welt" inzwischen massiv in Frage gestellt worden. Die wachsende medizinische und psychotherapeuti-
sche Aufmerksamkeit für die psychischen Ursachen von
somatischen Befindlichkeiten ist nur ein Beispiel dafür, daß
Körper und Geist bzw. Seele in einem Zusammenhang gedacht werden, daß Körper auch von *dem* abhängig gesehen
wird, was nicht „Natur" bzw. physisch ist. So ist es nicht
weiter verwunderlich, daß die amerikanische Mediävistin
Caroline BYNUM jüngst gemeint hat: Daß „*der Körper*" für
viele Wissenschaften „*ganz selbstverständlich und ausschließlich durch seine physiologischen Eigenschaften charakterisiert ist, wird in den neuen literarischen und histori-*

---

164 Burguière: Historische Anthropologie (wie Anm. 46), S. 83.

schen Ansätzen häufig und heftig kritisiert."[165] Vor allem
feministisch orientientierte Wissenschaftlerinnen, wie etwa
Judith BUTLER[166], begreifen Körper zunehmend als eine ausschließlich soziale Konstruktion. Sie verstehen Körper als
ein Phänomen, das sich über die jeweiligen gesellschaftlichen bzw. kulturellen Diskurse über Körper konstituiert
und verändert. Das heißt beispielsweise: Der Körper, der in
den Kategorien der modernen Medizin besprochen und gedacht wird, ist ein anderer als jener Körper, der womöglich
in einem ausschließlich traditionellen christlich-religiösen
Verständnis wahrgenommen wird. In diesem Zusammenhang einer radikalen Infragestellung des Körperlichen als
etwas Eigenständigem wird nicht zuletzt die Unterscheidung zwischen einem biologischen („sex") und sozialen
Geschlecht („gender") aufgehoben.

Wie Bynum angedeutet hat, ist dieses neue Körperverständnis an der Geschichtswissenschaft nicht vorüberge-
gangen. Vor allem in den USA hat seit einigen Jahren eine
Körpergeschichte Konjunktur[167]. Auch im deutschsprachigen Raum[168] existieren inzwischen eine Reihe von körper-
geschichtlichen Arbeiten, die sich vor allem mit unterschiedlichen historischen Körpervorstellungen befassen,

---

165 Caroline Bynum: Warum das ganze Theater mit dem Körper? Die
     Sicht einer Mediävistin, S. 4. In: Historische Anthropologie 4 (1996),
     S. 1–33.
166 Siehe z. B.: Judith Butler: Das Unbehagen der Geschlechter, Frankfurt
     a. M. 1991.
167 Siehe z. B.: Roy Porter: History of the Body. In: Peter Brooke (Hg.):
     New Perspectives on Historical Writing, Oxford 1991, S. 206–232.
168 Zum Einstieg in die deutschsprachige Forschung siehe z. B.: L'Hom-
     me. Zeitschrift für Feministische Geschichtswissenschaft 5 (1994),
     Heft 1: Schwerpunkt: Körper. Klaus Schreiner / Norbert Schindler
     (Hg.): Gepeinigt, begehrt, vergessen. Symbolik und Sozialbezug des
     Körpers im späten Mittelalter und in der frühen Neuzeit, München
     1992. Susanne Stolz: Die Handwerker des Körpers. Bader, Babine,
     Perückenmacher, Friseur. Folge und Ausdruck historischen Körper-
     verständnisses, Marburg 1992.

die den Körper eben (mit-)konstituiert haben. So hat Jakob
TANNER etwa Schmerzwahrnehmungen als kulturelle Kon-
struktionen analysiert[169]. Barbara DUDEN hat auf der Grundlage von Aufzeichnungen eines Arztes die Körperwahrneh-
mungen von Frauen im 18. Jahrhundert untersucht, die
sich von denen heute, die in erster Linie vom aktuellen
medizinischen Diskurs geprägt sind, massiv unterscheiden[170]. Claudia TÖNGI wiederum hat körperbezogene Angst-
vorstellungen von Frauen vor und während der Geburt in
einem Schweizer Alpendorf beschrieben[171].

In anderen Arbeiten zu einer Historischen Anthropologie des Körpers dagegen gehen die AutorInnen von Wechselwirkungen zwischen Körper und Kultur aus und gestehen
damit dem Körper eine eigene physische Existenz und Wir-
kung zu. Lyndal ROPER hat dies zum Beispiel in ihrer Arbeit
über Körper und Psyche in der frühen Neuzeit getan[172].

Und um dem zuvor erwähnten André BURGUIÈRE ge-
gonüber nicht ungerecht zu sein – er hat französische Arbeiten hervorgehoben, u. a. von Emmanuel LE ROY LADURIE,
die auf der Basis statistischer Daten die wechselseitigen
Beziehungen zwischen materiellen Lebensbedingungen
und Körpergröße erforscht haben[173]. Caroline BYNUM selbst
hat sich in ihrer jüngsten Arbeit in diesem Diskussionszusammenhang nicht positioniert, sie widerspricht „lediglich" einem geschichtswissenschaftlichen Mythos, der dem
Mittelalter ein einheitliches Körperverständnis unterstellt:
„Zu behaupten, mittelalterliche Ärzte, Rabbiner, Alchemi-

---

169 Jakob Tanner: Körpererfahrung, Schmerz und die Konstruktion des
     Kulturellen. In: Historische Anthropologie 2 (1994), S. 489–502.
170 Barbara Duden: Geschichte unter der Haut. Ein Eisenacher Arzt und
     seine Patientinnen um 1730, Stuttgart 1987.
171 Töngi: Im Zeichen der Geburt (wie Anm. 112).
172 Lyndal Roper: Ödipus und der Teufel. Körper und Psyche in der
     Frühen Neuzeit, Frankfurt a. M. / New York 1995.
173 Burguière: Historische Anthropologie (wie Anm. 46), S. 80 f.

sten, Prostituierte, Ammen, Laienprediger und Theologen hätten ‚eine einheitliche' Vorstellung von ‚dem Körper' gehabt, ist ungefähr so richtig wie die Behauptung, Charles Darwin, Beatrix Potter, ein Wilderer und der Dorfmetzger hätten ‚einen' Begriff von ‚dem Kaninchen' gehabt." [174]

Resümmierend ist festzuhalten: Wie auch immer der Grad der sozialen oder kulturellen Konstruktion des Körpers gesehen wird – daß es einen solchen Grad gibt, daß Körper nicht ausschließlich in statischen, physischen Kategorien gedacht werden kann bzw. sollte, hat die historisch-anthropologische Körpergeschichte unterstrichen.

3.3.12. Sexualität

Wenn Historische Anthropologie den Körper insgesamt nicht nur als ein physisch-biologisches Phänomen versteht, so kann sie auch Sexualität nicht nur als ein solches begreifen. In den siebziger Jahren hat der belgische Historiker Jos van USSEL eine Sexualitätsgeschichte der Neuzeit vorgelegt. Er beschreibt darin eine Sexualität, die in einer bürgerlichen Gesellschaft mehr und mehr unterdrückt worden sei[175]. Schon knapp vierzig Jahre zuvor hatte der deutsche Soziologe Norbert ELIAS den modernen Zivilisationsprozeß nachgezeichnet; in dessen Verlauf hätten die Menschen zunehmend gelernt, ihre Affekte und Triebe zu kontrollieren[176]. Bei aller Historisierung von Sexualität, für die gera-

---

174 Bynum: Warum das ganze Theater (wie Anm. 165), S. 7. Zu Körper und Mittelalter siehe auch: Dies.: Fragmentierung und Erlösung. Geschlecht und Körper im Glauben des Mittelalters, Frankfurt a. M. 1996. Klaus Schreiner (Hg.): Gepeinigt, begehrt, vergessen. Symbolik des Körpers im späten Mittelalter und in der frühen Neuzeit, München 1992.

175 Jos van Ussel: Sexualunterdrückung. Geschichte der Sexualfeindschaft, Gießen 1977.

176 Elias: Prozeß der Zivilisation (wie Anm. 147).

de auch diese Autoren stehen – die Begriffe „Unterdrük-
kung" und „Triebkontrolle" implizieren noch grundsätzlich
die Annahme eines universellen, ahistorischen gleichbleibenden Sexualbedürfnisses *des* Menschen – ein Bedürfnis,
das eben von Zeit zu Zeit, von Ort zu Ort mal mehr oder
mal weniger von den Menschen (bewußt oder unbewußt)
beherrscht oder ausgelebt wird.

Michel FOUCAULT hat als einer der ersten jener Vorstellung widersprochen, die Sexualität vor allem als einen
prinzipiell gleichbleibenden, quasi biologischen menschlichen Trieb gedacht hat. Ebenso hat er die These der Unterdrückung oder Tabuisierung der Sexualität in der bürgerlichen Gesellschaft in Frage gestellt. Seine Analyse der Se-
xualitätsdiskurse der Neuzeit kommt vielmehr zu dem
umgekehrten Schluß: Durch diese Diskurse sei nämlich Sexualität in einer Weise produziert worden, daß sie in allen
Bereichen des menschlichen Lebens relevant geworden wäre, insbesondere in den Machtbeziehungen auf den verschiedensten gesellschaftlichen Ebenen.

*„Die Gesellschaft, die sich im achtzehnten Jahrhundert
entwickelt – mag man sie bürgerlich, kapitalistisch oder
industriell nennen – hat dem Sex nicht eine fundamentale
Erkenntnisverweigerung entgegengesetzt. Sie hat im Gegenteil einen ganzen Apparat in Gang gebracht, um wahre
Diskurse über ihn zu produzieren. Sie hat nicht nur viel von
ihm gesprochen und jeden gezwungen, von ihm zu sprechen, sondern ist angetreten, seine geregelte Wahrheit zu
formulieren."* [177]

So sehr im Rahmen bürgerlicher und auch anderer
Familien über Sexualität geschwiegen worden sein mag –
die Inflation an wissenschaftlicher, populärwissenschaftli-
cher und pädagogischer Literatur über Sex, die dort ausge-

---

177 Michel Foucault: Sexualität und Wahrheit, Bd. 1: Der Wille zum Wissen, Frankfurt a. M. 1983, S. 88 f.

sprochenen Verbote und Gebote, die Vielzahl bildlicher Darstellungen usw. machten die Sexualität zu einem fast überall präsenten Phänomen, und wenn nicht unmittelbar beim Sprechen, so doch in den Köpfen der Menschen. Analysen schriftlicher Selbstzeugnissen, etwa von Tagebüchern und Briefen, haben mittlerweile übrigens auch das Bild eines bürgerlichen privaten Sprechverbots über Sexualität zumindest relativiert[178].

Sexualität – Phantasien, Lust, Fortpflanzungsverhalten, Erotik, sexuelle Praktiken, Verbote und Gebote usw. – im Sinne eines sozialen Konstrukts und damit als eine historische und kulturelle Variable ist mittlerweile zum wichtigen Thema geschichtswissenschaftlicher Literatur geworden[179]. Überblickswerke liegen freilich, wenn ich recht sehe, noch kaum vor[180]; die meisten Arbeiten sind Einzelstudien, die jeweils spezifische sexualgeschichtliche Aspekte aufgreifen[181]. Dazu einige Beispiele: Manche Arbeiten haben sich

---

178 Siehe z. B.: Peter Gay: Erziehung der Sinne. Sexualität im bürgerlichen Zeitalter, München 1986.

179 Als Überblick dazu siehe: Franz X. Eder: Die Historisierung des sexuellen Subjekts. Sexualitätsgeschichte zwischen Essentialismus und sozialem Konstruktivismus. In: ÖZG. Österreichische Zeitschrift für Geschichtswissenschaften 5 (1994), S. 311–327. Ders.: „Sexualunterdrückung" oder „Sexualisierung"? Zu den theoretischen Ansätzen einer Sexualgeschichte. In: Daniela Erlach / Markus Reisenleitner / Karl Vocelka (Hg.): Privatisierung der Triebe? Sexualität in der Frühen Neuzeit, Frankfurt a. M. 1994.

180 Ausnahmen sind: Gay: Erziehung der Sinne (wie Anm. 178). Peter Brown: Die Keuschheit der Engel. Sexuelle Entsagung, Askese und Körperlichkeit am Anfang des Christentums, München / Wien 1991. Peter Mauritsch: Sexualität im frühen Griechenland. Untersuchungen zu Norm und Abweichungen in den homerischen Epen, Köln 1992. Siehe auch: Peter Dinzelbacher: Mittelalterliche Sexualität – die Quellen. In: Daniela Erlach / Markus Reisenleitner / Karl Vocelka (Hg.): Privatisierung der Triebe? Sexualität in der Frühen Neuzeit, Frankfurt a. M. 1994, S. 47–110.

181 Verschiedenste Themen einer Sexualgeschichte behandeln bspw. die Sammelbände: Philippe Ariès / André Béjin / Michel Foucault u. a.:

mit Sexualitätskulturen in verschiedenen (nicht-bürgerli-
chen) sozialen Milieus auseinandergesetzt, Carola LIPP etwa
mit jener im deutschen Arbeitermilieu im 19. und 20. Jahrhundert, Arne JARRICK mit denen der schwedischen Elite
wie auch der schwedischen Unterschichten in der frühen
Neuzeit, István György TÓTH mit der bäuerlichen Sexualität
im Ungarn des 18. Jahrhunderts[182].

Andere Arbeiten wiederum haben sich mit bestimmten sozialen Gruppen historisch befaßt, die eine je spezifische Rolle innerhalb der sexuellen Praxis einer Kultur ein-
nahmen, vor allem (marginalisierte) Prostituierte und (ange-
sehenere) Kurtisanen[183]. Auch Arbeiten, die historische

Die Masken des Begehrens und die Metamorphosen der Sinnlichkeit.
Zur Geschichte der Sexualität im Abendland, Frankfurt a. M. 1986.
Hans-Jürgen Bachorski (Hg.): Ordnung und Lust. Bilder von Liebe,
Ehe und Sexualität in Spätmittelalter und Früher Neuzeit, Trier 1991.
Daniela Erlach / Markus Reisenleitner / Karl Vocelka (Hg.): Privatisie-
rung der Triebe? Sexualität in der Frühen Neuzeit, Frankfurt a. M.
1994.

182 Carola Lipp: Die Innenseite der Arbeiterkultur. Sexualität im Arbeitermilieu des 19. und frühen 20. Jahrhunderts. In: Richard van Dülmen (Hg.): Arbeit, Frömmigkeit und Eigensinn. Studien zur historischen Kulturforschung II, Frankfurt a. M. 1990, S. 214–259. Arne
Jarrick: Kulturen der Sexualität im Schweden der Frühen Neuzeit. In:
Historische Anthropologie 3 (1994), S. 351–370. István György Tóth:
Legale und illegale Sexualität der ungarischen Bauern im 18. Jahrhundert. In: Erlach / Reisenleitner / Vocelka: Privatisierung der Triebe? (wie Anm. 181), S. 321–332.

183 Siehe z. B.: Jacques Rossiaud: Prostitution, Sexualität und Gesellschaft in den französischen Städten des 15. Jahrhunderts. In: Ariès /
Béjin / Foucault u. a.: Die Masken des Begehrens (wie Anm. 181),
S. 97–120. Ders: Dame Venus. Prostitution im Mittelalter, München
1989. Uta Holter (Hg.): Bezahlt, geliebt, verstoßen. Prostitution und
andere Sonderformen institutionalisierter Sexualität in verschiedenen Kulturen, Bonn 1994. Sabine Kienitz: Sexualität, Macht und
Moral. Prostitution und Geschlechterbeziehungen Anfang des
19. Jahrhunderts in Württemberg, Berlin 1995. Beate Schuster: Die
freien Frauen. Dirnen- und Frauenhäuser im 15. und 16. Jahrhundert,
Frankfurt a. M. / New York 1995. Nicole Namouchi: Käufliche Liebe.
Prostitution im alten Indien, Frankfurt a. M. 1995. Monica Kurzel-

Vorstellungen und die Praxis einer illegitimen und legitimen Sexualität und damit auch das Aufkommen illegitimer Geburten meist historisch-demographisch aufarbeiten, sind einer historisch-anthropologisch orientierten Geschichte der Sexualität zuzuordnen[184].

Schließlich setzt sich die Sexualitätsgeschichte auch mit historischen Formen und Vorstellungen von Homosexualität auseinander. Dabei ist erstens deutlich geworden, daß dieser Begriff, mit all seinen pathologisierenden und kriminalisierenden Bedeutungen, erst im neuzeitlichen Sexualitätsdiskurs entstanden ist; zweitens hat die historische Homosexualitätsforschung klargestellt, daß sich die strikte Unterscheidung zwischen Hetero- und Homosexualität nicht nur für vorindustrielle Kulturen kaum aufrechterhalten läßt; auch in vorwiegend heterosexuell definierten Formen männlicher und weiblicher Lebenspraxis in der Moderne, zum Beispiel in Männerbünden, ist Homoerotik bzw. Homosexualität relevant[185].

Runtscheiner: Töchter der Venus. Die Kurtisanen Roms im 16. Jahrhundert, München 1995.

184 Siehe z. B.: Mitterauer: Illegitime Mütter (wie Anm. 113). Becker: Leben und Lieben (wie Anm. 113). Ortmayr: Sozialhistorische Skizzen (wie Anm. 113). Tóth: Legale und illegale Sexualität (wie Anm. 182).

185 Zur historischen Homosexualitätsforschung siehe z. B.: L'Homme. Zeitschrift für Feministische Geschichtswissenschaft 4 (1993), Heft 1: Der Freundin?. Rüdiger Lautmann: Homosexualität? Die Liebe zum eigenen Geschlecht in der modernen Konstruktion. In: Helmut Puff (Hg.): Lust, Angst und Provokation. Homosexualität in der Gesellschaft, Göttingen / Zürich 1993, S. 52–66. Ders. / Angela Taeger (Hg.): Männerliebe im alten Deutschland. Sozialgeschichtliche Abhandlungen, Berlin 1992. Lilian Faderman: Köstlicher als die Liebe der Männer. Romantische Freundschaft und Liebe zwischen Frauen von der Renaissance bis heute, Zürich 1990. Helmut Puff (Hg.): Lust, Angst und Provokation. Homosexualität in der Gesellschaft, Göttingen / Zürich 1993. Ulfried Geuter: Homosexualität in der deutschen Jugendbewegung. Jungenfreundschaft und Sexualität im Diskurs von

3.3.13. Das Innenleben der Menschen

Bei der Vorstellung der vorherigen Themenfelder ist es
deutlich geworden: Historische Anthropologie fragt immer
auch nach den subjektiven Dimensionen von Geschichte,
nach den Vorstellungen, die Menschen über sich, ihr Leben
und über die Welt, in der sie leben, haben – nach ihren
religiösen Vorstellungen etwa, nach ihren Einstellungen
zur Arbeit, zur Zeit, zum Tod, zur Sexualität usw. Wie
Menschen handeln, hat immer auch mit etwas zu tun, was
sich in ihnen befindet – mit ihren Weltbildern, Wahrnehmungsformen, Befindlichkeiten usw.

Vor allem die *„Annales"* haben sich seit dem Zeit-
punkt der Gründung der Zeitschrift in den zwanziger Jahren unter dem Etikette „Mentalitätsgeschichte" immer auch
mit dem Innenleben von Menschen befaßt (vgl. Kap. 4.6.).
Und es sind auch heute noch vorrangig französische HistorikerInnen, die sich mit spezifischen Elementen des
menschlichen Inneren historisch auseinandersetzen.

Jacques LE GOFFS Analysen des Mittelalters sind immer
auch Analysen der psychischen und mentalen Grundstrukturen der mittelalterlichen Menschen, deren Phantasien,
Bilderwelten und Träume, deren Vorstellungen über die Toten und das Jenseits usw. Die historischen Puzzlesteine, die
Le Goff u. a. aus künstlerischen und literarischen Werken
zusammenfügt, lassen ihn auf einen mittelalterlichen Men-

Jugendbewegung, Psychoanalyse und Jugendpsychologie am Beginn
des 20. Jahrhunderts, Frankfurt a. M. 1994. Harry Osterhuis: Reinheit
und Verfolgung. Männerbünde, Homosexualität und Politik in
Deutschland (1900 – 1945). In: ÖZG. Österreichische Zeitschrift für
Geschichtswissenschaften 5 (1994), S. 388–409. Paul Veyne: Homosexualität im alten Rom; Michael Pollak: Männliche Homosexualität
– oder das Glück im Getto?; Philippe Ariès: Überlegungen zur Geschichte der Homosexualität. Alle Beiträge in: Ariès / Béjin / Foucault u. a.: Die Masken des Begehrens (wie Anm. 181), S. 40–50 bzw.
55–79 bzw. 80–96.

schen schließen, für den u. a. das Jenseits immer auch schon
Teil des jetzigen irdischen Lebens war, für den wundersame
wie diabolische Erscheinungen wie auch Bilder des Fegefeuers und der Schutzengel real gewesen waren[186]. Evelyne
PATLAGEAN und auch Le Goff selbst haben eine Geschichte,
die solche Phänomene aufspürt, eine des Imaginären genannt. *„Der Begriff des Imaginären ist komplex und diffizil.
Unter ihm versammeln wir diejenigen Vorstellungen, welche
die Grenze zwischen unserer Erfahrung und den aus ihr
ableitbaren Folgerungen überschreiten. (…) Die Grenze zwischen dem Realen und Imaginären ist fließend.“*[187]

Andere AutorInnen haben sich mit den historischen
Ausformungen und Entwicklungen bestimmter Gefühlslagen befaßt. Jean DELUMEAU hat eine Geschichte der kollektiven Ängste in Europa im Spätmittelalter und in der frühen Neuzeit geschrieben – Ängste, die sich auf bestimmte
Bevölkerungsgruppen (beispielsweise Juden, Ketzer und
Frauen) bezogen, aber auch Ängste, die in einem unmittelbaren religiösen Zusammenhang standen, wie etwa die vor
dem Teufel und den Sünden[188].

---

186 Siehe z. B.: Jacques Le Goff: Der Traum in der Kultur und in der
Kollektivpsychologie des Mittelalters. In: Ders.: Für ein anderes Mit-
telalter. Zeit, Arbeit und Kultur im Europa des 5.–15. Jahrhunderts,
Frankfurt a. M. 1984, S. 121–136. Ders: Phantasie und Realität des
Mittelalters, Stuttgart 1990. Ders.: Einleitung. Mensch des Mittelal-
ters (wie Anm. 42). Siehe auch: Jean-Claude Schmitt: Der heilige
Windhund (wie Anm. 121). Georges Duby: Die Zeit der Kathedralen.
Kunst und Gesellschaft 980–1420, Frankfurt a. M. 1992.

187 Evelyne Patlagean: Die Geschichte des Imaginären, S. 244. In: Jacques
Le Goff / Roger Chartier / Jacques Revel (Hg.): Die Rückeroberung des
historischen Denkens. Grundlagen der Neuen Geschichtswissenschaft, Frankfurt a. M. 1994, S. 244–287. Siehe auch: Le Goff: Phantasie und Realität (wie Anm. 186), S. 7–28.

188 Jean Delumeaux: Angst im Abendland. Die Geschichte kollektiver
Ängste im Europa des 14. bis 18. Jahrhunderts, 2 Bände, Reinbek bei
Hamburg 1989. Siehe auch: Peter Dinzelbacher: Angst im Mittelalter.
Mentalitätsgeschichte und Ikonographie von Teufels-, Todes- und
Gotteserfahrung, Paderborn / Wien 1996.

Edith SAURER wiederum beschäftigt sich mit der neuzeitlichen Entwicklung des Scham- und Schuldbewußt-
seins, u. a. im Zusammenhang mit religiösen, theologischen
bzw. kirchlichen Einflüssen[189]. Um die Historizität von
Scham bzw. um die These von Norbert ELIAS, der das
Schamgefühl als etwas interpretiert hat, das erst mit einem
neuzeitlichen Prozeß des Triebverzichts und der Affektkontrolle in der Neuzeit entstand, wird übrigens seit einigen
Jahren massiv diskutiert. Der Ethnologe Hans Peter DUERR
ist der prononcierteste Vertreter jener Richtung, die Scham
– entgegen Elias – als ein universelles menschliches Phänomen begreift[190].

Zu einer anderen Ebene des menschlichen Innenlebens hat
u. a. Alain CORBIN historisch geforscht, zur Ebene menschlicher Sinneswahrnehmungen. Einerseits hat er theoretisch
eine Geschichte der Sinneswahrnehmungen konzeptionell
umrissen[191]. Andererseits hat er sich in einer umfangrei-

189 Siehe z. B.: Edith Saurer: Scham- und Schuldbewußtsein. Überlegun-
     gen zu einer möglichen Geschichte moralischer Gefühle unter beson-
     derer Berücksichtigung geschlechtsspezifischer Aspekte. In: Heide
     Dienst / Edith Saurer (Hg.): „Das Weib existiert nicht für sich". Ge-
     schlechterbeziehungen in der bürgerlichen Gesellschaft, Wien 1990,
     S. 21–40.
190 Hans Peter Duerr: Der Mythos vom Zivilisationsprozeß. Bd. 1: Nackt-
     heit und Scham; Bd. 2: Intimität; Bd. 3: Obszönität und Gewalt,
     Frankfurt a. M. 1988 / 1994 / 1995. Zu weiteren Arbeiten einer Histo-
     rischen Anthropologie der Gefühle siehe z. B.: Badinter: Die Mutter-
     liebe (wie Anm. 78). Peter Dinzelbacher: Über die Entstehung der
     Liebe im Hochmittelalter. In: Saeculum. Zeitschrift für Universalge-
     schichte, Bd. 32, 1981, S. 185–208. Robert Muchembled: Die Erfin-
     dung des modernen Menschen. Gefühlsdifferenzierung und kollek-
     tive Verhaltensweisen im Zeitalter des Absolutismus, Reinbek bei
     Hamburg 1990. Heinz Dieter Kittsteiner: Die Entstehung des moder-
     nen Gewissens, Frankfurt a. M. 1991.
191 Alain Corbin: Zur Geschichte und Anthropologie der Sinneswahr-
     nehmungen. In: Ders.: Wunde Sinne. Über die Begierde, den
     Schrecken und die Ordnung der Zeit im 19. Jahrhundert, Stuttgart
     1993.

chen Monographie mit der Geschichte des Geruchs befaßt. Am Beispiel von Paris hat Corbin dargelegt, wie Menschen seit dem 18. Jahrhundert damit begannen, Gerüche, die sie als unangenehm wahrnahmen, nicht mehr nur durch andere Gerüche, wie beispielsweise über Parfüm, zu verdecken; vielmehr ging man daran, über umfangreiche hygienische Maßnahmen die als Gestank wahrgenommenen Gerüche zu entfernen. Corbin meint, daß dies auch eine Verschiebung der Toleranzen gegenüber bestimmten Gerüchen mit sich gebracht hätte; würde Achselgeruch heutzutage weitgehend als etwas Unangenehmes wahrgenommen, so würden Tabakqualm und Chemiegestank, trotz aller Widerstände, immer noch toleriert[192].

Thomas KLEINSPEHN ist dem historischen Wandel des Sehens bzw. des Blickes nachgegangen. Er hat in seiner Analyse dargelegt, wie in der Moderne das Sehen im Vergleich zu den anderen Sinnen eine überragende Bedeutung gewonnen hat[193]. Barbara DUDEN und Ivan ILLICH wiederum haben in einem kurzen Beitrag vor allem Fragen einer Historischen Anthropologie des Blicks aufgeworfen; sie plädieren für eine Konzeption, die Wechselwirkungen erforscht, einerseits die Einflüsse von Dingen wie etwa bildliche Darstellungen auf die Blickgewohnheiten der Menschen im Alltag, andererseits die *„Prägung der Sache durch den Blick"*.[194]

Mit der Geschichte des Geschmacks haben sich Wolfgang SCHIEVELBUSCH und Sidney MINTZ auseinandergesetzt. Schievelbusch hat die Veränderungen der europäischen Ge-

---

192 Alain Corbin: Pesthauch und Blütenduft. Eine Geschichte des Geruchs, Berlin 1984.

193 Thomas Kleinspehn: Der flüchtige Blick. Sehen und Identität in der Kultur der Neuzeit, Reinbek bei Hamburg 1989.

194 Barbara Duden / Ivan Illich: Die skopische Vergangenheit Europas und die Ethik der Opsis. Plädoyer für eine Geschichte des Blickes und Blickens, S. 215. In: Historische Anthropologie 3 (1995), S. 203–221.

schmackspräferenzen seit dem Mittelalter beschrieben; die
(zunächst bürgerliche) Vorliebe für Genußmittel wie Kaffee,
Tee, Schokolade und Tabak hat er dabei mit dem generellen
Wandel kultureller Formen wie auch mit der Konstituierung kapitalistischer Machtverhältnisse in Beziehung gesetzt[195]. Mintz wiederum hat die neuzeitliche Entwicklung
des Zuckers von einem Luxusgut zu einer Massenware
nachgezeichnet; die wachsende Lust der EuropäerInnen am
süßen Geschmack hat er dabei innerhalb des globalen Kon-
texts der wirtschaftlichen Bedingungen in den Konsumen-
tenländern (Europa) einerseits und in den Produktionslän-
dern (karibische Kolonien) andererseits interpretiert[196]. Sowohl Mintz als auch Schievelbusch machen mit ihren
Studien deutlich, daß Geschmack immer auch etwas war
und ist, mit dem sich Menschen innerhalb einer sozialen
Hierarchie positionieren: *„Es ist offenkundig"*, schreibt André BURGUIÈRE, *„daß die Ernährung bis zum Beginn des
Industriellen Zeitalters ein markantes Indiz des Lebensstan-
dards war: Der Geschmack signalisierte ostentativ die sozialen Unterschiede, entweder durch den übermäßigen Ver-
zehr (Zeichen der Herrschaft) oder durch den Verzicht (Zeichen der Abhängigkeit) auf den Genuß bestimmter Speisen.
Beispielhaft dafür ist der Konsum von stark gewürzten Ge-
richten und Saucen, die bis ins 18. Jahrhundert hinein für
den Aristokratenhaushalt typisch waren."* [197]

Wie auch Sexualität, Ernährung und der Körper insgesamt nicht mehr als ausschließlich biologische Phänomene
begriffen werden können, so sind auch die fünf menschlichen Sinne – Sehen, Hören, Riechen, Schmecken, Tasten –
gerade in ihrer historischen und kulturellen Variabilität

---

195 Wolfgang Schievelbusch: Das Paradies, der Geschmack und die Vernunft. Eine Geschichte der Genußmittel, München / Wien 1980.
196 Sidney Mintz: Die süße Macht. Kulturgeschichte des Zuckers, Frankfurt a. M. / New York 1987.
197 Burguière: Historische Anthropologie (wie Anm. 46), S. 78.

über die ihnen zugeordneten körperlichen Organe und deren biologische Funktionen allein nicht zu erfassen.

3.3.14. Ernährung

Eine Geschichte des Geschmacks berührt ein weiteres historisch-anthropologisches Themenfeld – die Ernährung. Die sich historisch wandelnden Bedürfnisse nach bestimmten „Geschmäckern" und Nahrungsmitteln sind dabei mitverantwortlich, wie sich Menschen zu bestimmten Zeiten an bestimmten Orten ernährt haben. Lebensgeschichtliche Aufzeichnungen und Interviews geben beispielsweise Auskunft darüber, welche spezifischen Vorlieben für Essen und Trinken Menschen aus verschiedenen sozialen Schichten hatten, aber auch mit welchen Notsituationen Individuen und soziale Gruppen zeitweilig konfrontiert waren[198]. Irene BRANDHAUER-SCHÖFFMANN und Ela HORNUNG haben etwa am Beispiel von Wien herausgearbeitet, mit welcher katastrophalen Ernährungssituation gerade Frauen in der unmittelbaren Zeit nach dem Zweiten Weltkrieg konfrontiert waren, und welche Formen einer improvisierten Überlebensarbeit sie in diesem Kontext entwickelten[199].

Neuere Arbeiten zu einer Geschichte der Ernährung berücksichtigen solcherart subjektive Faktoren, wie beispielsweise kulturspezifische Geschmacksvorlieben oder von Menschen in der konkreten Notsituation entwickelte

---

198 Siehe z. B.: Andreas Hartmann (Hg.): Zungenglück und Gaumenqualen. Geschmackserinnerungen, München 1994. Jürgen Ehrmann (Hg.): Was auf den Tisch kommt, wird gegessen. Geschichten vom Essen und Trinken, Wien / Köln / Weimar 1995.

199 Irene Brandhauer-Schöffmann / Ela Hornung: Von der Trümmerfrau auf der Erbse. Ernährungssicherung und Überlebensarbeit in der unmittelbaren Nachkriegszeit in Wien. In: L'Homme. Zeitschrift für Feministische Geschichtswissenschaft 2 (1991), Heft 1, S. 77–105.

Überlebensstrategien[200]. Ältere ernährungsgeschichtliche Arbeiten sind fast ausschließlich damit beschäftigt gewesen, „objektive" historische Ernährungsbedingungen zu rekonstruieren. André BURGUIÈRE hat darauf hingewiesen, daß schon Ende der fünfziger Jahre rund um die „*Annales*" Untersuchungen entstanden, die vor allem längerfristigen Ernährungsentwicklungen in der Neuzeit nachspürten – angefangen über die Lebensmittelrationen, die Unternehmer Tagelöhnern und Gesellen zukommen ließen, fortgesetzt über den wellenartigen Verlauf der Zuteilung von Fleischrationen an untere Bevölkerungsschichten, die schließlich im 18. Jahrhundert unter dem Druck einer „Bevölkerungsexplosion" fast gänzlich ausgesetzt wurden, usw.[201]

Auch deutsche Forschungen, Rolf SPRANDEL hat sie kurz zusammengefaßt[202], haben schon in den sechziger und siebziger Jahren historische Ernährungsbedingungen analysiert. Dies ist vor allem innerhalb wirtschaftsgeschichtlich orientierter Stadtforschungen geschehen, die u. a. die Lohn- und Preisentwicklung, Konjunkturverläufe usw. in mittelalterlichen deutschen Städten rekonstruiert haben. Aufzuspüren, wie sich solche wirtschafts- bzw. sozialgeschichtlichen Faktoren mit jenen zuvor erwähnten subjektiven Parametern überschneiden – dies hat André BURGUIÈRE als die zentrale Aufgabe der Historischen Anthropologie der Ernährung bezeichnet[203].

---

200 Siehe auch die Überblicksdarstellungen: Hans J. Teuteberg (Hg.): European Food History. A Research Review, Leicester / London / New York 1992. Massimo Montanari: Der Hunger und der Überfluß. Kulturgeschichte der Ernährung in Europa, München 1993. Uwe Schultz (Hg.): Speisen, Schlemmen, Fasten. Eine Kulturgeschichte des Essens, Frankfurt a. M. / Leipzig 1993.

201 Burguière: Historische Anthropologie (wie Anm. 46), S. 76 f.

202 Rolf Sprandel: Mangel und Überfluß. In: Conze / Faber / Nitschke: Funk-Kolleg Geschichte (wie Anm. 22), S. 136–155.

203 Burguière: Historische Anthropologie (wie Anm. 46), S. 80.

3.3.15. Beziehung Mensch – Umwelt

Umweltgeschichte bzw. Historische Umweltforschung ist, im Vergleich etwa zur Historischen Familienforschung und auch Frauenforschung, ein noch sehr junger und wenig wissenschaftlich institutionalisierter Zugang. Daß es ihn gibt, ist eng verknüpft mit der Aufmerksamkeit, die Menschen heutzutage ihrer Beziehung zur Umwelt entgegenbringen – sei es in internationalen Umwelt- und Klimakonferenzen, in nationalen und supranationalen Umweltorganisationen oder auch im Alltag. Dies hängt wiederum mit der „Dezentralisierung der Umweltprobleme“ zusammen, wie der Umwelthistoriker Rolf-Peter SIEFERLE meint[204], mit der nicht nur an bestimmten Orten, sondern einer global spürbaren Umweltkrise. Denn mit der fast weltweiten Ausbreitung des Industriesystems in den vergangenen Jahrzehnten hätten sich auch die Umweltprobleme, vormals auf „Verschmutzungsinseln“ in den Industriezentren konzentriert, ausgebreitet.

In den siebziger Jahren ist mit der US-amerikanischen „Environmental History Review“ eine erste umweltgeschichtliche Zeitschrift erschienen; neuerdings existiert mit der britischen „Environment and History“ ein weiteres umwelthistorisches Periodikum. Im deutschsprachigen Raum haben historisch-anthropologisch orientierte Zeitschriften, wie die „Beiträge zur Historischen Sozialkunde“ und „WerkstattGeschichte“, der Umweltgeschichte eigene Schwerpunkthefte gewidmet. Mittlerweile liegen bereits erste amerikanische und deutschsprachige Überblicksdarstellungen

---

204 Rolf-Peter Sieferle: Die Grenzen der Umweltgeschichte. In: GAIA 2 (1993), Heft 1, S. 8–21.

und Sammelbände vor, die auch einen ersten Einblick in
die Vielfalt umwelthistorischer Zugänge geben[205].

Im angloamerikanischen Raum sind die frühen umwelthistorischen Arbeiten vor allem in einer kultur- und
geistesgeschichtlichen Tradition gestanden[206], während
sich im deutschsprachigen Raum, meist getrennt und unabhängig voneinander, VertreterInnen der Geographie[207] und
Biologie[208], der Technikgeschichte[209], Klimageschichte[210],
Forstgeschichte[211] und Wirtschaftsgeschichte[212] zunächst
des Themas angenommen haben. Zuweilen ist dabei – und
das ist bemerkenswert für die Geschichtswissenschaft –

---

205 Siehe z. B.: Bernd Herrmann (Hg.): Mensch und Umwelt im Mittelalter, Stuttgart 1986. Ders. (Hg.): Umwelt in der Geschichte, Göttingen
1989. Donald Worster (Hg.): The Ends of the Earth. Perspectives on
Modern Environmental History, Cambridge / New York / New Rochelle / Melbourne / Sidney 1988. Jörg Calliess / Jörn Rüsen / Meinfried Striegnitz (Hg.): Mensch und Umwelt in der Geschichte, Pfaffenweiler 1989. Gerhard Jaritz / Verena Winiwarter: Umweltbewältigung.
Die historische Perspektive, Bielefeld 1994. Helmut Jäger: Einführung in die Umweltgeschichte, Darmstadt 1994. Ernst Schubert /
Bernd Herrmann (Hg.): Von der Angst zur Ausbeutung. Umwelterfahrung zwischen Mittelalter und Neuzeit, Frankfurt a. M. 1994.

206 Keith Thomas: Man and the Natural World. Changing Attitudes in
England 1500–1800, Oxford 1983.

207 Helmut Jäger: Entwicklungsprobleme europäischer Kulturlandschaften, Darmstadt 1987. Ders.: Einführung in die Umweltgeschichte (wie
Anm. 205).

208 Herrmann: Mensch und Umwelt (wie Anm. 205).

209 Joachim Radkau: Umweltprobleme als Schlüssel zur Periodisierung
der Technikgeschichte. In: Technikgeschichte 57 (1990), S. 345–361.

210 Christian Pfister: Bevölkerung, Klima und Agrarmodernisierung
1525–1860, Bern 1985. Siehe auch für die USA: H. H. Lamb: Klima
und Kulturgeschichte. Der Einfluß des Wetters auf den Gang der
Geschichte, Hamburg 1989.

211 Heinrich Rubner: Neue Bücher zur europäischen Forstgeschichte aus
den achtziger Jahren. Sammelbericht. In: Vierteljahresschrift für Sozial- und Wirtschaftsgeschichte 78 (1991), S. 200–213.

212 Hermann Kellenbenz (Hg.): Wirtschaftsentwicklung und Umweltbeeinflussung (14.–20. Jahrhundert). Berichte der 9. Arbeitstagung der
Gesellschaft für Sozial- und Wirtschaftsgeschichte (30. 3.–1. 4. 1981),
Stuttgart 1983.

mit naturwissenschaftlichen Methoden gearbeitet worden[213].

Tendenziell ist man innerhalb der frühen umweltgeschichtlichen Forschung von der traditionellen Auffassung ausgegangen, welche „Natur" als eine historisch statische Größe begreift, die auf den Menschen wirkt – aber nicht umgekehrt. Wie beispielsweise bei der Körper- und Sexualitätsgeschichte so hat sich mittlerweile auch innerhalb der Umweltgeschichte die Auffassung durchgesetzt, daß Umwelt bzw. Natur immer auch etwas ist, das nicht unabhängig von Mensch und Kultur gedacht werden kann. „Bewußte oder unbewußte Optionen für bestimmte Naturbegriffe und kulturelle Prädispositionen im weiteren Sinne prägen die jeweilige Perspektive und damit den Modus der Naturaneignung und Naturerfahrung sowie die Formulierung von Naturtheorien", schreiben Ruth und Dieter GROH[214]. So wie sich das Ehepaar Groh den Bildern widmet, die sich Menschen von ihrer Natur bzw. Umwelt gemacht haben, so hat dies u. a. auch Erich LANDSTEINER getan. Er ist den Natur- und Klimawahrnehmungen von niederösterreichischen Weinbauern im 18. und 19. Jahrhundert nachgegangen, die sich von den später entstehenden Kategorien einer wissenschaftlichen Meteorologie markant unterschieden[215]. Wie sich Menschen ihre natürliche Umwelt angeeignet haben – dieser Frage gehen auch erste und noch spärlich vorliegende Arbeiten nach, die, wie etwa eine Schwerpunktnummer der „Beiträge zur Historischen Sozialkunde", die Beziehung

---

213 Herrmann: Mensch und Umwelt (wie Anm. 205).
214 Ruth Groh / Dieter Groh: Die Außenwelt der Innenwelt. Zur Kulturgeschichte der Natur, Bd. 2, Frankfurt a. M. 1996, S. 7.
215 Erich Landsteiner: Bäuerliche Meteorologie. Zur Naturwahrnehmung bäuerlicher Weinproduzenten im niederösterreichisch-mährischen Grenzraum an der Wende vom 18. zum 19. Jahrhundert. In: Historische Anthropologie 1 (1993), S. 43–62.

zwischen Menschen und Tieren historisch thematisieren[216].

In dem Zusammenhang des Konzepts einer Konstruktion von Natur durch Kultur hat sich in den vergangenen Jahren im deutschsprachigen Raum auch eine Strömung innerhalb der Umweltgeschichte etabliert, die sich, wie SIEFERLE meint, als *„umwelthygienischer Ansatz"* bezeichnen läßt[217]. Ein solcher Zugang untersucht zum Beispiel die Auswirkungen der Industrialisierung auf die Luft- und Wasserqualität, also die Auswirkungen menschlichen Tuns auf die Natur[218]. Sehr oft steht hinter einem solchen Ansatz die Vorstellung von einer ehemals intakten „Natur" oder gar ehemaligen Einheit von Mensch und „Natur", die durch den menschlichen Raubbau verloren gegangen sei[219].

Erst neuerdings fragen Umwelthistoriker, wie beispielsweise Rolf-Peter SIEFERLE, zumindest theoretisch nach den Wechselwirkungen zwischen Mensch und Natur (bzw. Umwelt)[220]. Ein solcher Zugang geht weder von statischen kulturellen oder natürlichen Parametern noch von einer verlorengegangenen harmonischen Einheit Mensch-Natur aus; denn Natur bzw. Umwelt ist immer schon etwas gewesen, das vom Menschen angeeignet worden ist und das – umgekehrt – dessen Erfahrung mitkonstituiert hat.

---

216 Siehe auch: Gernot Böhme: Der Mensch und das Tier. In: Ders.: Anthropologie in pragmatischer Hinsicht. Darmstädter Vorlesungen, Frankfurt a. M. 1986, S. 237–250. Martin Rheinheimer: Wolf und Werwolfglaube. Die Ausrottung der Wölfe in Schleswig-Holstein. In: Historische Anthropologie 2 (1993), S. 399–422.

217 Sieferle: Die Grenzen der Umweltgeschichte (wie Anm. 204).

218 Siehe z. B.: Franz-Joseph Brüggemeier / Thomas Rommelspacher (Hg.): Besiegte Natur. Geschichte der Umwelt im 19. und 20. Jahrhundert, München 1987.

219 Siehe z. B.: Vito Fumagalli: Mensch und Umwelt im Mittelalter, Berlin 1992.

220 Sieferle: Die Grenzen der Umweltgeschichte (wie Anm. 204).

3.4. Paradigmenwechsel II: Der theoretische Rahmen der Historischen Anthropologie

Wenn ich eine menschliche Elementarerfahrung historisch untersuche möchte, dann kann ich das auf unterschiedliche Art und Weise tun. Ich kann etwa gleichzeitig Kindheiten in China, Japan und Europa im 19. Jahrhundert untersuchen, also Kindheiten in einen historisch-interkulturellen Vergleich stellen. Ich kann aber auch die Entwicklung der europäischen Kindheit seit dem Mittelalter nachzeichnen. Auch die Lebenspraxis von Kindern in einem norddeutschen Dorf oder in einem Berliner Arbeiterviertel am Ende des 19. Jahrhunderts könnte ich untersuchen.

Hinsichtlich der Quellen könnte ich demographische Daten etwa zur Kindersterblichkeit erheben. Auch könnte ich künstlerische Werke, auf denen Kinder dargestellt sind, analysieren. Vielleicht wäre es aber zur Lösung einer bestimmten Fragestellung auch günstig, ZeitzeugInnen zu suchen, um sie narrativ zu interviewen – und so weiter, und so weiter ...

Georg IGGERS hat davon gesprochen, daß die *„Explosion der Themen"* innerhalb der Geschichtswissenschaft mit einer neuen *„Vielfalt von Forschungsstrategien"* einhergeht[221]. Im vorangegangenen Kapitel sollte bereits deutlich geworden sein, daß menschliche Elementarerfahrungen mit verschiedensten Fragestellungen, Methoden und Interpretationsverfahren von der Histoischen Anthropologie erschlossen werden.

Winfried SCHULZE hat darauf hingewiesen, daß es in den siebziger und achtziger Jahren angesichts der vielen neuen historischen Themen zu einem *„Problemstau"* in der

---

221 Iggers: Geschichtswissenschaft (wie Anm. 19), S. 101.

Geschichtswissenschaft gekommen sei[222]. Das hatte damit
zu tun, daß die Geschichtswissenschaft nur wenige theoretische Überlegungen und Instrumentarien bereitstellte, um
menschliche Elementarerfahrungen historisch bearbeiten zu
können. Die Historische Anthropologie hat dabei vielmehr
von anderen Sozial- und Geisteswissenschaften profitiert,
wie beispielsweise von der Soziologie, der Volkskunde sowie insbesondere von verschiedenen Anthropologien und
dabei wiederum vorwiegend von jenen, die sich weniger als
systematische sondern eher als solche der Möglichkeiten
begreifen.

So vielfältig die Verfahren der Historischen Anthropologie
mittlerweile auch sind, um menschliche Elementarerfahrungen historisch nachzuzeichnen und trotz der Differenzen, die es auch innerhalb der Historischen Anthropologie
im Detail gibt – Historische Anthropologie verbindet ein
gleiches oder zumindest doch verwandtes Problembewußt-
sein und bestimmte theoretische Grundprinzipien.

3.4.1. Der Mensch als strukturierendes und strukturiertes Wesen

Jede Zugangsweise zur Geschichte impliziert philosophische und anthropologische Grundannahmen, auch wenn sie
zumeist nicht offengelegt werden. Jede Zugangsweise zur
Geschichte beinhaltet ein Bild vom Menschen und ein Modell, das erklärt, in welcher Weise Geschichte vonstattengeht, wer oder was die Triebkräfte von Geschichte sind. Die
„Annales" Braudelscher Prägung und die Gesellschaftsgeschichte etwa sind vorher als Zugänge kurz skizziert worden

---

222 Winfried Schulze: Einleitung, S. 10. In: Ders. (Hg.): Sozialgeschichte,
    Alltagsgeschichte, Mikro-Historie, Göttingen 1994, S. 6–18.

(vgl. Kap. 3.2.), die Geschichte so verstehen, als wenn sie hinter dem Rücken der Menschen ablaufen würde – Menschen quasi als Marionetten „äußerer" Wirkungskräfte. Dabei sind diese Wirkungskräfte (einmal der geographische Raum, das andere Mal die gesellschaftlichen Strukturen) weitgehend universell verstanden worden – als *die* entscheidenden Determinanten von Geschichte immer und überall.

Historisch-anthropologische Zugangsweisen haben meist ein Verständnis von Geschichte und dem Menschen schlechthin, das sich davon unterscheidet. Historische Anthropologie rekonstruiert menschliche Elementarerfahrungen in ihren verschiedensten historischen Ausformungen. Sie fragt nicht nach der Universalität von Elementarerfahrungen, sondern gerade nach den verschiedenen historischen Erfahrungen mit Kindheit, Sexualität usw. Letztlich historisiert Historische Anthropologie damit den Menschen schlechthin – und sie schließt sich selbst dabei nicht aus, da sie ja die Begriffe, Kategorien und Modelle, in denen sie denkt und arbeitet, als solche der europäischen Gegenwart erkennt. Mit ihnen kann Geschichte immer nur unzureichend erfaßt werden.

Historische Anthropologie ist tendenziell keine systematische Anthropologie sondern eine Anthropologie der Möglichkeiten. Welches anthropologische oder auch philosophische Modell steckt nun hinter der Historischen Anthropologie?

Ich bin mir bewußt, daß eine solche Frage auf Widerstände stoßen kann, weil sie in allerletzter Konsequenz immer auch die Frage nach anthropologischen Fundamentalien ist, also nach einem Wesen des Menschen, das unabhängig von Zeit und Raum ist. Wir dürfen uns aber um diese Frage nicht herumschwindeln, weil eben jede Zugangsweise zur Geschichte universelle anthropologische oder philosophische Annahmen impliziert. Gerade, wenn eine Wissenschaft, wie es die Historische Anthropologie eine ist, sich selbst als historisches Phänomen versteht, muß sie das eigene Menschenbild und das eigene Verständnis von Geschichte permanent reflektieren und einer Diskussion zugänglich machen – und das heißt zunächst einmal, daß die eigene anthropologische und philosophische Basis offengelegt wird. Auch könnte der Einwand erhoben werden, daß die Formulierung eines historisch-anthropologischen Menschenbilds, das universell gedacht wird, ein Widerspruch in sich sei, da ja Historische Anthropologie schlechthin alles historisiere. So unberechtigt sind solche etwaigen Einwände nicht; sie sollten auch dafür sensibilisieren, ein anthropologisches oder philosophisches Modell auf einer Ebene zu formulieren, die so abstrakt wie nur möglich ist. Und es muß ein universelles anthropologisches Modell sein, das mit einer Anthropologie der Möglichkeiten nicht nur kompatibel ist, sondern ihr ein Fundament gibt.

Ansatzpunkte für solch ein Modell finden sich beispielsweise in den Überlegungen Philosophischer Anthropologen. So entwarf Arnold GEHLEN eine Theorie, die die Sonderstellung des Menschen in der Natur mit dessen biologischen Mängelcharakter begründete – eine Sonderstellung, die den Menschen nicht nur zu Erfahrungen, Reflexionen, Lernen und Handeln befähige, sondern diese zwingend mache (vgl. Kap. 2.2.). Sowohl Thomas NIPPERDEY als auch Wolf LEPENIES haben hervorgehoben, daß Arnold Gehlens Philosophische Anthropologie die menschliche Handlungsfähigkeit sowie die menschliche Veränderlichkeit und damit Geschichte als zentrale anthropologische Fundamentalien begründete[223]. Auch Clifford GEERTZ, ein Vertreter der amerikani-

---

223 Nipperdey: Die anthropologische Dimension der Geschichtswissenschaft (wie Anm. 3), S. 34. Lepenies: Geschichte und Anthropologie (wie Anm. 34), S. 326f. Ders.: Probleme einer Historischen Anthropologie (wie Anm. 1), S. 130.

schen Kulturanthropologie, hat die biologische Sonderstellung des Menschen und die Lebensnotwendigkeit von Kultur betont; die konkrete Gestalt von Kultur sei aber biologisch offen. Jeder Mensch besitze das Rüstzeug für tausend
verschiedene Leben, nur eines würde schließlich gelebt.
*„(D)ie Menschen sind, zuerst und zuvörderst, verschieden.
Nur durch das Verständnis dieser Vielfalt – ihrer Bandbreite,
ihres Wesens, ihrer Grundlagen und ihrer Implikationen –
werden wir zu einem Begriff von menschlicher Natur gelangen, die über einen statischen Schatten hinausgeht."*[224] Weitere Ansatzpunkte für ein anthropologisches Fundament der
Historischen Anthropologie finden sich auch in phänomenologischen Zugangsweisen, die Welt und Wirklichkeit als
etwas verstehen, das nicht an sich existiere, sondern das nur
über die Interpretationen und Erfahrungen des Menschen
zugänglich sei – und die sind von Ort zu Ort und von Zeit
zu Zeit unterschiedlich (vgl. Kap. 2.4.).

Bei allen Unterschieden zwischen Gehlen, Geertz und
Phänomenologen wie etwa Husserl ist ihnen doch gemeinsam, daß sie nichts darüber sagen, durch welche Parameter
die Interpretationen, Handlungen, Erfahrungen usw. von
Menschen und damit die historische Dynamik determiniert
werden. Sie stellen vielmehr das Handeln und Herstellen
des Menschen auf ein universelles anthropologisches Fundament. Sie sagen nur etwas aus über die grundlegenden
Fähigkeiten des Menschen – die Fähigkeit zur Praxis und
Poieses, wie Philosophen sagen[225].

Ein solches Fundament ist für die Historische Anthropologie deshalb brauchbar, weil es damit eben eine Anthro-

---

224 Clifford Geertz: Kulturbegriff und Menschenbild, S. 79. In: Rebekka
     Habermas / Niels Minkmar (Hg.): Das Schwein des Häuptlings. Bei-
     träge zur Historischen Anthropologie, Berlin 1992, S. 56–82.
225 Peter Koslowski: Philosophie als Theorie der Gesamtwirklichkeit,
     S. 1. In: Ders. (Hg.): Orientierung durch Philosophie. Ein Lehrbuch
     nach Teilgebieten, Tübingen 1991, S. 1–18.

pologie der Möglichkeiten und Verschiedenheiten begründet. Es ist ein anthropologisches Modell, das so abstrakt
wie nur möglich gehalten ist und die Historisierung der
Untersuchungsgegenstände (Geschlecht, Sexualität, Kindheit usw.) wie auch die Historisierung von sich selbst als
ForscherIn (der Begriffe, Theorien usw.) nicht nur möglich,
sondern geradezu unumgänglich macht.

Nun ist der Mensch kein völlig autonom und frei handelndes Wesen. Kein Mensch ist seines eigenen Glückes
Schmied. Menschen handeln nicht immer bewußt. Und
wenn sie es doch tun, sagt das noch nichts darüber aus, wie
die Handlungen schließlich wirken. Schon Lucien FEBVRE
hat in seiner Luther-Biographie den grundsätzlichen Unterschied zwischen Handlungsintentionen und Handlungsauswirkungen hervorgehoben[226]. Sodann ist es ja gerade die
Leistung der analytisch orientierten Geschichtswissenschaften gewesen – und ich meine hier insbesondere auch
die Historische Sozialwissenschaft bzw. Gesellschaftsgeschichte –, auf die Bedeutung von Strukturen hingewiesen
zu haben. Die jeweiligen historischen sozialen, gesellschaftlichen oder kulturellen Strukturen sind für menschliche
Handlungen immer relevant. Hinter diesen Erkenntnis-
stand können wir nicht zurückgehen.

Individuen und soziale Gruppe sind also nicht die
alleinigen GestalterInnen der Geschichte, aber sie gestalten
Geschichte mit[227]. Und nach den Anteilen, die Menschen
an Geschichte haben, fragt die Historische Anthropologie.
Sie fragt nach „Welt- und Gesellschaftsdeutungen in ihrer

---

226 Lucien Febvre: Martin Luther. Religion als Schicksal, Frankfurt a. M.
      / Wien / Berlin 1976 (frz. Erstausgabe: 1928). Siehe auch: Anthony
      Giddens: Die Konstitution der Gesellschaft. Grundzüge einer Theorie
      der Strukturierung, Frankfurt a. M. 1988, S. 284 ff. bzw. 350 ff.
227 Andreas Steffens: Das Innenleben der Geschichte. Anläufe zur Histo-
      rischen Anthropologie, Essen 1984, S. 63.

*Relevanz für soziales Handeln und Verhalten, für gesell-
schaftliche Kontinuitäten und Diskontinuitäten."* Sie
nimmt diese subjektiven Momente *„ebenso ernst (...) wie
sozioökonomische oder andere Strukturen"* [228]. Historische
Anthropologie geht dabei davon aus, daß Menschen in allen strukturellen Bedingungen immer Handlungsgrenzen
gesetzt sind, daß aber gleichzeitig immer auch ein Potential
an Handlungsmöglichkeiten zur Verfügung steht; in einer
Situation gibt es niemals nur eine zwingende Handlung
(auch darauf hat Lucien FEBVRE bereits aufmerksam gemacht[229]). Irene BRANDHAUER-SCHÖFFMANN und Ela HOR-
NUNG etwa beschränken sich in ihrer Analyse weiblicher
Praxis in Wien nach dem Kriegsende 1945 nicht allein auf
eine Beschreibung der katatrapholen Ernährungsbedingungen; sie schildern darüber hinaus eben auch, welche *verschiedenen* Überlebensstrategien Frauen in dieser Notsituation entwickelt haben[229a].

Ein solches, praxeologisch genanntes Erkenntnisinteresse basiert auf sozialtheoretischen Konzeptionen, die ethnologische und soziologische Theoretiker wie Pierre BOUR-
DIEU, Jürgen HABERMAS und Anthony GIDDENS entworfen
haben[230]. So sehr sich die Genannten in ihren Auffassungen
im Detail unterscheiden[231] – sie haben Modelle und Instru-

---

228 Ute Daniel: „Kultur" und „Gesellschaft" (wie Anm. 10), S. 93.

229 Peter Burke: Offene Geschichte. Die Schule der „Annales", Berlin 1991,
     S. 19. Ähnlich dachte Karl MANNHEIM (1893 – 1947) diesen Gedanken
     auch schon für die Soziologie. Siehe zum Beispiel: Karl Mannheim: Das
     Problem der Generationen. In Kölner Vierteljahreshefte für Soziologie,
     Neue Folge 7 (1928), S. 157–185 bzw. S. 309–330.

229a Brandhauer-Schöffmann/Hornung: Trümmerfrau (wie Anm. 199).

230 Pierre Bourdieu: Entwurf einer Theorie der Praxis auf der ethnologi-
     schen Grundlage der kabylischen Gesellschaft, Frankfurt a. M. 1979.
     Jürgen Habermas: Theorie des kommunikativen Handelns, 2 Bd.,
     Frankfurt a. M. 1981. Anthony Giddens: Die Konstitution der Gesell-
     schaft (wie Anm. 226).

231 HABERMAS trennt im Gegensatz zu Bourdieu und Giddens in seinem
     Konzept noch zwischen zwei Ebenen – Lebenswelt und System, die

mentarien entworfen, die den Menschen als Subjekt bzw.
historischen Akteur verstehen sowie „historische Wirklich-
keiten" und deren Strukturen als doppelt konstituiert begreifen. Das heißt: Geschichte gestaltet sich immer im
Wechselspiel von jeweils vorgefundenen strukturellen Gegebenheiten (Lebens-, Produktions- und Herrschaftsverhält-
nissen usw.) und der jeweiligen strukturierenden Praxis
(Deutungen und Handlungen) der Akteure.

Freilich darf man sich das Verhältnis zwischen Struktur und strukturierenden Akteuren nicht so vorstellen, daß
sich die beiden Ebenen immer gleich zueinander verhalten
würden. Die Alternativen, die sich Menschen in den konkreten Bedingungen und zur Mitgestaltung dieser Bedingungen bieten, sind je nach Zeit und Ort ebenso unterschiedlich wie für verschiedene soziale Gruppen zur selben
Zeit und am selben Ort. Um das an einem Beispiel zu
verdeutlichen: Jener Teil der Bevölkerung im nationalsozialistischen Staat, der offiziell als „arisch" klassifiziert und
weder politisch noch rassistisch noch anderweitig verfolgt
war, stand natürlich ein weitaus größerer Raum zur Gestaltung des eigenen Lebens und der gesellschaftlichen Praxis
zur Verfügung, als beispielsweise Jüdinnen und Juden; deren Handlungsspielraum wurde durch die immer rigider
werdende offizielle und nicht-offizielle Verfolgungs- und
Vernichtungspraxis mehr und mehr eingeengt.

---

sich im Zuge der gesellschaftlichen Modernisierung herausentwickelt
hätten. Beide würden ihre je eigene Logik besitzen, wobei soziale
Systeme nicht von Handlungen der Akteure mitgetragen würden.
Eine solche Zweiteilung geht zurück auf: David Lockwood: Social
integration and system integration. In: G.K. Zollschan / W. Hirsch
(Hg.): Explorations in Social Change, London 1964, S. 244–257. Zur
Kritik daran siehe zum Beispiel: Ditmar Brock / Matthias Junge: Die
Theorie gesellschaftlicher Modernisierung und das Problem gesell-
schaftlicher Integration. In: Zeitschrift für Soziologie 24 (1995),
S. 165–182.

Eine Reihe von historisch-anthropologisch orientierten WissenschaftlerInnen haben eine praxeologische Konzeption mittlerweile theoretisch für die Geschichtswissenschaft vermittelt[232] und die Theorie in die Forschungspraxis umgesetzt. Der britische Historiker Edward P. THOMPSON hat bereits Anfang der sechziger Jahre die Entstehung der englischen Arbeiterklasse als einen Prozeß beschrieben, der zu einem großen Teil von den Erfahrungen und Handlungen sozialer Unterschichten vorangetrieben wurde[233]. Andere englischsprachige HistorikerInnen haben es ihm nachgetan: Natalie Zemon DAVIES beispielsweise, die die Lebenspraxis verschiedener sozialer Gruppen im Lyon der frühen Neuzeit in Verbindung mit den komplexen Verhältnissen der lokalen städtischen Gesellschaft beschrieben hat[234]; oder auch Robert DARNTON, der widerständliche Handlungen sozial Benachteiligter im Paris zu Beginn der Neuzeit rekonstruiert hat[235]. Im deutschsprachigen Raum

---

232 Siehe zum Beispiel: Medick: „Missionare im Ruderboot" (wie Anm. 10 bzw. 31). Detlev Peukert: Neuere Alltagsgeschichte und Historische Anthropologie. In: Hans Süssmuth (Hg.): Historische Anthropologie. Der Mensch in der Geschichte, Göttingen 1984, S. 57–72. Alf Lüdtke (Hg.): Alltagsgeschichte. Zur Rekonstruktion historischer Erfahrungen und Lebensweisen, Frankfurt a. M. / New York 1989. Dieter Groh: Anthropologische Dimensionen der Geschichte, Frankfurt a. M. 1992. Daniel: „Kultur" und „Gesellschaft" (wie Anm. 10). Berliner Geschichtswerkstatt (Hg.): Alltagskultur, Subjektivität und Geschichte. Zur Theorie und Praxis von Alltagsgeschichte, Münster 1994. Sieder: Sozialgeschichte (wie Anm. 10). Edwin Dillmann: „Menschenfresser", „Fährtenleser" … Historisch-anthropologische Forschung und eine neue Zeitschrift. In: magazin forschung der Universität des Saarlandes, Nr. 2, 1994, S. 11–17. Richard van Dülmen: Historische Kulturforschung zur Frühen Neuzeit. Entwicklungen – Probleme – Aufgaben. In: Geschichte und Gesellschaft 21 (1995), S. 403–429. Groh / Zürn: Der lange Schatten (wie Anm. 10).
233 Thompson: Entstehung der englischen Arbeiterklasse (wie Anm. 12).
234 Natalie Zemon Davies: Frauen und Gesellschaft am Beginn der Neuzeit, Berlin 1986.
235 Robert Darnton: Katzenmassaker. Streifzüge durch die französische Kultur vor der Revolution, München 1989.

versuchte sich als erster Historiker Andreas GRIESSINGER in einer praxeologischen Zugangsweise; er hat den das Protestverhalten deutscher Handwerksgesellen im 18. Jahrhundert analysiert[236]. Mittlerweile sind die Forschungen, die sich einer solchen Herangehensweise an die Geschichte verpflichtet fühlen, so umfangreich[237], daß ich an dieser Stelle nur mehr Alf LÜDTKE nennen möchte; seine Arbeiten zur deutschen Arbeiterschaft sind wegweisend für eine praxeologisch orientierte Zeitgeschichte[238].

All das bedeutet nicht, daß strukturgeschichtliche Zugangsweisen obsolet geworden seien. Es geht vielmehr um die Frage, aus welcher Perspektive Geschichte rekonstruiert werden soll. Um das wiederum an einem Beispiel aus der jüngeren Vergangenheit zu illustrieren: Wir können beispielsweise einerseits das Terrorsystem des nationalsozialistischen Staats aus gesetzlichen Maßnahmen, Verordnungen und anderen offiziellen Akten rekonstruieren; wir erhalten dabei ein abstraktes, weil „menschenleeres", aber gleichwohl detailliertes Bild über die Struktur des Verfolgungsapparats. Wir können andererseits untersuchen, wie etwa der Gestapoapparat mit der Bevölkerung im NS-Staat zusammenarbeitete, wie Menschen die Gestapo dazu nutzten, eigene persönliche Interessen – und die mußten nicht immer deckungsgleich mit denen des Staates sein – mit Hilfe des Verfolgungsapparats durchzusetzten; und damit erhalten wir ein Bild, wie Menschen zu einer konkreten

---

236 Grießinger: Das symbolische Kapital der Ehre (wie Anm. 140).
237 Zur frühen Neuzeit siehe zum Beispiel den Literaturbericht: van Dülmen: Historische Kulturforschung (wie Anm. 232).
238 Eine Zusammenfassung seiner Arbeiten findet sich in: Alf Lüdtke: Eigen-Sinn. Fabriksalltag, Arbeitererfahrungen und Politik vom Kaiserreich bis in den Faschismus, Hamburg 1993.

historischen Realität der Ausgrenzung und Vernichtung von Bevölkerungsgruppen im „Dritten Reich" beitrugen[239].

3.4.2. *Kultur als Leitbegriff der Historischen Anthropologie*

Ute DANIEL hat in einem Aufsatz gemeint, daß es in den letzten Jahren innerhalb der Geistes- und Sozialwissenschaften zu einer *„triumphale(n) Rückkehr des Kulturbegriffs"* gekommen sei[240]. Dies gelte zum Beispiel für die Soziologie, ebenso aber auch für die Geschichtswissenschaft. In den theoretischen Arbeiten wie auch in den konkreten Forschungen vieler HistorikerInnen, die der Historischen Anthropologie nahestehen, scheint „Kultur" als der zentrale Leitbegriff auf[241]. Doch – was meint überhaupt „Kultur"? Und was macht den Kulturbegriff, insbesondere im Gegensatz zum Gesellschaftsbegriff, der lange Jahre nicht nur im Zentrum der Soziologie sondern auch der Historischen Sozialwissenschaft stand, gerade für die Historische Anthropologie so interessant?

---

239 Siehe dazu zum Beispiel: Bernward Dörner: Alltagsterror und Denunziation. Zur Bedeutung von Anzeigen aus der Bevölkerung für die Verfolgungswirkung des nationalsozialistischen „Heimtücke-Gesetzes" in Krefeld. In: Berliner Geschichtswerkstatt (Hg.): Alltagskultur, Subjektivität und Geschichte. Zur Theorie und Praxis von Alltagsgeschichte, Münster 1994, S. 254–271. Gisela Diewald-Kerkmann: Politische Denunziation im NS-Regime oder Die kleine Macht der „Volksgenossen", Bonn 1995. Dies.: Politische Denunziation – eine „weibliche Domäne"? Der Anteil von Männern und Frauen unter Denunzianten und ihren Opfern. In: 1999. Zeitschrift für Sozialgeschichte des 20. und 21. Jahrhunderts 11 (1996), Heft 2, S. 11–35.

240 Daniel: „Kultur" und „Gesellschaft" (wie Anm. 10), S. 70.

241 Siehe zum Beispiel: Medick: „Missionare im Ruderboot" (wie Anm. 10 bzw. 31). Daniel: „Kultur" und „Gesellschaft" (wie Anm. 10). Sieder: Sozialgeschichte (wie Anm. 10). Van Dülmen: Historische Kulturforschung (wie Anm. 232).

Kultur ist schon seit früher Zeit der Leitbegriff der kultur-
und sozialanthropologischen bzw. ethnologischen Disziplinen. Der Ethnologe Paul DRECHSEL hat allerdings darauf hingewiesen, daß sein Fach *„schwer unter der Last von mittlerweile einigen Hundert unterschiedlichster Definitionen der
Kultur und des Kulturellen (trägt)."*[242] An dieser Stelle kann
keine auch nur annähernd befriedigende Auswahl solcher
Definitionsbemühungen vorgestellt werden. Daher werden
lediglich zwei Strömungen skizziert, die sich in ihren Versuchen, Kultur zu bestimmen, grundsätzlich voneinander unterscheiden. Ute DANIEL differenziert zwischen einer
„zweckrationalen-funktionalen" sowie einer *„wertrationa-
len"* Verwendungsweise von Kultur[243].

Erstere versteht Kultur weitgehend als „Hochkultur" –
die Entdeckungen und Schöpfungen einer gesellschaftlichen Elite, zum Beispiel Kunstwerke der bildenden Kunst,
der Literatur und Musik wie auch wissenschaftliche Leistungen. Kultur wird darüber hinaus als ein eigener Gegenstandsbereich neben anderen, wie beispielsweise Politik
und Ökonomie, verstanden, der bestimmten Gesetzmäßigkeiten folgt. Einem solchen Verständnis fühlt sich u. a. das
Konzept der Gesellschaftsgeschichte verpflichtet.

Demgegenüber versteht eine *„wertrationale"* Zugangsweise Kultur als etwas Umfassendes. Kultur ist das, was
einerseits Individuen und soziale Gruppen prägt, was aber

---

242 Paul Drechsel: Vorschläge zur Konstruktion einer „Kulturtheorie",
    und was man unter einer „Kulturinterpretation" verstehen könnte,
    S. 44. In: Ernst Wilhelm Müller / René König / Klaus-Peter Koepping
    / Paul Drechsel (Hg.): Ethnologie als Sozialwissenschaft, Opladen
    1984, S. 44–84. Siehe auch: Daniel: „Kultur" und „Gesellschaft" (wie
    Anm. 10). Martin Fuchs / Eberhard Berg: Phänomenologie der Diffe-
    renz. Reflexionsstufen ethnographischer Repräsentation. In: Dies.
    (Hg.): Kultur, soziale Praxis, Text. Die Krise der ethnographischen
    Repräsentation, Frankfurt a. M. 1993, S. 11–108.
243 Daniel: „Kultur" und „Gesellschaft" (wie Anm. 10), S. 77.

andererseits durch die individuelle und kollektive Praxis aller gestaltet wird. Kultur ist letztlich all das, was der Mensch aufgrund seiner spezifischen Fähigkeiten hervorbringt – alle Deutungen und alle Handlungen. Für ein solches Verständnis von Kultur stehen in erster Linie Strömungen der amerikanischen Kulturanthropologie. Dabei haben in den letzten Jahren vor allem jene an Bedeutung gewonnen, die, wie beispielsweise Clifford GEERTZ, Marshall SAHLINS und auch Victor TURNER, versuchen, Kultur nicht nur in ihren offensichtlichen und facettenreichen Ausdrucksformen (Feste, Rituale, aber auch: Formen der landwirtschaftlichen Produktion usw.) nachzuzeichnen. Kulturelle Ausdrucksformen bzw. menschliche Handlungen werden vor allem als Symbole verstanden, die von Menschen im Mit- und Gegeneinander entwickelt und ausgehandelt werden. Die Aufgabe der symbolischen Kulturanthropologie ist es, den je besonderen Sinn dieser Symbole zu entziffern und zu deuten. Denn ein und derselbe Ausdruck kann in einem sozialen Kontext, insbesondere aber in verschiedenen sozialen Kontexten verschiedene Bedeutungen haben. Geertz hat, um dies zu veranschaulichen, das Beispiel des Augenzuckens herausgegriffen. Augenzucken kann lediglich Augenzucken sein, es kann aber auch ein Zwinkern und noch vieles andere bedeuten[244]. Ein anderes Beispiel: Jene, die schon einmal in Bulgarien zu Gast gewesen sind, ist es bekannt; Kopfschütteln und Kopfnicken

---

244 Siehe zum Beispiel: Clifford Geertz: Religion als kulturelles System. In: Ders.: Dichte Beschreibung. Beiträge zum Verstehen kultureller Systeme, Frankfurt a. M. 1983, S. 44–95; siehe in diesem Band auch: Ders.: Dichte Beschreibung. Bemerkungen zu einer deutenden Theorie kultureller Systeme, S. 7–43. Marshall Sahlins: Kultur und praktische Vernunft, Frankfurt a. M. 1994. Victor Turner: Prozeß, System, Symbol. Eine neue anthropologische Synthese. In: Rebekka Habermas / Niels Minkmar (Hg.): Das Schwein des Häuptlings. Beiträge zur Historischen Anthropologie, Berlin 1992, S. 130–146.

meint in der bulgarischen Kultur genau das Gegenteil von dem, was es bei uns bedeutet.

Viele HistorikerInnen sehen die Historische Anthropologie in einem Naheverhältnis zur symbolorientierten Kulturanthropologie. Demnach fragt Historische Anthropologie nach der jeweils spezifischen historischen Kultur als dem *„Netz der Bedeutungen, die der Mensch seinen Handlungen zumißt. In den Handlungen liegt also ein symbolischer Gehalt.“*[245] Richard van DÜLMEN fragt nach der Kultur als dem *„allgemeinen Normen- und Wertgerüst (...), mit dessen Hilfe Menschen ihr Leben bewältigen und soziale Gruppierungen sich darstellen“*[246], Ute DANIEL nach der *„sinnstiftende(n) menschliche(n) Praxis“*[247]; und Edwin DILLMANN stellt die *„sozio-kulturelle Praxis“*[248] ins Zentrum historisch-anthropologischen Interesses, womit er noch einmal darauf hinweist, daß Kultur in ihren bedeutungsvollen Äußerungen sich immer über die Interaktionen von Individuen und sozialen Gruppen konstituiert.

Ein solches umfassendes und symbolorientiertes Kulturverständnis der Historischen Anthropologie macht Sinn. Denn wenn das Wesen des Menschen über seine Fähigkeit zu erfahren, zu interpretieren, zu reflektieren, zu handeln usw. definiert wird, dann bezeichnet Kultur gerade die vielen konkreten Ausdrücke davon. Dann ist Kultur ein Kaleidoskop dessen, wie der Mensch seine nur ihm gegebenen Fähigkeiten zu verschiedenen Zeiten, an verschiedenen Orten in Auseinandersetzung mit den jeweiligen Bedingungen umgesetzt hat, wie er sich ausgedrückt und welchen

---

245 Otto Ulbricht: Mikrogeschichte: Versuch einer Vorstellung, S. 351. In: Geschichte in Wissenschaft und Unterricht 45 (1994), S. 347–367.
246 van Dülmen: Historische Kulturforschung (wie Anm. 232), S. 413.
247 Daniel: „Kultur“ und „Gesellschaft“ (wie Anm. 10), S. 99.
248 Dillmann: „Menschenfresser“ (wie Anm. 232).

Sinn er diesen Ausdrücken gegeben hat. Dann bezeichnet Kultur die Aneignung der Welt durch den Menschen; sie bezeichnet die Veränderungen und Tradierungen der strukturellen Bedingungen durch den Menschen. *„Dank der Kultur ist der Mensch im Zustand einer konstanten Revolution"*, hat der Kulturanthropologe Zygmunt BAUMAN geschrieben[249]. Damit ist Kultur und auch Geschichte immer Veränderung, immer Dynamik. Und man könnte Historische Anthropologie auch Historische Kulturforschung nennen, was zum Teil ja auch geschieht (vgl. Kap. 4.4.).

Damit werden für die Historische Anthropologie all jene Definitionen obsolet, die Kultur als einen gesellschaftlichen Teilbereich verstehen. Schließlich wird auch nachvollziehbar, daß Kultur anstelle von Gesellschaft zu einem Leitbegriff der Historischen Anthropologie geworden ist. Denn Gesellschaft sind im älteren soziologischen Verständnis und auch im jenen der Historischen Sozialwissenschaft bzw. Gesellschaftsgeschichte die Formationen von Institutionen und Klassen, Ständen usw., über die sich Macht und Herrschaft strukturieren. Gesellschaft meint den *„Produktions- und Bezugsrahmen der Bedingungen möglicher Handlungen historischer Subjekte."*[250] Damit ist Gesellschaft natürlich auch für die Historische Anthropologie von Bedeutung, freilich aus der Perspektive der Menschen, deren Deutungen und Handlungen – das heißt: aus der Perspektive der Kultur. Kultur werden von der Gesellschaft Bedingungen gesetzt; Kultur gestaltet Gesellschaft aber wiederum auch mit.

---

249 Zit. nach Drechsel: Konstruktion einer Kulturtheorie (wie Anm. 242), S. 47.
250 Groh / Zürn: Der lange Schatten (wie Anm. 10), S. 581. Siehe auch: Daniel: „Kultur" und „Gesellschaft" (wie Anm. 10), S. 71.

Paul DRECHSEL hat gemeint, *„daß es eigentlich nichts gibt, dem nicht das Prädikat kulturell zugeordnet werden kann."*[251] Alles ist Kultur: alle menschlichen Äußerungen, alle Interpretationen dieser Äußerungen, all der Sinn, der hinter diesen Äußerungen steckt. Das stellt uns vor ein Problem. Es bedarf eines Rasters bzw. einer Systematisierung, um Kultur, um diese schier unübersichtliche, weil unendliche Menge an menschlichen Ausdrücken bzw. Symbolen und Bedeutungszuschreibungen zu ordnen und zu abstrahieren.

Ich sehe dafür vor allem drei Möglichkeiten. Die erste systematisiert Kultur über historisch-anthropologische Themenfelder – über menschliche Elementarerfahrungen. Das tun etwa Arbeiten über die Sexualität im bürgerlichen Milieu im 19. Jahrhundert, über Männlichkeit und Weiblichkeit im frühneuzeitlichen Holland und die vielen anderen historisch-anthropologischen Forschungen, die den Umgang von Menschen mit einer Elementarerfahrung an einem konkreten Ort zu einer konkreten Zeit zu rekonstruieren versuchen. Sie arbeiten dabei das jeweils Gemeinsame und Besondere (Vorstellungen, Riten usw.) von spezifischen (zeitlich und örtlich gebundenen) Elementarerfahrungen heraus.

Zweitens gibt es die Möglichkeit, kulturelle Äußerungen und Bedeutungszuschreibungen darüber zu ordnen, indem man zeitliche Charakteristika herausarbeitet. Jacques LE GOFF beispielsweise hat dies für den europäischen Menschen des Mittelalters getan und Richard van DÜLMEN für die frühe Neuzeit[252]. Ein Sammelband zur europäischen Mentalitätsgeschichte hat die Spezifika im Umgang mit menschlichen Elementarerfahrungen (Körper/Seele, Krank-

---

251 Drechsel: Konstruktion einer Kulturtheorie (wie Anm. 242), S. 48.
252 Le Goff: Mensch des Mittelalters (wie Anm. 42). Richard van Dülmen:
     Kultur und Alltag in der Frühen Neuzeit. 16.–18. Jahrhundert. Bd. 1:
     Das Haus und seine Menschen. Bd. 2: Dorf und Stadt. Bd. 3: Religion,
     Magie, Aufklärung, München 1990 / 1992 / 1994.

heit, Lebensalter, Sterben/Tod, Ängste und Hoffnungen, Raum usw.) in der Antike, im Mittelalter und in der Neuzeit beschrieben[253].

Drittens kann man kulturelle Besonderheiten und Gemeinsamkeiten von sozialen Gruppen zu einer bestimmten Zeit an einem bestimmten Raum herausarbeiten. Vor allem historisch-anthropologische Arbeiten, die sich als Mikrogeschichten verstehen, versuchen dies. David SABEAN, Rainer BECK, eine Projektgruppe um Imbke BEHNKEN und andere (vgl. Kap. 3.4.5. und 4.3.) haben entweder jeweils ein Dorf in der frühen Neuzeit oder ein städtisches Arbeiterquartier zu Beginn des 20. Jahrhunderts analysiert[254]. Sie haben die sozio-kulturelle Praxis einer konkreten Bevölkerungsgruppe oder mehrerer sozialer Gruppen und vor allem die besondere Logik, die hinter deren Denkweisen und Handlungen steht, nachgezeichnet[255]. Sie haben rekonstruiert, wie die einzelnen Elemente einer bestimmten Kultur miteinander in Beziehung stehen und welche Bedeutung die einzelnen und die Summe der Elemente für die untersuchte soziale Gruppe haben. Dabei kann auch deutlich werden, inwieweit eine Gruppe über einen kulturellen Prozeß, über

---

253 Dinzelbacher: Europäische Mentalitätsgeschichte (wie Anm. 27).

254 Sabean: Property, Production and Familiy in Neckarhausen (wie Anm. 71). Rainer Beck: Unterfinning. Ländliche Welt vor Anbruch der Moderne, München 1993. Behnken / du Bois-Reymond / Zinnecker: Stadtgeschichte als Kindheitsgeschichte (wie Anm. 92). : Vorreiter für eine solche Zugangsweise war u. a. E. P. Thompson: Entstehung der englischen Arbeiterklasse (wie Anm. 12), wie auch im deutschsprachigen Raum der Volkskundler Rudolf Braun: Industrialisierung und Volksleben. Die Veränderung der Lebensformen in einem ländlichen Industriegebiet vor 1800, Erlenbach 1960. Nähere Informationen zur mittlerweile umfangreichen Volkskulturforschung siehe: Kap. 4.4.

255 Siehe dazu z. B.: Dillmann: „Menschenfresser" (wie Anm. 232). Dieter Groh: Zur Einführung in das Werk von E. P. Thompson. In: Ders. Anthropologische Dimensionen der Geschichte, Frankfurt a. M. 1992, S. 148–174.

die Herausbildung bestimmter gemeinsamer kultureller Merkmale überhaupt erst entsteht. Solche Arbeiten klären letztlich darüber auf, was für Menschen etwa in einem urbanen Arbeiterquartier um 1900 Menschsein überhaupt bedeutete, nach welchen zentralen Kriterien sich deren alltägliche Lebenspraxis strukturierte.

Historische Anthropologie denkt Kultur also nicht im Singular sondern im Plural. Kultur, in der Einzahl verstanden, meint zunächst sehr abstrakt und nicht mehr als die Summe dessen, wie die Menschen ihre soziale und natürliche Umwelt erfahren, wie sie diese gedeutet, reflektiert, in und mit ihr gehandelt haben. Dies ist so vielfältig, daß sich Kultur letztlich nur im Konkreten erfassen läßt. Kultur, konkret beschrieben, meint gemeinsame menschliche kulturelle Praktiken, Handlungen (Rituale, Feste, Formen der Kommunikation etc.) und Bedeutungen bzw. Mentalitäten (Denkweisen, Vorstellungswelten, Empfindungen), die in der historischen oder ethnologischen Analyse einer Gruppe, eines Raumes oder einer Zeit herausgearbeitet werden. Bereits die Boas-Schule der amerikanischen Kulturanthropologie hatte Kultur schon immer im Plural begriffen, weil jede Kultur immer ihre eigene und vor allem einzigartige Geschichte und Ausdrucksform habe (vgl. Kap. 2.3.). In einer historisch-anthropologischen Perspektive nun findet das Denken von Kultur im Plural insoweit eine Erweiterung, als nicht nur ethnische Gemeinschaften, sondern auch Stände, Klassen Schichten, Männer, Frauen usw. innerhalb einer sogenannten ethnischen Gemeinschaft als je eigene Gruppen verstanden werden, die eine eigene Kultur haben. Sie werden als eigene, wenn auch nicht autonome Kulturen begriffen[256].

---

256 Siehe z. B.: Sieder: Sozialgeschichte (wie Anm. 10), S. 448–450. Köhler: Versuch einer „Historischen Anthropologie" (wie Anm. 16), S. 155. Medick: „Missionare im Ruderboot" (wie Anm. 10 bzw. 31). Iggers: Geschichtswissenschaft (wie Anm. 19), S. 76.

So wie Kultur- und SozialanthropologInnen bzw. EthnologInnen schon seit Jahrzehnten meist in überschaubaren sozialen Gemeinschaften forschen, beschäftigt sich nun auch die Historische Anthropologie mit kleinen Lebenswelten bzw. Kulturen, die fast oder überhaupt keine schriftliche Quellen hinterlassen haben. Schriftlose Kulturen werden nun als Bestandteile und Faktoren der Geschichte ernstgenommen. So selbstverständlich ist das nicht. Leopold von RANKE, „Vater" des Historismus im 19. Jahrhundert, hatte noch außereuropäische Kulturen wie auch europäische Unterschichten der „Naturgeschichte" zugeordnet; bezeichnenderweise sprach er vom deutschen Bauernkrieg im 16. Jahrhundert als dem *„größten Naturereignis des deutschen Staates"* [257]. Und Georg IGGERS hat noch kürzlich festgestellt, daß das Konzept der Gesellschaftsgeschichte *„mit Makroaggregaten (arbeitet), in denen kaum Platz für existentielle Lebenserfahrungen ist."* [258] – und eben kein Platz für die Kultur und Geschichte von Menschen, die nicht sozialen Eliten angehören. Nicht zufällig waren frühe historisch-anthropologische Arbeiten, wie jene von Edward P. THOMPSON oder von Andreas GRIESSINGER[259], solche, die Widerstands- oder Protestformen von sozialen Unterschichten untersucht haben. Gerade mit einer solchen Themenstellung können Angehörige sozialer Unterschichten als historische Subjekte dargestellt werden.

---

257 Zit. nach Dieter Groh: Kollektives Verhalten vom 17. bis ins 20. Jahrhundert: Wandel der Phänomene, Wandel der Wahrnehmung oder überhaupt kein Wandel? S. 241. In: Ders.: Anthropologische Dimensionen der Geschichtswissenschaft, Frankfurt a. M. 1992, S. 237–266. Siehe auch: Iggers: Geschichtswissenschaft (wie Anm. 19), S. 9.
258 Iggers: Geschichtswissenschaft (wie Anm. 19), S. 59.
259 E. P. Thompson: Entstehung der englischen Arbeiterklasse (wie Anm. 12). Grießinger: Das symbolische Kapital der Ehre (wie Anm. 140).

Historische Anthropologie versucht also insbesondere jene sozialen Gruppen historisch in den Blick zu bekommen, die vormals in der Geschichtsforschung weitgehend unbeachtet und damit geschichtslos geblieben waren, weil sie in einer „Geschichte der Sieger" keinen Platz hatten – städtische ArbeiterInnen, LandarbeiterInnen, Dienstboten, Frauen, Bergbauern, Prostituierte, Kriminalisierte, Homosexuelle usw. Pointiert hat Edward P. THOMPSON gemeint, daß er versuche, *„den armen Strumpfwirker und den ‚obsoleten'* *Handweber (...) vor der ungeheuren Arroganz der Nachwelt* *zu retten."* [260]

3.4.3. Interesse und Sensibilität für Subjektivität

Historische Anthropologie begreift den Menschen als deutendes, reflektierendes und handelndes Wesen und damit als Faktor für historische Dynamik. Daher kann sich Historische Anthropologie nicht allein für den strukturellen Rahmen von Geschichte bzw. für die jeweiligen Lebensbedingungen interessieren. Sie fragt darüber hinaus nach den Innensichten, danach, wie Individuen und soziale Gruppen sich selbst sowie ihre natürliche und soziale Umwelt deuten – Historische Anthropologie interessiert sich immer auch für das Subjektive in der Geschichte. Sie ist *„zu einer Philosophie* *des Subjekts (zurückgekehrt), die die Kraft der kollektiven* *Determination und der sozialen Bedingtheiten ablehnt und* *den expliziten und reflektierenden Anteil des Handelnden* *zu rehabilitieren sucht."* [261]

---

260 Thompson: Enstehung der englischen Arbeiterklasse (wie Anm. 12), S. 11.
261 Roger Chartier: Die Welt als Repräsentation (1989), S. 323. In: Matthias Middell / Steffen Sammler (Hg.): Alles Gewordene hat Geschichte. Die Schule der ANNALES in ihren Texten 1929 – 1992, Leipzig 1994, S. 320–347.

Sie fragt auch nach den Denkweisen, Befindlichkeiten, Einstellungen, Weltbildern, Leitbildern, Imaginationen, Mentalitäten, Deutungen, Verhaltensweisen und Identitäten von Individuen und Bevölkerungsgruppen[262]. Sie fragt nach den subjektiven Dimensionen von menschlichen Elementarerfahrungen – nach Einstellungen zu Tod, Sexualität, Kindheit usw. Wie radikal das Subjektive als Faktor von Geschichte inzwischen gedacht wird, unterstreichen gerade Arbeiten zur Körpergeschichte (vgl. Kap. 3.3.11.). Diese verdeutlichen, inwieweit Körper auch durch das konstituiert ist, wie Menschen diesen wahrnehmen.

Historische Anthropologie knüpft in ihrem Interesse für das Subjektive u. a. an Traditionen an, die von den Begründern der „Annales", Marc BLOCH und Lucien FEBVRE, ausgegangen sind. Diese untersuchten kollektive Einstellungen, Bloch beispielsweise den in Frankreich und England im Mittelalter und der frühen Neuzeit verbreiteten Glauben, daß Könige durch Handauflegen ein Hautleiden heilen könnten[263], Febvre u. a. Vorstellungswelten in der Renaissance[264]. U. a. an Febvre und Bloch anknüpfend entstand in der französischen Sozialgeschichtsschreibung der

---

262 Siehe z. B.: Nipperdey: Die anthropologische Dimension der Geschichtswissenschaft (wie Anm. 3), S. 150f. bzw. 156f. Lepenies: Probleme einer Historischen Anthropologie (wie Anm. 1), S. 131. Süssmuth: Geschichte und Anthropologie (wie Anm. 10), S. 5 bzw. 7. Rebekka Habermas / Niels Minkmar: Einleitung. In: Dies. (Hg.): Das Schwein des Häuptlings. Beiträge zur Historischen Anthropologie, Berlin 1992, S. 7–19. Martin: Wandel des Beständigen (wie Anm. 3), S. 42. Dillmann: „Menschenfresser" (wie Anm. 232), S. 11. Van Dülmen: Historische Kulturforschung (wie Anm. 232), S. 421.

263 Marc Bloch: Les rois thaumaturges, Paris 1961 (frz. Erstausgabe: 1924).

264 Lucien Febvre: Der neugierige Blick. Leben in der französischen Renaissance, Berlin 1989. Zur Mentalitätsgeschichte Blochs und Febvres siehe z. B.: André Burguière: Der Begriff der Mentalitäten bei Marc Bloch und Lucien Febvre: zwei Auffassungen, zwei Wege. In: Ulrich Raulff (Hg.): Mentalitäten-Geschichte. Zur historischen Rekonstruktion geistiger Prozesse, Berlin 1987, S. 33–49.

sechziger Jahre eine eigene Mentalitätengeschichte, für die
Namen wie etwa Philippe ARIÈS, Jean DELUMEAU, Georges
DUBY, und Jacques LE GOFF stehen (vgl Kap. 4.6.)[265].

Jochen MARTIN hat gemeint, daß sich aber die Historische Anthropologie von der Mentalitätsgeschichte *„her-
kömmlichen Typs"* dadurch unterscheidet, daß sie Mentalitäten und Lebenspraxis nicht trennt, *„sondern die Mentalitäten gerade in der Praxis aufsucht."* [266] So sollen sowohl
objektivistische als auch subjektivistische Analysen ver-
mieden werden. Eine objektivistische Interpretation würde
das Subjektive nur als „Produkt" ökonomischer, demographischer, sozialer usw. Bedingungen begreifen; eine subjektivistische würde Identitäten, Vorstellungswelten, Wahr-
nehmungs-, Empfindungs- und Deutungsweisen (Mentalitäten), Erfahrungen und Handlungsformen von Individuen
und Kollektiven als einen von allen Bedingungen (weitgehend) abgetrennten Bereich verstehen. Beide Ebenen müssen miteinander in Beziehung gesetzt werden, wie es etwa
praxeologische Ansätze versuchen.

Eine neue Entwicklung ist es auch, daß HistorikerInnen darangehen, ihre eigene Subjektivität zu thematisieren,
indem sie beispielsweise ihre Lebensgeschichten nieder-
schreiben. Dabei versuchen sie, ihre theoretischen und thematischen Interessen in der wissenschaftlichen Arbeit mit
eigenen lebensgeschichtlichen Erfahrungen in Beziehung
zu setzen. Vor allem GeschichtswissenschaftlerInnen der
„Annales" haben dies getan[267]. Zudem hat die amerikani-

---

265 Siehe z. B.: Ariès: Geschichte der Kindheit (wie Anm. 20). Ders.:
       Geschichte des Todes (wie Anm. 106). Delumeau: Angst im Abend-
       land (wie Anm. 188). Georges Duby: Krieger und Bauern, Frankfurt
       a. M. 1977. Le Goff: Geburt des Fegefeuers (wie Anm. 107).
266 Martin: Wandel des Beständigen (wie Anm. 3), S. 42.
267 Pierre Chaunu / Georges Duby / Jacques Le Goff / Michelle Perrot:
       Leben mit der Geschichte. Vier Selbstbeschreibungen, Frankfurt a. M.
       1989. Philippe Ariès: Ein Sonntagshistoriker. Philippe Ariès über
       sich, Frankfurt a. M. 1990. Fernand Braudel: Die Suche nach einer

sche Historikerin Leora AUSLANDER in der Zeitschrift „Historische Anthropologie" zwar nicht ihre Erinnerungen niedergeschrieben; aber sie hat ihre wissenschaftliche Tätigkeit in Verbindung mit einzelnen lebensgeschichtlichen Aspekten sowie mit den Bedingungen des Wissenschaftsbetriebs reflektiert[268].

Ich verstehe diese neue Tendenz einer wachsenden autobiographischen Tätigkeit von HistorikerInnen weniger als einen Exhibitionismus, dem wissenschaftlich keine Bedeutung zukommt, sondern vielmehr als eine notwendige Form zunehmender Selbstreflexion der Geschichtswissenschaft insgesamt. Ich komme damit zu der zweiten Ebene, auf der das Interesse bzw. die Sensibilität für das Subjektive in der Historischen Anthropologie (wenn auch nicht nur dort) eine Rolle spielt – nämlich auf der Ebene der Reflexion der eigenen Person als Wissenschaftlerin bzw. Wissenschaftler.

Der Philosoph Hans-Georg GADAMER, es ist bereits erwähnt worden (vgl. Kap. 2.4.), hat als einer der ersten darauf aufmerksam gemacht, daß jeder geschichtswissenschaftliche Text in seiner Form, in seinen Inhalten, in seinen Interpretationsformen usw. durch die jeweilige kulturelle Situation der Verfasserin bzw. des Verfassers geprägt ist. Die Kultur- und Sozialanthropologie bzw. Ethnologie wiederum haben als erste Disziplinen erkannt, daß in wissenschaftliche Theorien, Fragestellungen, Methoden, Interpretationsverfahren und Ergebnisse immer auch die

---

Sprache in der Geschichte. Wie ich Historiker wurde. In: Ders. u. a.: Der Historiker als Menschenfresser. Über den Beruf des Geschichtsschreibers, Berlin 1990, S. 7–14. Siehe auch die eindrucksvolle Autobiographie eines Historikers, der sich sicherlich nicht der Historischen Anthropologie zurechnen läßt: Raul Hilberg: Unerbetene Erinnerung. Der Weg eines Holocaust-Forschers, Frankfurt a. M. 1994.

268 Leora Auslander: Erfahrung, Reflexion, Geschichtsarbeit. Oder: Was es heißen könnte, gebrauchsfähige Geschichte zu schreiben. In: Historische Anthropologie 3 (1995), S. 222–241.

Position der Forschenden miteinfließt. Die teilnehmende Beobachtung galt einst als Königsweg, um die eigene Perspektive als Angehörige einer westlichen und wissenschaftlichen Kultur so weit als möglich auszuschalten. Damit wollte man quasi einen „objektiven", von aller Kultur- und Zeitgebundenheit befreiten Zugang zu dem Forschungsfeld herstellen.

In einem hermeneutischen Verständnis von Wirklichkeit freilich ist ein solcher Anspruch fragwürdig, weil Wirklichkeit, hermeneutisch gedacht, immer nur über Deutungen und daher nie wertfrei zugänglich ist. Dieter LENZEN wie auch das Berliner „Interdisziplinäre Zentrum für Historische Anthropologie" insgesamt haben daher der Historischen Anthropologie eine „radikale Historizität" empfohlen, die „die Geschichtlichkeit ihrer Perspektiven und Methoden und die Geschichtlichkeit ihres Gegenstandes aufeinander beziehen."[269] Konkret bedeutet das: Erstens sollte man, wenn Forschungsliteratur rezipiert wird, den jeweiligen historischen bzw. kulturellen Hintergrund der Verfasserin oder des Verfassers mitdenken. Zweitens sollte man bei aller wissenschaftlicher Tätigkeit versuchen, die eigene Gebundenheit an Gesellschaft, Kultur, Zeit, Milieu, Geschlecht, Nationalität, denen man angehört, und andere eigene lebensgeschichtliche Erfahrungen – sprich: die eigene Identität – zu reflektieren. Denn all dies beeinflußt die Themenwahl, die Fragestellungen, die methodische Vorgangsweise, die Formen der Interpretation usw. mit. Mo-

---

269 Dieter Lenzen: Melancholie, Fiktion und Historizität. Historiographische Optionen im Rahmen einer Historischen Anthropologie, S. 35. In: Gunter Gebauer / Dietmar Kamper / Dieter Lenzen / Gert Mattenklott / Christoph Wulf / Konrad Wünsche: Historische Anthropologie. Zum Problem der Humanwissenschaften heute oder Versuche einer Neubegründung, Reinbek bei Hamburg 1989, S. 13–48; im selben Band: Gunter Gebauer / Dietmar Kamper / Dieter Lenzen / Gert Mattenklott / Christoph Wulf / Konrad Wünsche: Vorwort, S. 7–11.

mentan sehe ich über die genannten Texte hinaus, in denen die AutorInnen Wissenschaft und die je individuellen Lebenserfahrungen zusammendenken, noch ein großes Defizit hinsichtlich eines solchen selbstreflexiven Zugangs. Und ich würde mir wünschen, daß gerade solche WissenschaftlerInnen, die sich der Historischen Anthropologie verschrieben haben, Formen finden, mit denen sie sich über einen engen wissenschaftlichen Kontext hinaus deklarieren.

3.4.4. Interesse und Sensibilität für Fremdes und Fremde

Die beiden Philosophen Hartmut und Gernot BÖHME haben in einer Polemik gegen das abendländische Rationalitätsverständnis und den – damit zusammenhängenden – traditionellen wissenschaftlichen Blick gemeint: *„In einer Welt aus Tatsachen werden Bedeutungen zum Aberglauben, Träume zu irrelevanten Phantasien, leibliche Regungen zu Grillen. Dieses Andere, das die Vernunft nicht umschließt, verkommt zu einem diffusen, unheimlichen und bedrohlichen Bereich. Über die Grenzen der Vernunft hinaus ist Orientierung nicht mehr möglich."* [270]

Gleichsam den beiden Autoren plädieren historisch-anthropologisch orientierte WissenschaftlerInnen für einen neuen Blick, für ein neues wissenschaftliches Grundverständnis. Die Reflexion der eigenen Perspektivität ist dabei nicht zuletzt ein Mittel zum Zweck. Denn sie ist eine Voraussetzung dafür, sich der Fremdheit bzw. des Andersseins des Forschungsgegenstandes anzunähern. Sie ist die Vor-

---

270 Hartmut Böhme / Gernot Böhme: Das Andere der Vernunft. Zur Entwicklung von Rationalitätsstrukturen am Beispiel Kants, Frankfurt a. M. 1985, S. 13 f.

aussetzung dafür, unsere eigene abendländische Rationalität, unsere eigene mentale Konstitution als historisch und
damit nicht als endgültig und wahrhaftig zu begreifen. Und
zugleich hilft sie dabei, fremde Rationalitäten nicht als irra-
tional abzuqualifizieren, sondern diese aus den je eigenen
historischen Kontexten heraus zu begreifen – zum Beispiel:
Menschen im Mittelalter, die „Magie" praktizierten und für
die Bilder der Hölle und des Fegefeuers ganz real waren, in
ihrer eigenen mentalen Verfassung und Logik zu respektieren.

Die Hermeneutik des Historismus im 19. Jahrhundert meinte noch, historische Akteure mittels eines intuitiven Nach-
vollziehens interpretieren zu können. Der Historismus be-
tonte zwar die Besonderheit aller Individuen, sprach aber
letztlich von einer „Gleichheit aller Menschen" – nicht in
einem gesellschaftspolitischen Verständnis, sondern im
Sinne einer allerorts und über alle Zeiten hinweg geltenden
Rationalität.

Einmal mehr sind es vor allem KulturanthropologInnen und EthnologInnen gewesen, die erkannt haben, daß
solche Zugangsweisen zu historischen Individuen und
Gruppen zu kurz greifen. Die Impulse, die die Geschichtsforschung dabei über kulturanthropologische und ethnologische Studien erhalten können, hat der britische Historiker
Peter BURKE skizziert:

*„Der Kulturhistoriker kann durch die Lektüre ethnolo-
gischer Untersuchungen das ‚Anderssein' der Vergangenheit wahrnehmen und schließlich verstehen lernen. Die
Kenntnis anderer Kulturen erleichtert den widersprüchlichen aber komplementären Prozeß, sich die Vergangenheit
zu entfremden und wieder anzueignen. Zunächst hilft die
Kenntnis anderer Kulturen den Historikern dabei, das übli-
cherweise an der eigenen Kultur für selbstverständlich Vor-
ausgesetzte zu problematisieren, es als erklärungsbedürftig*

anzusehen und damit so etwas wie ‚Heimatblindheit' zu vermeiden. Sodann hilft sie ihnen, das Problem der kulturellen Distanz und des ‚Begreifen des Anderssein' zu lösen, indem sie es in einen vergleichenden Kontext rückt."[271]

Jacques LE GOFF hat über die Beziehung zwischen HistorikerIn und dem mittelalterlichen Menschen gesagt: „*Für uns ist der mittelalterliche Mensch ein Exot. Wenn der Historiker sein Bild rekonstruieren will, braucht er Gespür für den Wandel und muß zum Ethnohistoriker werden, damit er seine Originalität richtig einschätzen kann.*"[272]

Uns sollte also bewußt sein, daß es eine kulturelle Differenz zwischen Wissenschaften (bzw. WissenschaftlerIn) und wissenschaftlichem Forschungsobjekt gibt. Die Kulturanthropologie thematisiert das kulturell Fremde bzw. Andere in einer räumlich-geographischen Perspektive; die historisch-anthropologisch orientierte Forschung tut dies in einer historischen Perspektive – und zwar auch und u. a. in unserer eigenen europäischen Geschichte[273]. Eben: Kulturelle Unterschiede existieren nicht nur zwischen „Ethnien", sondern auch innerhalb des eigenen großen kulturellen Rahmens – zwischen sozialen Oberschichten und Unterschichten, zwischen Männern und Frauen usw. Eine heute achtzigjährige Bergbäuerin etwa, die die meiste Zeit ihres Lebens auf einem Bergbauernhof in Tirol verbracht hat, ist mir – einem in der Stadt Aufgewachsenen und Lebenden und im studentisch-intellektuellen Milieu Sozialisierten – erst einmal fremd.

Historische Anthropologie geht also zunächst einmal von einer Fremdheit und Andersartigkeit historischer Ak-

---

271 Peter Burke: Historiker, Anthropologen und Symbole, S. 23. In: Rebekka Habermas / Niels Minkmar (Hg.): Das Schwein des Häuptlings. Beiträge zur Historischen Anthropologie, Berlin 1992, S. 21–41.
272 Le Goff: Einführung. Mensch des Mittelalters (wie Anm. 42), S. 36.
273 Medick: „Missionare im Ruderboot" (wie Anm. 31), S. 50.

teure aus. Auch wenn uns einige kulturelle Elemente noch
so vertraut vorkommen mögen – ihre Vorstellungswelten,
Denkweisen, Mentalitäten, Bedeutungen der kulturellen
Ausdrucksformen usw. – ihre Subjektivitäten – unterscheiden sich von den unsrigen. So weit als möglich müssen wir
unsere eigene Subjektivität – wissenschaftliche Modelle,
Theorien, Begriffe und all ihre Bedeutungen – hinterfragen.
Damit soll verhindert werden, daß wir unsere Rationalität
in die Vergangenheit zurückzuprojizieren.

Freilich: Das Postulat eines solchen „Fremdmachens"
garantiert noch nicht, das es auch realisiert werden kann.
Können EthnologInnen direkt vor Ort „das Fremde" beobachten, so sind HistorikerInnen, wenn sie nicht zeitgeschichtlich forschen, immer auf überlieferte Quellen angewiesen – und diese sind zu ihrem allergrößten Teil nicht
von denen verfaßt, deren Subjektivität und Lebenspraxis
die Historische Anthropologie zunehmend interessiert. Bevölkerungsgruppen, die nicht den sozialen Eliten angehörten, waren bis ins 19. Jahrhundert hinein zumeist nicht des
Lesens und Schreibens mächtig. Das heißt: Sie haben uns
kaum unmittelbar von ihnen verfaßte schriftliche Quellen
hinterlassen; diese sind vielmehr und zumeist von jenen
geschrieben worden, die wiederum seinerzeit die nicht-privilegierten sozialen Gruppen aus ihrer eigenen Perspektive,
aus jener der Eliten eben, wahrnahmen.

Der italienische Historiker Carlo GINZBURG hat klargestellt, daß wir uns, wenn wir zum Beispiel Inquisitionspro-
tokolle der frühen Neuzeit lesen, der damaligen kulturellen
Differenz zwischen den einzelnen Bevölkerungsgruppen
bewußt sein müssen: *„Von Laien- und Kirchengerichten
verfertigte Prozeßakten könnte man mit Tagebüchern von
Anthropologen vergleichen, in denen eine vor einigen Jahrhunderten durchgeführte Feldforschung aufgezeichnet ist
(...) (Sie) übersetzten – oder besser gesagt, übertrugen –
Glaubensvorstellungen, die ihrer Kultur grundlegend fremd*

waren, in einen anderen und eindeutigeren Kodex."[274] Nur wenn solche Protokolle einer minutiösen *„Spurensiche-rung"*, quasi einer Indiziensicherung, unterworfen würden, könnten Mentalitäten, Vorstellungen, die Lebenspraxis usw. der damaligen sozialen Unterschichten entziffert wer-den[275]. Ginzburg selbst hat die eines Müllers aus der Friaul aus italienischen Inquisitionsprotokollen der frühen Neu-zeit herausgeschält[276].

Übrigens: Daß man das Fremde bzw. Andere in der (eigenen) Geschichte erkennt und respektiert, hat nicht al-lein den Zweck, quasi ein geschichtswissenschaftliches Ar-chiv des vielen historisch Fremden anzulegen. Wir können über das Fremde auch zu unserem Eigenen vorstoßen. *„Nur über unsere forschende Arbeit am Fremden stellen wir **un-ser** (Hervorhebung im Original/G. D.) Alltagsleben in Frage. Die Auseinandersetzung mit dem Fremden dient uns als Spiegel, in dem wir uns nicht erkennen und davon provo-ziert werden, Fragen zu stellen, die wir ohne die Herausfor-derung durch das Fremde nicht stellen würden."*[277] Oder aber: Die Wahrnehmung des Anderen vergegenständlicht das Andere in uns selbst, jenes Andere, das wir unterdrük-ken und in uns nicht wahrnehmen wollen.

---

274 Carlo Ginzburg: Der Inquisitor als Anthropologe (wie Anm. 155), S. 42 bzw. 51.

275 Carlo Ginzburg: Spurensicherung: Der Jäger entziffert die Fährte, Sherlock Holmes nimmt die Lupe, Freud liest Morelli – die Wissen-schaft auf der Suche nach sich selbst. In: Ders.: Spurensicherung. Die Wissenschaft auf der Suche nach sich selbst, Berlin 1995, S. 7–44.

276 Carlo Ginzburg: Der Käse und die Würmer (wie Anm. 121).

277 Reinhard Sieder: Anmerkungen zur sozialwissenschaftlichen „Feld-forschung", S. 165. In: Sepp Linhart / Erich Pilz / Reinhard Sieder (Hg.): Sozialwissenschaftliche Methoden in der Ostasienforschung, Wien 1994, S. 165–181.

3.4.5. Geschichten statt Geschichte

Zuvor ist von den vielen historischen Kulturen gesprochen
worden. In unserer eigenen europäischen Geschichte gibt
es nicht nur die Geschichte und die Kultur der Eliten bzw.
Herrschenden. Es existiert auch eine Geschichte und Kultur
verschiedener anderer sozialer Gruppen. Das bedeutet, daß
immer mehrere Kulturen zeitgleich am selben Ort existieren. Die deutschsprachige Volkskulturforschung hat mit ihrer, wenn auch vor allem analytisch gedachten Trennung
zwischen Volkskultur und Elitenkultur auf diese Gleichzeitigkeit aufmerksam gemacht (vgl. Kap. 4.4.)[278].

Der Soziologe Karl MANNHEIM hat schon in den zwanziger Jahren in seiner Theorie der Generationen herausgearbeitet, daß Menschen gleichen Alters am selben Ort, zur
selben Zeit, verschiedenen kulturellen Zusammenhängen
angehören können; er hat diesen Umstand unter Bezug auf
den Kunsthistoriker Wilhelm PINDER als „*Ungleichzeitigkeit
der Gleichzeitigkeit*" bezeichnet[279]. Historisch-anthropologische orientierte WissenschaftlerInnen, wie zum Beispiel
Richard van DÜLMEN, haben dieses Wortspiel umgekehrt –
„*Gleichzeitigkeit der Ungleichzeitigkeit*"[280].

Denn der Begriff „*Ungleichzeitigkeit der Gleichzeitigkeit*" folgt letztlich noch dem evolutionistischen Gedanken,
daß alle Kulturen, wenn eben auch nicht zur selben Zeit,
die gleichen Stufen einer bestimmten kulturellen Entwicklung durchlaufen. „*Gleichzeitigkeit der Ungleichzeitigkeit*"
meint dagegen, wie bereits schon die kulturanthropologische BOAS-SCHULE zu Beginn unseres Jahrhunderts (vgl.

---

278 Siehe z. B.: Schindler: Spuren in die Geschichte (wie Anm. 10).
279 Karl Mannheim: Das Problem der Generationen, S. 164 f. In: Kölner
     Vierteljahreshefte für Soziologie. Neue Folge 7 (1928), S. 157–185
     bzw. S. 303–330.
280 Van Dülmen: Historische Kulturforschung (wie Anm. 232), S. 421 f.
     Medick: „Missionare im Ruderboot" (wie Anm. 31).

Kap. 2.3.), daß jede Kultur zunächst einmal ihre je spezifischen Eigenarten hat; sie folgt nicht einem bestimmten Schema einer einheitlichen kulturellen Entwicklung. Kulturen verändern sich vielmehr gerade durch den Kontakt, Austausch und Konflikt mit anderen Kulturen, indem zunächst fremde kulturelle Elemente adaptiert werden – *„Assimilation des Anderen"* hat Stephen GREENBLATT das genannt[281]. Gerade die Historische Protestforschung hat deutlich gemacht, daß historische Dynamik sich immer auch in den Konflikten zwischen nicht ethnisch definierten Kulturen gründet (vgl. Kap. 3.3).

Historische Anthropologie fragt erstens nach der kulturellen Vielfalt; zweitens möchte sie historische Individuen und soziale Gruppen in ihrer Subjektivität, in ihrer je eigenen Logik erkennen; drittens will sie menschliche Elementarerfahrungen, die oft als anthropologische Konstanten gedacht werden, historisieren; viertens möchte sie den jeweils spezifischen bedeutungsvollen kulturellen Ausdrucksformen und dem Anteil von Menschen an der historischen Dynamik auf die Spur kommen; fünftens geht sie von komplexen, nicht überzeitlich und überörtlich zu denkenden historischen Wirkungszusammenhängen aus; sechstens begreift sie Geschichte immer auch im Plural, also als Geschichten, weil sie Kultur als Kulturen denkt,

---

281 Stephen Greenblatt: Wundersame Besitztümer. Die Erfindung des Fremden. Reisende und Entdecker, Berlin 1994. Zu Greenblatts theoretischem Ansatz eines „new historicism" bzw. zu seinen Gedanken über kulturelle Wechselwirkungen durch die Zirkulation kultureller Repräsentation und die „Assimilation des Anderen" siehe: Ders.: Die Zirkulation sozialer Energien. In: Christoph Conrad / Martina Kessel (Hg.): Geschichte schreiben in der Postmoderne. Beiträge zur aktuellen Diskussion, Stuttgart 1994, S. 219–250. Siehe auch: Elfenbeintürmische Mauern und topfebenes Berlin. Ein Gespräch mit dem Schweizer Afrikahistoriker Albert Wirz. In: Werkstatt*Geschichte*, Nr. 9, 1994, S. 34–41.

und siebtens schließlich versteht sie die Auseinandersetzungen zwischen historischen Kulturen als eine zentrale Triebkraft historischer Dynamik. Aus all diesen Gründen benötigt die Historische Anthropologie auch neue Formen, um Geschichte bzw. Geschichten zu erfassen.

Dabei haben GeschichtswissenschaftlerInnen wiederum Impulse aus der Kultur- und Sozialanthropologie bzw. Ethnologie aufgegriffen; oft haben sie ihren Untersuchungsgegenstand verkleinert; sie haben vielfach das „Kleine" an die Stelle großer Forschungsobjekte gesetzt[282]. Das kann eine Stadt oder ein Dorf[283], das können urbane Quartiere[284],

---

282 Als theoretische Beiträge siehe z. B.: Carlo Ginzburg / Carlo Poni: Was ist Mikrogeschichte? In: Geschichtswerkstatt, Nr. 6, 1985, S. 48–52. Christian Meier: Notizen zum Verhältnis von Makro- und Mikrogeschichte. In: Karl Adam / Winfried Schulze (Hg.): Teil und Ganzes. Zum Verhältnis von Einzel- und Gesamtanalyse in Geschichts- und Sozialwissenschaften, München 1990, S. 111–140. Carlo Ginzburg: Mikro-Historie. Zwei oder drei Dinge, die ich von ihr weiß. In: Historische Anthropologie 1 (1993), S. 169–192. Hans Medick: Mikro-Historie. In: Winfried Schulze (Hg.): Sozialgeschichte, Alltagsgeschichte, Mikro-Historie, Göttingen 1994, S. 40–53. Ulbricht: Mikrogeschichte (wie Anm. 245). Dillmann: „Menschenfresser" (wie Anm. 232), S. 13.

283 Siehe z. B.: Natalie Zemon Davies: Frauen und Gesellschaft am Beginn der Neuzeit, Berlin 1986 (zu: Lyon). David Sabean: Property, Production and Familiy in Neckarhausen 1700 to 1870, Cambridge 1990. Peter Kriedte: Eine Stadt am seidenen Faden. Haushalt, Hausindustrie und soziale Bewegung in Krefeld in der Mitte des 19. Jahrhunderts, Göttingen 1991. Rainer Beck: Unterfinning. Ländliche Welt vor Anbruch der Moderne, München 1993. Jürgen Schlumbohm: Lebensläufe, Familien, Höfe. Die Bauern und Eigentumslosen des Osnabrücker Kirchspiels Belm in protoindustrieller Zeit, 1650–1860, Göttingen 1994. In Vorbereitung: Hans Medick: Leben und Überleben in Laichingen vom 17. zum 19. Jahrhundert. Untersuchungen zur Sozial-, Kultur- und Wirtschaftsgeschichte in den Perspektiven einer lokalen Gesellschaft Alt-Württembergs.

284 Siehe z. B.: Imbke Behnken / Manuela du Bois-Reymond / Jürgen Zinnecker: Stadtgeschichte als Kindheitsgeschichte. Lebensräume von Großstadtkindern in Deutschland und Holland um 1900, Opladen 1989.

und das kann auch ein einzelnes Individuum[285] sein; das „Kleine" kann aber auch eine ganz bestimmte soziale Gruppe[286], die sich nicht auf ein Dorf beschränken läßt, oder es kann auch ein Familiengebet sein[287]. Geschichte wird zunehmend in Fallstudien oder in einer mikrogeschichtlichen Zugangsweise erfaßt. Der Gegenstand, über den Erkenntnisse gewonnen werden sollen, ist klein – nicht aber das Erkenntnisinteresse; denn, so ein Pionier einer solchen Zugangsweise zur Geschichte, Giovanni LEVI: *„Mikro-Historie, das heißt nicht, kleine Dinge anschauen, sondern im Kleinen schauen."*[288]

Ich möchte hier – idealtypisch – zwischen zwei Verfahren des Im-Kleinen-Schauens unterscheiden: zwischen Fallstudie und Mikrogeschichte. Fallstudien ziehen einen überschaubaren Forschungsgegenstand heran, um ihn hinsichtlich einer oder einiger Elementarerfahrungen zu untersuchen; sie fragen etwa nach der Sexualitätskultur in der deutschen Arbeiterschaft oder nach Geburtsvorstellungen von Schweizer Bergbäuerinnen im 20. Jahrhundert. Mikrogeschichten sind aufwendiger, sie analysieren meist ein ganzes Dorf, zum Beispiel in der frühen Neuzeit; und sie tun dies nicht nur im Hinblick auf beispielsweise Todesvorstellungen oder Körperbewußtsein der damaligen Bevölkerung. Vielmehr versuchen sie, das ganze soziale Beziehungsgeflecht eines Dorfes zu rekonstruieren, das komplet-

---

285 Siehe z. B.: Ginzburg: Der Käse und die Würmer (wie Anm. 121). Otto Ulbricht: Die Welt eines Bettlers um 1775. Johann Gottfried Kästner. In: Historische Anthropologie 2 (1994), S. 371–398.

286 Siehe z. B.: Rudolf Dekker / Lotte van de Pol: Frauen in Männerkleidern. Weibliche Transvestiten und ihre Geschichte, Berlin 1990.

287 Siehe z. B.: Michael Mitterauer: „Heut' ist eine heilige Samstagsnacht". Ein Passionsgebet im sozialgeschichtlichen Kontext seiner Überlieferung. In: Richard van Dülmen (Hg.): Arbeit, Frömmigkeit und Eigensinn. Studien zur historischen Kulturforschung II, Frankfurt a. M. 1990, S. 260–299.

288 Zit. nach Medick: Mikro-Historie (wie Anm. 282), S. 40.

te Repertoire der kulturellen Äußerungen (Feste, Rituale, Kommunikationsformen usw.) und deren Sinn zu deuten und zu entschlüsseln sowie deren strukturierende Wirkungen zu analysieren. Damit möchten sie letztlich ein komplexes Feld von je spezifischen historischen Wirkungszusammenhängen rekonstruieren[289].

Jacques LE GOFF hat jüngst die Mikrogeschichte als eine neue Variante der vielen Versuche einer *„histoire totale"*[290] bezeichnet, weil hier die vollständige Rekonstruktion einer kulturellen und sozialen Welt, beispielsweise eines Dorfes, angestrebt werde. Freilich ist dies ein Anspruch, der sich in der Forschungspraxis nicht konsequent umsetzen läßt. Denn einerseits sind die Quellen eines Dorfes etwa, so reich und vielfältig sie auch sein mögen, immer begrenzt und bieten damit immer nur einen Ausschnitt vergangener dörflicher Realität. Andererseits unterliegt eine geschichtswissenschaftliche Darstellung – implizit oder explizit – immer einer oder mehrerer konkreter Fragestellungen; das heißt: auch Mikrogeschichten müssen sich aus dem Repertoire vieler möglicher Blicke auf die Geschichte für einige wenige entscheiden.

So hat sich beispielsweise der Historiker Rainer BECK in seiner umfassenden Mikrogeschichte des bayerischen Dorfes Unterfinning für eine wirtschaftshistorische Zugangsweise entschieden[291]; und die Mikrogeschichte seines Kollegen David SABEAN, der ca. zwanzig Jahre im süddeutschen Neckarhausen geforscht hat, ist eigentlich eine detaillierte familienhistorische Untersuchung, man könnte auch sagen eine Fallstudie, die den Zusammenhang zwischen familialer Organisation und den Eigentums- und Produktionsverhält-

---

289 Ginzburg: Mikro-Historie (wie Anm. 282), S. 82.
290 Le Goff: Neue Geschichtswissenschaft (wie Anm. 46), S. 14 f.
291 Beck: Unterfinning (wie Anm. 254).

nissen am Beispiel eines Dorfes zwischen 1700 und 1870 akribisch untersucht[292].

Die Grenzen zwischen Fallstudien und Mikrogeschichten sind also fließend, weil es keine *„histoire totale"* geben kann. Wichtig aber ist: Ob sie sich Mikrogeschichten oder Fallstudien nennen – sie schauen in die Tiefe; beide gehen wie mit einem Mikroskop an ihre Untersuchungsgegenstände heran. Denn mit einem solchen mikroskopischen Blick kann genauer herausarbeitet werden, was denn beispielsweise Kindheit in einer ganz bestimmten historischen kulturellen und sozialen Situation, gerade auch im Unterschied zu unserem heutigen Verständnis, bedeutet hat, weil Kindheit eben nicht aus dem jeweils spezifisch kulturellen Gesamtkontext herausgelöst wird. Erst mit einem solchen Mikroskop kann man einer historischen Dynamik auf die Spur kommen, die sich aus dem Konflikt unterschiedlicher Interessen, aus dem Konflikt verschiedener Kulturen, aus der Auseinandersetzung zwischen verschiedenen Mentalitäten, Vorstellungswelten, Denkweisen, Handlungsweisen etc. ergeben hat. Erst mit einem solchen mikroskopischen Blick kann man sich den Anteilen annähern, die Individuen und soziale Gruppen an der Gestaltung ihrer je eigenen Lebensbedingungen hatten.

Mit Fall- bzw. Mikrostudien wird Geschichte zunächst zu Geschichte*n* kleiner Lebenswelten, die aber, und das möchte ich hier deutlich hervorstreichen, in einem nächsten Schritt wieder an eine „Makroebene" angebunden werden. Zunächst werden mit der akribischen Rekonstruktion solcher Lebenswelten Kategorien und Theorien, etwa der Gesellschaftsgeschichte, relativiert. Denn die Praxis der Ak-

---

292 Sabean: Property, Production and Familiy (wie Anm. 71). Siehe dazu u. a.: Thomas Sokoll: Familien hausen. Überlegungen zu David Sabeans Studie über Eigentum, Produktion und Familie in Neckarhausen 1700–1870. In: Historische Anthropologie 3 (1995), S. 335–348.

teure läßt sich nicht mehr mit Überbegriffen wie „Klasse" und „Schicht" allein fassen und in die getrennten Bereiche „Politik", „Wirtschaft" und „Kultur" einteilen. So hat Emanuel LE ROY LADURIE gezeigt, wie im französischen Romans am Ende des 16. Jahrhunderts über die Karnevalsaktivitäten, also über eine Form, die traditionell einer „Kultur" (im begrenzten Verständnis) zugerechnet wird, massive politische Machtkämpfe ausgefochten wurden[293]. Und David SABEAN hat im frühneuzeitlichen Neckarhausen die Nichtteilnahme am Abendmahl („Kultur") als Ausdruck von („politischen") Rivalitäten und Solidaritäten sozialer Gruppen im Dorf erkannt[294]. Ob das Feste sind, Trinksitten, Heirat, die tagtägliche Arbeit oder die Gestaltung der familialen Beziehungen – die Handlungen von Individuen und Gruppen und ihre kulturellen Bedeutungen sind in einem historischen Netz von sozialen Beziehungen etwa in der frühen Neuzeit mit den Kategorien Politik, Ökonomie und Kultur nicht mehr greifbar.

Fallstudien und Mikrostudien setzen darüber hinaus ihre Ergebnisse mit von der Historischen Sozialwissenschaft beschriebenen makrolinearen Prozessen, beispielsweise der Modernisierung, in Beziehung. Die Analyse dörflicher Lebenspraxis kann deren Geradlinigkeit relativieren und komplexere Wirkungszusammenhänge verdeutlichen. Hans MEDICK hat das am Beispiel der Entwicklung der „ehrbaren Kleidung" im schwäbischen Laichingen im 18. und 19. Jahrhundert demonstriert[295]. Er hat gezeigt, daß inner-

---

293 Le Roy Ladurie: Karneval in Romans (wie Anm. 139).
294 David Sabean: Kommunion und Gemeinschaft: Abendmahlsverweigerung im 16. Jahrhundert. In: Ders.: Das zweischneidige Schwert. Herrschaft und Widerspruch im Württemberg der frühen Neuzeit, Frankfurt a. M. 1990, S. 51–76.
295 Hans Medick: Eine Kultur des Ansehens. Kleider und Kleiderfarben in Laichingen 1750–1820. In: Historische Anthropologie 2 (1994), S. 193–212.

halb dieses Prozesses nicht immer die neuesten „moderne-
ren" Modestile, die von außen kamen, berücksichtigt wurden, sondern daß zeitweise auf alte eigene Stile zurückgegriffen wurde. Konkret: Der Arbeitskittel der Handwerker,
zwischenzeitlich verrufen, und vorher lediglich Arbeits-
kleidung – und niemals Sonntagsstück – wurde in dem
Moment (zur Mitte des 19. Jahrhunderts) zum „besten
Stück" im Dorf, als die Handwerkerkultur des Dorfes insgesamt zunehmend an Bedeutung verlor. Medick bezeichnet
solche Fälle in Anlehnung an den italienischen Historiker
GRENDI als *„normale Ausnahmefälle"*, die vor allem für das
18. und 19. Jahrhundert typisch seien[296]. Fallstudien und
Mikrogeschichten verdeutlichen also, daß es *„keine zeitlos
gültigen Kategorien der Sozialanalyse gibt."*[297]

Zudem werden gerade durch Fall- und Mikrostudien
menschliche Elementarerfahrungen, die oft als historisch
konstant gedacht werden, historisiert. Lotte van de POL und
Rudolf DEKKER etwa haben schriftliche Selbstzeugnisse wie
auch Gerichtsprotokolle im Hinblick auf Frauen analysiert,
die sich in den Niederlanden der frühen Neuzeit als Männer ausgaben, sich wie Männer kleideten und auch Jahre
lang in spezifischen Männerberufen (zum Beispiel als Sol-
daten) tätig waren. Die Fallanalysen zeigen, daß damals
andere Kriterien als heute existierten, um Geschlecht wahrzunehmen und zu identifizieren[298].

Und schließlich findet insoweit eine Anbindung an
eine „Makroebene" statt, als Fallstudien und Mikrogeschichten auch jene Anteile verdeutlichen, die bestimmte
soziale Gruppen an langfristigen Entwicklungen und Mentalitäten gehabt haben. Michael MITTERAUER etwa hat aufgezeigt, wie über ein osttirolerisches Familiengebet, dessen

---

296 Medick: Mikro-Historie (wie Anm. 282), S. 48. Siehe auch: Ginzburg
     / Poni: Was ist Mikrogeschichte? (wie Anm. 282).
297 Groh / Zürn: Der lange Schatten (wie Anm. 10), S. 576.
298 Van de Pol / Dekker: Frauen in Männerkleidern (wie Anm. 286).

Wurzeln bis ins Mittelalter zurückreichten, Formen eines „volksreligiösen" Antijudaismus tradiert wurden[299].

3.4.6. Quellen und Methoden der Historischen Anthropologie

Mikrogeschichten versuchen eine „histoire totale" im Kleinen – daher wird all das zur Quelle, was an Zeugnissen menschlicher Äußerungen beispielsweise aus einem Dorf in der frühen Neuzeit noch heute zur Verfügung steht. Historische Anthropologie historisiert einzelne menschliche Elementarerfahrungen und versucht den Sinn von historischen sozio-kulturellen Äußerungen zu entschlüsseln; beides geschieht immer im Rahmen des jeweiligen Kontextes – wiederum wird alles zur Quelle, was uns der entsprechende soziale Kontext an menschlichen Äußerungen überliefert hat. Und wenn das Berliner „*Interdisziplinäre Zentrum für Historische Anthropologie*" davon ausgeht, daß keine Trennung zwischen Mensch und Natur mehr möglich ist, weil alles vom Menschen zumindest beeinflußt ist[300] – dann gibt es nichts mehr, was nicht Quelle wäre.

Historische Anthropologie macht also potentiell alles zur Quelle. Sie beschränkt sich nicht auf einen bestimmten Quellentypus, mit dessen Hilfe sie dann ihre Fragen an die Vergangenheit zu beantworten versucht; sondern Historische Anthropologie sucht sich ihre Quellen zusammen, je nachdem welche konkrete Fragestellung sie hat. Einmal mehr sind es zunächst die kultur- und sozialanthropologischen bzw. ethnologischen Disziplinen wie auch die Volkskunde gewesen, die eine solche Einstellung vertreten ha-

---

299 Mitterauer: „Heut' ist eine heilige Samstagsnacht" (wie Anm. 287).
300 Gebauer / Kamper / Lenzen / Mattenklott / Wulf / Wünsche: Vorwort (wie Anm. 1), S. 7.

ben, die vom Problem zur Quelle denkt (und nicht umgekehrt).

Kultur- und SozialanthropologInnen, EthnologInnen
wie auch VolkskundlerInnen forschen traditionell im Alltag
der Menschen. Dingliche Quellen (wie etwa Kleidungsstücke, Werkzeuge) und Bildquellen (z. B. religiöser Art),
die Beobachtung von Bräuchen usw. sowie natürlich auch
überlieferte schriftliche und mündliche Quellen gehören
daher schon seit jeher zu deren Quellenrepertoire[301]. Auch
die französische Sozialgeschichte, bereits Lucien FEBVRE
und Marc BLOCH wie auch später Jacques LE GOFF und
Georges DUBY, hat Bräuche, Werkzeuge, aber auch Kunstwerke als Quellen herangezogen[302]. LE GOFF hat gemeint,
daß ihn gerade die Lektüre des Sozialanthropologen Marcel
MAUSS dahingehend motiviert hätte, u. a. überlieferte Klei-
der- und Essensvorschriften, letztlich auch historisch beleg-
te Körpertechniken, Gesten und Formen des Lachens als
Basis für eine Mentalitätsgeschichte des Mittelalters zu verwenden. *„Genauer gesagt, ich wollte dazu beitragen, das
Territorium des Historikers auszudehnen, indem ich neue
Quellentypen heranzog."*[303]

Es ist an dieser Stelle unmöglich, auch nur annähernd einen befriedigenden Überblick darüber zu geben, welche

---

301 Siehe dazu: Rolf W. Brednich (Hg.): Grundriß der Volkskunde. Ein-
     führung in die Forschungsfelder der europäischen Ethnologie,
     2. überarb. u. erw. Aufl., Berlin 1994; siehe darin bes.: Ders.: Quellen
     und Methoden, S. 73–95. Carola Lipp (Hg.): Medien popularer Kul-
     tur. Erzählung, Bild und Objekt in der volkskundlichen Forschung,
     Frankfurt a. M. / New York 1995.
302 Siehe dazu: Iggers: Geschichtswissenschaft (wie Anm. 19), S. 50.
303 Jacques Le Goff: Der Appetit auf Geschichte, S. 163. In: Pierre Chau-
     nu / Georges Duby / Jacques Le Goff / Michelle Perrot: Leben mit der
     Geschichte. Vier Selbstbeschreibungen, Frankfurt a. M. 1989, S. 100–
     177.

Quellentypen von den vielen historisch-anthropologisch orientierten Forschenden denn nun wirklich nutzbar gemacht werden und welcher Auswertungsverfahren sie sich bedienen. Die kommenden Seiten sind daher eine kleine und beispielhafte Auswahl. In einem ersten Schritt sollen einige Quellentypen vorgestellt werden, die sich aus einer schnellen Durchsicht der Zeitschrift *„Historische Anthropologie"* ergeben:

Eine besondere Bedeutung kommt beispielsweise bildlichen Quellen zu. Gerhard STROHMEIER hat u. a. Gemälde der zweiten Hälfte des 19. Jahrhunderts, die den amerikanischen Westen darstellen, hinsichtlich des Einflusses analysiert, den diese auf die Raumbilder in den Köpfen der Menschen hatten[304]. Jean-Claude SCHMITT hat wie viele andere historisch-anthropologische Mediävisten auch[305] neben mittelalterlichen Texten überliefertes Bildmaterial, insbesondere Kunstwerke, ausgewertet; damit hat er aufgezeigt, in welcher Weise die Toten im Leben der Menschen des Mittelalters präsent waren[306]. Bernd Jürgen WARNEKEN hat neben Zeitungsberichten auch Karikaturen und andere Zeichnungen herangezogen, um der kulturellen Bedeutung des sonntäglichen Spaziergangs von ArbeiterInnen Ende des 19. Jahrhunderts auf die Spur zu kommen[307].

Dingliche Quellen bzw. die Beschreibung dinglicher Quellen, nämlich von Kleidungsstücken, hat Hans MEDICK zur Grundlage genommen, um den widersprüchlichen Ver-

---

304 Gerhard Strohmeier: Das Raumbild des amerikanischen Westens. In: Historische Anthropologie 1 (1993), S. 63–92.

305 Siehe v. a.: Duby: Zeit der Kathedralen (wie Anm. 186).

306 Jean-Claude Schmitt: Bilder als Erinnerung und Vorstellung. Die Erscheinung der Toten im Mittelalter. In: Historische Anthropologie 1 (1993), S. 347–358.

307 Bernd Jürgen Warneken: Kleine Schritte der sozialen Emanzipation. Ein Versuch über den unterschichtlichen Spaziergang um 1900. In: Historische Anthropologie 2 (1994), S. 423–441.

lauf des Modernisierungsprozesses in einem schwäbischen Dorf zu analysieren[308].

Direkt „vor Ort", und zwar nicht im Archiv, sondern im öffentlichen Raum des Dorfes haben Akiko MORO und Günter MÜLLER geforscht. Einen Friedhof in einem Kärntner Dorf hat MORO interpretiert, um Aussagen über Familienstrukturen und -identitäten treffen zu können[309]. MÜLLER hat nach aktuellen kulturellen Wandlungsprozessen in einem anatolischen Dorf gefragt. Ein großer Teil der BewohnerInnen des Dorfes leben oder lebten als „Gastarbeiter" in Wien. Eine Analyse der Bauweise alter und neuer Wohnhäuser in dem Heimatdorf hat Müller dazu gedient, die kulturellen Veränderungen nachzuzeichnen.[310]

Natürlich zieht eine Historischen Anthropologie auch schriftliche Quellen heran, Inquisitionsakten, Gerichtsprotokolle und Polizeiakten etwa[311] – Quellen, die von einer obrigkeitlichen Instanz verfaßt worden sind. Es sind also Schriftstücke, denen eine kulturelle Differenz zwischen den Verfassern und jenen sozialen Gruppen, über deren („kriminelles") Tun hier geschrieben und geurteilt wird, oft immanent ist. Heide WUNDER hat gemeint, daß diese Quellen, die zum Teil schon von VertreterInnen traditioneller historiographischer Ansätze genutzt worden sind, mit neuen Interpretationsansätzen auch für neue Fragestellungen,

---

308 Medick: Kultur des Ansehens (wie Anm. 295).

309 Akiko Moro: Grab, Epitaph und Friedhof. Neue Zugänge ethnologischer Familienforschung am Beispiel einer Kärtner Landgemeinde. In: Historische Anthropologie 3 (1995), S. 112–124.

310 Günter Müller: Das Dorf der unbegrenzten Möglichkeiten. Über Arbeitsmigranten aus der Türkei und ihr Zuhause. In: Historische Anthropologie 1 (1995), S. 34–71.

311 Siehe z. B. Richard van Dülmen: Unglaube und Gotteslästerung in der Frühen Neuzeit. In: Historische Anthropologie 2 (1994), S. 20–38. Sabine Kienitz: Geschäfte mit dem Körper. Sexualmoral und Überlebensstrategien von Frauen aus der Unterschicht Anfang des 19. Jahrhunderts in Württemberg. In: Historische Anthropologie 3 (1995), S. 433–459.

für frauengeschichtliche im besonderen und für historisch-anthropologische im allgemeinen, neu „zum Sprechen" gebracht werden können[312]. Carlo GINZBURG hat aufgezeigt, an anderer Stelle ist bereits darauf hingewiesen worden (vgl. Kap. 3.4.4.), wie mit einer minutiösen „*Spurensicherung*" Weltbilder und kulturelle Praktiken von sozialen Gruppen, die nicht oder kaum des Lesens und Schreibens mächtig waren, aus schriftlichen Quellen herausgeschält werden können. Das heißt: Es können auch auf Basis von Gerichtsakten religiöse Vorstellungen, Geschlechterverhältnisse und auch Eigentumsvorstellungen von Individuen und sozialen Gruppen, die nicht-privilegierten Bevölkerungsschichten angehörten, rekonstruiert werden[313].

Schließlich werden auch schriftliche Quellen für historisch-anthropologische Forschungen nutzbar gemacht, deren VerfasserInnen nicht einer Elitenkultur angehört haben. So hat Erich LANDSTEINER Chroniken, die von niederösterreichischen Weinbauern im 18. und 19. Jahrhundert verfaßt wurden, herangezogen, um aufzuzeigen, welche spezifische, auf persönlichen Erfahrungen beruhende bäuerliche Meteorologie bzw. Natur- und Klimawahrnehmung existierte – lange bevor sich eine wissenschaftliche Meteorologie überhaupt erst konstituierte[314].

Im Rahmen der Historischen Anthropologie haben schließlich schriftliche Selbstzeugnisse wie Autobiogra-

---

312 Heide Wunder: Basel – eine Stadt der Frauen, S. 16. In: Dies. (Hg.): Eine Stadt der Frauen. Studien und Quellen zur Geschichte der Baslerinnen im späten Mittelalter und zu Beginn der Neuzeit, Basel / Frankfurt a. M. 1995, S. 1–19.

313 Generell siehe: Gerhard Theurekauf: Einführung in die Interpretation historischer Quellen. Schwerpunkt: Mittelalter, Paderborn / München / Wien / Zürich 1991. Bernd-A. Rusinck / Volker Ackermann / Jörg Engelbrecht (Hg.): Einführung in die Interpretation historischer Quellen. Schwerpunkt: Neuzeit, Paderborn / München / Wien / Zürich 1992. Siehe auch: Dillmann: „Menschenfresser" (wie Anm. 63), S. 12.

314 Landsteiner: Bäuerliche Meteorologie (wie Anm. 215).

phien, Tagebücher oder Briefe eine große Bedeutung gewonnen[315], darüber hinaus aber auch lebensgeschichtliche
Texte, die über Interviews zwischen WissenschaftlerInnen
und „ZeitzeugInnen" geschaffen werden. Es sind Selbstzeugnisse, die zu ihrem allergrößten Teil nicht von Persönlichkeiten, die der Öffentlichkeit mehr oder weniger bekannt sind, verfaßt worden sind; die AutorInnen dieser Texte sind oft Angehörige städtischer oder ländlicher
Unterschichten des 19. und 20. Jahrhunderts.

In den vergangenen Jahren sind einige Archive entstanden, die solche lebensgeschichtliche Zeugnisse sammeln, so zum Beispiel die *„Dokumentation lebensgeschichtlicher Aufzeichnungen"* am Institut für Wirtschafts-
und Sozialgeschichte der Universität Wien; sie umfaßt mittlerweile über tausend Manuskripte popularer Autobiographik; deren VerfasserInnen kommen meist aus ländlichen
und städtischen Unterschichten[316]. Vor allem transkripierte
lebensgeschichtliche Interviews, aber auch Tagebücher, Fo-

---

315 Siehe z. B.: Monika Bernold: Anfänge (wie Anm. 111). Jan Peters:
Wegweiser zum Innenleben? Möglichkeiten und Grenzen der Untersuchung popularer Selbstzeugnisse der Frühen Neuzeit. In: Historische Anthropologie 1 (1993), S. 235–249. Edwin Dillmann: Schule
als Lebenserfahrung. Innenansichten einer Institution im 18. und
frühen 19. Jahrhundert. In: Historische Anthropologie 2 (1994),
S. 213–244.

316 Christa Hämmerle: „Ich möchte das, was ich schon erzählt habe,
schriftlich niederlegen ..." Entstehung und Forschungsaktivitäten
der „Dokumentation lebensgeschichtlicher Aufzeichnungen" in
Wien. In: Bios. Zeitschrift für Biographieforschung und Oral History
4 (1991), S. 261–278. Michael Mitterauer: Lebensgeschichten sammeln. Projekte um Aufbau und Auswertung einer Dokumentation zur
popularen Autobiographik. In: Hermann Heidrich (Hg.): Biographieforschung. Gesammelte Aufsätze der Tagung des Fränkischen Freilandmuseums am 12. und 13. Oktober 1990, Bad Windsheim 1991,
S.17–35. Siehe auch den Tübinger Volkskundler und Sammler von
popularer Autobiographik: Bernd Jürgen Warneken: Populare Autobiographik. Empirische Studien zu einer Quellengattung der Alltags-
geschichtsforschung, Tübingen 1985.

tos, private Haushaltsbücher und andere Dokumente des
Alltags sammelt das „Dokumentationszentrum für Alltags-
und Regionalgeschichte der Berliner Geschichtswerkstatt
e. V."[317]. Die in solchen Archiven gesammelten subjektiven
Quellen werden für eine Vielzahl historisch-anthropologischer Arbeiten genutzt, die menschliche Elementarsituatio-
nen u. a. aus der Sicht von Individuen und sozialen Gruppen thematisieren. Beispielhaft ist die Buchreihe „Damit es
nicht verlorengeht ..." des Wiener Böhlau Verlags. In ihr
erscheinen vorwiegend Autobiographien, die die „Dokumentation lebensgeschichtlicher Aufzeichnungen" archi-
viert hat. In der Reihe werden entweder „ganze" lebensgeschichtliche Texte von Knechten, niederen Beamten und
anderen VertreterInnen vorwiegend sozialer Unterschichten
veröffentlicht; oder aber: Passagen von autobiographischen
Texten werden in Sammelbänden, die sich jeweils einem
bestimmten Thema widmen, zusammengestellt und in einem wissenschaftlichen Begleitwort analysiert (u. a.:
„Kreuztragen. Drei Frauenleben", „Häuslerkindheit", „Mägde", „Knechte", „Erinnerungen an die Elektrifizierung",
„Großmütter", „Ziehkinder", „Bürgerliche Kindheit in Mon-
archie und Republik", „Kindheit im Ersten Weltkrieg")[318].
Im Berliner Akademie-Verlag erscheint eine ähnliche Buchreihe, in dessen Rahmen „Selbstzeugnisse der Neuzeit" veröffentlicht werden[319].

---

317 Eva Brücker: Das andere soziale Gedächtnis. Das Dokumentations-
     zentrum für Alltags- und Regionalgeschichte der Berliner Geschichts-
     werkstatt e. V. In: WerkstattGeschichte, Nr. 5, 1993, S. 17–23. Frauke
     Bollow / Elke Mocker: Archivierung biographischer Quellen im Do-
     kumentationszentrum für Alltags- und Regionalgeschichte der Berli-
     ner Geschichtswerkstatt. In: Berliner Geschichtswerkstatt (Hg.): All-
     tagskultur, Subjektivität und Geschichte. Zur Theorie und Praxis von
     Alltagsgeschichte, Münster 1994, S. 199–222.
318 Michael Mitterauer / Peter P. Kloß (Hg.): „Damit es nicht verloren-
     geht ...", zur Zeit: 38 Bd., Wien / Köln / Weimar 1983–1996.
319 Z. B.: Jan Peters (Hg.): Ein Söldnerleben im Dreißigjährigen Krieg.

Das große Interesse der Historischen Anthropologie an
Selbstzeugnissen hängt also eng mit dem historisch-anthropologischen Interesse für Wahrnehmungen, Denkweisen,
Gefühle usw. von Individuen und sozialen Gruppen zusammen. In diesem Zusammenhang hat die Historische Anthropologie eine Vielzahl von Methoden aus anderen Disziplinen adaptiert oder weiterentwickelt. Diese Verfahren gehen
weit über die Quellenkritik des klassischen Historismus
wie auch über die diversen berechnenden Verfahren der
Sozialgeschichte hinaus.

Der „Annales"-Historiker Emmanuel LE ROY LADURIE
konnte noch auf dem Höhepunkt der quantifizierenden Sozialgeschichte, in den siebziger Jahren, behaupten, daß es
„in der letzten Instanz keine wissenschaftliche Geschichte
gibt, die nicht quantifizierbar ist."[320] Die datenanalytischen
Verfahren haben zweifellos der Historischen Anthropologie
wichtige Erkenntnissse gebracht. Die Historische Familienforschung etwa konnte damit die Rede von der vorindustriellen Großfamilie als einen Mythos entlarven[321]. Und
innerhalb der „Annales" haben sich gerade Vertreter einer
„seriellen Geschichte", die historische Alltagsphänomene
über lange Zeiträume hinweg in Zahlenreihen zu erfassen
versucht, um die Historische Anthropologie verdient gemacht. So sind beispielsweise Erntekrisen und konjunktu-

Eine Quelle zur Sozialgeschichte, Berlin 1993. Winfried Schulze
(Hg.): Ego-Dokumente. Annäherung an den Menschen in der Geschichte, Berlin 1995. Hermann Wellenreuther (Hg.): Herrnhuter In-
dianermission in der amerikanischen Revolution. Die Tagebücher von
David Zeisberger 1772 bis 1781, Berlin 1995. Brage bei der Wieden
(Hg.): Leben im 16. Jahrhundert. Lebenslauf und Lieder des Haupt-
manns Georg Niege, Berlin 1996.

320 Zit. nach Iggers: Geschichtswissenschaft (wie Anm. 19), S. 38. Siehe
auch: Groh: Französische Strukturgeschichte (wie Anm. 8), S. 132.

321 Siehe z. B.: Michael Mitterauer: Der Mythos von der vorindustriellen
Großfamilie. In: Ders. / Reinhard Sieder: Vom Patriarchat zur Partnerschaft. Zum Strukturwandel der Familie, München 1977, S. 38–63.

relle Schwankungen mit den Eßgewohnheiten der Bevölkerung in Beziehung gesetzt worden; ebenso ist herausgearbeitet worden, in welcher Weise die Entwicklung der körperlichen Konstitution der Menschen mit dem Prozeß der
Alphabetisierung wie auch mit Verhaltensweisen, die von
der kulturellen Norm abwichen, zusammenhing[322].

Eine Historische Anthropologie aber, die sich auch als
verstehende Wissenschaft begreift, die weniger nach den
Gesetzen als vielmehr nach der Praxis der Menschen sowie
nach kulturellen Bedeutungen und spezifischen sozialen
Logiken fragt, kann nicht nur eine quantifizierende Geschichtswissenschaft sein. Freilich: Berechnende Verfahren
bleiben weiterhin relevant, zumal auch sie über menschliche Verhaltensweisen und Handlungen Auskunft geben
können. Schon Philippe ARIÈS hat gemeint, daß man über
die Analyse demographischer Daten zu normabweichenden
Handlungen von Menschen, bis hin zu den Schlafzimmer-
geheimnissen vorstoßen könne[323]. Datenanalytische Methoden werden aber zunehmend mit qualifizierenden Verfahren verbunden, zum Teil sogar durch diese ersetzt.

Dabei sind Methoden bedeutsam geworden, deren
Wurzeln wiederum in den Kultur- und Sozialanthropologien bzw. der Ethnologie wie auch in der Volkskunde liegen
– Methoden der Feldforschung. Die historische Forschung
ist damit zu einer *„kommunikativen Geschichtswissenschaft“*[324] geworden, die, falls es der Untersuchungsgegenstand erlaubt, in eine direkte Interaktion mit ihren For-

---

322 Siehe dazu: Lepenies: Probleme einer Historischen Anthropologie
   (wie Anm. 1), S. 136 f. Erbe: Historisch-anthropologische Fragestellungen (wie Anm. 46). Burke: Offene Geschichte (wie Anm. 229),
   S. 77–82. Burguière: Historische Anthropologie (wie Anm. 46).
323 Ariès: Ein Sonntagshistoriker (wie Anm. 267), S. 83.
324 Lutz Niethammer: Anmerkungen zur Alltagsgeschichte, S. 23. In:
   Klaus Bergmann / Rolf Schörken (Hg.): Geschichte im Alltag – Alltag
   in der Geschichte, Düsseldorf 1982, S. 11–29.

schungsobjekten tritt, beispielsweise über das narrative Interview und andere Verfahren der Oral History[325].

Im Rahmen von Feldforschungen produzieren die Forschenden die Quellen immer mit. Das Verhalten der Beobachteten bzw. Befragten wird immer auch durch das Verhalten des Gegenüber beeinflußt. Auf die Feldtagebücher des Sozialanthropologen Bronislaw MALINOWSKI, die einen Einblick in all die möglichen Übertragungen und Gegenübertragungen im Feld geben, ist schon hingewiesen worden (vgl. Kap. 2.3.)[326]. Die Soziologin Gabriele ROSENTHAL hat zudem aufgezeigt, wie auch bei lebensgeschichtlichen Interviews, konkret bei solchen über die nationalsozialistische Zeit, die Lebens- und Familiengeschichte des Fragenden massiv den Interviewverlauf beeinflussen kann; die eigene Geschichte kann zum Hindernis werden, Widersprüche in den erzählten Geschichten zu erkennen und Nachfragen zu stellen[327]. Der Tübinger Volkskundler Utz JEGGLE wiederum hat darauf aufmerksam gemacht, daß in der Feldforschungssituation immer

---

325 Siehe z. B.: Lutz Niethammer: Lebenserfahrung und kollektives Gedächtnis. Die Praxis der „Oral History", Frankfurt a. M. 1980. Ders.: Fragen – Antworten – Fragen. Methodische Erfahrungen und Erwägungen zur Oral History. In: Ders. / Alexander von Plato (Hg.): „Wir kriegen jetzt andere Zeiten". Auf der Suche nach der Erfahrung des Volkes in nachfaschistischen Ländern, Berlin / Bonn 1985, S. 392–445. Helmut Vorländer (Hg.): Oral History. Mündlich erfragte Geschichte, Göttingen 1990. Sieder: Anmerkungen zur sozialwissenschaftlichen „Feldforschung" (wie Anm. 277). Gabriele Rosenthal: Erzählte und erlebte Lebensgeschichte. Gestalt und Struktur biographischer Selbstbeschreibungen, Frankfurt a. M. / New York 1995.

326 Bronislaw Kaspar Malinowski: Ein Tagebuch im strikten Sinn des Wortes. Neuguinea 1914–1918, Frankfurt a. M. 1986. Siehe auch: Georges Devereux: Angst und Methode in den Verhaltenswissenschaften, München 1973. Gernot Böhme: Vorlesung: Das Fremde, S. 227 f. In: Ders.: Anthropologie in pragmatischer Hinsicht. Darmstädter Vorlesungen, Frankfurt a. M. 1985, S. 221–236.

327 Gabriele Rosenthal: „Als der Krieg kam, hatte ich mit Hitler nichts mehr zu tun". Zur Gegenwärtigkeit des „Dritten Reiches" in Biographien, Opladen 1990.

auch die vom Forschenden Beobachteten ihrerseits den Forschenden beobachten, die Situation und Interaktion deuten
und sich demnach verhalten[328]. Das heißt: Arbeiten, die auf
Grundlage von Feldforschungen entstehen, müssen immer
die Interaktion zwischen Forschenden und Erforschten in
ihren Interpretationen berücksichtigen. U. a. Gabriele RO-
SENTHAL und Reinhard SIEDER haben für das lebensgeschichtliche Interview Vorgangsweisen und Interpretationsverfahren
entwickelt, die dies gewährleisten sollen[329].

Nun ist es natürlich gerade der Geschichtsforschung, im
Unterschied etwa zur Kultur- und Sozialanthropologie, Ethnologie und Volkskunde, nicht möglich, mit all den von ihr
erforschten Menschen in eine unmittelbare Kommunikation zu treten. Sie ist auch weiterhin auf überlieferte Quellen angewiesen. Aber sowohl für Verfahren, bei denen HistorikerInnen in einen direkten Kontakt mit den For-
schungsobjekten treten, als auch für jene, bei denen der
Kontakt aufgrund der zeitlichen Differenz nur mittelbar zu-
stande kommen kann, ist eine Forschungseinstellung bedeutend geworden, die von einem Fremd- bzw. Anderssein
der erforschten Untersuchungsgegenstände ausgeht (vgl.
Kap. 3.4.4.). Es gibt immer oder zumindest meistens eine
kulturelle Differenz zwischen Wissenschaften und den Erforschten, weil Menschen nicht über alle Zeiten und Räume
hinweg die gleiche anthropologische bzw. mentale Konstitution besitzen. Daher ist für die historisch-anthropologi-

---

328 Utz Jeggle: Verständigungsschwierigkeiten im Feld. In: Ders. (Hg.):
     Feldforschung. Qualitative Methoden in der Kulturanalyse, Tübingen
     1984, S. 93–112; siehe auch im selben Band: Ders.: Zur Geschichte
     der Feldforschung in der Volkskunde, S. 11–46.
329 Rosenthal: Erzählte und gelebte Lebensgeschichte (wie Anm. 325).
     Sieder: Anmerkungen zur sozialwissenschaftlichen „Feldforschung"
     (wie Anm. 277).

sche Forschungspraxis eine „Hermeneutik der Differenz"
bedeutend geworden[330].

Eine solche Zugangsweise, die diesen kulturellen Unterschied zu berücksichtigen versucht, ist das hypothesengene-
rierende Verfahren[331]. Dieses verzichtet weitgehend auf explizite Hypothesen vor aller Forschung; es wird vielmehr
versucht, die zentralen Hypothesen immer erst im Forschungsprozeß selbst zu formulieren – und sie immer wieder
in Frage zu stellen. Zum Beispiel die narrative Interviewme-
thode versucht so vorzugehen, indem sie sich keiner starrer
Interviewleitfaden bedient; damit werden die Inhalte der Gespräche nicht zu sehr vorstrukturiert. Den Befragten wird
vielmehr erst einmal genügend Erzählraum zur Verfügung
gestellt; die Interviewerin bzw. der Interviewer sollte dabei
möglichst wenig eingreifen. Damit können die Befragten so
weit wie möglich ihre Lebensgeschichten nach eigenen Kriterien und damit die ihnen wichtigen Themen (und nicht die
der Wissenschaftlerin bzw. des Wissenschaftlers) erzählen.

Zum Abschluß dieses Kapitels sollen noch kurz Methoden
und Interpretationsverfahren angerissen werden, die – freilich sehr undifferenziert – unter dem Schlagwort „linguistic turn" zusammengefaßt werden können. Linguistic turn
meint Vieles, teilweise sehr Unterschiedliches; der kleinste
gemeinsame Nenner ist die erhöhte Aufmerksamkeit für
„Text" (auch wenn damit Verschiedenes gemeint ist)[332].

---

330 Berg / Fuchs: Phänomenologie der Differenz (wie Anm. 242). Sieder:
Anmerkungen zur sozialwissenschaftlichen „Feldforschung" (wie
Anm. 277).

331 Siehe z. B.: Barney G. Glaser / Anselm L. Strauss: The Discovery of
Grounded Theory. Strategies für Qualitative Research, New York
1967. Anselm Strauss: Grounded Theory. Grundlagen qualitativer Sozialforschung, Weinheim 1996.

332 Georg Iggers hat jüngst in einem Aufsatz fünf Richtungen einer an
einem linguistic turn orientierten Geschichtsforschung herausgearbeitet: Georg Iggers: Zur „Linguistischen Wende" im Geschichtsden-

Dabei sind für die Historische Anthropologie u. a. jene Methoden und Interpretationsansätze relevant, die in der symbolorientierten Kulturanthropologie (vgl. Kap. 2.3.) entwickelt worden sind. Die Kulturanthropologen Clifford GEERTZ und Marshall SAHLINS, der Ethnosoziologe Pierre BOURDIEU sowie die HistorikerInnen Robert DARNTON, Natalie Zemon DAVIES und Rhys ISAAC (um nur einige zu nennen) stehen dafür. Textorientierung meint hier nicht unbedingt die Analyse von authentischen schriftlichen Texten einer Kultur. Text meint vielmehr die Bedeutungszusammenhänge einer Kultur, ein mehr oder weniger geschlossenes System von kulturellen Werten, die gleich einem literarischen Text begriffen werden könnten. Dieser könnte wiederum über eine semiologische, die Symbole und Codes entschlüsselnde Verfahrensweise zugänglich gemacht werden[333]. In diesem Zusammenhang hat beispielsweise GEERTZ die Interpretations- und Darstellungsform der *„dichten Beschreibung"*, ISAAC jene der *„ethnographischen Erzählung"* entwickelt. *„Ethnographische Erzählung meint eine Geschichtsforschung, die sorgfältiges Erschließen des Vergangenen und eine auf die kulturellen Kontexte bezogene Interpretation versucht, also eine Ethnographie der Weltsichten, der ‚Versionen' der jeweiligen historischen Akteure. Diese Ethnographie verknüpft zugleich einzelne Verhaltensweisen und Aktionen mit bestimmten Ergebnissen, rekonstruiert die Geschichte der Veränderung jener Welt, in der die historischen Akteure sich finden."*[334]

Eine andere Richtung der linguistischen Wende, die auch für die Historische Anthropologie impulsgebend ge-

---

ken und in der Geschichtsschreibung, bes. S. 562 ff. In: Geschichte und Gesellschaft 21 (1995), S. 557–570.

333 Zur Einführung siehe: Ebd., S. 560 f. bzw. 562 f.

334 Isaac: Geschichte und Anthropologie (wie Anm. 17), S. 128f. In: Historische Anthropologie 2 (1994), S.107–130. Siehe auch: Geertz: Dichte Beschreibung (wie Anm. 244). Greenblatt: Wundersame Besitztümer (wie Anm. 281).

wesen ist, ist u. a. mit den Namen Jacques DERRIDA, Michel FOUCAULT und Judith BUTLER verbunden. So hat Foucault die neuzeitliche europäische Sexualität als ein Phänomen begriffen, das sich ausschließlich über die bürgerlichen Diskurse des Schreibens, Sprechens, Andeutens und auch Nicht-Sprechens konstituierte[335]. Ähnlich hat Butler „Mannsein" und „Frausein" bzw. Männlichkeit und Weiblichkeit als etwas verstanden, das nur über Sprache produziert wird[336]. Solche Zugänge heben jeglichen Unterschied zwischen Körper, Geist und Seele, zwischen Text und Kontext, zwischen Fiktion und Wirklichkeit auf, weil sie Sprache (Worte, politische Symbole, Gesten usw.) als alleinige Determinante von Geschichte begreifen[337]. Einerseits muß Historische Anthropologie einem solchen Ansatz skeptisch gegenüberstehen, weil er geradezu im Gegensatz zu vielen historisch-anthropologischen Grundprinzipien steht. Denn hier wird Sprache eine so absolute Macht zugeschrieben, daß Individuen und soziale Gruppen wie Marionetten an ihr zu hängen scheinen.

Gleichwohl hat gerade diese radikale Richtung des linguistic turn die Geschichtsforschung dahingehend sensibilisiert, daß über Sprache bzw. Diskurse hierarchische Machtverhältnisse vermittelt werden, daß sie insgesamt Wirklichkeit mitkonstituieren. So hat Lynn HUNT am Beispiel der französischen Revolution demonstriert, inwieweit Sprache und Symbole eine Eigendynamik entwickeln können, die neben allen politischen, sozialen und ökonomischen Faktoren die sozialen Beziehungen und politischen Verhältnisse mitbeeinflussen[338].

---

335 Foucault: Sexualität und Wahrheit (wie Anm. 177).
336 Butler: Unbehagen der Geschlechter (wie Anm. 166).
337 Iggers: „Linguistische Wende" (wie Anm. 332).
338 Lynn Hunt: Symbole der Macht, Macht der Symbole. Die Französische Revolution und der Entwurf einer politischen Kultur, Frankfurt a. M. 1989.

3.4.7. Historische Anthropologie als eine interdisziplinär orientierte Wissenschaft

Im letzten Kapitel konnte lediglich eine sehr kleine Auswahl an historisch-anthropologischen Quellen und Methoden vorgestellt werden. Das hat u. a. mit der Fülle der analytischen wie auch hermeneutischen Verfahren zu tun, die die Historische Anthropologie für die Geschichtsforschung adaptiert hat. Und diese mittlerweile schier unübersehbare Menge an neuen Quellen und Methoden hat nicht zuletzt mit einem weiteren Prinzip zu tun, das der Historischen Anthropologie den ihr eigenen offenen Charakter gibt – das interdisziplinäre Prinzip.

Es sollte bereits deutlich geworden sein, wie stark die methodologischen, methodischen und thematischen Impulse sind, die HistorikerInnen darüber erhalten haben, daß sie keine Schranken gegenüber nicht-geschichtswissenschaftlichen Disziplinen aufgebaut haben.

An erster Stelle sind dabei jene anthropologischen Wissenschaften, wie die Kulturanthropologie, die Volkskunde und auch die Philosophische Anthropologie, zu nennen, die sich weitgehend als Anthropologien der Möglichkeiten verstehen. Sie haben u. a. Themen – menschliche Elementarerfahrungen – vorgegeben; sie haben für ein Denken im Plural (Kulturen, Geschichten) ebenso sensibilisiert wie für den fremden Charakter dessen, was historisch erforscht wird; darüber hinaus haben sie mit verschiedenen Formen der Feldforschungen Methoden entwickelt, die nun auch die Geschichtswissenschaft für sich entdeckt hat. Auch durch die Sozialanthropologie, die sich lange Jahrzehnte vor allem als eine systematische Anthropologie verstanden hat, ist die Historische Anthropologie thematisch (menschliche Elementarerfahrungen) und methodisch (z. B. Feldforschung) angeregt worden.

Historische Anthropologie heißt freilich nicht nur, daß HistorikerInnen mit anthropologischen Fragestellungen, Zugangsweisen und Methoden forschen. Denn auch VertreterInnen vieler anderer Disziplinen tragen das Projekt Historische Anthropologie mit, nicht nur Kultur- oder SozialanthropologInnen, EthnologInnen und VolkskundlerInnen sondern auch SoziologInnen, VertreterInnen verschiedener Area Studies (Japonologie, Sinologie usw.), LiteraturwissenschaftlerInnen usw. Das ist natürlich kein Zufall. Denn der zuvor beschriebene thematische und theoretische Paradigmenwechsel hat in vielen Geistes-, Kultur- und Sozialwissenschaften stattgefunden – auch die Kultursoziologie, die Familiensoziologie oder auch die Ethnosoziologie fragen nach menschlichen Elementarerfahrungen, fremden Mentalitäten und subjektiven Befindlichkeiten ebenso wie sie den Menschen auch als handelndes und interagierendes Wesen begreifen. In den Zeitschriften *„Historische Anthropologie"*, *„Journal of Interdisciplinary History"*, *„Comparative Studies in Society and History"*, *„Saeculum"* usw. finden sich daher auch Beiträge von VertreterInnen verschiedenster Disziplinen.

Daß Angehörige verschiedenster Fachrichtungen in einer Zeitschrift schreiben, sagt freilich noch wenig über eine unmittelbare interdisziplinäre Zusammenarbeit aus; es kann sich zunächst auch lediglich um Multidisziplinarität handeln; WissenschaftlerInnen verschiedener fachlicher Provenienz haben gleiche Fragen – arbeiten aber nebeneinander her. Besonderes Augenmerk verdienen daher die Sammelbände des *Instituts für Historische Anthropologie* zu diversen anthropologischen Elementarerfahrungen[339].

---

339 Siehe z. B.: Müller: Geschlechtsreife und Legitimation (wie Anm. 24). Martin / Nitschke: Sozialgeschichte der Kindheit (wie Anm. 25). Martin / Zoepffel: Aufgaben, Rollen und Räume von Frau und Mann (wie Anm. 26). Siehe auch: Martin: Probleme historisch-anthropologischer Forschung (wie Anm. 23).

Hier wird eine interdisziplinäre Zusammenarbeit praktiziert, die vorbildhaft ist. Denn die Bände sind das Resultat
eines langen Diskussionsprozesses um Fragestellungen,
Methoden und Interpretationen, an dem HistorikerInnen,
SoziologInnen, JapanologInnen, SinologInnen usw. teilgenommen haben. VertreterInnen verschiedenster wissenschaftlicher Disziplinen, die das Interesse für menschliche
Elementarerfahrungen eint, sind hier also zu einem Forum
zusammengekommen. Vielfältig fachspezifisches Wissen ist
über einen unmittelbaren interdisziplinären Austausch gebündelt und für historisch-anthropologische Fragestellungen nutzbar gemacht worden.

Gerade eine solche interdisziplinäre Zusammenarbeit
könnte auch in Zukunft das Projekt Historische Anthropologie offen halten. Sie läßt Fächergrenzen verschwimmen,
macht sie aber nicht obsolet, weil die Historische Anthropologie auch über das jeweils spezifische anthropologische
Wissen der einzelnen FachvertreterInnen lebt.

Selbst biologische Anthropologien sollten aus dem
Feld des interdisziplinären Gesprächs nicht ausgeschlossen
werden. Ich meine damit nicht, daß sich Historische Anthropologie allein in einer Thematisierung und Historisierung körper- und biologienaher anthropologischer Existenz
erschöpft[340]; schon gar nicht bin ich der Auffassung, daß
man Historische Anthropologie – in guter alter Tradition
deutschsprachiger Anthropologie – auf eine historische
Hilfswissenschaft reduzieren kann, die nach den *„physischen Merkmalen vergangener Bevölkerungsgruppen"*

---

340 Dieses meinen tendenziell etwa: Lepenies: Geschichte und Anthropologie (wie Anm. 34). Ders.: Probleme einer Historischen Anthropologie (wie Anm. 1). Gabriele Weiß: Zur Klärung des Begriffes „Historische Anthropologie". In: Karl R. Wernhart (Hg.): Ethnohistorie und
Kulturgeschichte. Ein Studienbehelf, Wien / Köln / Graz 1986. Burguière: Historische Anthropologie (wie Anm. 46).

fragt[341]. Trotz aller Skepsis, die ich gegenüber der Soziobiologie formuliert habe (vgl. Kap. 2.4.), meine ich doch, daß soziobiologische Zugangsweisen und vor allem Ergebnisse nicht ignoriert werden sollten. Soziobiologische Fragestellungen ähneln denen der Historischen Anthropologie. Sie fragen nach menschlichen Elementarerfahrungen – Geschlecht, Umgang mit Fremden, Religion usw. Die Soziologie nimmt Gesetzmäßigkeiten und Determinanten für Elementarerfahrungen unabhängig von Zeit und Raum an. Historische Anthropologie sollte sich, falls es die jeweiligen Fragestellungen erlauben, auf diese soziobiologischen Annahmen insoweit beziehen, als gerade in der historischen Analyse von Geschlecht, Umgang mit Fremden usw. erstens der historische Charakter von Elementarerfahrungen und zweitens auch der der Soziobiologie deutlich werden kann[342]. Damit könnte eine Diskussion zwischen Disziplinen, die den gleichen Forschungsgegenstand haben, ausgelöst werden.

Eine unmittelbare Einbeziehung von Naturwissenschaften ist darüber hinaus da notwendig, wo Naturwissenschaften, beispielsweise für eine Körper- oder Krankheitsgeschichte, relevantes Datenmaterial vorgelegt hat (vgl. Kap. 3.3.11.). Auch die Umweltgeschichte kann von naturwissenschaftlichen Daten, Methoden und Auswertungsverfahren profitieren.

---

341 Siehe z. B.: Christian Goehrke: Frühzeit des Ostslawentums, Darmstadt 1992, S. 80.
342 Für eine unmittelbare Zusammenarbeit von Geschichtswissenschaft und Soziobiologie und Vergleichender Verhaltensforschung plädieren z. B. mehrere Autoren in: Saeculum. Jahrbuch für Universalgeschichte, Bd. 36, 1985: Otto Gerhard Oexle: Gruppenbindung und Gruppenverhalten bei Menschen und Tieren. Beobachtungen zur Geschichte der mittelalterlichen Gilden, S. 28–45; Klaus Immelmann / Thomas Immelmann: Historische Anthropologie aus biologischer Sicht, S. 70–79. Heiner Flohr: Geschichtswissenschaft und Biologie. Überlegungen zur biowissenschaftlichen Orientierung des Historikers, S. 80–97.

Denn gerade das erscheint mir als die interdisziplinäre Aufgabe der Historischen Anthropologie – verschiedene fachspezifische Kompetenzen für die Erforschung historischer menschlicher Elementarerfahrungen und der jeweils spezifischen historischen Konstituierung *des* Menschen zu nutzen. Letztlich könnten damit mehr Antworten auf aktuelle gesellschaftliche Fragen gegeben werden, die aus den Erfahrungen des *„Verlust(s) kultureller und historischer Selbstverständlichkeiten"*[343], aus dem rapiden Wandel menschlicher Elementarerfahrungen in den letzten Jahren entstanden sind.

Dem Projekt Historische Anthropologie ist zu wünschen, daß sie den interdisziplinären Dialog in Zukunft noch weiter ausbaut. Etwaig noch vorhandene Barrieren zwischen einzelnen Disziplinen sollten dabei nicht als unüberbrückbar begriffen werden. Denn mit Odo MARQUARD meine ich: *„Dieses humanwissenschaftliche interdisziplinäre Gespräch muß nicht erst erfunden werden und dann mühsam verwirklicht werden; denn es ist – in Gestalt einer gegenwärtig wachsenden Flut einschlägig interdisziplinärer Projekte, Kolloquien, Arbeitsstätten und Förderer – längst wirklich da und gelingt – wie die Erfahrung zeigt – in der Regel ohne spezialisierungsbedingte Verständigungsschwierigkeiten, wenn man diese nicht künstlich erzeugt durch jenen pedantischen Verständigungsperfektionismus, der der eigentliche Feind des interdisziplinären Gesprächs ist. Ein interdisziplinäres Gespräch ist nicht erst dann gelungen, wenn alle Gesprächsteilnehmer einig sind, sondern bereits dann, wenn jeder Teilnehmer anders aus dem Gespräch hinausgeht als er hineingekommen ist. Konsens ist nämlich keineswegs immer nötig; viel wichtiger ist das produktive Mißverständnis; und am wichtigsten ist schlicht-*

---

343 Lepenies: Probleme einer Historischen Anthropologie (wie Anm. 1), S. 153.

weg Vernunft: der Verzicht auf die Anstrengung, dumm zu bleiben."[344]

3.4.8. Historische Anthropologie als eine interkulturell orientierte Wissenschaft

Interkulturell ist letztlich alle historisch-anthropologische Forschung, die ihren Untersuchungsgegenstand als etwas Fremdes bzw. Anderes behandelt. Denn hier findet quasi eine interkulturelle Interaktion statt, wenn auch oft einseitig, weil es die Geschichtsforschung eben meistens mit überlieferten Quellen zu tun hat. Explizit interkulturell ist Historische Anthropologie dort, wo sie ihre Ergebnisse in eine interkulturell-komparatistische Perspektive stellt. Gerade über einen solchen Vergleich lassen sich hinsichtlich menschlicher Elementarerfahrungen oder der je spezifischen Gestaltung menschlicher Praxis sowohl Gemeinsamkeiten als auch Besonderheiten herausschälen. Im englischsprachigen Raum widmem sich u. a. die *„Comparative Studies in Society and History"* dieser Aufgabe, im deutschsprachigen Raum das Göttinger *Max-Planck-Institut für Geschichte* und das Freiburger *Institut für Historische Anthropologie*. Auf jene Richtungen der Historischen Anthropologie, die sich deklariert als vergleichende verstehen, wird in einem späteren Kapitel noch ausführlicher eingegangen (vgl. Kap. 4.1.).

An dieser Stelle soll vielmehr hervorgehoben werden, wie sich das Prinzip der Interkulturalität durch die gesamte Wissenschaftspraxis   der   Historischen   Anthropologie

---

344 Odo Marquard: Philosophische Anthropologie, S. 31. In: Peter Koslowski (Hg.): Orientierung durch Philosophie. Ein Lehrbuch nach Teilgebieten, Tübingen 1991, S. 21–32.

durchziehen könnte. Und damit meine ich eben nicht nur,
daß Forschungsprojekten ein Design gegeben wird, durch
das die Ergebnisse schlußendlich in ein interkulturell-ver-
gleichendes Modell integriert werden können. Damit meine
ich vielmehr, daß die einzelne Wissenschaftlerin bzw. der
einzelne Wissenschaftler sich unmittelbar in einen interkulturellen Dialog begeben sollte. Gerade über einen solchen Kontakt und Austausch könnten wir auf unsere eigene
kulturell geformte Perspektivität gestoßen werden. Gerade
interkulturelle Gespräche wären ein wirksames Instrumentarium, um sich die Geschichtlichkeit der eigenen Sichtweise vor Augen zu führen; und sie wären ein Garant dafür,
daß die Selbstreflexion zu einer zentralen wissenschaftlichen Grundhaltung werden kann.

Ein solcher Dialog kann auf verschiedene Art und Weise geführt werden. Zum Beispiel kann ein und derselbe
Forschungsgegenstand von WissenschaftlerInnen, deren
kulturelle Herkunft unterschiedlich ist, interpretiert werden. Jahrzehntelang hat sich die europäische Wissenschaft
gewehrt, eigene Deutungen von Geschichte mit den Interpretationen von Angehörigen anderer Kulturen zu kontra-
stieren. Sie hat jede interkulturelle wissenschaftliche Diskussion blockiert. Ein mittlerweile bekanntes Beispiel ist
das des senegalesischen Historikers, Linguisten und Sozialanthropologen Cheikh Anta DIOP. Er studierte in den fünfziger Jahren an der Pariser Sorbonne. Seine Dissertation über
Ägypten, die das Land als erste schwarz-afrikanische Hochkultur interpretierte, widersprach so massiv dem europäischen Bild über Ägypten, daß die Dissertation mehrmals
abgelehnt wurde[345]. Inzwischen hat sich die hiesige wissenschaftliche Ignoranz (und auch Arroganz) etwas verflüchtigt.

---

345 Siehe dazu: Brigitte Reinwald: „Die Sorge, Afrika seine Wirklichkeit
    zurückzugeben". Biographische Anmerkungen zu Cheikh Anta Diop.
    In: Werkstatt*Geschichte*, Nr. 9, 1994, S. 7–14.

Das zeigen beispielsweise die Auseinandersetzungen zwischen Marshall SAHLINS und Gananath OBEYESEKERE. Sahlins hat den Tod eines Vertreters der „Alten Welt", von Kapitän Cook, auf Hawaii untersucht und ihn als historischen Vollzug einer mythischen Geschichtserfahrung der BewohnerInnen Hawaiis beurteilt[346]. Obeyesekere hat die Studien über den Tod Cooks fortgesetzt; seine Ergebnisse relativieren nicht nur Sahlins Interpretation, sie bewerten dessen Analyse auch als Fortführung eines europäischen Mythos über einen angenommenen ozeanischen Kannibalismus[347].

Ein anderes Beispiel für einen interkulturellen Dialog innerhalb der historisch-anthropologischen Wissenschaftspraxis: Einige WissenschaftlerInnen aus außereuropäischen Kulturen machen in Europa das, was wir als EuropäerInnen seit Jahrzenten außerhalb Europas getan haben und tun – Feldforschungen. So hat etwa die japanische Ethnologin Akiko MORO in Kärnten, u. a. auf einem Friedhof in einer Landgemeinde, beobachtet und geforscht[348]. Über ihre Ergebnisse und ihre Art der Interpretation können wir neue Erkenntnisse über unsere eigene Kultur (auch über unsere eigene wissenschaftliche Perspektivität) gewinnen, dessen Selbstverständlichkeiten wir aufgrund unserer mangelnden Distanz nur kaum als kulturell und historisch wahrnehmen können.

Der interkulturelle Austausch muß nicht erst nach jeder Forschung einsetzen. Er kann ein permanenter Teil un-

---

346 Marshall Sahlins: Der Tod des Kapitän Cook. Geschichte als Metapher und Mythos als Wirklichkeit in der Frühgeschichte des Königreiches Hawaii, Berlin 1986.

347 Gananath Obeyesekere: The Apotheosis of Captain Cook: European Mythmaking in the Pacific, Princeton 1992. Ders.: „Britische Kannibalen". Nachdenkliches zur Geschichte des Todes und der Auferstehung des Entdeckers James Cook. In: Historische Anthropologie 1 (1993), S. 273–293.

348 Moro: Grab, Epitaph und Friedhof (wie Anm. 309).

serer Wissenschaftspraxis sein. Denn gerade darüber könnten wir Impulse für neue Forschungsperspektiven, Fragestellungen usw. erhalten. Exkursionen in uns fremde Kulturen, der unmittelbare Kontakt mit Angehörigen und Ausdrucksformen dieser Kulturen relativieren unsere
alltäglichen Vorstellungen und Praxis; sie können Lust machen auf eine Historische Anthropologie der Kindheit, der
Zeit, des Raums usw. Freilich: *„Der Kontakt mit einer anderen Welt von Werten und Normen, in der die ungeschriebe-
nen Verhaltenskodexe, die Symbole, die Sprache nicht
mehr gelten, in der der Arbeitsrhythmus, die soziale Wahrnehmung von Zeit und Raum grundsätzlich anders geartet
sind, kann sich zu einem existentiellen und manchmal un-
lösbaren Konflikt verdichten."* [349] Daher sollten solche Kon-
takte mit fremden Welten – „Kulturschocks" – von dafür
kompetenten Personen betreut und begleitet werden; es
müßten Orte geschaffen werden, an denen die erfahrenen
Situationen reflektiert werden können.

3.5. Historische Anthropologie –
eine postmoderne Wissenschaft?

In den vergangenen Kapiteln sind theoretische Grundpfeiler vorgestellt worden, denen sich viele historisch-anthropologisch orientierte Arbeiten verpflichtet fühlen. Historische Anthropologie ist darin als ein wissenschaftlicher Zugang beschrieben worden, der sich weitgehend als eine
Anthropologie der Möglichkeiten versteht, als eine Wissenschaft, die sich für Subjektivitäten und für den je spezifischen Sinn aller Kultur bzw. Kulturen in der Geschichte

---

349 Delia Frigessi Castelnuovo: Das Konzept Kulturkonflikt. Vom biologischen Denken zum Kulturdeterminismus, S. 302. In: Eckhard J.
Dittrich / Frank-Olaf Radtke (Hg.): Ethnizität. Wissenschaft und Minderheiten, Opladen 1990, S. 299–309.

interessiert und die sich damit auch verstärkt hermeneutischer Verfahren bedient. Historische Anthropologie ist skeptisch gegenüber jenen Geschichtsmodellen, die eine geradlinig, auf einen idealen Endzustand hin verlaufende Historie zeichnen, wie auch gegenüber Theorien, deren Schemata unabhängig von dem konkreten Raum und der konkreten Zeit, die analysiert werden, eine universelle Gültigkeit zur Erklärung von Geschichte zugesprochen wird. Historische Anthropologie versteht Geschichte immer auch im Plural – als Geschichten. Zusammenfassend läßt sich sagen, daß diese theoretischen Prinzipien das Programm einer *„radikalen Historizität"* (Lenzen) sind – erstens das einer Historisierung der historischen Gegenstände, vor allem menschlicher Elementarerfahrungen wie Kindheit, Sexualität, Tod, Geschlecht usw.; zweitens das einer Historisierung des Wissens, das uns die Geschichtswissenschaft und andere Disziplinen seit Jahrzehnten zur Verfügung stellen.

Christoph CONRAD und Martina KESSEL haben ein solches Programm als ein *„postmodernes"* bezeichnet. Denn analog zur wachsenden Pluralisierung von Lebenswelten und Identitäten sowie dem wachsenden Angebot an Lebensentwürfen, Handlungsmöglichkeiten und Wissensformen in der heutigen europäischen Gesellschaft nehme es auch für die Geschichte eine *„Verfassung radikaler Pluralität"* an[350].

Nun ist eine solche postmodern genannte Geschichtswissenschaft in den vergangenen Jahren nicht unwidersprochen geblieben. Und ich möchte die Kritik, die vor allem von Historischen SozialwissenschaftlerInnen in den achtziger Jahren geäußert worden sind, nicht ignorieren. Ich möch-

---

350 Christoph Conrad / Martina Kessel: Geschichte ohne Zentrum, bes. S. 16 f. In: Dies. (Hg.): Geschichte schreiben in der Postmoderne. Beiträge zur aktuellen Diskussion, Stuttgart 1994, S. 9–36.

te sie ernst nehmen, mit den historisch-anthropologischen Prinzipien in Beziehung setzen und sie als wichtige und notwendige Anregungen für die Reflexion und Weiterentwicklung der Historischen Anthropologie begreifen.

Im Brennpunkt der Diskussion in den achtziger Jahren ist vor allem die „Alltagsgeschichte" gestanden – ein Begriff, der damals für viele der neuen historischen Zugangsweisen und Fragestellungen, die inzwischen (auch) als historisch-anthropologisch gelten oder bezeichnet werden, verwendet worden ist. Die Kritik, vor allem von Jürgen KOCKA und Hans-Ulrich WEHLER in der Diskussion mit Alf LÜDTKE und Hans MEDICK vorgetragen, richtete sich gegen die Alltagsgeschichte als eine postmoderne Wissenschaft – im negativen Sinne des Wortes; denn sie richtete sich letztlich gegen eine Alltagsgeschichte als historische Anthropologie der Möglichkeiten, die vor allem eine der Beliebigkeit, Theorielosigkeit, „Irrationalität" und auch der (scheinbaren) Standpunktlosigkeit sei.

Konkret: Jürgen KOCKA hat der Alltagsgeschichte unterstellt, daß sie einen *„luftigen Kulturalismus"* betreibe[351]. Damit hat er gemeint, daß Geschichte sich mehr und mehr auf Geschichten, auf ein *„mikrohistorisches Klein-Klein"* reduziere; dieses erzähle die Weltsicht und das Tun bestimmter vergangener Individuen und Bevölkerungsgruppen und verliere dabei die kurz- und längerfristigen strukturellen Zwänge, welchen Charakters auch immer, aus dem Blick. Dieter GROH hat sich in einer kritischen Würdigung von Edward P. THOMPSONs, *„Die Entstehung der englischen Arbeiterklasse"* diesem Vorwurf zum Teil angeschlossen[352]. Einen *„Kulturalismus"* hat Groh vor allem in verschiedenen

---

351 Jürgen Kocka: Perspektiven für die Sozialgeschichte der neunziger Jahre, S. 37. In: Winfried Schulze (Hg.): Sozialgeschichte, Alltagsgeschichte, Mikro-Historie, Göttingen 1994, S. 33–39.

352 Groh: Zur Einführung (wie Anm. 255), S. 167.

Spielarten der deutschsprachigen „*Geschichte von unten"* und schließlich in der Kulturtheorie von Marshall SAHLINS geortet: „*In Sahlins' Erklärungsmodell ist nur Platz für subjektive Bedeutungen und für subjektiven Sinn, aber nicht für objektiven Sinn, der in Symbolen zwar zum Ausdruck kommt, aber nicht in ihnen aufgeht.*"[353]

Der Ethnologe Paul DRECHSEL hat die Kritik an jenen Theorien der symbolorientierten Kulturanthropologie, die in erster Linie nach den subjektiven Bedeutungen von Kultur bzw. Kulturen fragen, noch schärfer formuliert. Pointiert hat er gemeint, daß das Kulturverständnis u. a. von Sahlins und Geertz „*zum Topos der 'Heilen-Welt'-Definitionen gehören, konstruiert nach dem Motto: Alles ist sinnvoll. Unterdrückung, Ausbeutung, Verdummung, Körperverstümmelung, Frauentausch, Klitoridektomie, Mord und Totschlag, Infantizid etc. wird mit dem Mantel der Kultur überdeckt in das* Sinnvolle *(im Orig. kursiv / G. D.) transzendiert. Hart gesprochen würden alle angegebenen Definitionen auch ein KZ oder den Genozid sinnvoll abdecken.*"[354]

Wenn also KritikerInnen bestimmten alltagsgeschichtlichen, kulturanthropologischen und historisch-anthropologischen Forschungen und Theorien einen kulturalistischen Charakter unterstellen, dann meinen sie damit erstens, daß politische, ökonomische und andere strukturelle Bedingungen für das Denken, Fühlen und Handeln von Individuen und sozialen Gruppen ignoriert würden. Zweitens meinen sie, daß historische und aktuelle Ungleichhei-

---

353 Dieter Groh: Ethnologie als Universalwissenschaft, S. 52. In: Ders.: Anthropologische Dimensionen der Geschichte, Frankfurt a. M. 1992, S. 42–53; siehe auch im selben Band: Ders.: „Geschichte von unten – Geschichte von innen". Blick über die Grenzen, S. 175–181.

354 Drechsel: Vorschläge zur Konstruktion einer „Kulturtheorie" (wie Anm. 242), S. 47. Siehe auch: Jean-Christophe Agnew: History and Anthropology: Scenes from a Marrige. In: Yale Journal of Criticism 3 (1990), S. 29–50.

ten und Gewalt nicht als solche wahrgenommen, daß Ungleichheit und Gewalt damit verharmlost würden, weil man den „Tätern" bzw. Gewalttaten noch einen Sinn abgewinnen würde.

Der Vorwurf des Kulturalismus ist so unberechtigt nicht. Ich möchte dies am Beispiel einer Richtung, die der Historischen Anthropologie nahesteht, illustrieren. „Mündliche Geschichte", „Geschichte von unten", „Grabe, wo du stehst" usw. waren und sind Schlagwörter und auch Programm einer Geschichtsbewegung, die seit den siebziger Jahren von meist jungen HistorikerInnen, die Geschichtswerkstätten und andere Geschichtsinitiativen initiiert haben, getragen wird[355]. Viele dieser Initiativen haben versucht, Geschichtswissenschaft zu demokratisieren; das heißt: Laien sind in den Forschungsprozeß einbezogen, ZeitzeugInnen zu ExpertInnen der von ihnen erlebten Zeit erklärt worden (vgl. Kap. 4.5.).

Das ist zuweilen auf Kosten wissenschaftlicher Analysen gegangen. Der Historiker Dan DINER hat gemeint, daß gerade viele Projekte zur Geschichte des Nationalsozialismus sich nur mehr für „die gelebte Erfahrung der Bevölkerungsmehrheit" interessieren würden – für „die Normalität des ein ‚normales' Leben lebenden, ‚normalen' Deutschen."[356] Viele Initiativen der Geschichtsbewegung sind in

---

355 Siehe dazu z. B.: Hubert Ch. Ehalt / Ursula Knittler-Lux / Helmut Konrad (Hg.): Geschichtswerkstatt, Stadtteilarbeit, Aktionsforschung. Perspektiven emanzipatorischer Bildungs- und Kulturarbeit, Wien 1984. Hannes Heer / Volker Ullrich (Hg.): Geschichte entdecken. Erfahrungen und Projekte der neuen Geschichtsbewegung, Reinbek bei Hamburg 1985.

356 Dan Diner: Zwischen Aporie und Apologie, S. 67. In: Ders. (Hg.): Ist der Nationalsozialismus Geschichte? Zu Historisierung und Historikerstreit, Frankfurt a. M. 1989, S. 9–47. Siehe auch: Heide Gerstenberger / Dorothea Schmidt (Hg.): Normalität und Normalisierung? Geschichtswerkstätten und Faschismusanalyse, Münster 1987.

ihrem Interesse für diese Bevölkerungsmehrheit so weit gegangen, daß sie nur mehr deren Erinnerungen wiedergegeben haben. Die meisten Verfolgten des NS-Staats können nicht mehr befragt werden – weil sie ermordet wurden oder emigriert sind. „ZeitzeugInnen" sind vor allem die Überlebenden und Hierwohnenden, das heißt, die deutsche und österreichische ehemals nicht-verfolgte Bevölkerungsmehrheit. Viele dieser ZeitzeugInnen haben schon seinerzeit Verfolgung, Vertreibung und Vernichtung von Jüdinnen und Juden, politisch Andersdenkenden u. a. nicht wahrnehmen wollen oder können – und sie tun es zum Teil auch heute in ihrer Erinnerung nicht. Wenn man nun ausschließlich deren Geschichtsdeutungen unkommentiert wiedergibt, wird ein nationalsozialistischer Durchschnittsalltag konstruiert, in denen damals verfolgte Bevölkerungsgruppen keinen Platz mehr haben. HistorikerInnen werden damit zum Sprachrohr der Bevölkerungsmehrheit, deren Geschichtsbild zur einzigen historischen Wahrheit. Deren Tun und deren Erinnerungen bleiben uninterpretiert. Pierre BOURDIEU hat gemeint: *„Weil die Handelnden nie ganz genau wissen, was sie tun, hat ihr Tun mehr Sinn, als sie selber wissen."*[357] Eine seriöse historisch-anthropologische Forschung müßte einem solchen latenten Sinn auf die Spur kommen; gerade praxeologische Ansätze, die das Subjektive (Deutungen, Handlungen usw.) mit dem „Objektiven" (Herrschaftsverhältnisse, ökonomische und andere Strukturen) in Beziehung setzen, können dies gewährleisten (vgl. Kap. 3.4.1.).

Dieses Beispiel zeigt, welche Gefahren in einem Zugang zur Geschichte liegen, der nur die Wahrnehmungen, Deutungen und Erinnerungen bestimmter Bevölkerungsgruppen wiederkäut. Hier kann Geschichte zur Geschichtsromantik werden, die Konflikte, Verfolgung usw. aus der

---

357 Pierre Bourdieu: Sozialer Sinn. Kritik der Historischen Vernunft, Frankfurt a. M. 1993, S. 248.

Vergangenheit wegretouchiert. Sodann zeigt das Beispiel, welche absurde und gefährliche Richtung jene Strömung des linguistic turn erhalten könnte, die radikal die Grenzen zwischen Fiktion und Wahrheit bzw., wie etwa Hayden WHITE, die Grenzen zwischen Geschichtsschreibung und Erzählung[358] verwischt. Es würden letztlich auch die Grenzen zwischen professioneller Geschichtswissenschaft und den Geschichtsdeutungen verschiedenster sozialer Gruppen aufgehoben. Alles wäre Fiktion, alles wäre Erzählung, alles wäre gleich richtig. Roger CHARTIER, selbst Verfechter einer anthropologischen Umorientierung der Geschichtswissenschaft, hat einer radikalen Postmodernisierung der Geschichte gekontert: *„Auch wenn der Historiker in einer ‚literarischen' Form schreibt, produziert er keine Literatur und zwar aufgrund einer doppelten Abhängigkeit, der Abhängigkeit von den Archiven, weithin von der Vergangenheit, deren Spur das Archiv ist; und die Abhängigkeit von den Wissenschaftlichkeitskriterien sowie den technischen Verfahren seines eigenen Metiers!"* [359]

Mit dem Bestehen auf Kriterien der Wissenschaftlichkeit wird eine *„radikale Historizität"*, die die Perspektivität des eigenen wissenschaftlichen Blicks auf die Welt und somit auf die Geschichte problematisiert, nicht relativiert; und es bedeutet auch keine Rückkehr zum Glauben an *eine* Wahrheit, an *eine* Logik; es ist kein Zurück zum Unfehlbarkeitsanspruch der abendländischen Rationalität der Aufklärung. Ganz im Gegenteil: Ich möchte sogar meinen, daß in

---

358 Hayden White: Auch Clio dichtet oder die Fiktion des Faktischen. Studien zur Typologie des historischen Diskurses, Stuttgart 1986. Ders.: Die Bedeutung der Form. Erzählstrukturen in der Geschichtsschreibung, Frankfurt a. M. 1990. Ders.: Metahistory. Die historische Einbildungskraft im 19. Jahrhundert in Europa, Frankfurt a. M. 1991. Ders.: Der historische Text als literarisches Kunstwerk. In: Christoph Conrad / Martina Kessel (Hg.): Geschichte schreiben in der Postmoderne. Beiträge zur aktuellen Diskussion, Stuttgart 1994, S. 123–157.
359 Chartier: Zeit der Zweifel (wie Anm. 10), S. 92.

einer permanenten Diskussion um wissenschaftliche Kriterien die eigene Subjektivität deutlicher werden kann. Die
Betonung liegt auf „Diskussion". Denn daß wir bestimmten
wissenschaftlichen Prinzipien folgen, heißt nicht, daß sie
endgültig sind; es heißt vielmehr, daß sie permanent modi-
fiziert werden, weil sie immer wieder zwischen denen, die
an Wissenschaft aktiv oder passiv teilnehmen, neu ausgehandelt werden. Aber sie haben jeweils eine zeitspezifische
Gültigkeit, weil sie das vorläufige Ergebnis – und es gibt
immer nur vorläufige Ergebnisse – eines intersubjektiven
Prozesses (eben zwischen den TeilnehmerInnen an der wissenschaftlichen Praxis) sind.

WissenschaftlerInnen müssen ihr Tun „in den Strom
einer sozialen Hermeneutik ein(zu)gliedern."[360] Daß wissenschaftliche Arbeiten diskutierbar sein müssen, möchte
ich als eine geradezu universelle Grundregel aller Wissenschaft verstanden wissen. Das heißt: Ich muß meine konkrete wissenschaftliche Arbeit immer auch in einen Kontext
stellen; ich muß Bezüge zu anderen Arbeiten, zu deren
Inhalten, Methoden oder Theorien, herstellen, um überhaupt erst an diesem intersubjektiven Prozeß teilnehmen
zu können. Wenn Wissenschaft dem postmodernen Satz
des „anything goes" folgt bzw. radikal eine Unverbindlich-
keit allen Wissens postuliert, mündet das in einen Nihilis-
mus, wie Pierre BOURDIEU jüngst gemeint hat[361].

Auch die Historische Anthropologie bzw. deren VertreterInnen und Institutionen müssen sich der wissenschaftsinternen Diskussion stellen. Ich sehe da bislang, u. a.
auch in der Zeitschrift „Historische Anthropologie", ein
Defizit. Bei aller Offenheit, die das Projekt Historische An-

---

360 Bernard Lepetit / Jacques Revel: Experiment gegen Willkür, S. 351.
     In: Matthias Middell / Steffen Sammler (Hg.): Alles Gewordene hat
     Geschichte. Die Schule der ANNALES in ihren Texten 1929–1992,
     Leipzig 1994, S. 348–355.
361 Bourdieu: Im Gespräch (wie Anm. 2), S. 72.

thropologie kennzeichnet und so reizvoll macht – der Verzicht auf die Verknüpfung und Systematisierung historisch-anthropologischer Arbeiten bedeutet zugleich den Verzicht auf eine wissenschaftliche Auseinandersetzung und damit auch auf einen Prozeß, in dem es ja gerade darum geht, andere WissenschaftlerInnen wie auch eine nicht-fachliche Öffentlichkeit von der Sinnhaftigkeit und Relevanz historisch-anthropologischer Zugänge und Inhalte zu überzeugen. Historische Anthropologie wäre – in einer negativen Bedeutung des Wortes – postmodern, wenn sie auf solche Bemühungen verzichten würde.

Trotz aller Defizite, die einige historisch-anthropologische Arbeiten kennzeichnen – es lassen sich immer auch Gegenbeispiele finden; und die Gegenbeispiele überwiegen, wie ich meine. So sind gerade die Geschichtswerkstätten zunehmend bemüht, ihrer Forschungspraxis ein theoretisches und reflektiertes Fundament zu geben (vgl. Kap. 4.5.)[362]. Einige historisch-anthropologisch orientierte WissenschaftlerInnen, die zum Teil auch dem Herausgebergremium der „Historischen Anthropologie" angehören, haben zudem in einzelnen Beiträgen in verschiedenen Zeitschriften und Sammelbänden ihre Zugänge und Inhalte theoretisch reflektiert[363]. Die Bedeutung, die Mikro- bzw. Fallstudien innerhalb der Historischen Anthropologie haben, heißt überdies meistens nicht, daß sich Historische Anthropologie in einem „Klein-Klein" bewegt. In einem der vergangenen Kapitel ist bereits darauf hingewiesen worden (vgl. Kap. 3.4.5.), daß der größte Teil der Arbeiten, die sich

---

362 Siehe z. B. den empfehlenswerten Sammelband: Berliner Geschichtswerkstatt (Hg.): Alltagskultur, Subjektivität und Geschichte. Zur Theorie und Praxis von Alltagsgeschichte, Münster 1994. Siehe ebenso die von mehreren deutschen Geschichtswerkstätten getragene Zeitschrift „Werkstatt*Geschichte*", Hamburg 1992ff.

363 Vgl. Anm. 10.

mit einem mikroskopischen Blick ihren Forschungsgegenständen annähern, immer auch an eine „Makroebene" angebunden werden – etwa über den Bezug zu Modernisierungstheorien oder über den Vergleich. Andere mikrohistorisch orientierte Autoren wiederum, wie etwa Carlo GINZBURG, Edward P. THOMPSON und Hans MEDICK, verstehen überdies *„kulturelle(r) Differenzen und Gegensätze als entscheidende(r) Triebkräfte für historische Veränderungen."*[364] Sie streichen also den Konfliktcharakter aller Kultur(en) hervor; gerade damit widersprechen sie geschichtsromantischen Darstellungen, aber auch der Kulturkonzeption von Clifford GEERTZ, der Kulturen weitgehend als jeweils spezifische harmonische Einheiten denkt bzw. darstellt[365].

Die Historische Anthropologie bewegt sich auch deshalb zu ihrem größten Teil nicht in einem *„luftleeren Kulturalismus"*, weil sie nicht allein Fall- und Mikrostudien sondern genauso Überblicksdarstellungen, großflächige Analysen und andere makroorientierte Zugangsweisen in ihren Forschungs- und Diskussionszusammenhang integriert. Arbeiten von Dieter GROH stehen beispielsweise dafür; er hat u. a. Subsistenzökonomien in Zusammenhang mit der universell gedachten ökonomischen Anthropologie von Maurice GODELIER analysiert[366]. Auch die Versuche von Rolf-Peter SIEFERLE sind einer makroorientierten Historischen Anthropologie zuzurechen; er hat erstmals eine universalgeschichtliche Periodisierung unter umwelthisto-

---

364 Medick: „Missionare im Ruderboot" (wie Anm. 31), S. 50.
365 Siehe dazu z. B.: Iggers: Geschichtswissenschaft (wie Anm. 19), S. 68 f. bzw. 84 f.
366 Dieter Groh: Anthropologische Dimensionen der Geschichte, Frankfurt a. M. 1992; darin seine Beiträge: Maurice Godelier: Verwandtschaftsstrukturen, Religion und Politik als Elemente von Produktionsverhältnissen, S. 27–53; Strategien, Zeit und Ressourcen. Risikominimierung, Unterproduktivität und Mußepräferenz – die zentralen Kategorien von Subsistenzökonomien, S. 54–113.

rischen und ökologischen Aspekten entwickelt[367]. Als weiteres Beispiel sind die interkulturell-vergleichenden historischen Kulturstudien des Freiburger *Instituts für Historische Anthropologie* zu nennen, in denen die jeweiligen kulturellen Einheiten weitaus großflächiger gedacht werden (z. B. *das* „klassische Griechenland") als jene in den mikroskopischen Zugängen; hier werden menschliche Elementarerfahrungen in den „Großkulturen" in Zusammenhang mit politischen, ökonomischen, sozialen u. a. Aspekten analysiert. Sodann ist die Mentalitätsgeschichte französischer und mittlerweile auch deutschsprachiger Provenienz zu nennen, die für ihre Forschungen zumeist einen größeren zeitlichen Rahmen wählen, beispielsweise das Mittelalter oder die Neuzeit[368]; sie hat inzwischen auch mehrbändige Überblickswerke zur *„Geschichte des privaten Lebens"* und zur *„Geschichte der Frauen"* vorgelegt[369] (vgl. Kap. 4.6.). In der Historischen Anthropologie finden sich auch Studien, die bestimmte menschliche Elementarerfahrungen epochenübergreifend analysiert haben, Philippe ARIÈS etwa die Geschichte des Todes oder Michael MITTERAUER jene der Namensgebung[370]. Schließlich sind auch Sozial- und Kulturanthropologen wie Jack GOODY, Eric WOLF oder Sidney MINTZ hervorzuheben; sie haben – quasi umgekehrt zu vielen anthropologisch orientierten HistorikerInnen – für die Kultur- und Sozialanthropologie bzw. Ethnologie den Forschungsgegenstand vergrößert[371].

---

367 Rolf Peter Sieferle: Die Grenzen der Umweltgeschichte. In: GAIA 2 (1993), Heft 1, S. 8–21.

368 Siehe z. B. Le Goff: Mensch des Mittelalters (wie Anm. 42). Dinzelbacher: Europäische Mentalitätsgeschichte (wie Anm. 27).

369 Philippe Ariès / Georges Duby (Hg.): Geschichte des privaten Lebens. 5 Bände, Frankfurt a. M. 1989–94. Georges Duby / Michelle Perrot (Hg.): Geschichte der Frauen. 5 Bände, Frankfurt a. M. 1993–95.

370 Ariès: Geschichte des Todes (wie Anm. 106). Mitterauer: Ahnen und Heilige (wie Anm. 117).

371 Goody: Ehe und Familie in Europa (wie Anm. 53). Eric Wolf: Völker

Historische Anthropologie ist – in einer positiven Bedeutung des Wortes – postmodern, weil sie sich allen eindeuti-
gen, dogmatischen Erklärungsversuchen von Geschichte wi-
dersetzt und daher eine Vielfalt von Forschungsstrategien zu
ihrem Programm erhoben hat. Historische Anthropologie
wird gerade dadurch zu einem Ort der intensiven Diskussion und der wechselseitigen Kontrolle, indem sie u. a. sowohl mikroorientierte als auch makrohistorische Zugangsweisen unter ihrem Dach zuläßt. Verschiedenste Formen
werden akzeptiert, die eine zentrale wissenschaftliche Aufgabe, nämlich zwischen dem Konkreten und dem Allgemeinen zu vermitteln, jeweils spezifisch zu lösen versuchen.

In diesem Zusammenhang hat auch die Auseinandersetzung zwischen Historischer Sozialwissenschaft einerseits und Historischer Anthropologie bzw. Alltagsgeschichte andererseits an Brisanz verloren. Einerseits hat eine historisch-anthropologisch   orientierte   Wissenschaft   die
Kritik insofern aufgegriffen, als sie ihre theoretischen Reflexionen gerade um eine Vermittlung zwischen „Subjekti-
vem" und „Objektivem" verstärkt hat. Andererseits hat –
umgekehrt – auch die Historische Sozialwissenschaft Impulse aus der Diskussion bezogen. So meint Jürgen KOCKA
mittlerweile, *„daß vergangene Geschichte erst dann richtig
begriffen ist, wenn der Zusammenhang von Strukturen und
Prozessen einerseits, Erfahrungen und Handlungen andererseits verstanden und erklärt werden kann."* [372] Ein solcher Anspruch für eine zukünftige Historische Sozialwis-

---

ohne Geschichte. Europa und die andere Welt seit 1400, Frankfurt
a. M. / New York 1981. Mintz: Die süße Macht (wie Anm. 196).

372 Jürgen Kocka: Paradigmawechsel? Die Perspektive der „Historischen
Sozialwissenschaft", S. 75. In: Bernd Mütter / Siegfried Quandt (Hg.):
Historie, Didaktik, Kommunikation. Wissenschaftsgeschichte und ak-
tuelle Herausforderungen. Reinhart Koselleck zum 65. Geburtstag,
Marburg 1988, S. 65–80. Siehe auch: Ders.: Perspektiven (wie
Anm. 351), S. 35.

senschaft unterscheidet sich nicht mehr von dem der Historischen Anthropologie. Georg IGGERS hat daher zurecht gemeint, daß die Auseinandersetzungen zwischen Historischer Sozialwissenschaft und Alltagsgeschichte bzw. Historischer Anthropologie *„die vielen Affinitäten zwischen beiden Richtungen (verdeckt)"* [373].

---

373 Iggers: Geschichtswissenschaft (wie Anm. 19), S. 87.

4. HISTORISCHE ANTHROPOLOGIEN

Zuvor ist Historische Anthropologie bereits systematisiert worden. Dabei habe ich mich vorwiegend an den verschiedenen Themen, an einzelnen menschlichen Elementarerfahrungen, die historisch erkundet werden, orientiert. Die kommenden Seiten sind ein erneuter Versuch, Historische Anthropologie zu ordnen. Denn Historische Anthropologie zeichnet sich ja nicht nur dadurch aus, daß sie neue Themen für die historische Forschung erschlossen hat; sie hat zudem neue Forschungsstrategien, Methoden und Interpretationsverfahren für die Geschichtswissenschaft adaptiert und entwickelt. Daher soll hier nun ein Überblick über verschiedene historisch-anthropologische Richtungen bzw. „Schulen" gegeben werden. Die eine Form der Systematisierung hebt die andere nicht auf. Beide schauen sich das Feld „Historische Anthropologie" lediglich aus einer je spezifischen Perspektive an. Viele historisch-anthropologisch orientierten Arbeiten können sowohl der einen als auch der anderen zugeordnet werden.

Dabei sollen im folgenden in erster Linie jene historisch-anthropologischen Zugangsweisen berücksichtigt werden, die erstens mit Hilfe von Instrumentarien und Sichtweisen, die für die Geschichtswissenschaft verhältnismäßig neu sind (wie etwa der interkulturelle Vergleich oder der praxeologische Ansatz), den Menschen historisch in all seinen verschiedenen Facetten erschließen wollen, und die zweitens auf ihre je eigene Weise bestimmte Traditionen anderer anthropologischer Wissenschaften für sich dienstbar gemacht haben. Forschungsstrategien, die tendenziell an traditionelleren Ansätzen, beispielsweise strukturalistischen bzw. funktionalistischen, orientiert sind, werden eher vernachlässigt. Damit drücke ich nicht aus, solche Verfahren gering zu schätzen. Die Entwicklung in den vergangenen Jahren zeigt aber, daß Herangehensweisen, die sich fast ausschließlich an klassischen soziologischen und sozialanthropologischen Modellen oder auch an der Historischen Demographie anlehnen, innerhalb der Historischen Anthropologie an Bedeutung verloren haben.

Also auch hier gilt: Dieser Überblick bzw. diese Strukturierung ist nicht vollständig. Und ich verstehe sie dezidiert als eine vorläufige, zumal die Ordnungskriterien nicht einheitlich sind. Einmal fasse ich Forschungsarbeiten aufgrund gemeinsamer methodischer Prinzipien (zum Beispiel: des vergleichenden Prinzips) zusammen, ein anderes Mal tue ich das aufgrund des gemeinsamen Forschungsobjekts (etwa außereuropäischer Kulturen), dann aber auch aufgrund gemeinsamer institutioneller Verankerungen von Forschenden in Instituten, Zeitschriften usw. In nicht wenigen Fällen kommt es auch zu Überschneidungen; das heißt: einige Arbeiten bzw. WissenschaftlerInnen können mehreren Richtungen gleichzeitig zugeordnet werden.

Ich bin mir der Problematik der kommenden Systematisierung bewußt, zumal womöglich einige der Genannten, die ich dem einen oder dem anderen Zugang zurechne, mit dieser Zuordnung nicht ganz glücklich sein werden. Nichtsdestotrotz erachte ich eine solche Systematisierung gerade in einem Einführungsbuch für wichtig. Sie möge als ein weiterer Versuch verstanden werden, das Dickicht der Historischen Anthropologie zu ordnen.

4.1. Vergleichende Historische Anthropologie

„Historisch-anthropologische Forschungen leben vom Vergleich", schreibt Jochen MARTIN[1] vom Freiburger *Institut für Historische Anthropologie.* Gerade in einem Vergleich von Kulturen bzw. kulturellen Praktiken und Mentalitäten drücken sich die verschiedenen historischen Formen menschlicher Elementarerfahrungen aus. Der Vergleich und damit auch der Kontrast schaffen ein Kaleidoskop, das Auskunft darüber gibt, was Menschen mit ihrem Leben machen können; im Vergleich und Kontrast wird deutlich, was denn nun das jeweils Besondere an einer Kultur, an einer Zeit und letztlich auch an unserer Gegenwart ist. Einige historisch-anthropologisch orientierte ForscherInnen bzw. Institutionen haben daher eine bewußt komparatistisch orientierte Historische Anthropologie entwickelt, die den Vergleich systematisiert.

Schon Marc BLOCH hat in den zwanziger Jahren leidenschaftliche Plädoyers für eine vergleichende Geschichtswissenschaft gehalten[2]. Bloch selbst konzipierte seine bekannteste Monographie als eine komparatistische Analyse europäischer Feudalgesellschaften[3]. Und in seiner Studie *„Die wundertätigen Könige"* verglich er das mittelalterliche und frühneuzeitliche königliche Handauflegen, dem Wunderwirkungen zugesprochen worden waren, in England und in Frankreich[4].

1　Jochen Martin: Zur Anthropologie von Heiratsregeln und Besitzübertragung. 10 Jahre nach den Goody-Thesen, S. 149. In: Historische Anthropologie 1 (1993), S. 149–162.

2　Siehe z. B.: Marc Bloch: Für eine vergleichende Geschichtsbetrachtung der europäischen Gesellschaften (frz. Erstausgabe: 1928). In: Matthias Middell / Steffen Sammler (Hg.): Alles Gewordene hat Geschichte. Die Schule der ANNALES in ihren Texten, Leipzig 1994, S. 121–167.

3　Marc Bloch: Die Feudalgesellschaft, Frankfurt a. M. / Berlin / Wien 1982 (frz. Erstausgabe: 1939/40).

4　Marc Bloch: Les rois thaumaturges, Paris 1961 (frz. Erstausgabe: 1924).

Blochs Innovationen sind Jahrzehnte lang nicht aufge-
griffen worden. Erst die seit 1959 erscheinende Zeitschrift
„Comparative Studies in Society and History" hat die vergleichende Methode zum Programm gemacht. Vorwiegend
VertreterInnen der Sozial- und Kulturanthropologie und
Geschichtswissenschaft legen hier komparatistische Studien vor. Die Themenschwerpunkte der einzelnen Hefte
sind breit gestreut (z. B.: *„Religion and Politics"*, *„Gender,
Generation, Sex"*, *„The Identity of Language"*, *„The Secular
Sides of Religion"*, *„Changing Tradition"*, *„Labour Systems"*, *„Modern Uses of the Myth"*, *„Ethnic Identity"*, *„Po-
wer and Popular Culture"*, *„The Cultural Component of
Economic Change"*, *„The Politics of Terror"*, *„The Imperial
State in the Middle Ages"*). Die Zeitschrift ist, und das ist ja
insgesamt für die Historische Anthropologie bezeichnend,
epochen- und ortsübergreifend; das heißt: sie hält sich an
keine traditionellen Begrenzungen und Periodisierungen
traditioneller spezialisierter Geschichtswissenschaften, die
sich, wie etwa die Zeitgeschichte, lediglich für das 20. Jahrhundert und das auch meist nur im europäischen Raum
interessiert. In den *„Comparative Studies in Society and
History"* finden sich Analysen zur Kriegführung von Gue-
rillas in Lateinamerika in den sechziger Jahren unseres
Jahrhunderts ebenso wie Untersuchungen zur spanischen
Kolonisation der Kanarischen Inseln im Mittelalter.

So verschieden die Untersuchungsgegenstände und -
zeiträume bzw. -zeitpunkte sind, so vielfältig sind auch die
Formen des Vergleichs. Mal ergibt sich der Vergleich durch
das Nebeneinander der Studien innerhalb eines Themen-
schwerpunkts, dann wiederum durch Einzelanalysen, die
als solche bereits komparatistisch angelegt sind (z. B.: *„Mu-
hammed and Jenghiz Khan Compared: The Religion Factor
in World Empire Building"*). Einmal wird eine großflächige
Analyse angeboten (z. B.: *„Metamorphoses of the Jesuits:
Sexual Identity, Gender Roles, and Hierarchy in Catholi-*

cism"), ein anderes Mal eine Mikrostudie (z. B.: *„Revolutionary and Antirevolutionary Genocides: A Comparison of State Murders in Democratic Kampuchea, 1975 to 1979, and in Indonesia, 1965 to 1966"*) und wieder ein anderes Mal eine Längsschnittanalyse (z. B. *„Women's Work in Agriculture. Divergent Trends in England and America, 1800 to 1930"*)[5].

Zwei grundsätzliche Formen des historisch-anthropologischen Vergleichs, die auch in der deutschsprachigen Forschung eine bedeutende Rolle spielen, sollen an dieser Stelle kurz skizziert werden – zunächst die Form des interdisziplinären großflächigen Kulturvergleichs, sodann die mikroskopische bzw. dezentrierende komparatistische Methode.

Dem interdisziplinären großflächigen Kulturvergleich widmet sich vor allem das *Institut für Historische Anthropologie* in Freiburg. U. a. die Zeitschrift *„Saeculum. Zeitschrift für Universalgeschichte"*, die im Umfeld des Instituts erscheint, dient dabei als ein Forum des Dialogs verschiedener Fächer um eine vergleichende Historische Anthropologie[6]. Die aus dieser Diskussion hervorgegangenen Projekte, die sich jeweils einer konkreten menschlichen Elementarerfahrung, wie Kindheit, Jugend, Familie oder Geschlechterbeziehungen widmen, werden in einer vom Institut herausgegebenen Schriftenreihe *„Historische Anthropologie"* präsentiert. Eine solche Studie ist beispielsweise der Doppelband *„Aufgaben, Rollen und Räume*

---

5 Zu den *„Comparative Studies in Society and History"* siehe auch die Übersicht bei: Rolf Sprandel: Historische Anthropologie. Zugänge zum Forschungsstand. In: Saeculum. Zeitschrift für Universalgeschichte, Bd. 27, 1976, S. 121–142.

6 Siehe z. B.: Otto Köhler: Versuch einer „Historischen Anthropologie". In: Saeculum. Zeitschrift für Universalgeschichte, Bd. 25, 1974, S. 129–246. Jochen Martin: Das Institut für Historische Anthropologie. In: Saeculum. Jahrbuch für Universalgeschichte, Bd. 33, 1982, S. 375–380.

von Mann und Frau"[7]. Hier haben RepräsentantInnen verschiedenster sozial- und geisteswissenschaftlicher Disziplinen mitgearbeitet: VertreterInnen der Geschichte, Soziologie, Sinologie, Ägyptologie, Islamistik usw. Zu Beginn des
Projekts entwickelten sie einen gemeinsamen Fragenkata-
log, der die verschiedenen fachspezifischen Zugänge und
Ergebnisse berücksichtigte, um das Problemfeld „Mann –
Frau" so weit als möglich auszuleuchten. Die Fragen waren
letztlich so formuliert, daß sich mit ihnen männliche und
weibliche Aufgaben, Rollen und Räume in verschiedensten
Kulturen zu den unterschiedlichsten Zeiten erheben ließen.

In den aus dem Projekt hervorgegangenen Bänden finden sich beispielsweise Beiträge zur *„Stellung der Frau im
Alten Ägypten"*, zu den *„Geschlechterrollen bei den Hin-
dus"*, Beiträge zu Japan, zum Islam, aber auch zum europäischen Mittelalter und zum ländlichen Milieu Frankreichs
im 19. und 20. Jahrhundert. Die Einzelstudien lösen die
Fragestellungen also jeweils in einem weitgehend großen
kulturellen Kontext; das heißt: Kultur wird eher als eine
großflächige Einheit verstanden (eben: *„das klassische Griechenland"*). Die Größe des Untersuchungsgegenstand bringt
es mit sich, daß innerhalb einer Kultur nur wenig differenziert werden kann, Frauen und Männer scheinen jeweils
meist im Singular auf und nicht im Plural, eben als „Frau"
und „Mann". Die vielen Möglichkeiten, die Menschen in

---

7   Jochen Martin / Renate Zoepffel (Hg.): Aufgaben, Rollen und Räume
     von Frau und Mann, 2 Bd., Freiburg / München 1989. Siehe zudem die
     übrigen Bände der Schriftenreihe: Heinrich Schipperges / Eduard Seid-
     ler / Paul U. Unschuld (Hg.): Krankheit, Heilkunst, Heilung, Freiburg /
     München 1978. Wolfgang Fikentscher / Herbert Franke / Oskar Köhler
     (Hg.): Entstehung und Wandel rechtlicher Traditionen, Freiburg / Mün-
     chen 1980. Ernst Wilhelm Müller (Hg.): Geschlechtsreife und Legitima-
     tion zur Zeugung, Freiburg / München 1985. Jochen Martin / August
     Nitschke (Hg.): Zur Sozialgeschichte der Kindheit, Freiburg / München
     1986. Heinrich von Stietencron (Hg.): Töten im Krieg, Freiburg / Mün-
     chen 1994.

ein und derselben Problemstellung zur Verfügung stehen, zeigen sich in dieser Zugangsweise vor allem in dem Nebeneinander der vielen historischen und kulturellen Organisationsformen des Geschlechterverhältnisses. Das gemeinsame Fragenraster läßt es schließlich zu, daß auf Grundlage der einzelnen Studien allgemeine Überlegungen angestellt werden können. In den beiden erwähnten Bänden etwa geht der Soziologe Hartmann TYRELL der Frage nach, warum denn Geschlecht eine universelle Kategorie ist, warum sich alle Gesellschaften und Kulturen *auch* über die Differenz von Mann und Frau organisieren[8].

Der Herausgeber der *„Comparative Studies in Society and History"*, Raymond GREW, hat 1980 für einen dezentrierenden bzw. mikroskopischen historischen Vergleich plädiert[9]. Im Gegensatz zum großflächigen Kulturvergleich hat die dezentrierende bzw. mikroskopische komparatistische Methode historische Einzelfälle, etwa ein Dorf in der europäischen frühen Neuzeit oder einen afrikanischen Stamm im vergangenen Jahrhundert, zur Grundlage. Dabei werden einerseits Ähnlichkeiten und Gemeinsamkeiten sowie andererseits Unterschiede zwischen den Fallbeispielen, also zwischen den verschiedenen historischen Situationen menschlicher Daseinsbewältigung sowie den historischen Wirkungszusammenhängen herausgearbeitet[10]. Gerade ein solcher Vergleich und Kontrast von weitgehend überschaubaren Lebenswelten verdeutlicht die jeweiligen Besonder-

8 Hartmann Tyrell: Überlegungen zur Universalität geschlechtlicher Differenzierung. In: Martin / Zoepffel: Aufgaben, Rollen und Räume von Frau und Mann (wie Anm. 7), Bd. 1, S. 37–78.

9 Raymond Grew: The Case for Comparing Histories. In: American Historical Review 85 (1980), S. 763–778.

10 Siehe z. B.: Hans Medick: Entlegene Geschichte? Sozialgeschichte und Mikro-Historie im Blickfeld der Kulturanthropologie. In: Joachim Matthes (Hg.): Zwischen den Kulturen? Die Sozialwissenschaften vor dem Problem des Kulturvergleichs, Göttingen 1992, S. 167–178.

heiten und spezifischen kulturellen Ausdrucksformen. Ein
Vorteil dieser Vorgangsweise besteht darin, daß sie die jeweils unterschiedliche Bedeutung von Phänomenen, die
sich durchaus gleich oder ähnlich in verschiedenen Kulturen und Zeiten zeigen, erkennen kann. Denn die jeweils
spezifischen und komplexen Zusammenhänge zwischen
gesellschaftlichen Bedingungen und den entsprechenden
Phänomenen werden für jeden Einzelfall detailliert herausgearbeitet. Ein solcher kleinräumiger Vergleich beugt vorschnellen Verallgemeinerungen und Typisierungen vor.

Beispiele für solche dezentrierende Vergleiche finden
sich etwa in Sammelbänden des Göttinger *Max-Planck-Insti-
tuts für Geschichte*; hier hat ein internationales Forum von
Sozial- und KulturanthropologInnen und HistorikerInnen –
nach vorausgegangenen intensiven Diskussionen – mehrere
Fallstudien u. a. zur Geschichte der Familie und zur historischen sozialen Praxis politischer Herrschaft zusammengetragen[11]. Auch eine deutsch-holländische Projektgruppe aus
historisch interessierten PädagogInnen und SoziologInnen
hat detaillierte Mikrostudien zum Ausgangspunkt vergleichender Betrachtungen genommen. Vor allem auf Basis lebensgeschichtlicher Interviews sind hier die unterschiedlichen Konzeptionen von Arbeiterkindheit in einer deutschen
(Wiesbaden) und in einer niederländischen Stadt (Leiden)
zu Beginn des 20. Jahrhunderts rekonstruiert worden[12].

---

11 Hans Medick / David Sabean (Hg.): Emotionen und materielle Interes-
    sen. Sozialanthropologische und historische Beiträge zur Familienfor-
    schung, Göttingen 1984. Alf Lüdtke (Hg.): Herrschaft als soziale Praxis.
    Sozialanthropologische und historische Studien, Göttingen 1991. Sie-
    he auch: Robert Berdahl / Alf Lüdtke / Hans Medick u. a.: Klassen und
    Kultur. Sozialanthropologische Perspektiven in der Geschichtsschrei-
    bung, Frankfurt a. M. 1982.
12 Imbke Behnken / Manuela du Bois-Reymond / Jürgen Zinnecker: Le-
    bensräume im Prozeß der Modernisierung. Wiesbadener und Leidener
    Arbeiter-Kindheiten um 1900. In: Gisela Trommsdorff (Hg.): Sozialisa-
    tion im Kulturvergleich, Stuttgart 1989, S. 196–221. Dies.: Stadtge-

4.2. Historisch orientierte Kultur- und Sozialanthropologie

Einer „Historisch orientierten Kultur- und Sozialanthropologie" möchte ich Kultur- und SozialanthropologInnen sowie HistorikerInnen zuordnen, die weitgehend schriftlose Kulturen als geschichtliche Phänomene untersuchen – und zwar erstens schriftlose Kulturen in außereuropäischen Räumen, also im traditionellen Untersuchungsfeld der Kultur- und Sozialanthropologie bzw. Ethnologie, und zweitens solche an der europäischen „Peripherie", etwa in Osteuropa oder am Balkan.

Wurden Kulturen außerhalb des Abendlandes über Jahrzehnte hinweg von der Geschichtswissenschaft überhaupt ignoriert, so wurden sie von den anthropologischen bzw. ethnologischen Disziplinen lange Zeit (im Gegensatz zur „geschichtsträchtigen" westlichen Zivilisation) als „Naturvölker", als *„Völker ohne Geschichte"* (Eric Wolf) dargestellt – so als ob schriftlos auch geschichtslos bedeuten würde. In den vergangenen Jahren ist es allerdings zu einem wahren Boom an historischen Arbeiten über außereuropäische Kulturen gekommen. Wenn man sich einige Zeitschriften oder andere Publikationen zur Hand nimmt, die der Historischen Anthropologie nahestehen, kann man einen ersten Einblick in dieses neue Forschungsfeld bekommen (zum Beispiel: *„Historische Anthropologie"*; *„Comparative Studies in Society and History"*, *„Journal of Interdisciplinary History"*, Schwerpunktheft *„Afrika-Europa"* der „Werkstatt*Geschichte*", mehrere Schwerpunkthefte der *„Beiträge zur Historischen Sozialkunde"*, Schwerpunktheft *„Anthropologie historique des sociétés andines"* der *„An-*

---

schichte als Kindheitsgeschichte. Lebensräume von Großstadtkindern in Deutschland und Holland um 1900, Opladen 1989.

nales" wie auch die Sammelbände des *Instituts für Histori-sche Anthropologie* in Freiburg).

Ein zentrales Anliegen vieler AutorInnen ist es, nicht nur den von ihnen untersuchten außereuropäischen Kultu-ren die Geschichte zurückzugeben; darüber hinaus wollen sie diese auch entghettoisieren. Denn Kulturen, alle Kultu-ren, auch die vormals von den (abendländischen) Wissen-schaften als „primitiv" oder als „Naturvölker" bezeichneten, sind weder statische noch sind sie autonome bzw. völlig autarke Gemeinschaften. Außereuropäische Kulturen sind sowohl untereinander als auch mit der europäischen Kultur verwoben gewesen, wodurch immer auch Veränderungen auf der einen wie auf der anderen Seite ausgelöst worden sind.

Gerade der historischen Dynamik, die in verschieden-sten Kulturkontakten begründet ist, widmen sich viele Arbei-ten der „Historisch orientierten Kultur- und Sozialanthropo-logie". Dabei kann man zwischen zwei Herangehensweisen unterscheiden: zwischen einem makrohistorischen und ei-nem mikrohistorischen Zugang. Die makrohistorische Zu-gangsweise analysiert vor allem die Auswirkungen der Kul-turbegegnungen großräumig im wirtschaftlichen, kulturellen und sozialen Bereich sowie über mehrere Jahrzehnte und auch Jahrhunderte hinweg. Der mikrohistorische Zugang da-gegen versucht, durch eine starke zeitliche und räumliche Ein-grenzung des Untersuchungsgegenstandes vor allem Hand-lungs- und Deutungsweisen der beteiligten (europäischen und außereuropäischen) Akteure in den Blick zu bekommen.

Als Vertreter einer makrohistorischen Zugangsweise können etwa die amerikanischen Kulturanthropologen Eric WOLF, Sidney MINTZ und Alfred W. CROSBY gelten. Wolfs Klassiker „*Die Völker ohne Geschichte*"[13] untersucht nicht

---

13 Eric Wolf: Völker ohne Geschichte. Europa und die andere Welt seit 1400, Frankfurt a. M. / New York 1981. Wolf hat aber ebenso Mikro-bzw. Fallstudien vorgelegt; siehe z. B. jene über ein südtiroler Tal: John

nur die globalen wirtschaftlichen Auswirkungen der europäischen Expansion nach Übersee seit der frühen Neuzeit;
er streicht darüber hinaus die kulturellen Wechselwirkungen zwischen diversen außereuropäischen Völkern und damit deren historische Dynamik hervor. Diese gab es bereits,
bevor mit Christoph Kolumbus erstmals ein Europäer seinen
Fuß auf amerikanischen Boden setzte – Geschichte ist nicht
nur eine europäische Angelegenheit! Mintz stellt in seiner
„Kulturgeschichte des Zuckers" die Vorliebe für den süßen
Geschmack in unserer heutigen europäischen und nordamerikanischen Kultur mit der historischen Produktion und der
Lebenspraxis insgesamt in den kolonialen Überseegebieten
in Beziehung[14]. Crosby wiederum schildert die Zusammenhänge zwischen europäischer Expansion seit Anfang unseres Jahrtausends und ökologischen Wandlungsprozessen
bzw. Katastrophen, die das Massensterben der Einheimischen in den von Europäern zunehmend besetzten Gebieten
mitauslösten[15]. Als ein deutschsprachiger Repräsentant eines kultur- und sozialanthropologischen makroorientierten
Zugangs, der an der Geschichte außereuropäischer Ethnien
interessiert ist, ist Urs BITTERLI hervorzuheben. Bitterli hat
an Hand von Beispielen europäisch-überseeischer Begegnungen eine Typologie des Kulturkontaktes erstellt, die zwischen Kulturberührung, Kulturzusammenstoß und Kulturbeziehung unterscheidet[16]. Der Salzburger Historiker Nor-

---

W. Cole / Eric R. Wolf: Die unsichtbare Grenze. Ethnizität und Ökologie
in einem Alpental, Wien 1995.

14 Sidney Mintz: Die süße Macht. Kulturgeschichte des Zuckers, Frankfurt a. M. / New York 1987.

15 Alfred W. Crosby: Die Früchte des weißen Mannes. Ökologischer Imperialismus 900 – 1900, Frankfurt a. M. / New York 1991.

16 Urs Bitterli: Alte Welt – neue Welt. Formen des europäisch-überseeischen Kulturkontaktes vom 15. bis zum 18. Jahrhundert, München
1986. Siehe auch: Ders.: Die „Wilden" und die „Zivilisierten". Grundzüge einer Geistes- und Kulturgeschichte der europäisch-überseeischen Begegnung, München 1982.

bert ORTMAYR schließlich widmet sich den durch verschiedenste kulturelle Einflüsse hervorgerufenen Wandlungsprozessen in den Sklavengesellschaften der Karibik[17].

Mikrohistorische Arbeiten der historisch orientierten
Kultur- und Sozialanthropologie, die sich für die Geschichte außereuropäischer Kulturen interessieren, sind u. a. von
der australischen „Melbourne Group" um den Historiker
Rhys ISAAC vorgelegt worden. So hat Inge CLENDINNEN über
die Beziehungen zwischen Mayas und Spaniern im Zentral-
amerika des 16. Jahrhunderts gearbeitet[18]. ISAAC selbst hat
kulturelle und religiöse Transformationsprozesse in der
Sklaven- und entstehenden Klassengesellschaft von Virginia beschrieben[19]. Der amerikanische Literaturwissenschaftler Stephen GREENBLATT wiederum hat autobiographische Texte europäischer Expansionisten der frühen Neuzeit
u. a. dahingehend untersucht, in welcher Weise die Begegnungen zwischen europäischen Eroberern und amerikani-
scher Urbevölkerung zu Konflikten um bestimmte kulturelle Repräsentationen führten[20]. Im deutschsprachigen Raum
hat sich u. a. der Berliner Ethnologe Peter PROBST mit mikrohistorischen Zugängen profiliert; er hat die Zurückdrän-
gung der langen Tradition der Tätowierung im pazifischen

---

17 Norbert Ortmayr: Ehe und Familie im Spannungsfeld von politischer
   Ökonomie, Kultur und Demographie. Das Fallbeispiel Trinidad und
   Tobago, 1838–1992. Ein Projektentwurf. In: Historische Anthropologie
   1 (1993), S. 141–147.
18 Inge Clendinnen: Ambivalent Conquests. Maya and Spaniard in Yuca-
   tan 1516–1570, Cambridge 1987.
19 Rhys Isaac: The Transformation of Virginia 1740–1790, Chapel Hill
   1982. Ders.: Der entlaufene Sklave. Zur ethnographischen Methode in
   der Geschichtsschreibung. Ein handlungstheoretischer Ansatz. In: Rebekka Habermas / Niels Minkmar (Hg.): Das Schwein des Häuptlings.
   Beiträge zur Historischen Anthropologie, Berlin 1992, S. 147–185.
   Ders.: Geschichte und Anthropologie oder: Macht und (Be-)Deutung.
   In: Historische Anthropologie 2 (1994), S. 107–130.
20 Stephen Greenblatt: Wundersame Besitztümer. Die Erfindung des
   Fremden. Reisende und Entdecker, Berlin 1994.

Raum durch den europäisch-christlichen Einfluß analysiert[21]. Im Extremfall stellen mikrohistorische Arbeiten ein Ereignis ins Zentrum der Interpretation, wie beispielsweise jene von Marshall SAHLINS: Der amerikanische Kulturanthropologe hat sich u. a. mit dem Ausbruch des Fidschikrieges, Mitte des vergangenen Jahrhunderts, beschäftigt und dessen Ursache in kulturellen Konflikten zwischen zwei lokalen Königreichen lokalisiert[22]. Weiters untersuchte Sahlins den Tod des europäischen Weltumseglers Cook, und beurteilte diesen als historischen Vollzug einer mythischen Geschichtserfahrung der BewohnerInnen Hawaiis[23].

Die anthropologischen bzw. ethnologischen Wissenschaften widmeten sich lange Jahrzehnte „nur" dem außereuropäischen Raum, die Geschichtswissenschaft dagegen vor allem Europa, aber auch nur dem europäischen „Zentrum". Selbst in BRAUDELS Hauptwerk über die Welt des Mittelmeeres in der frühen Neuzeit blieb das mediterrane bäuerliche Milieu ein am Rande der großen Geschichtsabläufe stehendes „Ding" – weitgehend ohne eigene Geschichte[24]. Ebenso die Volkskunde, die kaum über die Ränder der eigenen „nationalen Kultur" hinausblickte; sie war weitgehend eine „Ethnologie zu Hause". Unerforscht, unerkannt und

---

21 Peter Probst: Der dekorierte Körper. Dimension der Tatauierung in Ozeanien, Berlin 1992. Ders.: Omais Erben. Polynesische Variationen über die Ästhetik des Lokalen im Globalen. In: Historische Anthropologie 2 (1994), S. 87–106.

22 Marshall Sahlins: Die erneute Wiederkehr des Ereignisses: Zu den Anfängen des Großen Fidschikrieges zwischen den Königreichen Bau und Rewa 1843–1855. In: Rebekka Habermas / Niels Minkmar (Hg.): Das Schwein des Häuptlings. Beiträge zur Historischen Anthropologie, Berlin 1992, S. 84–129.

23 Marshall Sahlins: Der Tod des Kapitän Cook. Geschichte als Metapher und Mythos als Wirklichkeit in der Frühgeschichte des Königreiches Hawaii, Berlin 1986.

24 Fernand Braudel: Das Mittelmeer und die mediterrane Welt in der Epoche Philipp II., 3 Bd., Frankfurt a. M. 1990 (frz. Erstausgabe: 1949).

unbekannt blieben Kulturen in den europäischen Randre-
gionen, insbesondere in den agrarwirtschaftlich orientierten Gebieten in Süd-, Südost- und Osteuropa.

Dies hat sich mittlerweile geändert. Die Institute bzw.
Lehrstühle für Volkskunde nennen sich mancherorts seit
einiger Zeit „Europäische Ethnologie", wie etwa die Lehrstühle in Marburg, Frankfurt/Main und Graz[25]. „*The object
of European Ethnology*", hat Sigfrid SVENSSON geschrieben,
„*is the ,popular' culture of the European Countries.*"[26] In
Skandinavien erscheint die Zeitschrift „*Ethnologia Europaea*". Vor allem VolkskundlerInnen und SozialanthropologInnen, die sich der Europäischen Ethnologie verpflichtet
fühlen, haben sich zudem in der „*European Association of
Social Anthropologists*" (EASA) organisiert; seit 1992 gibt
die EASA die Zeitschrift „*Social Anthropology/Anthropo-
logie Sociale*" heraus[27]. Innerhalb der Historikerzunft konzentrieren sich mittlerweile u. a. die (Feld-)Forschungen
der von Karl Kaser geleiteten Südosteuropa-Abteilung des
Grazer Historischen Instituts auf die Geschichte ländlicher
Kulturen am Balkan.

Als Vorreiter einer Anthropologie und Geschichte von
„Volkskulturen" in peripheren europäischen Räumen haben sich aber vor allem englischsprachige Anthropologen
hervorgetan. Schon in der Zwischenkriegszeit und verstärkt
nach dem Zweiten Weltkrieg sind sie zu langjährigen Feld-

---

25 Siehe dazu: Thomas Hauschild: Zur Einführung: Formen Europäischer
    Ethnologie. In: Heide Nixdorff / Thomas Hauschild (Hg.): Europäische
    Ethnologie. Theorie- und Methodendiskussion aus ethnologischer und
    volkskundlicher Sicht, Berlin 1982, S. 11–26.
26 Zit. nach Ulla Brück: The Influence of Social Anthropology in Swedish
    Ethnology, S. 120. In: Heide Nixdorff / Thomas Hauschild (Hg.): Euro-
    päische Ethnologie. Theorie- und Methodendiskussion aus ethnologi-
    scher und volkskundlicher Sicht, Berlin 1982, S. 119–127.
27 Andre Gingrich: Für eine neue sozialanthropologische Zeitschrift. Hin-
    tergründe und Aufgaben in einer Situation gesellschaftlichen Wandels.
    In: Historische Anthropologie 1 (1993), S. 163–168.

forschungen in ländliche europäische Regionen aufgebro-
chen; so zum Beispiel der Amerikaner Philip MOSELY, der
schon in der ersten Jahrhunderthälfte zu mehreren For-
schungsaufenthalten am Balkan weilte. Die politischen Verhältnisse in Ost- und Südosteuropa nach 1945 haben lange
Jahre die Möglichkeiten für westliche WissenschaftlerInnen
erschwert, teilweise unmöglich gemacht. Günstiger war die
Forschungssituation in Südeuropa. So verbrachte der amerikanische Ethnologe Laurence WYLIE in den fünfziger Jahren längere Zeit in einem kleinen französischen Dorf; das
Ergebnis war eine detaillierte Studie über die dortige soziale Organisation der Kindheit und Jugend, des Erwachsenen-
und Pensionsalters[28]. Innerhalb der britischen Sozialanthropologie hat sich zudem in den vergangenen Jahrzehnten eine mediterrane Studienrichtung herausgebildet, die
Heiratsregeln, Verwandtschaftsverhältnisse, dörfliche
Klientelsysteme, die Bedeutung der Ehre usw. untersucht.
Ein zentrales Publikationsforum ist die von Jack GOODY
herausgegebene Buchreihe „Cambridge Studies in Social
Anthropology". So ist hier ein Sammelband erschienen, der
verschiedene Einzelstudien zu Familien- und Verwandtschaftsstrukturen, generativem Verhalten, Heiratsverhalten,
Geschlechterrollen und Erbrecht in ländlichen Gebieten
und Städten Südeuropas, Nordafrikas und der Levante vor-
stellt[29]. Mittlerweile sind aus der Vielzahl von Fallstudien
zu Südeuropa bzw. zum mediterranen Raum[30] auch eine
stattliche Anzahl übergreifender Darstellungen entstanden,

---

28 Laurence Wylie: Dorf in der Vaucluse. Der Alltag einer französischen
   Gemeinde, Frankfurt a. M. 1978 (Erstausgabe: 1957).
29 J. G. Peristiany: Mediterranean Familiy Structures, Cambridge 1976.
30 Siehe z. B.: J. K. Campbell: Honour, Family and Patronage. A Study of
   Institutions and Moral Values in a Greek Mountain Community, New
   York / Oxford 1976 (englische Erstausgabe: 1964). Peter Loizos / Evthy-
   mios Papataxiarchis (Hg.): Gender and kinship in modern Greece, Princeton 1991.

die auch historisch orientiert sind. So hat Julian PITT-RI-
VERS in seiner Anthropologie des Mittelmeerraumes auf die
bereits mehrere Jahrhunderte während Einheit dieses Raumes hingewiesen[31]. John DAVIES hat die Menschen im mediterranen Raum bzw. einzelne lokale und regionale Gesellschaften als *eine* historisch gewachsene Kultur erkannt, die
über Gemeinsamkeiten in der politischen, wirtschaftlichen
und sozialen Organisation verbunden war und ist[32].

Die Arbeiten der britischen Sozialanthropologie haben
die italienische Sozialgeschichtsschreibung nachhaltig beeinflußt. Die vormals an traditionellen Makromodellen
orientierte italienische Diskussion über die unterschiedliche Entwicklung des Kapitalismus in Nord- und Süditalien
etwa hat dadurch eine enorme Belebung erfahren, daß sie
sozialanthropologische Analysen ländlicher Klientelsysteme rezipiert hat. Mittlerweile liegen eine Reihe von italienischen Fallanalysen sozialer Netzwerke vor, in denen die
Bedeutung des Klientelsystems herausgearbeitet worden
ist[33].

Nach der „Öffnung" Ost- und Südosteuropas seit 1989
sind auch in Staaten wie Albanien und Bulgarien neue

31 Julian Pitt-Rivers: The Fate of Shechun or The Politics of Sex. Essays
   in the Anthropology of the Mediterranean, London / New York / Melbourne 1977. Siehe auch Pitt-Rivers frühes Plädoyer für eine Verknüpfung von Anthropologie und Geschichte: History and Anthropology.
   In: Comparative Studies in Society and History 5 (1963), S. 253–258.
32 John Davies: People of the mediterranean. An essay in comparative
   social anthropology, London / Henley / Boston 1977. Siehe auch: J. G.
   Peristiany: Honour and Shame. The Values of Mediterranean Society,
   Chicago 1974. Paul Sant Cassia: The making of the modern Greek
   family. Marriage and exchange in nineteenth-century Athens, Cambridge / New York / Port Chester / Victoria / Sydney 1991.
33 Angelina Arru: Anthropologische Neuorientierung in Italien. Die
   Schwierigkeiten eines Bruches mit der historiographischen Vergangenheit. In: Historische Anthropologie 3 (1995), S. 165–173. Gabriella Gri-
   baudi: Stärken und Schwächen des Klientismus. Staat und Bürger in
   einer italienischen Stadt 1945–1994. In: Historische Anthropologie 3
   (1995), S. 1–33.

Möglichkeiten zur Feldforschung entstanden. Mehrere AnthropologInnen und HistorikerInnen haben dies genutzt. Inzwischen liegen eine Reihe von historischen und ethnologischen Untersuchungen zu südosteuropäischen Gesellschaften vor[34]. Karl KASER und seine Grazer Kollegen haben vor allem Familien- und Stammesstrukturen am Balkan analysiert[35]; sie haben dabei u. a. auf die historische und gegenwärtige Bedeutung des Patriarchalismus hingewiesen. Insbesondere vor dem aktuellen Hintergrund der kriegerischen Auseinandersetzungen im ehemaligen Jugoslawien haben diese Forschungen an Relevanz gewonnen[36]. Bemerkenswert ist zudem, daß die Geschichtswissenschaft vor Ort selbst historisch-anthropologische Themen und Zugangsweisen aufgegriffen hat. So setzt sich Kritina POPOVA von der bulgarischen Südwest-Universität in Blagoevgrad seit einigen Jahren u. a. mit der historischen Praxis von Kindheit und dem sich wandelnden Zeitverständnis in ländlichen Regionen ihres Landes auseinander[37]. Das Interesse verschiedener Wissenschaften für die Geschichte weitgehend schriftloser Kulturen am Balkan ist mittlerweile so ausgeprägt, daß sich vor allem AnthropologInnen und HistorikerInnen in einer eigenen *„Association of Balkan Anthropology"* in Sofia organisiert haben.

---

34 Siehe z. B.: Maria N. Todorova: Balkan Family and the European Pattern. Demographic Developments in Ottoman Bulgaria, Washington 1993.

35 Karl Kaser: Hirten, Kämpfer, Stammeshelden. Ursprünge und Gegenwart des balkanischen Patriarchats, Wien / Köln / Weimar 1992. Ders.: Familie und Verwandtschaft auf dem Balkan. Analyse einer untergehenden Kultur, Wien / Köln / Weimar 1995. Franz Baxhaku / Karl Kaser: Die Stammesgesellschaften Nordalbaniens. Berichte und Forschungen österreichischer Konsuln und Gelehrter (1861–1917), Wien / Köln / Weimar 1996.

36 Siehe z. B.: Karl Kaser: Hirten, Helden und Haiduken. Zum Männlichkeitskult im jugoslawischen Krieg. In: L'Homme. Zeitschrift für Feministische Geschichtswissenschaft 3 (1992), Heft 1, S. 155–162.

37 Kristina Popova (Hg.): „Ein roter und ein weißer Zwirn". Jugend auf

4.3. Kulturanthropologisch orientierte Mikrogeschichte

Der Begriff, den ich für den nun skizzierten Zugang gewählt habe, drückt es bereits aus: Die „Kulturanthropologisch orientierte Mikrogeschichte" ist massiv durch Impulse aus der amerikanischen Kulturanthropologie geprägt worden. Zu dieser historisch-anthropologischen Richtung rechne ich u. a. Historiker vom Göttinger *Max-Planck-Institut für Geschichte* hinzu wie auch die italieinischen Mikrohistoriker Carlo GINZBURG und Carlo PONI und die amerikanische Historikerin Nathalie Zemon DAVIS (vgl. auch Kap. 3.4.5.)[38.]

Freilich: Die amerikanische Kulturanthropologie, ob in der Vergangenheit oder in der Gegenwart, ist keine völlig homogene Disziplin. Während Eric WOLF (auch) für Arbeiten steht, die – wie etwa seine *„Völker ohne Geschichte"* –

dem Balkan, Wien / Köln / Weimar 1996. Dies.: Die Einweihung der Kirche Sveti Dimitar und die Schlacht von Port Arthur. Zeit- und Raumbewußtsein in den Randglossen der Evangeliare von Tesovo 1849 – 1927. In: Historische Anthropologie 3 (1995), S. 72–99.

38 Siehe dazu u. a. die Arbeiten: Hans Medick: „Missionare im Ruderboot"? Ethnologische Erkenntnisweisen als Herausforderung an die Sozialgeschichte. In: Geschichte und Gesellschaft 10 (1984), S. 295–319. Ders.: Entlegene Geschichte? Sozialgeschichte und Mikro-Historie im Blickfeld der Kulturanthropologie. In: Berliner Geschichtswerkstatt (Hg.): Alltagskultur, Subjektivität und Geschichte. Zur Theorie und Praxis von Alltagsgeschichte, Münster 1994, S. 94–109. Ders.: Mikro-Historie. In: Winfried Schulze (Hg.): Sozialgeschichte, Alltagsgeschichte, Mikro-Historie, Göttingen 1994, S. 40–53. Carlo Ginzburg / Carlo Poni: Was ist Mikrogeschichte? In: Geschichtswerkstatt, Nr. 6, 1985, S. 48–52. Carlo Ginzburg: Mikro-Historie. Zwei oder drei Dinge, die ich von ihr weiß. In: Historische Anthropologie 1 (1993), S. 169–192. Ders.: Spurensicherung: Der Jäger entziffert die Fährte, Sherlock Holmes nimmt die Lupe, Freud liest Morelli – die Wissenschaft auf der Suche nach sich selbst. In: Ders.: Spurensicherung. Die Wissenschaft auf der Suche nach sich selbst, Berlin 1995, S. 7–44. Natalie Zemon Davis: Anthropology and History in the 1980ies. The Possibilities of the Past. In: Journal of Interdisciplinary History 12 (1981), S. 267–276.

fast so etwas wie der Entwurf einer Weltgeschichte sind, haben die Studien von Marshall SAHLINS einen eindeutig örtlich und zeitlich begrenzten Untersuchungsgegenstand. Während Sidney MINTZ seine *„Kulturgeschichte des Zuk-kers"* auch im Sinne einer marxistisch orientierten Wirtschaftsgeschichte konzipiert hat, plädiert Clifford GEERTZ für einen extrem hermeneutischen Zugang, der die jeweils spezifischen Bedeutungen von Äußerungen einer sozialen Gruppe entschlüsseln will. So vielfältig die amerikanische Kulturanthropologie war und ist – die zahlreichen Konzepte und Zugangsweisen, für die sie steht, sind von HistorikerInnen auf verschiedene Art und Weise aufgegriffen und für eine Erkundung der eigenen abendländischen Geschichte adaptiert worden.

Schon Franz BOAS hatte sich vehement gegen ethnozentristische Modelle gewehrt, die – wie auch immer – die westliche Elitenkultur höher bewertete als sogenannte „primitive" und sie als Maßstab aller Dinge dachte. Boas plädierte dafür, alle Kulturen in ihrer Geschichte und Gegenwart gleich ernst zu nehmen, jede einzelne Kultur als eine Möglichkeit zu verstehen, wie Menschen sich ihr Leben organisieren können (vgl. Kap. 2.3.). Wenn Hans MEDICK vom Göttinger *Max-Planck-Institut für Geschichte* nun die Abkehr von einem zentristischen Geschichtsbild fordert, wenn er die Geschichte und das Handeln von Individuen und sozialen Gruppen, nicht nur von Eliten, sondern von allen, betont, wenn er Modelle kritisiert, die etwa die Geschichte der Neuzeit nur vor dem Hintergrund eines Modernisierungsprozesses verstehen – dann überträgt Medick ein solches anti-ethnozentristische Konzept von außereuropäischen Räumen auf die eigene europäische Geschichte, in der die jeweils spezifische Kultur und Geschichte verschiedenster sozialer Gruppen – ob Bauern, Handwerker, Tagelöhner, Frauen, Randgruppen u. a. – nun plötzlich ernstgenommen wird. Abkehr von einem zentristischen Ge-

schichtsbild und Ernstnehmen von Kulturen in der eigenen
Vergangenheit bedeuten auch den eigenen Blick zu ethnolo-
gisieren, also die erforschten Kulturen zunächst einmal als
etwas Fremdes wahrzunehmen. Auch hier haben
HistorikerInnen Impulse über die Kulturanthropologie erhalten. Gerade die symbolorientierte Kulturanthropologie,
Namen wie Geertz und Sahlins stehen dafür, hat darauf
aufmerksam gemacht, daß hinter allem menschlichen Tun
eine Bedeutung steht – allerdings eine Bedeutung, die wir,
die wir Welt und Wirklichkeit in unserer spezifischen Art
und Weise deuten, erst mühsam entschlüsseln müssen.
Schließlich: Sowohl Sahlins als auch Wolf sehen historische Dynamik u. a. in wechselseitigen kulturellen Einflüssen, im Aufeinanderprallen von Kulturen begründet. Auch
diesen grundsätzlichen Gedanken haben HistorikerInnen
für die eigenen Forschungen aufgegriffen. Noch einmal
Hans MEDICK, der resümierend meint, daß das Studium
kulturanthropologischer Arbeiten für *„die Untersuchung
und Anerkennung einer doppelten Fremdheit"* sensibilisie-
re – nämlich erstens für die *„fremden Momente in unserer
eigenen europäischen Kultur und Geschichte"* und zweitens für die *„Wirksamkeit kultureller Differenzen und Gegensätze als entscheidende(r) Triebkräfte für historische
Veränderungen."* [39]

Ergebnis der Rezeption und Adaption kulturanthropologischer Prinzipien sind erste Versuche von Mikrogeschichten,
die sich bemühen, die Geschichte, beispielsweise eines Dorfes, oder einer sozialen Gruppe für einen bestimmten historischen Zeitraum so weit wie möglich zu rekonstruieren[40].

---

39 Hans Medick: „Missionare im Ruderboot"? Ethnologische Erkenntnisweisen als Herausforderung an die Sozialgeschichte, S. 50. In: Alf
   Lüdtke (Hg.): Alltagsgeschichte. Zur Rekonstruktion historischer Erfahrungen und Lebensweisen, Frankfurt a. M. / New York 1989, S. 48–84.

Im Extremfall wird versucht, das Leben einzelner historischer und nicht prominenter Individuen oder auch ein Ereignis nachzuzeichnen[41]. An anderer Stelle in diesem Buch
ist es bereits hervorgehoben worden (vgl. Kap. 3.4.5.): Der
Anspruch einer vollständigen Rekonstruktion muß ein Anspruch bleiben; eine „histoire totale", etwa eines Dorfes,
kann es nie geben, weil wir einerseits – neben all unserer
eigenen orts- und zeitgebundenen Perspektivität – immer
nur in Form von mehr oder weniger konkreten Fragestellungen die Geschichte erschließen können, womit wir Geschichte auch selektieren. Andererseits sind die Quellen,
die uns zur Verfügung stehen, stets begrenzt. Trotz aller
Schranken, die auch Mikrogeschichten bzw. deren AutorInnen nicht überschreiten können: Individuen und soziale
Gruppen, die von der Geschichtswissenschaft vormals igno-

40 Siehe z. B.: Emmanuel Le Roy Ladurie: Montaillou: Ein Dorf vor dem
    Inquisitator, Frankfurt a. M. / Berlin / Wien 1980. Benedikt Bietenhard:
    Langnau im 18. Jahrhundert. Die Biografie einer ländlichen Kirchge-
    meinde im bernischen Ancien Régime, Thun 1988. Peter Becker: Leben
    und Lieben in einem kalten Land. Sexualität im Spannungsfeld von
    Ökonomie und Demographie. Das Beispiel St. Lambrecht 1600–1850,
    Frankfurt a. M. / New York 1990. David Sabean: Property, Production
    and Familiy in Neckarhausen 1700 to 1870, Cambridge 1990. Peter
    Kriedte: Eine Stadt am seidenen Faden. Haushalt, Hausindustrie und
    soziale Bewegung in Krefeld in der Mitte des 19. Jahrhunderts, Göttin-
    gen 1991. Rainer Beck: Unterfinning. Ländliche Welt vor Anbruch der
    Moderne, München 1993. Jürgen Schlumbohm: Lebensläufe, Familien,
    Höfe. Die Bauern und Eigentumslosen des Osnabrücker Kirchspiels
    Belm in protoindustrieller Zeit, 1650–1860, Göttingen 1994. In Vorbe-
    reitung: Hans Medick: Leben und Überleben in Laichingen vom 17.
    zum 19. Jahrhundert. Untersuchungen zur Sozial-, Kultur- und Wirt-
    schaftsgeschichte in den Perspektiven einer lokalen Gesellschaft Alt-
    Württembergs.
41 Carlo Ginzburg: Der Käse und die Würmer. Die Welt eines Müllers um
    1600, Frankfurt a. M. 1983. Otto Ulbricht: Die Welt eines Bettlers um
    1775. Johann Gottfried Kästner. In: Historische Anthropologie 2 (1994),
    S. 371–398. Emmanuel Le Roy Ladurie: Karneval in Romans. Eine
    Revolte und ihr blutiges Ende 1579–1580, Stuttgart 1982. Robert Darn-
    ton: Katzenmassaker. Streifzüge durch die französische Kultur vor der
    Revolution, München 1989.

riert worden waren, werden gerade in Dorfstudien als historische Subjekte sichtbar – und bleiben nicht die Marionetten
von Strukturen und Prozessen, als die sie früher oft gedacht
worden sind. Geschichte wird zu einem komplexen Geflecht
verschiedenster Wirkungszusammenhänge, die nicht mehr
so leicht zu einem geradlinig verlaufenden Modernisie-
rungsprozeß oder zu anderen allgemeinen Modellen über
historische Dynamik zu abstrahieren und verdichten sind.

4.4. Historische Volkskulturforschung (Historische Kulturforschung)

Wie die kulturanthropologisch orientierte Mikrogeschichte
so hat auch die Historische Volkskulturforschung verschiedene kulturanthropologische Akzente aufgegriffen und umgesetzt. Ebenso wie die kulturanthropologisch orientierte
Mikrogeschichte richtet auch die Volkskulturforschung ihr
Interesse vorwiegend auf soziale Unterschichten, Randgruppen usw. als historische Akteure. Trotz vieler Gemeinsamkeiten und auch personeller Überschneidungen möchte
ich beide Richtungen voneinander unterscheiden.

Erstere definiert ihren Untersuchungsgegenstand über
einen abgegrenzten überschaubaren kulturellen und sozialen Raum (zum Beispiel ein Dorf), den sie weitestmöglich
historisch zu rekonstruieren versucht. Auch die Volkskulturforschung forscht natürlich in konkreten Räumen, aber
nicht unbedingt nur in *einem* Dorf. Sie orientiert sich mehr
an dezidiert themenzentrierten Zugängen; sie setzt sich dabei vor allem mit bestimmten Aspekten der „Volkskultur"
(bzw. im englischen Sprachraum „popular culture"), auseinander – Formen menschlicher Elementarerfahrungen jener, die nicht oder kaum der Schrift mächtig waren, deren
Weltbilder, Ausdrucksformen usw. weitgehend mündlich
tradiert wurden. In erster Linie forscht die Historische

Volkskulturforschung im eigenen Land, zumindest aber in Europa. Einige AutorInnen sprechen daher auch von einer *„ethnography and anthropology ‚at home'"* [42]

Das Untersuchungsfeld „Volkskultur" bzw. dessen Bezeichnung verweisen auf die Herkunftsdisziplin vieler ProtagonistInnen der Historischen Volkskulturforschung: Sie sind ausgebildete VolkskundlerInnen. Gerade das Tübinger Institut für Volkskunde, das seit Ende der sechziger Jahre Institut für Empirische Kulturwissenschaft heißt, hat sich als zentrales Rekrutierungsfeld für die Historische Volkskulturforschung erwiesen. U.a Hermann BAUSINGER, Wolfgang KASCHUBA, Carola LIPP und Utz JEGGLE (um nur einige Namen zu nennen), die heute an verschiedenen deutschen Universitäten tätig sind, haben seit den siebziger Jahren zentrale Arbeiten auf dem Gebiet der Historischen Volkskulturforschung vorgelegt[43].

Von den Fragestellungen und Zugangsweisen der historisch interessierten VolkskundlerInnen sind jene HistorikerInnen nicht abzugrenzen, die ihre Forschungen sowohl unter dem Begriff der „Volkskulturforschung" als auch unter dem der „Historischen Kulturforschung" veröffentlichen. Der Saarbrückener Historiker Richard van DÜLMEN etwa zeichnet sowohl für einen Sammelband zur *„Volkskultur"* als auch für die von ihm herausgegebene Reihe *„Stu-*

---

42 Liz Bellamy / K. D. M. Snell / Tom Williamson: Rural history: the prospect before us, S. 1. In: Rural History 1 (1990), Heft 1, S. 1–4.

43 Siehe z. B.: Albert Ilien / Utz Jeggle: Leben auf dem Dorf. Zur Sozialgeschichte des Dorfes und zur Sozialpsychologie seiner Bewohner, Opladen 1978. Wolfgang Kaschuba / Carola Lipp: Dörfliches Überleben. Zur Geschichte materieller und sozialer Reproduktion ländlicher Gesellschaften im 19. und frühen 20. Jahrhundert, Tübingen 1982. Wolfgang Kaschuba: Volkskultur zwischen feudaler und bürgerlicher Gesellschaft. Zur Geschichte eines Begriffs und seiner gesellschaftlichen Wirklichkeit, Frankfurt a. M. 1988. Als Überblick siehe: Utz Jeggle / Gottfried Korff / Martin Scharfe / Bernd Jürgen Warneken (Hg.): Volkskultur in der Moderne. Probleme und Perspektiven empirischer Kulturforschung, Reinbek bei Hamburg 1986.

dien zur historischen Kulturforschung" im Fischer-Ta-
schenbuch-Verlag (in der übrigens wiederum auch einige
der genannten VolkskundlerInnen publizieren) verantwortlich[44]. Unter der Leitung von van Dülmen hat sich an der
Universität Saarbrücken auch eine *„Arbeitsstelle für Historische Kulturforschung"* etabliert. In der englischsprachigen
Historikerzunft war Edward P. THOMPSON mit seinen Studien über die plebeische Kultur Vorreiter für Studien der
„popular culture"[45]. In den siebziger Jahren haben zudem
Peter BURKE und Robert MUCHEMBLED bedeutende volkskulturelle Studien vorgelegt[46].

Der Großteil der deutschsprachigen Arbeiten zur
Historischen Volkskulturforschung untersucht themenzen-
triert die kulturelle Praxis von Unterschichten in der europäischen frühen Neuzeit und im 19. Jahrhundert[47]. Die zu-

---

44 Richard van Dülmen / Norbert Schindler (Hg.): Volkskultur. Zur Wie-
derentdeckung des vergessenen Alltags (16. – 20. Jahrhundert), Frank-
furt a. M. 1984; siehe darin bes.: Norbert Schindler: Spuren in der
Geschichte der ‚anderen' Zivilisation. Probleme und Perspektiven ei-
ner historischen Volkskulturforschung, S. 13–77. Richard van Dülmen
(Hg.): Armut, Liebe, Ehre. Studien zur historischen Kulturforschung I,
Frankfurt a. M. 1980. Ders. (Hg.): Arbeit, Frömmigkeit und Eigensinn.
Studien zur historischen Kulturforschung II, Frankfurt a. M. Ders.
(Hg.): Verbrechen, Strafen und soziale Kontrolle. Studien zur histori-
schen Kulturforschung III, Frankfurt a. M. Ders. (Hg.): Dynamik der
Tradition. Studien zur historischen Kulturforschung IV, Frankfurt a. M.
1992. Siehe auch: Ders.: Kultur der einfachen Leute. Bayerisches
Volksleben vom 16. bis zum 19. Jahrhundert, München 1983.
45 Edward P. Thompson: Plebeische Kultur und moralische Ökonomie.
Aufsätze zur englischen Sozialgeschichte des 18. und 19. Jahrhunderts,
Frankfurt a. M. / Berlin / Wien 1980. Ders.: Die Entstehung der englischen Arbeiterklasse, Frankfurt a. M. 1987 (brit. Erstausgabe: 1963).
46 Peter Burke: Helden, Schurken und Narren. Europäische Volkskultur
in der frühen Neuzeit, Stuttgart 1981. Robert Muchembled: Kultur des
Volks – Kultur der Eliten. Die Geschichte einer erfolgreichen Verdrängung, Stuttgart 1982.
47 Einen Überblick gibt: Richard van Dülmen: Historische Kulturforschung zur Frühen Neuzeit. Entwicklungen – Probleme – Aufgaben. In:
Geschichte und Gesellschaft 21 (1995), S. 403–429.

vor genannte Buchreihe „*Studien zur historischen Kulturforschung*" steht beispielsweise dafür. Richard van DÜLMEN
hat zudem die mittlerweile breit vorliegenden Ergebnisse in
einem dreibändigen Überblickswerk zu Kultur und Alltag
in der frühen Neuzeit gebündelt[48]. Die Volkskultur der Zeit
davor, des Mittelalters, erforschen u. a. Arbeiten des russischen Mediävisten Aaron GURJEWITSCH wie auch jene französischer Historiker, etwa von Jacques LE GOFF oder Jean-
Claude SCHMITT[49].

Thematischer Schwerpunkt vieler Arbeiten zur Historischen Volkskulturforschung sind historische Formen popularer Frömmigkeit, die sowohl anhand von Fallbeispielen[50] als auch mittels spezifischer Überblicksdarstellungen
erforscht werden[51]. Sodann (und zuweilen auch durchaus

---

48 Richard van Dülmen: Kultur und Alltag in der Frühen Neuzeit. 16. –
    18. Jahrhundert. Bd. 1: Das Haus und seine Menschen. Bd. 2: Dorf und
    Stadt. Bd. 3: Religion, Magie, Aufklärung, München 1990 / 1992 /
    1994.

49 Siehe z. B.: Aaron Gurjewitsch: Mittelalterliche Volkskultur, München
    1987. Jean-Claude Schmitt: Der heilige Windhund. Die Geschichte ei-
    nes unheiligen Kults, Stuttgart 1982. Jacques Le Goff: Die Geburt des
    Fegefeuers. Vom Wandel des Weltbildes im Mittelalter, Stuttgart 1984.
    Von deutschsprachigen Forschenden liegt u. a. vor: Gerhard Jaritz
    (Hg.): Zwischen Augenblick und Ewigkeit. Einführung in die Alltags-
    geschichte des Mittelalters, Wien 1989. Peter Dinzelbacher / Dieter R.
    Bauer (Hg.): Volksreligion im hohen und späten Mittelalter, Paderborn
    / München / Zürich / Wien 1990.

50 Schmitt: Der heilige Windhund (wie Anm. 49). Michael Mitterauer:
    „Heut' ist eine heilige Samstagnacht". Ein Passionsgebet im sozialge-
    schichtlichen Kontext seiner Überlieferung. In: Richard van Dülmen
    (Hg.): Arbeit, Frömmigkeit und Eigensinn. Studien zur historischen
    Kulturforschung II, Frankfurt a. M. 1990, S. 260–299.

51 Siehe z. B.: Martin Scharfe: Die Religion des Volkes. Kleine Kultur-
    und Sozialgeschichte des Pietismus, Gütersloh 1980. William A. Chri-
    stian: Local Religion in Sixteenth-Century Spain, Princeton 1981. Ro-
    salind u. Christopher Brooke: Popular Religion in the Middle Ages.
    Western Europe 1000–1300, London 1984. Richard van Dülmen: Reli-
    gion und Gesellschaft. Beiträge zu einer Religionsgeschichte der Neu-
    zeit, Frankfurt a. M. 1989. Dinzelbacher / Bauer: Volksreligion (wie
    Anm. 49).

in Verbindung mit popularer Religion) studiert die Historische Volkskulturforschung Äußerungen des „Volkes", spezifische „Medien" der Volkskultur, wie u. a. Bräuche und Riten, Feste (wie Karneval) und Proteste, die Teile der alltäglichen Überlebensstrategien der Unterschichten waren[52]. Ferner liegt eine große Zahl von Studien zur Beziehung und zu Identitäten der Geschlechter im Mittelalter und der frühen Neuzeit vor[53].

Wie vielfältig die Zugänge, Methoden und Darstellungsweisen der Historischen Volkskulturforschung, auch innerhalb *eines* Projekts, sein können, illustriert der Band „*Widerspenstige Leute*" von Norbert SCHINDLER: In dieser Aufsatzsammlung finden sich einmal Längsschnitte zu spezifischen Themen, wie etwa zur Bedeutung des Karnevals oder zur Nutzung der Nacht; ein anderes Mal zeichnet Schindler beispielhaft einen makrohistorischen Prozeß, den der Sozialdisziplinierung, nach; dann wählt er auch einmal eine „dichte Beschreibung" als Darstellungsform; letztlich rezipiert Schindler in seiner Arbeit so unterschiedliche anthropologische Autoren wie Geertz, Goody, Levi-Strauss und Duerr[54].

Der deutschsprachige Begriff „Volkskultur" kann allerdings Assoziationen wecken, die an die völkischen Traditionen der Volkskunde erinnern. Und tatsächlich verklärten Arbeiten zur Volkskultur seit dem letzten Jahrhundert zunächst immer auch antimodernistisch das ländliche Leben[55]. Die

52 Siehe z. B.: Norbert Schindler: Widerspenstige Leute. Studien zur Volkskultur in der frühen Neuzeit, Frankfurt a. M. 1992.
53 Als ersten Überblick siehe: Heide Wunder: „Er ist die Sonn', sie ist der Mond". Frauen in der Frühen Neuzeit, München 1992.
54 Schindler: Widerspenstige Leute (wie Anm. 52).
55 Siehe dazu z. B.: Schindler: Spuren in der Geschichte (wie Anm. 44). Wolfgang Jacobeit / Hansjost Lixfeld / Olaf Bockhorn (Hg.): Völkische Wissenschaft. Gestalten und Tendenzen der deutschen und österreichischen Volkskunde in der ersten Hälfte des 20. Jahrhunderts, Wien / Köln / Weimar 1994.

Demokratisierungsbewegungen und -bemühungen seit den
sechziger Jahren haben aber auch in der Volkskunde bzw.
Volkskulturforschung ihre Spuren hinterlassen. Die Bemühungen vieler VolkskundlerInnen um eine Historisierung
ihres Gegenstandes, der vormals oft statisch und idyllisch
beschrieben worden war, trafen sich hier mit dem wachsenden Interesse von HistorikerInnen an einer *„Geschichte von
unten"*.

Trotz aller Neubesetzungen des Begriffs „Volkskultur"
– die Bezeichnung bleibt problematisch und umstritten.
„Volkskultur" kann erstens eine historisch-kulturelle Einheit suggerieren – ob Frauen oder Männer, ob Großbauern
oder Tagelöhner –, die es so natürlich nicht gab. Zweitens
kann „Volkskultur" von seinem Gegenpart, der Elitenkultur, als völlig unabhängig oder auch als völlig abhängig
gedacht werden. Robert MUCHEMBLED ist in diese Falle ge-
tappt, als er seine Geschichte der Volkskultur am Beispiel
einer Region in Nordfrankreich ausschließlich als Unterdrückungsgeschichte geschrieben hat, an deren Ende von
einer Volkskultur nichts mehr übrig geblieben sei. *„Das
Weltbild des niederen Volkes"*, schreibt Muchembled,
*„wurde in einem Prozeß, der sich über Jahrhunderte hin-
zog, gewaltsam zurückgedrängt und abgewertet."* [56]

Jean-Claude SCHMITT hat gemeint: *„Die Existenz einer
Volkskultur muß unbedingt in Frage gestellt werden, soll
man darunter ein autonomes System verstehen, das sich
von der dominierenden Kultur genau unterscheiden
läßt."* [57] Wie schon mehrfach hervorgehoben: Kulturen sind
keine jeweils voneinander unabhängigen Gemeinschaften;
sie beeinflussen sich immer gegenseitig – auch eine Eliten-

---

56 Muchembled: Kultur des Volks (wie Anm. 46), S. 11.
57 Jean-Claude Schmitt: Menschen, Tiere und Dämonen. Volkskunde und
   Geschichte, S. 336. In: Saeculum. Zeitschrift für Universalgeschichte,
   Bd. 23, 1981, S. 334–348.

und eine Volkskultur. Gerade jene Forschungen, die die historischen Veränderungen von Volkskultur erkunden, schälen die Wechselwirkungen einerseits und die Eigenständigkeiten andererseits besonders deutlich heraus. Peter BURKE hat dies ebenso getan wie auch Wolfgang KASCHUBA, der den langsamen Transformationsprozeß von einer Volks- zu einer proletarischen Kultur im 19. Jahrhundert nachgezeichnet hat; oder auch Bernd Jürgen WARNEKEN, der am Beispiel des Sonntagsspaziergangs Ende des 19. Jahrhunderts dargelegt hat, wie ArbeiterInnen Elemente einer bürgerlichen Kultur in ihre Lebenswelt integrierten[58].

4.5. Zeitgeschichtlich orientierte Alltagsgeschichte

Der Begriff „Alltag" führt möglicherweise zu Mißverständnissen. Carola LIPP hat darauf hingewiesen, daß *„es fast so viele Alltage wie es Autoren zu diesem Thema gibt."*[59] Von der traditionellen Wortbedeutung her steht „Alltag" im Ge-

---

58 Burke: Helden, Schurken und Narren (wie Anm. 46). Kaschuba: Volkskultur (wie Anm. 43). Ders.: Volkskultur und Arbeiterkultur als symbolische Ordnungen. Einige volkskundliche Anmerkungen zur Debatte um Alltags- und Kulturgeschichte. In: Alf Lüdtke (Hg.): Alltagsgeschichte. Zur Rekonstruktion historischer Erfahrungen und Lebensweisen, Frankfurt a. M. / New York 1989, S. 191–223. Bernd Jürgen Warneken: Kleine Schritte der sozialen Emanzipation. Ein Versuch über den unterschichtlichen Spaziergang um 1900. In: Historische Anthropologie 2 (1994), S. 423–441. Siehe auch: Evelyne Patlagean: Die Geschichte des Imaginären, S. 252–256. In: Jacques Le Goff / Roger Chartier / Jacques Revel (Hg.): Die Rückeroberung des historischen Denkens. Grundlagen der Neuen Geschichtswissenschaft, Frankfurt a. M. 1994, S. 244–274.

59 Carola Lipp: Alltagskulturforschung in der empirischen Kulturwissenschaft und Volkskunde, S. 81. In: Berliner Geschichtswerkstatt (Hg.): Alltagskultur, Subjektivität und Geschichte. Zur Theorie und Praxis von Alltagsgeschichte, Münster 1994, S. 78–93.

gensatz zu „Festtag". Der Soziologe Norbert ELIAS hat den Bergiff so verstanden und verwendet wie auch einige Historiker, etwa Fernand BRAUDEL und Peter BORSCHEID: die Geschichte des Alltags als die Geschichte des Alltäglichen, des Immer-Wiederkehrenden, des Repetitiven[60].

Das wachsende Interesse nicht nur an den alltäglichen Lebensbedingungen von Menschen, sondern an dem alltäglichen Handeln und damit an der alltäglichen Teilnahme der Menschen an Produktion und Reproduktion der Lebensbedingungen für sich und andere, hat ein modifiziertes Konzept von „Alltag" notwendig gemacht. Im Sinne eines praxeologischen Ansatzes wird Alltag als jenes Feld verstanden, *„in dem sich Handeln und Erfahrung, Strukturen und Praxis immer schon vermitteln."*[61]

---

60 Norbert Elias: Zum Begriff des Alltags, S. 26. In: Kurt Hammerich / Michael Klein (Hg.): Materialien zur Soziologie des Alltags. Kölner Zeitschrift für Soziologie und Sozialpsychologie, Sonderheft 20, Opladen 1978. Fernand Braudel: Sozialgeschichte des 15.–18. Jahrhunderts. Bd. 1: Der Alltag, München. 1985. Peter Borscheid: Plädoyer für eine Geschichte des Alltäglichen. In: Ders. / Hans J. Teuteberg (Hg.): Ehe, Liebe, Tod. Zum Wandel der Familie, der Geschlechts- und Generationsbeziehungen der Neuzeit, Münster 1983, S. 1–14.

61 Reinhard Sieder: Was heißt Sozialgeschichte? S. 45. In: ÖZG. Österreichische Zeitschrift für Geschichtswissenschaften 1 (1990), S. 25–48. Siehe auch: Alf Lüdtke: Einleitung: Was ist und wer treibt Alltagsgeschichte? In: Ders. (Hg.): Alltagsgeschichte. Zur Rekonstruktion historischer Erfahrungen und Lebensweisen, Frankfurt a. M. / New York 1989, S. 9–47. Berliner Geschichtswerkstatt (Hg.): Alltagskultur, Subjektivität und Geschichte. Zur Theorie und Praxis von Alltagsgeschichte, Münster 1994. Im englischsprachigen Raum bleibt der in diesem Sinne verwendete Begriff „Alltagsgeschichte" übrigens weitgehend unübersetzt. „History of everyday (life)" meint eher die zuvor beschriebene Bedeutung des Alltags als eines sich immer wiederholenden menschlichen Bereichs. Siehe dazu: Geoff Eley: Labor History, Social History, Alltagsgeschichte: Experience, Culture and the Politics of the Everyday – A New Direction for German Social History? In: Journal of Modern History 61 (1989), S. 297–343.

Der „Alltagsgeschichte" wurden zunächst – unabhängig
von der untersuchten Epoche, dem untersuchten Ort und
der Methode – all jene historischen Arbeiten zugeordnet,
die sich einer *„Geschichte von unten"* verbunden fühlten –
Arbeiten, die sich vor allem für die alltäglichen Lebensbedingungen und eben nur zum Teil für die „alltägliche Praxis" von sozialen Gruppen interessierten. Später wurde eine gegenwartsnahe Erfahrungsgeschichte ebenso als alltagsgeschichtliche   Forschung   verstanden   wie   eine
kulturanthropologisch beeinflußte Geschichte der frühen
Neuzeit und solche Arbeiten, die Aspekte einer historischen Volkskultur thematisierten[62]. In den letzten Jahren
reduziert sich die Bezeichnung „Alltagsgeschichte" fast nur
mehr auf historische Studien mit einem zeitgeschichtlichen
Untersuchungszeitraum und einem mehr oder weniger praxeologischen Verständnis[63].

Solche Arbeiten sind gemeint, wenn ich im folgenden
von einer Alltagsgeschichte spreche. Eine Abgrenzung dieser gegenwartsnahen Alltagsgeschichte von beispielsweise
einer kulturanthropologisch orientierten Mikrogeschichte,
die sich ja auch weitgehend einem praxeologischen Ansatz
verpflichtet fühlt, ist sinnvoll. Denn der spezifische Charakter der Alltagsgeschichte liegt in bestimmten Quellen und
Methoden, die nur der Zeitgeschichte zur Verfügung stehen
(wie etwa die Oral History); er liegt aber auch in dem expliziten Anspruch vieler alltagsgeschichtlicher Projekte, aus
dem wissenschaftlichen Elfenbeinturm herauszutreten und
als eine *„kommunikative Geschichtswissenschaft"* [64] zu

---

62 Siehe dazu: Alf Lüdtke (Hg.): Alltagsgeschichte. Zur Rekonstruktion
   historischer Erfahrungen und Lebensweisen, Frankfurt a. M. / New
   York 1989.
63 Siehe z. B.: Berliner Geschichtswerkstatt: Alltagskultur (wie Anm. 61).
64 Lutz Niethammer: Anmerkungen zur Alltagsgeschichte, S. 23. In:
   Klaus Bergmann / Rolf Schörken (Hg.): Geschichte im Alltag – Alltag
   in der Geschichte, Düsseldorf 1982, S. 11.–29.

wirken, die zwischen Wissenschaft und Bevölkerung bzw. Gesellschaft vermittelt.

Dieser Anspruch ist nicht zufällig entstanden. Denn die TrägerInnen der Alltagsgeschichte sind vor allem nicht „im Betrieb" etablierte WissenschaftlerInnen gewesen, sondern vor allem junge HistorikerInnen, VolkskundlerInnen usw., die seit den siebziger Jahren eine Vielzahl von Geschichtsinitiativen (Geschichtswerkstätten, „neue Heimatmuseen", Gesprächskreise etc.) gegründet haben[65]. Oft sind diese Geschichtsprojekte unter dem Motto gestanden, Gesellschaft durch Geschichte zu demokratisieren – und umgekehrt. Dies hat man u. a. dadurch versucht, daß Laien in den Forschungs- und Interpretationsprozeß miteinbezogen worden sind – ZeitzeugInnen als ExpertInnen der von ihnen erlebten Zeit.

Da dies zuweilen auf Kosten wissenschaftlicher Analysen gegangen ist, hat eine Auseinandersetzung um die Alltagsgeschichte nicht ausbleiben können. Die Kritik hat sich u. a. gegen romantisierende und (insbesondere bezüglich der NS-Zeit) rechtfertigende und normalisierende Tendenzen alltagsgeschichtlicher Initiativen gerichtet (vgl. Kap. 3.5.). Inzwischen haben sich die Wogen des Streits weitgehend geglättet, zumal die Alltagsgeschichte in wachsendem Maße ihre Arbeiten kritisch reflektiert und ein theoretisches Konzept – das eben angerissene – vorgelegt hat und zumal die Alltagsgeschichte (wie kaum ein anderer historisch-anthropologischer Zugang) „Politik" thematisiert – in dem Sinne, daß Politik nicht nur den Handlungsrahmen eines jeden Individuums und einer jeden sozialen

---

65 Siehe dazu z. B.: Hubert Ch. Ehalt / Ursula Knittler-Lux / Helmut Konrad (Hg.): Geschichtswerkstatt, Stadtteilarbeit, Aktionsforschung. Perspektiven emanzipatorischer Bildungs- und Kulturarbeit, Wien 1984. Hannes Heer / Volker Ullrich (Hg.): Geschichte entdecken. Erfahrungen und Projekte der neuen Geschichtsbewegung, Reinbek bei Hamburg 1985.

Gruppe mitabsteckt, sondern daß Poltik von allen, ob passiv oder aktiv, mitgetragen und mitgestaltet wird[66].

Ein Forum der alltagsgeschichtlichen Diskussion war lange Jahre die Zeitschrift *„Geschichtswerkstatt"*, seit 1992 ist es die vierteljährlich erscheinende Zeitschrift „Werkstatt*Geschichte"*, für die sowohl Geschichtswerkstätten als auch mittlerweile an Universitäten oder in Forschungseinrichtungen verankerte WissenschaftlerInnen (u. a. Wolfgang Kaschuba, Alf Lüdtke, Alexander von Plato, Adelheid von Saldern) verantwortlich zeichnen. Ein großer Teil der alltagsgeschichtlichen Forschungen hat regional- oder lokalhistorischen Charakter. Als Quellen werden oft lebensgeschichtliche Dokumente (Oral History, Autobiographien, Tagebücher, Briefe usw.), nicht selten auch Fotos herangezogen. Einen inhaltlichen Schwerpunkt bilden Studien über die Praxis von Menschen in der Zeit des Nationalsozialismus[67].

Andere alltagsgeschichtliche Arbeiten haben einen stärker themenzentrierten Zugang. In der Buchreihe *„Damit es nicht verlorengeht ..."* etwa werden schriftliche Lebenserinnerungen, deren AutorInnen vorwiegend sozialen Unterschichten angehören, kommentiert veröffentlicht, und

---

66 Siehe dazu z. B.: Heide Gerstenberger / Dorothea Schmidt (Hg.): Normalität und Normalisierung? Geschichtswerkstätten und Faschismusanalyse, Münster 1987. Geoff Eley: Wie denken wir über Politik? Alltagsgeschichte und die Kategorie des Politischen. In: Berliner Geschichtswerkstatt (Hg.): Alltagskultur, Subjektivität und Geschichte. Zur Theorie und Praxis von Alltagsgeschichte, Münster 1994, S. 17–36.

67 An dieser Stelle möchte ich nur ein, aber besonders gelungenes Beispiel nennen – und zwar die Bände: Lutz Niethammer (Hg.): „Die Jahre weiß man nicht, wo man die heute hinsetzen soll". Faschismuserfahrungen im Ruhrgebiet, Berlin / Bonn 1983. Ders. (Hg.): „Hinterher merkt man, daß es richtig war, daß es schiefgegangen ist". Nachkriegs-Erfahrungen im Ruhrgebiet, Berlin / Bonn 1983. Ders. / Alexander von Plato (Hg.): „Wir kriegen jetzt andere Zeiten". Auf der Suche nach der Erfahrung des Volkes in nachfaschistischen Ländern, Berlin / Bonn 1985.

zwar zu solch unterschiedlichen Themen wie: Ziehkinder, Elektrifizierung, Häuslerkindheit, Kindheit im Ersten Weltkrieg[68]. Hervorheben möchte ich auch, wenn sie auch teilweise über einen zeitgeschichtlichen Rahmen hinausgreifen, die einzelnen Schwerpunkthefte der „Werkstatt*Geschichte*"; hier sind Beiträge zur physischen Gewalt in der Geschichte, zu einer Männergeschichte wie auch zur Umweltgeschichte publiziert worden.

Die wachsende Theoretisierung und „Verwissenschaftlichung", die auch die ehemals fast ausschließlich „basisorientierte" Alltagsgeschichte kennzeichnet, hat noch nichts mit einem Rückzug in den wissenschaftlichen „Elfenbeinturm" zu tun. Der Vermittlung alltagshistorischer Forschung bzw. der Koppelung von Bildungs- und Forschungsprojekten kommt auch weiterhin eine zentrale Bedeutung zu. Die Vielzahl lebensgeschichtlicher Gesprächskreise – eine Art zeitgeschichtlicher ethnologischer Forschung „zu Hause" –, die verschiedenen lebensgeschichtlichen Dokumentationseinrichtungen, die Aktivitäten alltagsgeschichtlicher Museen und Ausstellungen usw. stehen dafür[69]. Allerdings hat nach den Diskussionen um

---

68 Michael Mitterauer / Peter P. Kloß (Hg.): „Damit es nicht verlorengeht ...", zur Zeit: 38 Bd., Wien / Köln / Weimar 1983–1996.

69 Ich kann hier nur eine kleine Auswahl aus der umfangreich vorliegenden Literatur vorstellen; ich orientiere mich dabei vor allem an den erwachsenenbildnerischen Initiativen, denen ich mich – unmittelbar oder theoretisch – verbunden fühle: Heinz Blaumeiser / Eva Blimlinger / Ela Hornung / Margit Sturm / Elisabeth Wappelshammer: Ottakringer Lesebuch. Was hab' ich denn schon zu erzählen ... Lebensgeschichten, Wien / Köln / Graz 1988. Heinz Blaumeiser / Margit Sturm / Elisabeth Wappelshammer: Alte Menschen und ihre Erinnerung. Erzählte Alltagsgeschichte in Ottakring. In: Geschichte und Gesellschaft 14 (1988), S. 472–494. Michael Mitterauer: Lebensgeschichten sammeln. Projekte um Aufbau und Auswertung einer Dokumentation zur populären Autobiographik. In: Hermann Heidrich (Hg.): Biographieforschung. Gesammelte Aufsätze der Tagung des Fränkischen Freilandmuseums am

Apologie und Normalisierung der NS-Zeit tendenziell eine
Akzentverschiebung stattgefunden. Weiterhin gilt: Laien
und ZeitzeugInnen machen als historische Akteure ihre Geschichte (auch) selbst. Die (vorsichtigen) Interpretationen
der Geschichten, die vor allem in Einzelinterviews oder
Gesprächskreisen entstanden sind, in Form von Buchveröf-
fentlichungen oder Ausstellungen, obliegt aber meist den
Professionellen, also den verantwortlichen HistorikerInnen,
VolkskundlerInnen usw.

Was bleibt ist, daß gerade Alltagsgeschichte im Zusammenhang mit der lebensgeschichtlichen Arbeit eine an-
gewandte, unmittelbar auf Menschen bezogene Wissenschaft ist. Wenn auch Laien immer weniger in den Prozeß
der unmittelbaren Produktion von Geschichtsschreibung
eingebunden werden, so sind sie doch weiterhin in einen
pädagogischen Rahmen integriert. So dienen zum Beispiel
lebensgeschichtliche Gesprächskreise auch dazu, daß alte
Menschen, also ZeitzeugInnen, ihre je eigenen Biographien
im Austausch mit anderen SeniorInnen noch einmal reflektieren und für sich ordnen können. U. a. Heinz BLAUMEISER
hat aufgezeigt, wie erfahrungsgeschichtliche Gesprächsrun-
den Orientierungshilfen für alte Menschen bieten können,
um sich die vorletzte und letzte Lebensphase besser und
selbständig zu organisieren; eine solche Hilfestellung bietet
etwa eine Vorgehensweise, die erstens historisch-anthropo-

---

12. und 13. Oktober 1990, Bad Windsheim 1991, S. 17–35. Christa
Hämmerle: „Ich möchte das, was ich schon erzählt habe, schriftlich
niederlegen ..." Entstehung und Forschungsaktivitäten der „Dokumentation lebensgeschichtlicher Aufzeichnungen" in Wien. In: Bios.
Zeitschrift für Biographieforschung und Oral History 4 (1991), S. 261–
278. Udo Gößwald / Lutz Thamm (Hg.): Erinnerungsstücke. Das
Museum als soziales Gedächtnis, Berlin 1991. Kunstamt Schöneberg /
Schöneberg Museum (Hg.): Orte des Erinnerns. Bd. 1: Das Denkmal im
Bayerischen Viertel. Beiträge zur Debatte um Denkmale und Erinnerung, Berlin 1994. Gert Dressel / Katharina Novy: 5 × Wien. Lebensgeschichten 1918–1945, Wien 1995.

logisches Wissen über den historischen Wandel des Alters
professionell vermittelt, die zweitens SeniorInnen ausgie-
big Raum für lebensgeschichtliche Reflexionen gibt und die
drittens beides miteinander in Beziehung setzt[70].

4.6. Mentalitätsgeschichte

„Mentalität" ist eine spezifische Ebene anthropologischer
Existenz. Mit Ulrich RAULFF verstehe ich Mentalität erstens
als die *„kategorialen Formen des Denkens, die als eine Art
,historischer Apriori' dem Denken selbst entzogen sind"*,
und zweitens als *„gefühlsmäßig getönte Orientierungen,
zugleich sind sie die Matrices, die das Gefühl erst in seine
(erkennbaren, benennbaren) Bahnen lenken. Mentalitäten
umschreiben kognitive, ethische und affektive Dispositionen."*[71] Mentalitäten wandeln sich historisch, sie sind kulturell unterschiedlich. Mentalitäten sind keine Konstanten,
sind nicht Singular, sondern Plural.

Die Mentalitätsgeschichte fragt also nach der grundsätzlichen anthropologischen Strukturierung eines Individuums, einer sozialen Gruppe oder einer Gesellschaft an
einem bestimmten Ort zu einer bestimmten Zeit oder in
einer Zeitspanne. Sie unterscheidet sich markant von der
traditionellen Ideengeschichte, die davon ausgeht, daß Individuen immer eindeutige und bewußte Intentionen haben. Denn Mentalität ist etwas, auf das Menschen keinen
direkten Zugriff haben; sie ist ein weitgehend unbewußt

---

70 Heinz Blaumeiser: Wenn Geschichte alt macht. Historische Dynamik
und „Altern zweiter Art". In: Historische Anthropologie 1 (1993),
S. 25–41.
71 Ulrich Raulff: Vorwort, S. 9 f. In: Ders. (Hg.): Mentalitäten-Geschichte.
Zur historischen Rekonstruktion geistiger Prozesse, Berlin 1987, S. 7–
17.

wirkender *„anthropologischer Zustand"*, wie Gernot BÖHME
es genannt hat[72].

In menschlichen Handlungen drücken sich Mentalitäten aus, aber Mentalitäten sind mehr als nur die Handlungen; sie sind das komplette Repertoire an Vorstellungswelten, Wahrnehmungs-, Deutungs-, Empfindungs- und Denk-
möglichkeiten; und sie markieren die grundsätzlichen
Grenzen des Wahrnehmens, Denkens usw. von Individuen
und Kollektiven zu einer bestimmten Zeit an einem konkreten Ort. Jacques LE GOFF und Aaron GURJEWITSCH haben die
Mentalität des mittelalterlichen Menschen in Europa nachgezeichnet; dabei haben sie u. a. darauf hingewiesen, daß es
für die Menschen vor über fünfhundert Jahren ein Fühlen,
Denken und Wahrnehmen ohne Gott und ohne das Jenseits
nicht gab[73].

Freilich muß die Mentalitätsgeschichte kulturelle
Praktiken, also menschliche Handlungen zum Ausgangs-
punkt der Analyse nehmen (denn wir können ja nicht in die
Köpfe oder in die psychische Struktur eines historischen
Menschen selbst hineinschauen). Und letztlich ist fast jede
Historische Anthropologie, die den Bedeutungen von kul-
turellen Ausdrücken auf die Spur kommen will, mentali-
tätsgeschichtlich orientiert.

Was aber die Mentalitätsgeschichte (bzw. die Arbeiten,
die unter diesem Etikett erschienen sind) von den übrigen

---

72 Gernot Böhme: Vorlesung Historische Anthropologie, S. 264. In: Ders.:
    Anthropologie in pragmatischer Hinsicht. Darmstädter Vorlesungen,
    Frankfurt a. M. 1985, S. 251–265.
73 Siehe z. B.: Jacques Le Goff (Hg.): Der Mensch des Mittelalters, 2. korr.
    Aufl., Frankfurt a. M. / New York / Paris 1990; siehe darin bes.: Ders.:
    Einführung. Der Mensch des Mittelalters, S. 7–45. Ders.: Für ein anderes
    Mittelalter. Zeit, Arbeit und Kultur im Europa des 5.–15. Jahrhunderts,
    Frankfurt a. M. 1984. Ders.: Phantasie und Realität des Mittelalters,
    Stuttgart 1990. Aaron Gurjewitsch: Das Weltbild des mittelalterlichen
    Menschen, München 1986. Ders.: Stimmen des Mittelalters. Fragen von
    heute. Mentalitäten im Dialog, Frankfurt a. M. / New York 1993.

Richtungen der Historischen Anthropologie unterscheidet, ist die Größe des Untersuchungsgegenstands und -zeitraums. Viele historisch-anthropologische Studien konzentrieren sich auf ein begrenztes Feld, auf ein Dorf in der frühen Neuzeit beispielsweise; die Mentalitätsgeschichte versucht dagegen *die* dominante anthropologische Strukturierung und dessen Wandel über einen langen historischen Zeitraum und für große Gruppeneinheiten – etwa für *den* Menschen des Mittelalters – zu rekonstruieren. Die Mentalitätsgeschichte ist sicherlich jener historisch-anthropologische Zugang, der am ehesten orts- und zeitübergreifende Abstraktionen wagt; und sie ist die Richtung, die auf eine lange eigene Tradition zurückblicken kann.

Bereits 1919 startete der niederländische Historiker Johan HUIZINGA den ersten mentalitätsgeschichtlichen Versuch; er versuchte Lebens- und Geistesformen des Spätmittelalters in Frankreich und in den Niederlanden insbesondere mit kunsthistorischen Analysen zu entschlüsseln[74]. Nachhaltig haben vor allem die *„Annales"*-Pioniere Lucien FEBVRE und Marc BLOCH gewirkt; in engem Kontakt mit Geographen wie Demangeon und Soziologen und Ethnologen wie Halbwachs und Lévy-Bruhl legten sie mentalitätshistorische Analysen zum Mittelalters und zur frühen Neuzeit vor[75]. Es waren dann auch vor allem französische Historiker, die der *„Annales"* nahestanden, wie etwa Phi-

---

74 Johan Huizinga: Herbst des Mittelalters. Studien über Lebens- und Geistesformen des 14. und 15. Jahrhunderts in Frankreich und in den Niederlanden, Stuttgart 1987 (niederl. Erstausgabe dieser Auflage: 1941).

75 Philippe Ariès: Die Geschichte der Mentalitäten, bes. S. 140. In: Jacques Le Goff / Roger Chartier / Jacques Revel (Hg.): Die Rückeroberung des historischen Denkens. Grundlagen der Neuen Geschichtswissenschaft, Frankfurt a. M. 1994, S. 137–165. Peter Burke: Offene Geschichte. Die Schule der „Annales", Berlin 1991, S. 17–35. Zur Mentalitätsgeschichte siehe weiters u. a.: P. H. Hutton: Die Geschichte der Mentalitäten. Eine andere Landkarte der Kulturgeschichte. In: Ulrich

lippe ARIÈS, die seit den sechziger Jahren menschliche Elementarerfahrungen (Kindheit, Tod) mentalitätshistorisch
analysierten[76]. Auch die Forschungen eines Hendrik van
den BERG in den fünfziger Jahren, die unter der Bezeichnung *„Historische Psychologie"* erschienen, sind frühe Versuche einer Geschichte der Mentalität[77].

Wenn auch Fernand BRAUDEL als führender Historiker
der *„Annales"*-Generation nach Febvre und Bloch der Mentalitätsgeschichte eher distanziert gegenüberstand, so hat
doch seine Konzeption der „longe durée" jene Studien
nachhaltig beeinflußt, die heutzutage mit dem Begriff
„Mentalitätsgeschichte" verbunden sind. Jacques LE GOFF
hat Mentalität als etwas charakterisiert, das sich historisch
nur langsam verändert[78] – daher der Begriff „Mentalitätsgeschichte" (im Singular), daher der Mut zur Abstraktion,
daher die Forschungen von Le Goff und Gurjewitsch zur
grundsätzlichen Strukturierung *des* mittelalterlichen Men-

Raulff (Hg.): Vom Umschreiben der Geschichte. Neue historische Per-
spektiven, Berlin 1986, S. 103–131. Ulrich Raulff (Hg.): Mentalitäten-
Geschichte. Zur historischen Rekonstruktion geistiger Prozesse, Berlin
1987. Volker Sellin: Mentalitäten in der Sozialgeschichte. In: Wolfgang
Schieder / Volker Sellin (Hg.): Sozialgeschichte in Deutschland. Band
III: Soziales Verhalten und soziale Aktionsformen in der Geschichte,
Göttingen 1987, S. 101–121. Peter Schöttler: Mentalitäten, Ideologien,
Diskurse. Zur sozialgeschichtlichen Thematisierung der „dritten Ebene". In: Alf Lüdtke (Hg.): Alltagsgeschichte. Zur Rekonstruktion histo-
rischer Erfahrungen und Lebensweisen, Frankfurt a. M. / New York
1989, S. 85–136. Peter Dinzelbacher: Zu Theorie und Praxis der Men-
talitätsgeschichte. In: Ders. (Hg.): Europäische Mentalitätsgeschichte.
Hauptthemen in Einzeldarstellungen, Stuttgart 1993, S. XV–XXXVII.

76 Philippe Ariès: Geschichte der Kindheit, München 1978 (frz. Erstausgabe: 1960). Ders.: Geschichte des Todes, München 1980.

77 Hendrik van den Berg: Metabletica. Über die Wandlungen des Menschen. Grundlinien einer historischen Psychologie, Göttingen 1960.

78 Jacques Le Goff: Eine mehrdeutige Geschichte, S. 23. In: Ulrich Raulff
(Hg.): Mentalitäten-Geschichte. Zur historischen Rekonstruktion geisti-
ger Prozesse, Berlin 1987, S. 18–32. Siehe auch: Dinzelbacher: Zu
Theorie und Praxis (wie Anm. 75), S. XXIV.

schen[79]. Auch Peter DINZELBACHER denkt „Mentalität" als
eine sich nur träge wandelnde Größe. Er hat als Herausgeber
vor wenigen Jahren erstmals ein Überblickswerk „Europäische Mentalitätsgeschichte" vorgelegt. In ihm werden
zahlreiche menschliche Elementarerfahrungen (u. a. Indivi-
duum/Familie/Gesellschaft, Sexualität/Liebe, Krankheit,
Lebensalter, Kommunikation, Zeit/Geschichte, Raum, Na-
tur/Umwelt, das Fremde und Eigene, Ängste und Hoffnungen) jeweils in der Antike, im Mittelalter und in der Neuzeit analysiert[80].

Andere Arbeiten widmen sich dem grundsätzlichen
Wandel der anthropologischen Struktur des europäischen
Menschen in den vergangenen Jahrhunderten, der Entstehung und Entwicklung des modernen europäischen Menschen. Vorreiter dieser Studien war Norbert ELIAS' Werk
„Prozeß der Zivilisation", das 1939 erstmals erschien. Elias
zeichnete den neuzeitlichen Zivilisationsprozeß als eine
Entwicklung der wachsenden individuellen Trieb- und
Affektkontrolle nach, die Hand in Hand mit Verrecht-
lichungs-, Pädagogisierungs- und Staatsbildungsprozessen
verlaufen wäre[81].

Auch Jacques LE GOFF hat sich mit Veränderungen der
abendländischen Mentalität befaßt. Er hat sich u. a. den
Wurzeln der abendländischen Rationalität, in Verbindung
mit der Entstehung der Konzeption des Individuums, im
europäischen Mittelalter gewidmet[82]. Als zentrale Über-

---

79 Siehe Anm. 73. Siehe auch: Leonore Scholze-Irrlitz: Moderne Kontu-
    ren Historischer Anthropologie. Eine vergleichende Studie zu den Ar-
    beiten von Jacques Le Goff und Aaron J. Gurjewitsch, Frankfurt a. M.
    1994.

80 Peter Dinzelbacher (Hg.): Europäische Mentalitätsgeschichte. Haupt-
    themen in Einzeldarstellungen, Stuttgart 1993.

81 Norbert Elias: Über den Prozeß der Zivilisation. Soziogenetische und
    Psychogenetische Untersuchungen. 2 Bände, Frankfurt a. M. 1976.

82 Jacques Le Goff: Die Geburt des Fegefeuers. Vom Wandel des Weltbil-
    des im Mittelalter, Stuttgart 1984.

gangsperiode von einer mittelalterlichen zu einer modernen
anthropologischen Konstitution hat Dieter GROH weite Phasen des 18. und 19. Jahrhunderts ausgemacht. In diesem,
insbesondere durch eine wachsende Industrialisierung cha-
rakterisierten Zeitraum, den Karl POLANYI als „*Great Transformation*", Reinhart Koselleck als „*Sattelzeit*" bezeichnet
haben, sei es zu einer grundsätzlichen kognitiven Umorientierung in Europa gekommen[83].

Wolfgang SCHIEVELBUSCH hat sich beispielhaft mit diesem Wandel befaßt. Er hat die „*Geschichte der Eisenbahnreise*" im 19. Jahrhundert als die Geschichte eines neues
industriellen Bewußtseins geschrieben, das u. a. Zeit und
Raum völlig neu wahrnimmt und strukturiert[84] – die Eisenbahn als Indikator für die Transformation der europäischen
Gesellschaften von einem „*anthropologischen Zustand*"
(um noch einmal auf den Begriff von Böhme zurückzukommen) in einen anderen.

Wolf LEPENIES und auch Detlev PEUKERT haben, freilich schon in den siebziger Jahren bzw. zu Beginn der ach-
ziger Jahre, jene mentalitätsgeschichtlichen Studien, die
grundsätzliche Wandlungsprozesse der anthropologischen
Konstitution – der Wahrnehmung, der Affekte, des Verhaltens, des Fühlens usw. des Menschen – rekonstruieren, als
den eigentlichen Kern der Historischen Anthropologie bezeichnet. „*Genau in diesem Sinne möchte ich den Begriff
einer Anthropologisierung der Geschichte verstanden wis-*

---

83 Dieter Groh: Strategien, Zeit und Ressourcen. Risikominimierung, Un-
    terproduktivität und Mußepräferenz – die zentralen Kategorien von
    Subsistenzökonomien, bes. S. 57. In: Ders.: Anthropologische Dimen-
    sionen der Geschichte, Frankfurt a. M. 1992, S. 54–113; siehe auch den
    in diesem Sammelband abgedruckten Beitrag: Ders.: Kollektives Ver-
    halten vom 17. bis ins 20. Jahrhundert. Wandel der Phänomene, Wan-
    del der Wahrnehmung oder überhaupt kein Wandel, S. 237–266.
84 Wolfgang Schievelbusch: Geschichte der Eisenbahnreise. Zur Indu-
    strialisierung von Raum und Zeit im 19. Jahrhundert, München / Wien
    1977.

sen", meint Lepenies: *„als den Versuch, historische Veränderungen im Makromaßstab, etwa Epochenschwellen, auf die mögliche Veränderung elementarer Verhaltensweisen, die gleichermaßen das Substrat solcher Veränderungen bilden, zu unternehmen."* [85]

Schließlich hat Dieter GROH noch auf eine weitere, freilich bislang noch unterentwickelte Forschungsperspektive der Mentalitätsgeschichte aufmerksam gemacht. Gerade die Mentalitätsgeschichte, die den abendländischen Menschen in seiner anthropologischen Struktur ins historische Visier nimmt, kann jenen Anspruch der Historischen Anthropologie einlösen, der die Reflexion und Historisierung der Wissenschaften verlangt, denn diese sind ja Teil der neuzeitlichen europäischen Rationalität. Groh selbst hat dabei kurz eine Geschichte der Verschwörungstheorien skizziert[86].

Verschwörungstheorien seien historische (und gegenwärtige) Strategien, mit deren Hilfe sich Menschen eine Orientierung verschaffen, die sie zuvor verloren hätten. Kennzeichen aller (abendländischen) Verschwörungstheorien sei eine *„eigensinnige(n) hochrationale(n) und hochoperationale(n) Logik"*, die sich mit Elementen verbinde, die außerhalb dieser Form der Rationalität stünden[87]. Anderen Gruppen würden bestimmte Eigenschaften zugeschrieben,

85 Wolf Lepenies: Probleme einer Historischen Anthropologie, S. 131. In: Reinhard Rürup (Hg.): Historische Sozialwissenschaft. Beiträge zur Einführung in die Forschungspraxis, Göttingen 1975, S. 126–159. Siehe auch: Detlev Peukert: Neuere Alltagsgeschichte und Historische Anthropologie, bes. S. 62 f. In: Hans Süssmuth (Hg.): Historische Anthropologie, Göttingen 1984, S. 57–72. Thomas Nipperdey: Die anthropologische Dimension der Geschichtswissenschaft, S. 52 f. In: Ders.: Gesellschaft, Kultur, Theorie. Gesammelte Aufsätze zur neueren Geschichte, Göttingen 1976, S. 33–58.

86 Dieter Groh: Die verschwörungstheoretische Versuchung oder: Why do bad things happen to good people? In: Ders.: Anthropologische Dimensionen der Geschichte, Frankfurt a. M. 1992, S. 267–304.

87 Ebd., S. 272.

Pläne, Destruktionsabsichten und letztlich eine globale Fähigkeit und Handlungswirkung unterstellt, die es in so komplexen Wirkungszusammenhängen, wie sie nun einmal in der neuzeitlichen Welt existieren würden, real nicht geben könne. Eine solche Wahrnehmungs- und Denkstruktur erzeuge nicht nur beispielsweise Antisemitismus, sondern könne auch wissenschaftliche Paradigmen mitprägen. Groh nennt konkret die Sozialgeschichte von Hans-Ulrich Wehler; obwohl dieser einerseits die Sozialgeschichte als Strukturgeschichte konzipiert hätte, in denen Menschen als historische Subjekte nicht vorkommen, hätte er andererseits Bismarck als einen allmächtigen Strategen auftreten lassen, dessen Handlungsintentionen auch schon gleich die Handlungsauswirkungen gewesen wären. Groh hat mit seinem Beitrag einen ersten Ansatz für eine Wissenschaftsgeschichte vorgelegt, die als Mentalitätsgeschichte konzipiert ist – quasi eine Historische Anthropologie der Wissenschaften.

4.7. Historische Verhaltensforschung

Der Mentalitätsgeschichte nahe steht die Historische Verhaltensforschung – eine Bezeichnung, die der zentrale Vertreter eines solchen Zugangs, der Historiker August NITSCHKE vom *Institut für anthropologische Verhaltensforschung* in Stuttgart, geprägt hat[88]. Im Gegensatz zur Mentalitätsgeschichte fragt die Historische Verhaltensforschung aber nicht nach dem Wahrnehmungs-, Denk- und Empfindungsrepertoire von historischen Individuen und Kollektiven; die Historische Verhaltensforschung fragt stattdessen nach den jeweiligen „Eigenarten" von historischen menschlichen Wirkungen.

---

88 August Nitschke: Historische Verhaltensforschung. Analysen gesellschaftlicher Verhaltensweisen. Ein Arbeitsbuch, Stuttgart 1981.

Als einer der wenigen Repräsentanten der Historischen Anthropologie bezieht sich Nitschke in der Begründung seines Zugangs dezidiert auf die Philosophische Anthropologie von Arnold Gehlen. Allerdings knüpft Nitschke weniger an den grundsätzlichen erfahrungstheoretischen Überlegungen Gehlens an, als lediglich an der Gehlenschen Annahme von dem Menschen als einem biologischen Mängelwesen. Aus den biologischen Defiziten leitet Nitschke die universelle anthropologische Notwendigkeit ab, daß Menschen sich immer in – und hier verwendet er einen Begriff von Norbert Elias – Konfigurationen einordnen müßten[89]. Historischer Wandel sei letztlich der Wandel von Konfigurationen, von menschlichen Interaktionen, genauer, der Wandel der dominanten Interaktionen (und Wirkungen) innerhalb von Konfigurationen.

Die Historische Verhaltensforschung fragt, wie Nitschke schreibt, nach den jeweils am effizientesten wirkenden Verhaltensweisen in einer spezifischen historischen Kultur oder Gesellschaft[90]. Schließlich könne man *„Epochen nach den jeweils dominierenden Interaktionen, die als spezifische historische Verhaltensweisen zu fassen sind, (...) unterscheiden, soweit die Verhaltensweisen effiziente Handlungen spiegeln."* [91] So hätten in den antiken griechischen Gesellschaften vor allem die Kräfte, die vom eigenen Körper ausgehen, eine zentrale Bedeutung bei der Durchsetzung der eigenen Interessen gehabt, bei den völkerwandernden Germanen der Bezug auf vorbildhafte, oft göttliche Ge-

---

89 August Nitschke: Plädoyer für eine alternative Anthropologie. In: Geschichte und Gesellschaft 2 (1976), S. 262–263.

90 August Nitschke: Die Mutigen in einem System. Wechselwirkungen zwischen Mensch und Umwelt. Ein Vergleich der Kulturen, Köln / Weimar / Wien 1991, S. 8 f.

91 August Nitschke: Vom Wandel des Wirkens. Erläutert am Tatbestand im Prozeßverfahren Anfang des 16. Jahrhunderts, S. 116. In: Hans Süssmuth (Hg.): Historische Anthropologie. Der Mensch in der Geschichte, Göttingen 1984, S. 124–140.

stalten, bei den mittelalterlichen Angelsachsen und Fran-
ken die Verwendung des *„Ichs als Medium"*, das weiterge-
geben hätte, damit andere hätten weiterwirken und weiter-
geben können[92].

Wenn die Historische Verhaltensforschung die Bedingungen und die historische Dynamik menschlicher Wirkungsweisen interpretiert, bleibt sie einem deterministischem
Ansatz treu – und damit unterscheidet sie sich grundlegend
von den meisten anderen historisch-anthropologischen Ansätzen. Handlungen, Wirkungen und Denkweisen in einer
Gesellschaft werden vorwiegend auf Einflüsse der nicht-
menschlichen Umwelt zurückgeführt. Eine „Unberechen-
barkeit" menschlichen Tuns sowie menschliche Aneigun-
gen von Welt tauchen als Faktoren für historische Dynamik
nicht auf. Die Akteure der Geschichte seien weder Menschen, ob Individuen oder soziale Gruppen, noch von Menschen gemachte Strukturen. Nitschke hat jüngst in seinem
theoretischen Werk über *„Systeme in der historischen und
biologischen Evolution"* gemeint, das in grundlegenden Teilen an bestimmten Zugängen der Physik orientiert ist, daß
der Geschichtsverlauf sich vielmehr aus grundlegenden
Prozessen ergebe, die Teile quasi übermenschlicher Ablaufsysteme seien[93].

Ohne sie beim Namen zu nennen, nähert sich Nitschke
hier einerseits der Strukturalen Anthropologie von Lévi-
Strauss an, der hinter der Vielfältigkeit kultureller Äußerungen eine einheitlich unbewußte, statische und immer
wirkende menschliche Grundstruktur vermutet. Auch
Nitschke abstrahiert hier unterschiedlichste historisch-kulturelle Äußerungen auf eine grundsätzliche universelle In-

---

92 Nitschke: Die Mutigen in einem System (wie Anm. 90), S. 105–125.
93 August Nitschke: Die Zukunft in der Vergangenheit. Systeme in der
   historischen und biologischen Evolution, München 1994.

stanz, auf grundlegende universelle Prozesse und Systeme. Andererseits unterscheiden sich Nitschkes Überlegungen markant von denen Lévi-Strauss'. Denn erstens verortet Nitschke die Grundstrukturen nicht im Menschen selbst, sondern in einem metaphysischen Raum. Zweitens meint Nitschke, daß sich die Ablaufsysteme und mit ihnen die Prozesse im Laufe der Zeit verändern würden, womit auch den menschlichen Handlungen eine neue Richtung gegeben würde. Und drittens versteht er diese Systeme und Prozesse nicht nur als die zentralen Triebkräfte der menschlichen Geschichte, sondern als Motor aller organischen und anorganischen Existenz und Entwicklung überhaupt:

„Lang hatten Historiker – und hatten wohl die meisten Europäer angenommen: Wir Menschen seien in bevorzugter Weise produktiv, und gerade die Produktiven unter uns, glaubten wir weiter, handelten selbständig. Es ist nicht so. Nach unseren Beobachtungen jedenfalls werden alle, die neue Gestalten und neue Räume schaffen, innerhalb eines Prozesses tätig. Dieser Prozeß nutzt gewissermaßen jede dieser Personen dazu, das hervorzubringen, was in diesem Prozeß entsteht. (...) Das Handeln der Menschen ist durch die Prozesse bedingt, in die sie geraten sind. (...) Die Prozesse, in denen wir uns, wenn wir Neues schaffen, befinden, gehören Systemen an. Diese Systeme verfügen nicht nur über uns. Sie greifen auch in das Leben der Pflanzen und Tiere ein. Sie haben die Organellen der Zellen, die Organe der Pflanzen und Tiere mit aufgebaut. Sie regeln das Zusammenleben der Tiere.“ [94]

Nitschke hebt damit den Gegensatz zwischen Natur und Kultur auf, indem er beides quasi einer „Übernatur" unterordnet. In letzter Konsequenz betreibt Nitschke damit eine Abdankung der Geschichte, weil sie bei ihm nicht mehr im Menschen bzw. im Menschlichen begründet ist.

---

94 Ebd., S. 9–11.

4.8. Philosophisch orientierte Historische Anthropologie

Die bislang von mir vorgestellten historisch-anthropologischen Zugänge stehen in einer mehr oder weniger engen Beziehung zueinander, zumindest aber innerhalb eines Diskussionszusammenhanges, nicht nur theoretisch und thematisch sondern auch institutionell und personell – als HerausgeberInnen der Zeitschrift *„Historische Anthropologie"* etwa oder auch als MitarbeiterInnen des Freiburger *Instituts für Historische Anthropologie.*

Die abschließend vorgestellte Richtung einer „Philosophisch orientierten Historischen Anthropologie" ist davon weitgehend isoliert. Meines Wissens findet zwischen ihr und den bislang vorgestellten Historischen Anthropologien bis dato kein oder kaum ein Dialog statt. Dabei haben sich die Vertreter dieser Richtung – Philosophen wie Dieter Lenzen, Gunter Gebauer und Thomas Macho, Pädagogen wie Christoph Wulf und Dietmar Kamper sowie auch Literaturwissenschaftler wie Gert Mattenklott und Historiker wie Michael Erbe – im *„Interdisziplinären Zentrum für Historische Anthropologie"* an der Freien Universität Berlin organisiert. Seit 1988 gibt das Zentrum zudem eine mittlerweile weit über zwanzig Bände umfassende Schriftenreihe *„Historische Anthropologie"* (Reimer-Verlag, Berlin), seit 1992 auch die Zeitschrift *„Paragrana. Internationale Zeitschrift für Historische Anthropologie"* heraus.

Die Sonderstellung der Berliner Gruppe mag damit zu tun haben, daß deren Arbeiten den empirischen Gepflogenheiten der historischen, ethnologischen und auch soziologischen Zunft oft widersprechen. Ihre Veröffentlichungen gleichen meist historischen oder philosophischen Essays; statt auf eine historisch-empirische Grundlage setzen die AutorInnen mehr auf eine eigene ausgeprägte Assoziationsfähigkeit.

So fremd manchen (auch mir zunächst) eine solche philosophisch orientierte Historische Anthropologie anmuten mag, so sehr fühlt sie sich zentralen theoretischen Grundprinzipien der Historischen Anthropologie verpflichtet, die in den vorangegangenen Kapiteln vorgestellt worden sind, so sehr kann sie auch ein mehr empirisch arbeitendes Projekt Historische Anthropologie bereichern; denn zuweilen formuliert die Berliner Gruppe die Prinzipen radikaler, zumindest pointierter als es HistorikerInnen oder EthnologInnen tun; und zuweilen setzt sie diese Prinzipien eben auch radikaler in ihre Darstellungen um.

Um noch einmal auf die Philosophische Anthropologie von Arnold GEHLEN und Odo MARQUARD zurückzukommen (vgl. Kap. 2.2.): Gehlen formulierte eine Anthropologie der Möglichkeiten, nicht eine der universellen Gesetze und Gültigkeiten; er sagte etwas darüber, was dem Menschen grundsätzlich zur Verfügung steht (Erfahrungen, Reflexionen, Lernen, Handeln etc.) und nicht, was Menschen allerorts und zu allen Zeiten in ihrem Denken, Fühlen, Wahrnehmen und Handlen begrenzt und mitstrukturiert. Marquard wiederum polemisiert gegen Geschichtsphilosophien und all jene Geschichtsmodelle, die Historie als einen permanenten Fortschritt denken, der womöglich „irgendwann" zu einem idealen Endzustand führt; er verneint jeden metaphysischen Sinn von Geschichte.

An diese Grundgedanken knüpft die philosophisch orientierte Historische Anthropologie an, etwa wenn Dieter LENZEN eine „radikale Historizität" – zurecht – als Um und Auf der Historischen Anthropologie denkt. „Radikale Historizität" meint erstens die Historisierung alles Menschlichen, aller scheinbarer Grundsituationen und Gesetze; und sie fordert zweitens – und im Zusammenhang damit – ein, WissenschaftlerInnen als historische Subjekte zu verstehen; das heißt: Wissenschaft wird radikal historisiert und nicht, wie es traditionelle Wissenschaftsgeschichte meist tut, als eine permanente Fortschrittsgeschichte gedacht[95]; Wissenschaft sei wegen ihrer Orts- und Zeitgebundenheit immer auch Fiktion; die Grenzen zur Kunst seien fließend. Eine solche Skepsis gegenüber der abendländischen Wissenschaft impliziert letztlich auch die Abkehr von einer strengen Empirie und begründet den Versuch neuer Darstellungsformen. Bei aller Nähe, die das Verhältnis der philosophisch orientierten Historischen Anthropologie zu Gehlens Anthropologie der Möglichkeiten kennzeichnet, gibt es damit doch auch eine nicht unwesentliche Distanz. Denn Gehlen bezog sich in seiner Anthropologie positiv auf die Ergebnisse der anderen Wissenschaften vom Menschen.

Noch einmal in den eigenen Worten des Berliner Zentrums für Historische Anthropologie: *„Historische Anthropologie erschöpft sich weder in einer Geschichte der Anthropologie noch im Beitrag der Geschichtswissenschaft zu den Forschungen dieses Fachs. Sie versucht vielmehr, die Geschichtlichkeit ihrer Perspektiven und Methoden und die Geschichtlichkeit ihres Gegenstandes aufeinander zu beziehen."* [96] Dietmar KAMPER hat dies beispielsweise hinsichtlich einer *„Geschichte der Einbildungskraft"* versucht[97], während Stephen STING *„Zur Geschichte der Subjektbildung"* und Klaus VOGEL *„Zur Strategie des Anderen"* gear-

95 Dieter Lenzen: Melancholie, Fiktion und Historizität. Historiographische Optionen im Rahmen einer Historischen Anthropologie, S. 32–35. In: Gunter Gebauer / Dietmar Kamper / Dieter Lenzen / Gert Mattenklott / Christoph Wulf / Konrad Wünsche: Historische Anthropologie. Zum Problem der Humanwissenschaften heute oder Versuche einer Neubegründung, Reinbek bei Hamburg 1989, S. 13–48. Siehe auch im selben Band: Gunter Gebauer / Dietmar Kamper / Dieter Lenzen / Gert Mattenklott / Christoph Wulf / Konrad Wünsche: Vorwort, S. 7–11.

96 Gebauer / Kamper / Lenzen / Mattenklott / Wulf / Wünsche: Vorwort (wie Anm. 95), S. 11.

97 Dietmar Kamper: Zur Geschichte der Einbildungskraft, Reinbek bei Hamburg 1981.

beitet haben[98]. Thomas MACHO schließlich hat u. a. zu Fragen der Liebe, des Todes und des Verzichts geforscht[99].

Auch Philosoph, auch an der Historischen Anthropologie (in erster Linie an der Mentalitätsgeschichte) interessiert ist Gernot BÖHME[100]. In einem Grundgedanken gehen er und die Berliner Gruppe durchaus konform: Auch Böhme wendet sich gegen systematische Anthropologien, die ohne Rücksicht auf Zeit und Ort Grundbestimmungen – und somit ahistorische und statische Grundkonstanten – menschlichen Daseins zu konstruieren versuchen. Die vehemente Wissenschaftskritik und -skepsis trägt Böhme allerdings nicht mit. Er bezieht sich vielmehr positiv auf vorhandene historisch-anthropologische Forschungen (u. a. auf die von Norbert Elias) um die Grundaufgabe der Historischen Anthropologie zu skizzieren – eine Historisierung der Grundkonstitution des Menschen, der Gefühle, der Triebe, der Affekte usw., des *„anthropologischen Zustandes"*, wie Böhme es nennt. Böhme sieht Wissenschaft weiterhin als jene positive Instanz, die zu einer gesellschafts- und gegenwartsbezogenen pragmatischen Anthropologie beitragen kann, zu einem neuen moral- bzw. vernunftbezogenen Handeln. Böhmes Kritik ist weniger eine an der Wissenschaft, sondern vielmehr eine an dem Zustand der hiesigen Gegenwart und Gesellschaft. Der Historischen Anthropologie kommt dabei die Funktion zu, aufzuzeigen, daß die gesamte anthropologische Organisation wandelbar ist – und somit auch die gegenwärtige.

---

98 Stephen Sting: Der Mythos des Fortschreitens. Zur Geschichte der Subjektbildung, Berlin 1991. Klaus Vogel: Der Wilde unter den Künstlern. Zur Strategie des Anderen bei Friedrich Hölderlin, Berlin 1991.

99 Thomas H. Macho: Leerzeichen. Neuere Texte zur Anthropologie, Wien 1993.

100 Gernot Böhme: Anthropologie in pragmatischer Hinsicht. Darmstädter Vorlesungen, Frankfurt a. M. 1985; darin bes.: Vorlesung Historische Anthropologie, S. 251–265.

5. STATT EINES NACHWORTS: DIE HISTORISCHE ANTHROPOLOGIE IM DREIECK VON WISSENSCHAFT – GESELLSCHAFT – INDIVIDUUM

Jochen MARTIN hat gemeint: „*Insgesamt halte ich die Suche nach einem Schlüssel, von dem her sich das kulturelle Verhalten der Menschen erschließt, für aussichtslos.*"[1] Seit Jahrzehnten suchen verschiedene systematische Anthropologien nach diesem Schlüssel – der dann, wenn er gefunden scheint, doch nicht so recht auf alles Menschliche passen will. Die Historische Anthropologie hat diese Suche weitgehend aufgegeben. Sie weiß sich vielmehr einig mit jenen Anthropologien, die *den* Menschen vor allem in seiner Verschiedenheit erkunden. Die Kulturanthropologie etwa versucht die sich räumlich ausdrückenden kulturellen Verschiedenheiten herauszuarbeiten; die Historische Anthropologie tut dies, wie der Name schon sagt, historisch. Wenn sie nach *dem* Menschen in der Geschichte fragt, nähert sie sich ihm auf zwei Ebenen an. Einmal historisiert sie bestimmte menschliche Elementarerfahrungen, wie etwa Geschlecht, Familie, Sexualität, Kindheit. Und sodann erforscht sie *den* Menschen in seiner spezifischen anthropologischen Grundstruktur bzw. die Kultur in ihren je eigenen Zusammenhängen und Bedeutungen an einem konkreten Ort zu einer konkreten Zeit.

---

1 Jochen Martin: Der Wandel des Beständigen. Überlegungen zu einer historischen Anthropologie, S. 44. In: Freiburger Universitätsblätter, Heft 126, Dezember 1994, S. 35–46.

Die Art und Weise wie die Historische Anthropologie
ihre Grundfrage zu beantworten versucht, ist vielfältig. Mikrohistorische Analysen bzw. Fallstudien finden hier ebenso Anwendung wie epochenübergreifende Längsschnitte
oder interkulturelle Vergleiche, praxeologische Zugänge
ebenso wie mentalitätsgeschichtliche Ansätze. Dabei trägt
u. a. eine dezidierte Interdisziplinarität dazu bei, das Projekt „Historische Anthropologie" immer wieder auszuwei-
ten. Diese Offenheit hat nichts mit einem mangelnden Profil zu tun. Vielmehr werden damit fortwährend neue Ein-
zelfragestellungen und Zugangsweisen zugelassen, damit
der Mensch umfassend und immer wieder neu historisch
erschlossen werden kann.

Nun sollte die Historische Anthropologie aber mehr als
„nur" Wissenschaft sein. Denn Historische Anthropologie
hat den Anspruch, immer auch das Wissen zu historisieren,
das uns die verschiedenen wissenschaftlichen Disziplinen
seit Jahrzehnten zur Verfügung stellen – auch das eigene
Wissen. Wenn Historische Anthropologie – und am konse-
quentesten sind hier die praxeologischen Ansätze – das
Fühlen, Denken und Handeln von historischen Individuen
und sozialen Gruppen immer aus dem jeweiligen Gesamtzusammenhang politischer, sozialer, ökonomischer u. a.
Wirkungsweisen heraus zu begreifen versucht, dann kann
sie nicht gleichzeitig eigene Wahrnehmungen, Denkformen
und das eigene Tun als ausschließlich wissenschaftsinterne
Angelegenheit verstehen.

Historische Anthropologie bedeutet also auch, über
den Rand der Wissenschaften hinauszuschauen. Nur so
kann erklärt werden, warum denn Themen und Zugänge,
die vor einigen Jahren – wenn überhaupt – noch an der
wissenschaftlichen Peripherie gestanden sind, nun ins
Zentrum vieler Sozial- und Geisteswissenschaften gerückt
sind.

* * * * *

Jacques LE GOFF hat vor einigen Jahren die Vorgeschichte
der „*Annales*" skizziert. Die Gründung der „*Annales*", Ende
der zwanziger Jahre, präsentiert sich hier als die Endstufe
einer ausnahmslos wissenschaftsinternen Entwicklung, die
von „großen Männern" der Historiographie, wie beispielsweise Voltaire und Michelet, vorangetrieben worden sei. Le
Goff spricht an einer Stelle gar von dem „*Propheten*" (er
meint Michelet) einer „*Neuen Geschichtswissenschaft*".
Dieser fühlt er sich selbst verpflichtet; dessen Entstehungs-
geschichte beschreibt er aber im Stil einer altbackenen Geschichtswissenschaft à la Treitschke[2].

Freilich: Ebenso wie er habe auch ich bislang Historische Anthropologie weitgehend aus einer wissenschaftsinternen Entwicklung erläutert. Auf den abschließenden Seiten des Buches möchte ich daher auf nicht-wissenschafts-
immanente Dimensionen der Historischen Anthropologie
eingehen. Dabei werde und kann ich nicht eine zu Ende
gedachte Geschichte der Historischen Anthropologie vorstellen. Ich kann lediglich Gedanken formulieren, die sich
auf konstituierende Faktoren beziehen, die außerhalb der
wissenschaftsinternen Diskurse liegen. Das heißt: Die folgenden Überlegungen sind vorläufig. Ich verzichte dennoch
nicht auf sie, weil ich erstens für die Komplexität sensibilisieren will, in der Wissenschaft im allgemeinen und Historische Anthropologie im besonderen sich konstituiert. Eine
genaue Analyse der Entstehung und Entwicklung von Historischer Anthropologie bleibt einer noch ausstehenden
Historischen Anthropologie der Historischen Anthropologie vorbehalten. Zweitens möchte ich mit meinen Überle-

---

2   Jacques Le Goff: Neue Geschichtswissenschaft, bes. S. 32. In: Ders. /
    Roger Chartier / Jacques Revel (Hg.): Die Rückeroberung des histori-
    schen Denkens. Grundlagen der Neuen Geschichtswissenschaft, Frank-
    furt a. M. 1994, S. 11–61.

gungen darauf aufmerksam machen, daß sich Historische Anthropologie (wie alle andere Wissenschaft) immer auch die Frage stellen sollte, was sie mit ihren Forschungen bezweckt bzw. welche Relevanz ihre Forschungen über einen angenommenen wissenschaftlichen Fortschritt hinaus besitzen.

Meine Überlegungen ordne ich dabei einem Dreieck zu, das drei Ebenen wissenschaftlicher Lebenswelt und die Beziehungen zwischen diesen Ebenen kennzeichnet. Die erste Ebene ist die Wissenschaft (bzw. Historische Anthropologie) selbst. Sie muß hier nicht mehr seperat vorgestellt werden. Das ist ausführlich auf den letzten über zweihundert Seiten geschehen. Die zweite Ebene des Dreiecks ist jene der Gesellschaft. Georg IGGERS hat gemeint, *„daß Wissenschaft, die so eng mit menschlichen Werten und Intentionen verbunden ist wie die Geschichtswissenschaft, in dem soziokulturellen und politischen Rahmen gesehen werden muß, in dem sie stattfindet. Eine reine wissenschaftsimmanente Geschichte der Geschichtswissenschaft ist nicht möglich.“* [3] In wissenschaftlichen Fragestellungen, Zugangsweisen und Methoden drückt sich immer auch der gesellschaftliche Kontext aus, in dem Wissenschaft vonstattengeht. Wissenschaftliche Entwicklungen sind von gesamtgesellschaftlichen Bedingungen bzw. Veränderungsprozessen nicht zu trennen – auch wenn sie nicht symmetrisch verlaufen. In welcher Weise sich Gesellschaft in Wissenschaft widerspiegelt, ist auch eine Frage danach, wie zwischen beiden Ebenen vermittelt wird. Eine Vermittlungsinstanz ist die des Individuums. Wissenschaft bzw. Historische Anthropologie ist nicht etwas, was unabhängig von den Menschen geschieht, die diese betreiben. Das

---

3   Georg Iggers: Geschichtswissenschaft im 20. Jahrhundert. Ein kritischer Überblick im internationalen Zusammenhang, Göttingen 1993, S. 16 f.

heißt: Spezifische lebensgeschichtliche bzw. persönliche gesellschaftliche Erfahrungen der einzelnen WissenschaftlerInnen beeinflussen wissenschaftliche Zugangsweisen und Inhalte mit. Die dritte Ebene des Dreiecks ist daher jene des wissenschaftlichen Individuums.

* * * * *

In geschichtswissenschaftlichen Zugangsweisen drücken sich also immer auch gesamtgesellschaftliche Bedingungen und Prozesse aus. Wenn der ausschließlich an politischer Ereignisgeschichte orientierte Rankesche Historismus um die Jahrhundertwende in eine Legitimationskrise geriet, so ging das Hand in Hand mit den damaligen sozialen und ökonomischen Umwälzungen der Industrialisierung, die sozialgeschichtliche Fragestellungen evident machten[4]. Gesellschaftliche Einflüsse schließen natürlich immer auch politische Bedingungen mit ein. Die deutsche Sozialgeschichte, die sich in den sechziger Jahren als Historische Sozialwissenschaft konstituierte, hat sich in erster Linie als eine politische Sozialgeschichte verstanden, die die politische Entwicklung Deutschlands bis 1945 mit Hilfe soziologischer und ökonomischer Modelle erklärt hat. Dies hing, wie Georg IGGERS gemeint hat, eng mit der moralischen und politischen Notwendigkeit zusammen, sich mit dem Nationalsozialismus auseinanderzusetzen, der als Höhepunkt einer *„unvollkommenen Modernisierung"* Deutschlands (im Vergleich zu anderen europäischen Staaten) analysiert wurde[5].

In welcher Weise spiegelt nun der thematische und theoretische Paradigmenwechsel, für den Historische Anthropologie steht, gesellschaftliche Veränderungsprozesse

---

4   Dieter Groh: Die französische Strukturgeschichte und ihre Methoden, S. 121. In: Ders.: Anthropologische Dimensionen der Geschichte, Frankfurt a. M. 1992, S. 117–147.

5   Georg Iggers: Geschichtswissenschaft (wie Anm. 3), S. 57.

wider? Wolf LEPENIES hat, darauf ist schon hingewiesen
worden (vgl. Kap. 3.3.1.), eine zunehmend anthropologisch
orientierte Geschichtswissenschaft mit gesellschaftlichen
Erfahrungen des *„Verlust(s) kultureller und historischer
Selbstverständlichkeiten"* [6] in Beziehung gesetzt. Die gesellschaftliche Praxis menschlicher Elementarerfahrungen, die
oft statisch gedacht und empfunden werden, hat sich gerade in den vergangenen Jahrzehnten in Europa massiv gewandelt. Weiblichkeit, Männlichkeit, Sexualität, Liebe, einzelne Lebensphasen, Religion, Raum, Zeit, Körper usw.
werden heutzutage oft anders erfahren als noch vor dreißig
Jahren. In einigen Stichworten, freilich sehr skizzenhaft,
sollen einige dieser neuen gesellschaftlichen Entwicklungen bzw. Erfahrungen etwas konkretisiert werden:

✱ neue soziale Bewegungen – neue Sensibilitäten:
Neue soziale Bewegungen wie Frauen-, Ökologie- und
„Dritte-Welt"-Bewegung haben seit den sechziger Jahren
gesellschaftliche und globale Machtverhältnisse, soziale
Beziehungen wie auch den Umgang mit der „natürlichen"
Umwelt erstmals oder unter neuen Gesichtspunkten thematisiert. Zunehmend wird ein Personenkreis, der weit über
den verhältnismäßig kleinen Kreis der frühen Engagierten
hinausgeht, für neue Problemstellungen sensibilisiert. Das
Verhältnis der Geschlechter sowie die Beziehungen der
Menschen zu ihrer „natürlichen" Umwelt werden mittlerweile nicht mehr nur diskutiert. Eine sich wandelnde gesellschaftliche Praxis zeigt sich auch in verschiedenen gesetzlichen und administrativen Neuerungen wie auch in
der Lebenspraxis der Menschen selbst; Frauen versuchen
zunehmend, sich in männerdominierten gesellschaftlichen

---

6 Wolf Lepenies: Probleme einer Historischen Anthropologie, S. 153. In:
   Reinhard Rürup (Hg.): Historische Sozialwissenschaft. Beiträge zur
   Einführung in die Forschungspraxis, Göttingen 1977, S. 126–159.

Bereichen zu behaupten; einige Männer beginnen damit, sich auch für angeblich typisch weibliche Aufgaben verantwortlich zu fühlen; und viele Menschen bemühen sich, auch in ihrem Alltag behutsamer mit der „natürlichen" Umwelt umzugehen. U. a. über „Dritte-Welt"-Gruppen und -Läden, verschiedene Entwicklungshilfeprojekte und Bildungsreisen sind viele Menschen wiederum auf die Lebensbedingungen und die Kultur außereuropäischer Völker aufmerksam geworden.

Daß sich in den sechziger Jahren die Historische Frauenforschung, in den vergangenen Jahren auch ansatzweise die Umweltgeschichte und darüber hinaus auch eine ethnologisch orientierte Historiographie etablieren hat können, kann von dieser neuen gesellschaftlichen Praxis nicht getrennt werden. So schreiben Karin HAUSEN und Heide WUNDER über die Anfänge der Frauengeschichte:

„Anfang der siebziger Jahre begannen Frauen kritisch nachzufragen, warum eigentlich die von Historikern angebotene Geschichte unbestritten als ‚allgemeine' Geschichte Geltung beanspruchen kann, obwohl deren vorherrschende Perspektive den Blick allein auf Welten, Situationen, Aktivitäten und Interessen, die von Männern besetzt sind, lenkt. Das konsequente Ausblenden all jener Bereiche, in denen Frauen in der Geschichte hätten angetroffen werden können, war bis dahin so selbstverständlich, daß jahrzehntelang nicht einmal den wenigen in der Geschichtswissenschaft zugelassenen Frauen zu Bewußtsein kam, wie unvollständig unser Geschichtsbild bleiben mußte, solange darin von der weiblichen Hälfte der Gesellschaft so gut wie nichts tradiert wurde." [7]

Auch die historisch-anthropologische Skepsis gegenüber Modellen, die Geschichte als einen permanenten Fort-

---

7 Karin Hausen / Heide Wunder: Einleitung, S. 9. In: Dies. (Hg.): Frauengeschichte – Geschlechtergeschichte, Frankfurt a. M. 1992, S. 9–18.

schritt deuten und die „Besiegten" der Geschichte weitge-
hend ignorieren, kann zumindest als Äquivalent zu jenen
sozialen Bewegungen gesehen werden, die wie etwa die
Umweltbewegung den technischen und zivilisatorischen
Fortschritt radikal in Frage stellen. In seiner Konzeption der
Historischen Volkskulturforschung meint Norbert SCHIND-
LER: *„Seitdem sich der Fortschrittsoptimismus der westlichen Zivilisation erneut an der ökonomisch-ökologischen
Krise zu brechen begann, sind auch die Zweifel daran ge-
wachsen, ob man es sich bei der Abrechnung mit den unter-
drückten bzw. kolonisierten Kulturen nicht nur in fremden
Erdteilen, sondern auch im eigenen Land nicht doch etwas
zu leicht gemacht hatte. Die diffusen, aber nichtsdestoweni-
ger breitenwirksamen Überlegenheitsgefühle, in die Hege-
monialkulturen ihre Vorherrschaft für gewöhnlich kleiden,
haben an Plausibilität verloren; man ist sich plötzlich nicht
mehr so sicher, was denn nun wirklich unter fortschrittlich
und reaktionär zu verstehen sei. Diese Zweifel berühren
nicht nur unsere aktuelle politische Selbsteinschätzung,
sondern nagen auch an unserer historischen Identität."*[8]

* neue Identifikationsgemeinschaften – Pluralität der Lebensformen:
Die neuen sozialen Bewegungen, wie beispielsweise die
Frauenbewegung oder auch die Homosexuellenbewegung,
haben wider eine „schwarze Liste" der gesellschaftlichen
Moral neue Möglichkeiten der Identifikation und Solidari-
tät geschaffen. Cafés, Buchläden, politische Gruppen, Ak-
tionstage, Zeitungen, Beratungsstellen, Selbsthilfegruppen
usw. bilden Netze, die vielen Menschen helfen, ihre bei-

---

8   Norbert Schindler: Spuren in die Geschichte der ‚anderen' Zivilisation.
    Probleme und Perspektiven einer historischen Volkskulturforschung,
    S. 13 f. In: Richard van Dülmen / Norbert Schindler (Hg.): Volkskultur.
    Zur Wiederentdeckung des vergessenen Alltags (16.–20. Jahrhundert),
    Frankfurt a. M. 1984, S. 13–77.

spielsweise homosexuelle Identität für sich selbst zu akzep-
tieren und vor der sozialen Umwelt nicht mehr zu verber-
gen; sie helfen dabei, neue Partnerschaftsformen zu leben
und sich kollektiv zusammenzuschließen, um sich für die
Rechte etwa von Frauen und Homosexuellen politisch zu
engagieren. Solche neuen Solidaritäts-, Sicherheits- und
Identifikationsnetze sind schließlich auch eine Voraussetzung dafür gewesen, daß WissenschaftlerInnen sich für
frauengeschichtliche Themen, später auch für eine Geschichte der Homosexualität haben starkmachen können.
*„Erst als die Neue Frauenbewegung wie jede soziale Bewe-
gung das Interesse an einer eigenen Auseinandersetzung
mit der Geschichte entwickelte"*, schreiben Karin HAUSEN
und Heide WUNDER, *„wurde schließlich auch innerhalb der
Universitäten ein wirksames Potential an Kritik freige-
setzt."* [9]
Einerseits sind neue Bezugsgruppen und Identitäten
geschaffen und auch neue Lebens- und Partnerschaftsformen möglich geworden; andererseits haben damit aber „tra-
ditionellere" Lebensformen an Wichtigkeit eingebüßt; zumindest hat sich deren Bedeutung gewandelt. Familiale
Einheiten haben sich verkleinert und splitten sich auf; dem
Familien- und Babyboom der fünfziger und zu Beginn der
sechziger Jahre ist eine sinkende Geburtenrate gefolgt; die
Scheidungen sind mehr geworden usw. Die Veränderungen
im privaten Bereich werden als so massiv wahrgenommen,
daß sie zu einem zentralen Thema öffentlicher Diskussionen geworden sind. Das macht Familie auch zu einem historischen Thema – meint der französische Familienhistori-
ker Jean-Louis FLANDRIN:
*„Als einer, dem es um die Entwicklung des staatsbür-
gerlichen Empfindens zu tun ist und der durch Information
dazu beizutragen sucht, hat der Historiker sich lange Zeit*

---

9   Hausen / Wunder: Frauengeschichte (wie Anm. 8), S. 9.

auf die Untersuchung des öffentlichen Lebens beschränkt. Selbst wenn er es unternahm, frühere Wirtschaftsstrukturen, soziale Bedingungen und Konflikte zu analysieren, so geschah das aus einer politischen Perspektive heraus. Die Geschichte des häuslichen Lebens und seiner Institutionen blieb den Soziologen und den Juristen überlassen.

Wenn die Historiker heute von der Familie zu sprechen beginnen, so vielleicht deshalb, weil die Probleme des Privatlebens Einzug in die Öffentlichkeit gehalten haben, weil die Rechte und Pflichten der Ehepartner, ihre Autorität über die Kinder, Fragen der Scheidung, der Empfängnisverhütung oder der Abtreibung Angelegenheiten des Staates geworden sind. Angesichts eines täglich offenkundiger werdenden Sittenwandels fordern die einen den Staat auf, für die Erhaltung der traditionellen Moral zu sorgen, die anderen verlangen von ihm, die Beschleunigung ‚unerläßlicher' Entwicklungen, und wieder andere versuchen, daraus eine Kriegsmaschine gegen die politische Herrschaft zu machen. Wie sollte also ein Historiker, der Anteil nimmt an den politischen Konflikten seiner Zeit, dem ‚Privatleben' unserer Vorfahren sein Interesse verweigern?"[10]

Weniger die öffentliche Diskussion um Familie an sich hat Michael SCHRÖTER zu familienhistorischen Studien motiviert, sondern bestimmte Inhalte der Diskussion – nämlich jene, mit denen eine „Krise der Familie" bzw. „Krise der Ehe" herbeigeredet wird, als ob sich eine „naturhafte" und lange Jahrhunderte unveränderliche Institution gegenwärtig verändern würde. Schröter schreibt: *„Man spricht seit einiger Zeit nicht selten davon, daß wir in heutigen Industriegesellschaften eine ‚Krise der Ehe' erleben. Gewiß sind die Wandlungen, die mit diesem Schlagwort erfaßt werden, augenscheinlich und nicht zu bestreiten. Aber als*

---

10 Jean-Louis Flandrin: Familien. Soziologie, Ökonomie, Sexualität, Frankfurt a. M. / Berlin / Wien 1978, S. 9.

‚Krise' kann man sie doch nur beurteilen, wenn man die Ausgangsstufe des gegenwärtigen Umschwungs als etwas ein für allemal Gegebenes ansieht. Einer solchen Vorstellung versucht die folgende Arbeit entgegenzuwirken." [11]

✳ Entgrenzung und Beschleunigung:
Es gibt Orte (Wohnungen), an denen man lebt (und zum Teil auch arbeitet), und es gibt Orte, zu denen man geht, fährt oder fliegt, um dort dieses oder jenes zu erledigen. Die Räume dazwischen werden immer schneller überbrückt. Gerade auch die zuvor erwähnten neuen Identifikations- und Solidargemeinschaften fördern dies; denn sie sind tendenziell „mobile" soziale Gruppen. Man wohnt und arbeitet kaum mehr im selben Stadtteil (von einigen Quartieren in europäischen und nordamerikanischen Metropolen einmal abgesehen), sondern nützt Orte, die über die ganze Stadt verstreut sind[12]. Der Raum, in dem sich Menschen bewegen, zumindest jene der europäischen und nordamerikanischen Mittel- und Oberschicht, scheint fast grenzenlos

---

11 Michael Schröter: „Wo zwei zusammenkommen in rechter Ehe ..." Sozio- und psychogenetische Studien über Eheschließungsvorgänge vom 12. bis 15. Jahrhundert, Frankfurt a. M. 1985, S. XIII. Siehe auch: Michael Mitterauer: Die Familie als historische Sozialform, S. 13. In: Ders. / Reinhard Sieder: Vom Patriarchat zur Partnerschaft. Zum Strukturwandel der Familie, München 1977, S. 13–37. Ders.: Zur Kritik von Familienideologien aus historischer Sicht. In: Anneliese Mannzmann (Hg.): Geschichte der Familie oder Familiengeschichten? Zur Bedeutung von Alltags- und Jedermannsgeschichte, Königstein/Ts. 1981, S. 42–56. James Wallace Milden: The Family in Past Time. A Guide to the Literature, New York / London 1977; S. IX–XIX. William H. Hubbard: Familiengeschichte. Materialien zur deutschen Familie seit dem Ende des 18. Jahrhunderts, München 1983, S. 11.

12 Toni Sachs-Pfeifer: Lebensstil, Mobilität und die Gestaltung von Stadträumen. In: Volker Hauff (Hg.): Stadt und Lebensstil, Weinheim / Basel 1988. Gisela Welz: Sozial interpretierte Räume, räumlich definierte Gruppen. Die Abgrenzung von Untersuchungseinheiten in der amerikanischen Stadtforschung. In: Waltraud Kokot / Bettina C. Bommer (Hg.): Ethnologische Stadtforschung. Eine Einführung, Berlin 1991, S. 29–43.

geworden zu sein. Man fliegt zum Urlaub in die Karibik und zu einer Projektbesprechung nach Tokio.

„*Übermaß an Raum*", hat der französische Ethnologe Marc AUGÉ das genannt[13]. „*Übermaß an Zeit*", nennt Augé das, was untrennbar damit verbunden ist. Räume wären nicht nur weitgehend grenzenlos geworden, sie würden durch die wachsende Beschleunigung der Fortbewegung auch mehr und mehr zusammenrücken. Dauerte die erste Weltumsegelung im 16. Jahrhundert noch insgesamt drei Jahre, so kann man heute Städte wie New York oder Tokio in wenigen Stunden erreichen. Raum und Zeit scheinen sich endgültig zu verlieren, wenn man sich der neuen Daten-Highways bedient – eben: „*Global Village*". Paul VIRILIO hat ja von einem Verschwinden des Raums und der Zeit gesprochen[14].

Das globale Dorf schafft aber noch keine globale Lebenswelt. Die Lebenswelt, die sich über einen überschaubaren Raum, etwa ein Dorf oder städtisches Quartier, definiert, scheinen dagegen massiv an Bedeutung verloren zu haben. Nicht zufällig endeckt die Geschichte gerade in dieser Situation kleine Lebenswelten bzw. den Alltag. HistorikerInnen widmen sich oft vorindustriellen Dörfern, volkskulturellen Ausdrucksformen, den Wahrnehmungsformen, Verhaltensweisen und anderen subjektiven Momenten von historischen sozialen Unterschichten; Geschichtswerkstätten und andere Geschichtsinitiativen forschen „vor Ort" in städtischen Quartieren und anderswo nach Spuren des historischen Alltags. Andreas STEFFENS hat gemeint, daß gerade auch in der Geschichtswissenschaft die „*Alltäglichkeit zum Zentrum der Selbstvergewisserung*" geworden sei[15] –

---

13 Marc Augé: Orte und Nicht-Orte. Vorüberlegungen zu einer Ethnologie der Einsamkeit, Frankfurt a. M. 1994, S. 44.

14 Paul Virilio: Ästhetik des Verschwindens, Berlin 1986.

15 Andreas Steffens: Das Innenleben der Geschichte. Anläufe zur Historischen Anthropologie, Essen 1984, S. 39.

dem unübersichtlichen globalen Dorf wird quasi mit einer zumindest geschichtswissenschaftlichen Wiederbelebung vergangener überschaubarer Lebenswelten und alltäglicher Lebensäußerungen begegnet; die Analyse globaler Zusammenhänge wird zunehmend durch ein genaues Hinsehen im Kleinen, ein klassisch sozialwissenschaftlicher durch einen kulturanthropologischen Blick ersetzt. Nicht zuletzt gehen Geschichtsinitiativen Hand in Hand mit Nachbarschaftshilfen, Stadtteilfesten und anderen lokalen Projekten, um neue lokale Bezugspunkte und soziale Handlungsräume zu schaffen oder den urbanen „Kiez" bzw. das städtische „Grätzl" wiederzubeleben[16].

* Irritationen und neue Orientierungsmodelle:
Mit sich verändernden gesellschaftlichen Praktiken hinsichtlich Geschlechterrollen, Familie, Sexualität usw. hat sich auch das gesellschaftliche Angebot für die individuellen Lebensentwürfe vergrößert. Peter ALHEIT meint, daß die Individuen *„heute – offensichtlich mehr als je zuvor – die Balance zwischen objektiven Anforderungen und subjektiven Eigenarten selbst herstellen"* müssen.[17] (Post-)Modernisierung wird daher von vielen Menschen nicht nur als Gewinn, sondern auch als Verlust liebgewordener Gewohnheiten, eindeutiger Zuordnungsmöglichkeiten und „traditioneller" Werte erfahren.

Einer solchen Vielfalt und auch Unsicherheit scheinen biologistische Modelle entgegenzuwirken. Ethologische und soziobiologische Forschungen erfreuen sich nicht zu-

---

16 Siehe z. B.: Hannes Heer / Volker Ullrich (Hg.): Geschichte entdecken. Erfahrungen und Projekte der neuen Geschichtsbewegung, Reinbek bei Hamburg 1985.

17 Peter Alheit: Transitorische Bildungsprozesse: Das „biographische Paradigma" in der Weiterbildung, S. 354. In: Wilhelm Mader (Hg.): Weiterbildung und Gesellschaft. Theoretische Modelle und politische Perspektiven, 2. erw. Aufl., Bremen 1993, S. 343–416.

fällig einer wachsenden Publizität – nicht nur in Zeitgeist-Zeitschriften, sondern u. a. auch in *„Der Zeit"*, *„Spiegel"*, *„Profil"*, im öffentlich-rechtlichen Fernsehen wie auch im Radio, etwa im bereits erwähnten ARD-Funkkolleg 1992/93 *„Der Mensch – Anthropologie heute"* [18]. Die Reduktion menschlicher Elementarerfahrungen (Geschlecht, „fremd und vertraut", Sexualität usw.) auf angenommene universelle biologische Dispositionen können für Menschen attraktive, weil einfache und glatte Orientierungshilfen in der „neuen Unübersichtlichkeit" sein.

Nichtsdestotrotz hat die abendländische Rationalität insgesamt (und damit eben auch die Wissenschaft), viel von ihrer ehemaligen Akzeptanz eingebüßt. Deren Unfehlbarkeitsanspruch ist ebenso in Frage gestellt worden wie auch christliche Formen der Daseinsbewältigung massiv an Attraktivität verloren haben: *„Ein Gott nach dem anderen starb am Wahn der Totalität der Endgültigkeit, zuletzt ‚die' Wissenschaft, die den Verdacht immer überzeugender bestätigte, daß sie die Hybris der metaphysischen Epoche nur wandeln, aber nicht wirklich überwinden konnte, indem sie dies zu unternehmen schien."* [19]

An die Stelle von christlichen oder wissenschaftlichen Denk- und Ordnungsschemata sind in den Köpfen vieler Menschen u. a. verschiedenste esoterische Modelle getreten; ebenso werden Religionen, die in Europa lange Zeit eher wenig relevant waren, wie beispielsweise der Buddhismus, als neue Orientierungsmodelle vermehrt genutzt.

Auch das historisch-anthropologische Interesse für historisch und kulturell fremden Mentalitäten kann vor dem Hintergrund dieser Suche nach alternativen Rationalitäten und Wahrheiten gesehen werden. In den vergangenen Kapi-

---

18 Siehe dazu z. B.: Gero Fischer / Maria Wölfingseder (Hg.): Biologismus, Rassismus, Nationalismus. Rechte Ideologien im Vormarsch, Wien 1995.

19 Steffens: Innenleben der Geschichte (wie Anm. 15), S. 37.

teln ist es bereits mehrfach angesprochen worden: Die Historische Anthropologie eint u. a. auch die Skepsis gegenüber dem eigenen westlichen und wissenschaftlichen Blick, der historisch und nur einer von vielen Möglichkeiten ist, Welt und Wirklichkeit zu verstehen. Freilich versucht die Historische Anthropologie nicht, wie es innerhalb der Esoterik zum Teil geschieht, das eigene Sinnsystem durch ein anderes zu ersetzen; vielmehr sollen die eigenen Vorstellungswelten, Interpretations-, Denk- und Empfindungsweisen durch den Kontrast mit den vergangenen erst einmal erkannt werden.

* * * * *

Ebenso wie Impulse von „außen" die Historische Familienforschung prägten und prägen, so gilt dies natürlich auch für Nachbardisziplinen – zum Beispiel für die Familiensoziologie. Die Familiensoziologin Rosemarie NAVE-HERZ hat geschrieben: *„(I)mmer wieder bekam gerade die (soziologische/G. D.) Familienforschung ihre Anstöße von ‚außen', wurden neue Entwicklungen durch gesamtgesellschaftliche Problemlagen ausgelöst und brachten zumeist auch einen Perspektivenwechsel in der Familienforschung mit sich."* [20] Die Familiensoziologie erlebte ihre „erste Blüte" im Zuge der Auswirkungen des Zweiten Weltkrieg auf das familiäre Zusammenleben: verstärkte Selbständigkeit der Frauen, erschwertes Zusammenleben der Ehepartner nach der Rückkehr der Männer aus der Gefangenschaft, gestörte Beziehungen zwischen Vätern und ihren Kindern. Der erste familiensoziologische Boom muß außerdem, wie NAVE-HERZ gemeint hat, im Zusammenhang mit politischen *„äußeren Initiativen gesehen werden. Nach dem Zweiten Weltkrieg wurden im Zuge der anglo-amerikanischen Bemühungen*

---

20 Rosemarie Nave-Herz: Familie heute. Wandel der Familienstrukturen und Folgen für die Erziehung, Darmstadt 1994, S. 14.

um Reedukation Forschungsgelder aus den USA für Unter-
suchungen über den Zusammenhang von familialer Sozia-
lisation und autoritären Persönlichkeitsstrukturen eines
,deutschen Nationalcharakters' sowie über die Veränderun-
gen der familialen Beziehungen durch Kriegsschicksale zur
Verfügung gestellt." [21] Seit den späten fünfziger Jahren, mit
der Konsolidierung der Institution „Kleinfamilie", verlor
die Familiensoziologie allerdings wieder an Terrain und
machte sich erst in den achtziger Jahren wieder stärker
bemerkbar. Und mittlerweile ist die Familiensoziologie,
wie der Soziologe Laszlo A. VASKOVICS meint, zum *„Tum-*
melplatz" der Soziologie geworden[22].

Die Entwicklung von Familiensoziologie und Historischer Familienforschung, die sich erst in den siebziger Jahren etabliert hat, sind also unterschiedlich gelaufen. Man
sollte also nicht von allgemeinen, zudem nur angedachten
gesamtgesellschaftlichen Tendenzen darauf schließen, daß
sie sich quasi eins zu eins in wissenschaftlichen Zugängen
und Fragestellungen niederschlagen.

Um Aussagen über die Entwicklung von Wissenschaften treffen zu können, muß man auch der Frage nachgehen,
welche gesellschaftlichen Veränderungen von den einzelnen wissenschaftlichen Disziplinen wie bzw. überhaupt
wahrgenommen und in die eigene wissenschaftliche Praxis
umgesetzt worden sind. Während sich ja beispielsweise die
Historische Frauenforschung in den vergangenen Jahrzehnten mehr und mehr im Wissenschaftsbetrieb verankert hat,
steckt die Historische Umweltforschung bzw. Umweltgeschichte noch in den Kinderschuhen – trotz aller gesamtge-

---

21 Ebd., S. 14.
22 Laszlo A. Vackovics: Wiederentdeckung familialer Lebenswelten – ein
   Trend? S. 4. In: Soziologische Revue. Besprechungen neuer Literatur.
   Sonderheft 3: Soziologie familialer Lebenswelten, München 1995,
   S. 4–17.

sellschaftlicher Veränderungen hinsichtlich der Geschlechterverhältnisse *und* der Mensch-Umwelt-Beziehungen.

Das hängt, was die Umweltgeschichte betrifft, sicherlich u. a. damit zusammen, daß deren VertreterInnen einen
interdisziplinären Dialog herstellen müssen, der aber, wie
ich meine, so leicht nicht herstellbar ist. Denn eine Zusammenarbeit zwischen Geistes- bzw. Sozialwissenschaften auf
der einen Seite und Naturwissenschaften auf der anderen
Seite ist auch eine Zusammenarbeit zwischen verschiedenen Wissenschaftskulturen mit je eigenen Denk- und Kommunikationsformen. Daß sich dagegen die Frauengeschichte in den vergangenen Jahren mehr und mehr etabliert hat,
hat meines Erachtens auch damit zu tun, daß (ob inner-
oder interdisziplinär) Zusammenschlüsse über eine gemeinsame feministische Identität der Wissenschaftlerinnen
erleichtert worden sind – Zusammenschlüsse, die nicht nur
inhaltlich sondern vor allem auch politisch notwendig gewesen sind. Denn die Männer im „Betrieb" ignorierten ja
Frauen nicht nur als Gegenstand historischer Forschung,
sondern auch und vor allem als Subjekte der Forschung –
als Wissenschaftlerinnen.

Gerade das Beispiel der Frauengeschichte zeigt, daß das Ob
und das Wie gesellschaftlicher Wandlungsprozesse in der
wissenschaftlichen Praxis nicht zuletzt davon abhängig ist,
welche gesellschaftlichen bzw. lebensgeschichtlichen Erfahrungen die personellen Träger von Wissenschaft, also
die WissenschaftlerInnen, machen oder gemacht haben.

Ein eindrucksvolles Beispiel dafür sind die autobiographischen Aufzeichnungen der französischen Historikerin Michelle PERROT[23]. Aus ihnen geht hervor, wie der per-

---

23 Michelle Perrot: Der Geist der Zeit. In: Pierre Chaunu / Georges Duby
/ Jacques Le Goff / Michelle Perrot: Leben mit der Geschichte. Vier
Selbstbeschreibungen, Frankfurt a. M. 1989, S. 178–238.

sönliche Kontakt mit der Frauenbewegung auch eine in den sechziger Jahren bereits etablierte Historikerin dahingehend hat anregen können, neue Themen wissenschaftlich zu bearbeiten; schließlich zeigt sich auch, daß eine solche wissenschaftliche Neuorientierung einher gehen kann mit einer Reflexion der eigenen Position als Frau im Wissenschaftsbetrieb wie auch der gesamten eigenen geschlechtsspezifischen Sozialisation. Michelle Perrot wurde 1918 geboren. Für sie hatte, wie sie selber schreibt, lange Jahrzehnte die soziale Ungleichheit kein Geschlecht. Sie bringt dies u. a. mit Männern in Verbindung, mit denen sie *„Glück"* gehabt hat – etwa mit ihrem Vater, der *„für seine Generation sicher ungewöhnlich feministisch gesinnt"* war oder mit dem Historiker Ernst Labrousse, der *„der beste aller ‚Vorgesetzten' gewesen (ist)."* [24] Ihr Kontakt mit der Frauenbewegung hat sie in einem relativ hohen Alter für einen neuen persönlichen wie auch für einen neuen wissenschaftlichen Blick sensibilisiert:

„Moral und Schuldgefühle – meine Erziehung hatte mich auf Zustimmung vorbereitet. Sie hatte mir ein Opfergefühl eingeflößt, das mich eher zum Rückzug und zur Duldung trieb als zur Verweigerung. ‚Ich' zu sagen, ist mir immer schwergefallen; in gewisser Weise habe ich vielleicht deshalb Geschichte getrieben, um nicht von mir zu sprechen, nicht an mich denken zu müssen. ‚Nein' zu sagen, ist mir oft unangenehm gewesen, auch wenn es um alltägliche Kleinigkeiten ging. Mir grauste vor der Konfrontation, vor Konflikten. Mein Widerstand (im Grunde habe ich trotz allem ungefähr getan, was ich wollte oder zu wollen glaubte) war stumm und hartnäckig, er lag im Bereich der Trägheit und List – jener List, die man ja gerade für ‚weiblich' hält. Ich war wohlerzogen, brav, ein feiner Kerl und schrecklich ‚nett'. Perverse Auswirkungen einer weiblichen Erziehung.

---

24 Ebd., S. 234 f.

*Diese Nettigkeit, die mir auf der Haut klebt wie eine zweite
Natur und mir zuweilen den Wunsch eingibt, heftig und
ordinär zu sein, hat gewiß mein Leben, meinen Stil und
mein Denken geglättet. Mangelnder Ehrgeiz, der mich die
risikolosen Bahnen der Schule einschlagen ließ, eine relati-
ve Hemmung gegenüber der Macht (vor dem Förmlichen,
Institutionellen und Politischen habe ich immer die Flucht
ergriffen) kommen zu jener Entsagung hinzu, die man den
Frauen suggeriert, die für ,alles immer gut genug' ist. Von
dieser typisch weiblichen Erziehung, der die religiöse Dimension lediglich eine zusätzliche Kraft verlieh – aber die
Religion ist der Dünger jeder weiblichen Erziehung –, habe
ich mich nie wirklich erholt; sie hat mich dauerhaft geformt;
sie belastete meine intellektuellen Entscheidungen und mein
soziales Verhalten. Sie hat die Geschichte geprägt, die ich
studierte, auch wenn ich es gegen sie tat. Aber ich brauchte
lange Zeit, bis ich ihre Wurzeln und Mechanismen erkannte,
vor allem bis ich verstand, daß es eine den Frauen gemeinsame Geschichte ist und daß das Geschlechterverhältnis eine elementare Struktur der Geschichte ist. Dafür bin ich der
Frauenbewegung dankbar, dieser vielgestaltigen Bewegung
der heutigen Zeit, die über die förmlichen Organisationen
weit hinausgeht.*"[25] – Perrot ist u. a. Mitherausgeberin des
fünfbändigen Überblickwerks *„Geschichte der Frauen"*[26].

Die Relevanz des Zusammenhangs zwischen der Lebensgeschichte bzw. den gesellschaftlichen Erfahrungen und wissenschaftlichen Inhalten und Zugangsweisen der Wissenschaftlerin bzw. des Wissenschaftlers läßt sich auch für
andere Richtungen der Historischen Anthropologie aufzei-

---

25 Ebd., S. 237 f.
26 Georges Duby / Michelle Perrot (Hg.): Geschichte der Frauen, Frankfurt
a. M. 1993–95. Siehe auch den von ihr mitgestalteten Band: Geschlecht
und Geschichte. Ist eine weibliche Geschichtsschreibung möglich?
Frankfurt a. M. 1989.

gen. Freilich muß ich mich auch für dieses Konstituie-
rungsfeld von Wissenschaft auf Andeutungen beschränken,
weil für eine ausführlichere Analyse zu wenig Material vor-
liegt. Lebensgeschichtliche Schilderungen von HistorikerInnen, die dafür hilfreich wären, liegen in veröffentlichter
Form nur spärlich vor. Die Reflexion des eigenen wissenschaftlichen Zugangs reduziert sich eben noch allzu oft auf
wissenschaftsimmanente Begründungen. Wenn auch die
Historische Anthropologie die Selbstreflexion der Forschenden auf ihre Fahnen geschrieben hat – dieses Prinzip
ist bislang weitgehend eine Absichtserklärung geblieben.

Derselbe Jacques LE GOFF allerdings, der die Vorgeschichte und Entwicklung der „Annales" als eine ausschließlich wissenschaftsimmanente beschrieben hat, hat
an anderer Stelle seine wissenschaftlichen Interessen mit
eigenen biographischen Erfahrungen in Beziehung gesetzt[27]. In seinen autobiographischen Aufzeichnungen ortet
er die Wurzeln seines historischen Interesses für die „longe
durée" und die Brüche von Mentalitäten wie auch für eine
Volkskultur und die Religion in den Charakteren und Er-
zählungen seiner Eltern:

„Ich sah die Mentalität meines Vaters sich darin ab-
zeichnen, der mir zuerst als eine Art Held an Integrität vor-
kam und sich dann nach und nach nicht nur als Charakter
von außergewöhnlicher Aufrichtigkeit zu erkennen gab, sondern auch, und vielleicht vor allem, als Zeuge [er war sechs-
undvierzig Jahre alt, als ich (1924/G. D.) zur Welt kam] einer
vergangenen Epoche, als Musterbeispiel einer exemplarischen französischen Gesellschaft, derjenigen, die ein gerech-
tes und fortschrittliches Vaterland geschaffen und, dank ihrer Tugenden, den Großen Krieg gewonnen hatte, das Frank-

---

27 Jacques Le Goff: Der Appetit auf Geschichte. In: Pierre Chaunu / Georges Duby / Jacques Le Goff / Michelle Perrot: Leben mit der Geschichte.
Vier Selbstbeschreibungen, Frankfurt a. M. 1989, S. 100–177.

reich der Dritten Republik. (...) Indem ich versuchte, meinen
Vater zu verstehen, fand ich in seinem edlen Charakter und
seinem schlichten Schicksal den Sinn der Epochen, die Be-
deutung einer bestimmten, mit der Geschichte zusammen-
hängenden Mentalität, den Schock von Ereignissen.
  Wenn ich dagegen meine Mutter betrachtete und ihr
lauschte, die doch über die Ereignisse, die ihr Leben ge-
prägt hatten, sehr viel mehr erzählte als mein Vater, über
das Auftauchen der 'Roten' im Süden, die Tücke der Re-
blaus, den Besuch der russischen Schwadronen in Toulon,
die Ängste einer jungen Frau während des Großen Krieges,
einer Frau, die um einen geliebten Bruder bangte und in
einer schauerlichen Litanei erfuhr, daß ihr bekannte junge
Leute den Tod gefunden hatten, Ehemänner von Freundin-
nen ihres Alters, Söhne nahe stehender Familien, dann
spürte ich vor allem die lange Tradition einer frommen
Erziehung, den Einfluß von Priestern und den ihres Glau-
bens, der ohne große Veränderungen die Zeiten überdauert
hatte, die Verbundenheit mit den Bräuchen und der Gei-
steshaltung einer alten südländischen Kultur.''[28] Le Goff hat
seine erste Prägung für sein späteres Historikersein über
spezifische gesellschaftliche Erfahrungen erhalten, die ihm
mittelbar, auf ihre je eigene Weise von seinen Eltern vermittelt worden sind. *„Durch das Gedächtnis meiner Eltern (...)*
entwickelte sich allmählich das Gefühl für historische Kon-
tinuität und gleichzeitig für ihre Brüche.''[29]
  In unmittelbaren persönlichen Erfahrungen hat der
Doyen der zweiten *„Annales''*-Generation, Fernand BRAU-
DEL, eine der Ursachen für sein späteres Interesse für den
Mittelmeerraum gesehen. Braudel arbeitete in den zwanziger und dreißiger Jahren als Geschichtslehrer im damals
noch französisch besetzten Algier und bereiste in dieser

---

28 Ebd., S. 100 f.
29 Ebd., S. 101.

Zeit diverse nordafrikanische Länder. *„Ich meine, daß die-ses Schauspiel – das Erlebnis des Mittelmeers vom jenseiti-gen Ufer aus, also verkehrt herum – beträchtlichen Einfluß auf meine Sicht der Geschichte hatte."* [30] Diese Erfahrungen eines räumlichen Perspektivenwechsels trugen dazu bei, daß sich Braudel endgültig von einer *„oberflächliche(n) Ge-schichte der Ereignisse"* [31] verabschiedete und mehr und mehr einer geographisch und kulturhistorisch orientierten Geschichte zuwandte.

Ein letztes Beispiel: Philippe ARIÈS, Autor u. a. der *„Geschichte der Kindheit"* und der *„Geschichte des Todes"* sowie einer Reihe von familienhistorischen Untersuchun-gen, erfuhr eine national und katholisch geprägte Sozialisa-tion und nahm daher auch aufmerksam offizielle katholi-sche Stellungnahmen zu gesellschaftlichen Entwicklungen wahr. Durch seine demographischen Studien in den vierzi-ger Jahren war er gleichzeitig auch zu einem aufmerksamen Beobachter des gesellschaftlichen Alltags geworden: *„Ich stellte fest, daß in Ideologie und Rhetorik der katholischen und konservativen Kreise der Niedergang der Familie seit der französischen Revolution als Gewißheit gesehen wurde. Die Schwächung der väterlichen Autorität, die Einschrän-kung der Freiheit der Erblasser, die Zerstückelung des Erb-gutes, das Recht auf Scheidung und Wiederheirat galten gleichermaßen als Ursachen für diesen Niedergang.*

Und dennoch sprachen die Fakten des Alltagslebens nicht für einen Niedergang, sondern für eine Stärkung und Konsolidierung der Familie. Die Beziehungen zwischen den Eheleuten sowie zwischen Eltern und Kindern bezeugten ein Gefühl, dessen Intensität und Ausschließlichkeit die

---

30 Fernand Braudel: Die Suche nach einer Sprache in der Geschichte. Wie ich Historiker wurde, S. 10. In: Ders. u. a.: Der Historiker als Men-schenfresser. Über den Beruf des Geschichtsschreibers, Berlin 1990, S. 7–14.
31 Ebd., S. 11.

*Frage aufwarf, ob es nicht neu sei (...) Die Frage war ge-
stellt.*"[32] – Eine Antwort ist Ariès' *„Geschichte der Kindheit"* gewesen.

Liegen von französischen anthropologisch orientierten HistorikerInnen zumindest einige solcher lebensgeschichtlicher Dokumente vor[33], so müssen wir von deutschsprachigen KollegInnen auf solche Äußerungen noch warten. Pierre BOURDIEU hat aber jüngst in einem Interview auf eine
Reihe von nicht-wissenschaftsimmanenten Faktoren für die
deutsche Geschichtswissenschaft aufmerksam gemacht[34].
Er hat sich dabei auch zu den Auseinandersetzungen zwischen VertreterInnen einer historisch-anthropologisch
orientierten Geschichtsforschung und jenen der Historischen Sozialwissenschaft geäußert. Bourdieu hält den
Streit *„im wesentlichen"* für *„fiktiv".* Die *„scheinbar hoch-
theoretische(n) Kontroversen"* würden in *„externen, vor allem politischen (etwa im Fall der genannten deutschen
Strömungen zwischen ‚Grünen' und der klassischen Lin-
ken) und sozialen Unterschieden ihre Wurzeln haben."*[35]
Ich möchte in diesem Zusammenhang die Frage auf-
werfen, ob die Diskussion zwischen den VertreterInnen beider geschichtswissenschaftlichen Richtungen, die eine spezifisch deutsche ist, nicht auch vor dem Hintergrund eines
bislang kaum beachteten Generationenkonflikts um eine
Vergangenheit gesehen werden muß, die, um ausnahmswei-
se mit Ernst Nolte zu sprechen, nicht vergehen will. Georg

---

32 Philippe Ariès: Ein Sonntagshistoriker. Philippe Ariès über sich,
   Frankfurt a. M. 1990, S. 123.

33 Siehe zusätzlich die Beiträge von Pierre Chaunu und Georges Duby in
   dem Band: Leben mit der Geschichte (wie Anm. 23).

34 Pierre Bourdieu: Im Gespräch mit Lutz Raphael. Über die Beziehungen
   zwischen Geschichte und Soziologie in Frankreich und Deutschland,
   S. 79. In: Geschichte und Gesellschaft 22 (1996), S. 62–89.

35 Ebd., S. 84 f.

IGGERS hat ja gemeint, daß Geschichtswissenschaft in Deutschland nach 1945 immer auch mit der moralischen und politischen Notwendigkeit in Zusammenhang gesehen werden muß, sich mit dem Nationalsozialismus auseinanderzusetzen. Die Biographieforscherin und Soziologin Gabriele ROSENTHAL wiederum hat gezeigt, daß die Art und Weise der Aufarbeitung der nationalsozialistischen Vergangenheit in der BRD immer auch mit spezifischen Generationserfahrungen und der familiären Konstellation derer, die sie betreiben, zu tun hat[36].

Haben wir es im Falle der Historischen Sozialwissenschaft nicht mit einer (älteren) Generation von WissenschaftlerInnen zu tun, die vor allem eine Generation der Kriegskinder ist? Rosenthal: *„Die Kriegskinder sind nun jene Generation, die den Nationalsozialismus unter anderem in der Achtundsechziger-Bewegung aufzuarbeiten versuchte. Die Formen ihrer Auseinandersetzung zeigen zweierlei: Es handelt sich in erster Linie um eine Auseinandersetzung außerhalb der Familie und außerdem um eine Anklage der Väter und nicht der Mütter. Mit dieser Anklagehaltung gegenüber den Vätern wurde ein Dialog de facto verhindert. Stattdessen konzentrierte sich diese Generation auf theoretische Faschismusanalysen. So haben die Achtundsechziger zwar einerseits den Nationalsozialismus als politisches System reflektiert, doch, wie unsere Interviews zeigen, wissen sie andererseits kaum etwas Näheres über die Handlungen und Erfahrungen ihrer Väter und Mütter zur Zeit des ‚Dritten Reiches'.(...) Ihre Anklage bleibt abstrakt."* [37] – Täter ist das System; Menschen kommen in den soziologischen und ökonomisch orientierten Geschichtsmodellen der Historischen Sozialwissenschaft als Subjekte kaum vor.

---

36 Siehe v. a.: Gabriele Rosenthal: Zur Konstitution von Generationen in familienbiographischen Prozessen. In: ÖZG. Österreichische Zeitschrift für Geschichtswissenschaften 5 (1994), S. 489–516.

37 Ebd., S. 497 f.

Haben wir es im Falle der alltags- und zeitgeschichtlich orientierten Historischen Anthropologie nicht mit einer eher jüngeren Generation von WissenschaftlerInnen zu tun, die oft bereits die Enkelkinder der Kriegsteilnehmer sind? Rosentahl ortet bei vielen jüngeren Deutschen bezüglich der NS-Vergangenheit eine *„Suche nach Authenzität"* [38]. Das heißt: Sie interessieren sich verstärkt für lebensgeschichtliche Erfahrungen. Zuweilen geben sie als LeiterInnen diverser Geschichtsinitiativen nur die Unschuldsbekundungen der Kriegsgeneration wieder (vgl. Kap. 3.5.); oft aber fragen sie auch nach den persönlichen Verstrickungen von Menschen in das nationalsozialistische System. Die Verantwortlichkeit für Geschichte im allgemeinen und für Nationalsozialismus im besonderen wird hier vermehrt nicht mehr in einem abstrakten System, sondern in der alltäglichen Praxis von Individuen und sozialen Gruppen gesehen.

✶✶✶✶✶

Wissenschaft und WissenschaftlerInnen können also nicht aus dem gesellschaftlichen Rahmen, in dem sie agieren, herausgelöst werden. Umgekehrt heißt das aber auch, daß Wissenschaft (und damit auch die Historische Anthropologie) als ein gesellschaftliches Teilsystem immer auch das, was Gesellschaft ist, mitbeeinflußt. Die Frauengeschichte (bzw. Geschlechtergeschichte) etwa, in den sechziger und siebziger Jahre entstanden, kann nicht allein als Reaktion auf die neue Frauenbewegung bewertet werden. Sie ist gleichsam Teil der Frauenbewegung, weil sie über das neue Interesse für weibliche Vergangenheiten auch einen identitätsstiftenden Charakter für Frauen der Gegenwart hat; darüber hinaus stellt sie mit ihren Arbeiten heutige Formen von gesellschaftlicher Ungleichheit zwischen den Geschlechtern und die aktuelle Praxis von Männlichkeit und

---

38 Ebd., S. 500.

Weiblichkeit in Frage. Wenn eine Forschungsarbeit, wie
jene von Rudolf DEKKER und Lotte van de POL[39], auf Basis
von Fallbeispielen für die niederländische Gesellschaft der
frühen Neuzeit ein spezifisches System von Kriterien für
die Wahrnehmung und Identifikation der Geschlechtszuge-
hörigkeit herausarbeitet, so geschieht dies vor dem Hintergrund einer neuen, veränderten und vielfältigeren Praxis
von Männlichkeit und Weiblichkeit heute; und gleichzeitig
können solche Ergebnisse wiederum dahingehend sensibilisieren, daß „Mannsein" und „Frausein" auch hier und
jetzt immer gesellschaftlich konstruiert werden – und damit auch nicht ewig gelten.

Noch ein Beispiel: Vor wenigen Jahren hat eine interdisziplinär zusammengesetzte Gruppe von Wissenschaftler-
Innen in Köln eine aufwendige Ausstellung wie auch einen
ausführlichen Katalog zur Geschichte und Gegenwart von
Männerbünden konzipiert. Der Grund dafür war nicht zuletzt *„die in unserer Gesellschaft noch immer nicht erreich-
te Gleichberechtigung der Frau gegenüber dem Mann. In
einer Zeit, in der selbst so traditionelle männerbündische
Vereinigungen wie das Militär oder der Rotary Club den
Einschluß von Frauen nicht mehr verhindern können und
Frauen auch in Berufe eindringen, die bisher als Domäne
der Männer galten – Tischler, Mechaniker, Steinmetz, Poli-
zist und viele andere mehr –, stellt sich die Frage nach der
Notwendigkeit und nach der Funktion von Männerbünden
in Vergangenheit und Zukunft."* [40] – und damit ist

---

39 Rudolf Dekker / Lotte van de Pol: Frauen in Männerkleidern. Weibliche Transvestiten und ihre Geschichte, Berlin 1990.

40 Gisela Vögler / Karin v. Welck: Zur Ausstellung und Materialsamm-
lung, S. XIX. In: Dies. (Hg.): Männerbande – Männerbünde. Zur Rolle
des Mannes im Kulturvergleich. Bd. 1., Köln 1990, S. XIX–XXVI. Siehe auch: Herta Nagl-Docekal: Feministische Geschichtswissenschaft –
ein unverzichtbares Projekt. In: L'Homme. Zeitschrift für Feministische
Geschichtswissenschaft 1 (1990), S. 7–18.

man(n)/frau als Wissenschaftlerin oder Wissenschaftler in-
mitten eines gesellschaftlichen Diskurses über die Geschlechterverhältnisse. Wie die Frauen- bzw. Geschlechtergeschichte so ist auch die Historische Anthropologie insgesamt gleichsam Reaktion und Teil wie auch Katalysator
einer neuen gesellschaftlichen Praxis.

Elfenbeinturm hin, Elfenbeinturm her – jede Wissenschaft, jede Historische Anthropologie muß sich fragen lassen, wie sie sich mit ihren Themen und Zugängen im gesellschaftlichen Umfeld verortet, welche sie als ihre Aufgaben ansieht, die über die unmittelbare Wissenschaftspraxis
hinausreichen. Der Zweck von Geschichtswissenschaften
kann sich nicht darin erschöpfen, gleichsam philatelisti-
scher Anstrengungen, historisches Wissen für sich selbst
anzusammeln. Jochen MARTIN hat geschrieben: *„Das Wissen vom Menschen, das eine historische Anthropologie auf-
bauen kann, sollte in gegenwärtigen Diskussionen präsent
gehalten werden. Der Mensch lebt zwar nicht von der Geschichte, schon gar nicht von ihr allein; aber er begegnet in
ihr anderen Menschen, deren Vorstellungen ihm vielleicht
etwas zu sagen haben."* [41]

Ich möchte daher zum Abschluß dieses Kapitels anrei-
ßen, wie denn historisch-anthropologisches Wissen, dessen
spezifische Inhalte, Zugänge und Methoden, auf die Gesellschaft bzw. auf bestimmte gesellschaftliche Teilbereiche zurückwirken können bzw. sollten und in welcher Form es
damit vielleicht auch zu gesellschaftlichen Problemlösungen beitragen kann.

Dabei möchte ich zwischen fünf Aufgabenbereichen
unterscheiden:

---

41 Jochen Martin: Der Wandel des Beständigen. Überlegungen zu einer
   historischen Anthropologie, S. 46. In: Freiburger Universitätsblätter,
   Heft 126, Dezember 1994, S. 35–46.

Die erste Aufgabe der Historischen Anthropologie verstehe ich als eine, die alle Geschichtswissenschaft haben sollte – nämlich zu einem besseren Verständnis der Gegenwart beizutragen. Die Historische Anthropologie kann das auf zweierlei Art tun. Zum einen über einen vergleichenden und kontrastierenden Ansatz. Wenn etwa Jacques LE GOFF oder Aaron GURJEWITSCH *den* Menschen des Mittelalters mit all seinen Weltbildern, Phantasien und Träumen nachzeichnen, dann erfahren wir auch etwas darüber, welche Innenwelten uns heute eigen sind[42]. Denn unser Inneres – unser Verständnis von Rationalität und Wirklichkeit – unterscheidet sich massiv von dem der mittelalterlichen Menschen. Man kann aber über die Geschichte der Menschen vor über fünfhundert Jahren auch auf Bilder, Phantasien usw. gestoßen werden, die das weitgehend nicht zugelassene „Andere" in uns selbst sind, das mit der Logik des „eigentlichen Selbst" nicht kompatibel ist.

Zum anderen kann die Historische Anthropologie mit einem genetisch-interpretativen Ansatz zum besseren Verständnis der Gegenwart beitragen. Historische Längsschnittstudien über Familie und Kindheit beispielsweise geben Auskünfte über das WIE und WARUM von Familie und Kindheit heute. Der Umstand, daß sich gerade menschliche Elementarerfahrungen in den vergangenen Jahren und Jahrzehnten gewandelt haben, macht die Historische Anthropologie als eine gegenwartsverstehende Wissenschaft besonders relevant.

Zweitens meine ich mit Hans SÜSSMUTH, daß die Ergebnisse der Historischen Anthropologie dazu beitragen können, *„sich ideologiekritisch gegen stereotype Vorstellungen von*

---

42 Siehe z. B.: Jacques Le Goff: Phantasie und Realität des Mittelalters, Stuttgart 1990. Aaron Gurjewitsch: Stimmen des Mittelalters. Fragen von heute. Mentalitäten im Dialog, Frankfurt a. M. / New York 1993.

vorgegebenen und konstanten Merkmalen menschlicher Antriebe, Einstellungen und Verhaltensweisen abzugrenzen."[43] Historische Anthropologie verstehe ich dabei u. a. als ein konstruktives Gegenkonzept zu deterministischen, insbesondere biologistischen Orientierungsmodellen, die derzeit allerorten angeboten werden. In biologistischen Modellen wird ja eine Natur konstruiert, die menschliche Wahrnehmungen und Verhaltensweisen ausschließlich an den Faden (scheinbar unveränderbarer) stammesgeschichtlicher und genetischer Dispositionen hängt, die männliche und weibliche Verhaltensweisen, Sexualität, Umgang mit Fremden usw. zu biologisch determinierten Bereichen erklärt. Die Historische Anthropologie stellt dem ein Konzept von Mensch und Kultur gegenüber, das die Lern-, Entscheidungs- und Handlungsfähigkeiten von Menschen ins Zentrum rückt; sie weist zudem auf die soziale und kulturelle Eigenlogik von Lebenswelten und damit auf die Vielfalt menschlicher Wahrnehmungs-, Deutungs- und Handlungsweisen und Elementarerfahrungen hin. Oft als anthropologische Konstanten gedachte Bereiche, wie etwa Sexualität, Geschlecht, Familie, Zeugung, Geburt, Tod, Lebenszyklen, Körper oder Krankheit, werden historisiert und relativiert.

Darüber hinaus kann die Historische Anthropologie gesellschaftlichen Bereichen, denen zunächst einmal eine Geschichte als irrelevant erscheinen mag, mit der Historisierung menschlicher Elementarerfahrungen wichtige Impulse verleihen. So meint Markus SCHÄR zur Relevanz seiner historischen Suizidstudie: „*(E)ine von sozialanthropologischen Methoden geleitete Untersuchung des Problems, wie der kulturelle Wandel die Verbreitung sowie die Er-*

---

43 Hans Süssmuth: Geschichte und Anthropologie. Wege zur Erforschung des Menschen, S. 8. In: Ders.: Historische Anthropologie. Der Mensch in der Geschichte, Göttingen 1984, S. 5–18.

scheinungsformen des Suizids und der Geisteskrankheiten beeinflußt, (kann) auch der modernen Psychiatrie wichtige Erkenntnisse vermitteln: Die Einsicht, daß die Häufigkeit von seelischen Störungen schwankt und daß die Opfer die Erkrankung unterschiedlich erleben, müßte die Fixierung der Ärzte auf die Behandlung angeblich körperlicher Disfunktionen durch Psychopharmaka erschüttern und ihre Aufmerksamkeit auch den gesellschaftlichen Bedingungen zuwenden." [44]

Damit bin ich auch schon beim dritten gesellschaftlichen Aufgabenbereich der Historischen Anthropologie. Sie kann nicht nur für die Historizität alles Menschlichen sensibilisieren, sie kann darüber hinaus neue Strategien der Problemlösungen anbieten, mit denen ja gerade anthropologische Themenfelder, die oft als Konstanten gedacht werden, relativiert werden. Der mikroskopische Zugang, die vergleichende Methode, verschiedene Formen der Feldforschung usw. verstehen sich als neue Verfahren der Problemlösung, als eine Vorgehensweise, die einen tieferen Einblick in die Komplexität kultureller oder gesellschaftlicher Problemlagen gibt und womöglich solche erst einmal aufspürt.

Man kann, wie es etwa in der oft unpersönlichen Betreuungspraxis vieler Altenheime üblich ist, „auffällige" Verhaltensweisen von SeniorInnen in vertraute Kategorien einstufen – zum Beispiel in die der „Starrköpfigkeit alter Menschen". Eine solche „Diagnose" hilft den konkreten alten Menschen nicht, weil sich mit ihr die Distanz und Kälte im Pflegealltag eher noch zuspitzt. Man könnte sich aber auch mit den lebensgeschichtlichen Erfahrungen der betreffenden SeniorInnen intensiver auseinandersetzen. Es könnte sich dabei herausstellen, daß die „Starrköpfigkeit" der

---

44 Markus Schär: Seelennöte der Untertanen. Selbstmord, Melancholie und Religion im Alten Zürich, 1500–1800, Zürich 1985.

Menschen mit scheinbar banalen Ursachen zusammen-
hängt – etwa damit, daß vertraute Gegenstände (zum Beispiel: das Ehebett), die mit vielen persönlichen Erinnerungen besetzt sind, in der alten Wohnung zurückgelassen
worden sind. In einigen Fällen können solche Ursachen
und damit auch die Symptome – die „auffälligen" Verhaltensweisen – schnell behoben werden. Der Alltag im Altenheim kann damit für beide Seiten – für die Betreuten wie
auch für die BetreuerInnen – persönlicher und angenehmer
werden[45].

Das Beispiel soll illustrieren: Ein historisch-anthropologischer Blick ist ein neuer Blick auf Wirklichkeit, ein
genaueres Hinschauen und Hinhören. Historische Anthropologie ist skeptisch gegenüber vorschnellen Schubladisie-
rungen. Damit zusammenhängend macht sie darauf aufmerksam, daß es immer wieder notwendig ist, den eigenen
Blick zu relativieren – gegenüber fremden Kulturen aller
Art.

Der vierte Aufgabenbereich der Historischen Anthropologie
hängt eng mit dem vorherigen zusammen – eine bewußte
Auseinandersetzung mit Fremden und Fremdem. Begegnungen mit AusländerInnen verschiedenster Herkunft stehen immer auch unter der Gefahr von Mißverständnissen;
Mimiken oder Gestiken beispielsweise können für einen
Bulgaren (ich erinnere an das Kopfschütteln und -nicken)
eine ganz andere Bedeutung haben als für einen Österrei-
cher. Das Interesse für den kulturellen Unterschied – im
Sinne eines genauen Hinhörens und Hinsehens – kann Mißverständnisse abbauen helfen bzw. ihnen vorbeugen. Interkulturelle Gesprächskreise, wie sie historisch-anthropolo-

---

45 Siehe dazu: Eva Blimlinger / Angelika Ertl / Ursula Koch-Straube /
   Elisabeth Wappelshammer: Lebensgeschichten. Bildungsarbeit mit alten Menschen, Hannover 1994, S. 77–157.

gisch orientierte Historiker (Michael Mitterauer, Norbert
Ortmayr) in Wien und Salzburg organisiert und geleitet ha-
ben, können Orte eines solchen notwendigen Dialogs sein.
Historische Anthropologie relativiert letztlich aber auch die
Kategorie der Ethnie. Wenn wir von „Fremden" in unserer
Gesellschaft reden, so meinen wir meist AusländerInnen.
Der anthropologische Blick in die eigene Geschichte ver-
deutlicht, daß Fremdheit keine ausschließlich ethnische
Kategorie ist, sondern daß es Fremdheiten aufgrund je spe-
zifischer gesellschaftlicher Erfahrungen zwischen verschiedenen sozialen Schichten, zwischen Christen und Juden,
zwischen den Geschlechtern, zwischen Hetero- und Homosexuellen, zwischen Alten und Jungen und vielen anderen
Gruppen gibt.

Schließlich das fünfte Aufgabenfeld der Historischen Anthropologie: Sie kann dazu beitragen, Gesellschaft mehr zu
demokratisieren. Insbesondere eine praxeologisch orientierte Historische Anthropologie stellt Menschen zwar
nicht als autonom handelnde, aber doch als Wesen dar,
denen mehr oder weniger immer ein Handlungsspielraum
zur Verfügung steht. Solcherart praxeologische Zugänge
können einerseits zum Denken in systemischen Zusammenhängen, andererseits zu einem größeren Grad an Eigen-
verantwortung anregen. Ich meine, daß ein solch praxeolo-
gisches Verständnis von Gesellschaft und Individuum am
wenigsten über eine traditionelle Bildungsarbeit zu vermitteln ist, in der Menschen die Ausführungen einer Referen-
tin oder eines Referenten nach dem *„Enzyklopädieprin-
zip"* [46] konsumieren. Vielmehr bedarf es dazu einer direk-

---

46 Paul Drechsel: Vorschläge zur Konstruktion einer „Kulturtheorie", und
   was man unter einer „Kulturinterpretation" verstehen könnte, S. 59.
   In: Ernst Wilhelm Müller / René König / Klaus-Peter Koepping / Paul
   Drechsel (Hg.): Ethnologie als Sozialwissenschaft, Opladen 1984,
   S. 44–84.

ten Kommunikation mit Menschen. Von historisch-anthropologisch orientierten WissenschaftlerInnen moderierte Geschichtswerkstätten oder lebensgeschichtliche Gesprächskreise können solche Orte sein. Hier können beispielsweise
SeniorInnen entweder über ein forschendes Lernen oder
auch über das Erzählen ihrer eigenen Biographie den Zusammenhängen zwischen gesellschaftlichen Strukturen
und der eigenen Lebensgeschichte ebenso auf die Spur
kommen wie den Handlungsalternativen, die ihnen immer
– auch in der Gegenwart – zur Verfügung stehen. Dabei
verschwimmen die Grenzen zwischen Forschung und Bildungsarbeit, zwischen Wissenschaft und Kultur-, Alten-
bzw. Sozialarbeit. U. a. mehrere Wiener lebensgeschichtliche Gesprächskreise, ausgehend von der Volkshochschule
Ottakring anfangs der achtziger Jahre, sind diesen Weg gegangen[47]. Heinz BLAUMEISER hat beispielsweise aufgezeigt,
wie sich alte Menschen in erfahrungsgeschichtlichen Gesprächskreisen konkrete Orientierungshilfen für die Organisation der vorletzten und letzten Lebensphase aneigenen
können, indem sie historisch-anthropologisches Wissen
über den historischen Wandel des Alters mit eigenen lebensgeschichtlichen Reflexionen verknüpfen[48]. Ein anderes
Beispiel: Die Wiener *„Dokumentation lebensgeschichtlicher Aufzeichnungen"* animiert SeniorInnen zum Nieder-
schreiben ihrer Lebensgeschichte. Hat sich eine Person erst

---

47 Siehe z. B.: Heinz Blaumeiser / Eva Blimlinger / Ela Hornung / Margit
    Sturm / Elisabeth Wappelshammer: Ottakringer Lesebuch. Was hab' ich
    denn schon zu erzählen … Lebensgeschichten, Wien / Köln / Graz
    1988. Heinz Blaumeiser / Margit Sturm / Elisabeth Wappelshammer:
    Alte Menschen und ihre Erinnerung. Erzählte Alltagsgeschichte in Ot-
    takring. In: Geschichte und Gesellschaft 14 (1988), S. 472–494. Gert
    Dressel / Katharina Novy: 5 × Wien. Lebensgeschichten 1918–1945,
    Wien 1995.
48 Heinz Blaumeiser: Wenn Geschichte alt macht. Historische Dynamik
    und „Altern zweiter Art". In: Historische Anthropologie 1 (1993),
    S. 25–41.

einmal dazu entschlossen, ihre Autobiographie niederzu-
schreiben, so begibt sie sich in eine langfristige und intensive Auseinandersetzung mit sich selbst. Das Aufschreiben
der eigenen Geschichte wird oft begleitet vom Anschauen
alter Fotos, von Gesprächen mit Verwandten oder Bekann-
ten. Das schriftliche Ergebnis eines solchen Prozesses kann
eine Art „Bewältigungsbiographie" sein, wie das Beispiel
der Ottilie S. zeigt: Frau S., eine Kleinhäuslerin aus dem
Bayerischen Wald, schrieb im hohen Alter ihre durch Trüb-
sal und immense Härte geprägten Lebenserfahrungen nie-
der. Ihre Erinnerungsarbeit wurde durch intensive, oft
schwierige Gespräche mit einer Nachbarin unterstützt.
Nach Abschluß der Autobiographie berichtete die Nachbarin: „Unsere Nachbarin lernte ich kennen durch Klagen
und wieder Klagen. Wie Spinnweben umgaben sie mich
und doch konnte ich mich nicht ganz entziehen. (...) Heute
brauche ich die Begegnung nicht mehr zu fürchten, sie sind
nicht mehr unangenehm sondern erfreulich. Eines Menschen Angesicht hat sich von innen her gewandelt und
verschönt. Unglaublich. Wie kann sie jetzt lachen."[49]

Wenn sich Historische Anthropologie bewußt gesellschaftlich vermitteln will, wenn sie sich etwa auch als ein konstruktives Gegenkonzept zu biologistischen, anderen deterministischen und schnell schubladisierenden Orientie-
rungsangeboten versteht, stellt sich die Frage nach Formen
der Vermittlung und Darstellung historisch-anthropologischer Ergebnisse. Schlußendlich muß Historische Anthro-

---

49 Zit. nach Michael Mitterauer: Vorwort, S. 12 f. In: Kreuztagen. Drei
   Frauenleben, Wien / Köln / Graz 1984, S. 7–14. Siehe auch: Ders.:
   Lebensgeschichten sammeln. Probleme um Aufbau und Auswertung
   einer Dokumentation zur populären Autobiographik, S. 26. In: Hermann Heidrich (Hg.): Biographieforschung. Gesammelte Aufsätze der
   Tagung des Fränkischen Freilandmuseums am 12. und 13. Oktober
   1990, Bad Windsheim 1991, S. 17–35.

pologie daher in Konkurrenz mit anderen, insbesondere deterministischen Denkmodellen eine größere Plausibilität besitzen. Das heißt: Sie muß sich in dem intersubjektiven Dialog um eine jeweils zeitgerechte „Wahrheit" nicht nur auf der wissenschaftlichen Ebene, sondern auch auf der übergeordneten gesellschaftlichen Ebene behaupten. Historische Anthropologie muß dabei plausibel sowohl in dem Sinne einer „besseren" Argumentation als auch hinsichtlich lustvoller, interessanter und anregender Vermittlungsarbeit sein. Das können Ausstellungen sein, alternative Stadtrundgänge und Reiseführer, andere Geschichtsinitiativen verschiedenster Art, diverse Veranstaltungen in der Erwachsenenbildung, Formen der Fortbildung für LehrerInnen, Engagement in sozialarbeiterischen Zusammenhängen, aber auch gut lesbare Bücher – also Bücher, die zunächst einmal gekauft und dann auch gelesen werden. Es ist bemerkenswert, daß in der französischen Öffentlichkeit viele Arbeiten der „Annales", auch aufgrund ihrer Verständlichkeit und literarischen Qualitäten, eine außerordentlich hohe Verbreitung gefunden haben[50]. Die deutschsprachige Historische Anthropologie besitzt hier noch einigen Nachholbedarf.

---

50 Siehe dazu: Lutz Raphael: Die Erben von Bloch und Febvre. *Annales*-Geschichtsschreibung und *nouvelle histoire* in Frankreich 1945 – 1980, Stuttgart 1994, S. 433–447.

6. AUSWAHLBIBLIOGRAPHIE

6.1. Theoretische Einführungen in eine historisch-anthropologisch orientierte Geschichtswissenschaft

ADAM Karl / SCHULZE Winfried (Hg.): Teil und Ganzes. Zum Verhältnis von Einzel- und Gesamtanalyse in Geschichts- und Sozialwissenschaften, München 1990.

BERLINER Geschichtswerkstatt (Hg.): Alltagskultur, Subjektivität und Geschichte. Zur Theorie und Praxis von Alltagsgeschichte, Münster 1994.

BOCK Gisela: Geschichte, Frauengeschichte, Geschlechterge-schichte. In: Geschichte und Gesellschaft 14 (1988), S. 364–391.

BÖHME Gernot: Anthropologie in pragmatischer Hinsicht. Darm-städter Vorlesungen, Frankfurt a. M. 1985.

BOURDIEU Pierre: Entwurf einer Theorie der Praxis auf der ethno-logischen Grundlage der kabylischen Gesellschaft, Frankfurt a. M. 1979.

BOTZ Gerhard u. a. (Hg.): „Quantität und Qualität". Zur Praxis der Methoden der Historischen Sozialwissenschaft, Frankfurt a. M. / New York 1988.

BREDNICH Rolf W. (Hg.): Grundriß der Volkskunde. Einführung in die Forschungsfelder der europäischen Ethnologie, 2. überarb. u. erw. Aufl., Berlin 1994.

BURKE Peter: Offene Geschichte. Die Schule der Annales, Berlin 1991.

CONRAD Christoph / KESSEL Martina (Hg.): Geschichte schreiben in der Postmoderne. Beiträge zur aktuellen Diskussion, Stuttgart 1994.

CORBIN Alain / FARGE Arlette / PERROT Michelle (Hg.): Ge-schlecht und Geschichte. Ist eine weibliche Geschichtsschrei-bung möglich? Frankfurt a. M. 1989.

DANIEL Ute: „Kultur" und „Gesellschaft". Überlegungen zum Ge-genstandsbereich der Sozialgeschichte. In: Geschichte und Ge-sellschaft 19 (1993), S. 69–99.

DILMMANN Edwin: „Menschenfresser", „Fährtenleser" ... Historisch-anthropologische Forschung und eine neue Zeitschrift. In: magazin forschung der Universität des Saarlandes, Nr. 2, 1994, S. 11–17.

van DÜLMEN Richard: Historische Anthropologie in der deutschen Sozialgeschichtsschreibung. In: Geschichte in Wissenschaft und Unterricht 11 (1991), S. 692–709.

van DÜLMEN Richard: Historische Kulturforschung zur Frühen Neuzeit. Entwicklungen – Probleme – Aufgaben. In: Geschichte und Gesellschaft 21 (1995), S. 403–429.

EHALT Hubert Ch. / KNITTLER-LUX Ursula / KONRAD Helmut (Hg.): Geschichtswerkstatt, Stadtteilarbeit, Aktionsforschung. Perspektiven emanzipatorischer Bildungs- und Kulturarbeit, Wien 1984.

GEBAUER Gunter / KAMPER Dietmar / LENZEN Dieter / MATTEN-KLOTT Gert / WULF Christoph / WÜNSCHE Konrad: Historische Anthropologie. Zum Problem der Humanwissenschaften heute oder Versuche einer Neubegründung, Reinbek bei Hamburg 1989

GEERTZ Clifford: Dichte Beschreibung. Bemerkungen zu einer deutenden Theorie von Kultur, Frankfurt a. M. 1983.

GINZBURG Carlo: Mikro-Historie. Zwei oder drei Dinge, die ich von ihr weiß. In: Historische Anthropologie 1 (1993), S. 169–192.

GINZBURG Carlo: Spurensicherung. Die Wissenschaft auf der Suche nach sich selbst, Berlin 1995.

GROH Dieter: Anthropologische Dimensionen der Geschichte, Frankfurt a. M. 1991.

GURJEWITSCH Aaron: Geschichtswissenschaft und Historische Anthropologie. In: Gesellschaftswissenschaften 16 (1990), S. 70–90.

HABERMAS Rebbeka: Geschlechtergeschichte und „anthropology of gender". Geschichte einer Bewegung. In: Historische Anthropologie 1 (1993), S. 485–509.

HABERMAS Rebekka / MINKMAR Niels (Hg.): Das Schwein des Häuptlings. Beiträge zur Historischen Anthropologie, Berlin 1992.

HEER Hannes / ULLRICH Volker (Hg.): Geschichte entdecken. Erfahrungen und Projekte der neuen Geschichtsbewegung, Reinbek bei Hamburg 1985.

IGGERS Georg: Geschichtswissenschaft im 20. Jahrhundert. Ein kritischer Überblick im internationalen Zusammenhang, Göttingen 1993.

IGGERS Georg: Zur „Linguistischen Wende" im Geschichtsdenken und in der Geschichtsschreibung. In: Geschichte und Gesellschaft 21 (1995), S. 557–570.

IMMELMANN Klaus / IMMELMANN Thomas: Historische Anthropologie aus biologischer Sicht. In: Saeculum. Jahrbuch für Universalgeschichte, Bd. 36, S. 70–79.

ISAAC Rhys: Geschichte und Anthropologie oder: Macht und (Be-)Deutung. In: Historische Anthropologie 2 (1994), S. 107–130.

JEGGLE Utz / KORFF Gottfried / SCHARFE Martin / WARNEKEN Bernd Jürgen (Hg.): Volkskultur in der Moderne. Probleme und Perspektiven empirischer Kulturforschung, Reinbek bei Hamburg 1986.

KÖHLER Otto: Versuch einer „Historischen Anthropologie". In: Saeculum. Jahrbuch für Universalgeschichte, Bd. 25, 1974, S. 129–250.

LE GOFF Jacques / CHARTIER Roger / REVEL Jacques (Hg.): Die Rückeroberung des historischen Denkens. Grundlagen der Neuen Geschichtswissenschaft, Frankfurt a. M. 1994.

LEPENIES Wolf: Geschichte und Anthropologie. In: Geschichte und Gesellschaft 1 (1975), S. 325–343.

LEPENIES Wolf: Probleme einer Historischen Anthropologie. In: RÜRUP Reinhard (Hg.): Historische Sozialwissenschaft, Göttingen 1977, S. 126–159.

LÜDTKE Alf (Hg.): Alltagsgeschichte. Zur Rekonstruktion historischer Erfahrungen und Lebensweisen, Frankfurt a. M. / New York 1989.

MARTIN Jochen: Das Institut für Historische Anthropologie. In: Saeculum. Jahrbuch für Universalgeschichte, Bd. 33, 1982, S. 375–380.

MARTIN Jochen: Der Wandel des Beständigen. Überlegungen zu einer historischen Anthropologie. In: Freiburger Universitätsblätter, Heft 126, Dezember 1994, S. 35–46.

MEDICK Hans: „Missionare im Ruderboot"? Ethnologische Erkenntnisweisen als Herausforderung an die Sozialgeschichte. In: Geschichte und Gesellschaft 10 (1984), S. 295–319.

MEIER Christian: Notizen zum Verhältnis von Makro- und Mikrogeschichte. In: ADAM Karl / SCHLUZE Winfried (Hg.): Teil und Ganzes. Zum Verhältnis von Einzel- und Gesamtanalyse in Geschichts- und Sozialwissenschaften, München 1990, S. 111–140.

MIDDELL Matthias / SAMMLER Steffen (Hg.): Alles Gewordene hat Geschichte. Die Schule der ANNALES in ihren Texten 1929–1992, Leipzig 1994.

MITTERAUER Mitterauer: Historische Anthropologie. Ein Paradigmenwechsel. In: Oto Luthar u. a.: Pot na grmado. Historicni seminar 4, Ljubljana 1994, S. 57–70.

NIPPERDEY Thomas: Bemerkungen zum Problem einer historischen Anthropologie. In: OLDEMEYER Ernst (Hg.): Die Philosophie und die Wissenschaften. Simon Moser zum 65. Geburtstag, Meisenheim, 1967, S. 350–370.

NIPPERDEY Thomas: Kulturgeschichte, Sozialgeschichte, Historische Anthropologie. In: Vierteljahresschrift für Sozial- und Wirtschaftsgeschichte 65 (1968), S. 145–164.

NIPPERDEY Thomas: Die anthropologische Dimension in der Geschichtswissenschaft. In: SCHULZ Gerhard (Hg.): Geschichte heute. Positionen, Tendenzen, Probleme, Göttingen 1973, S. 225–255.

NIPPERDEY Thomas: Die anthropologische Dimension der Geschichtswissenschaft. In: DERS.: Gesellschaft, Kultur, Theorie. Gesammelte Aufsätze zur Neueren Geschichte, Göttingen 1976, S. 33–57.

NITSCHKE August: Historische Verhaltensforschung. Analyse gesellschaftlicher Verhaltensweisen – Ein Arbeitsbuch, Stuttgart 1981.

PITT-RIVERS Julian: History and Anthropology. In: Comparative Studies in Society and History 5 (1963), S. 253–258.

RAPHAEL Lutz: Die Erben von Bloch und Febvre. *Annales*-Geschichtsschreibung und *nouvelle histoire* in Frankreich 1945–1980, Stuttgart 1994

RAULFF Ulrich (Hg.): Vom Umschreiben der Geschichte. Neue historische Perspektiven, Berlin 1986.

RAULFF Ulrich (Hg.): Mentalitäten-Geschichte. Zur historischen Rekonstruktion geistiger Prozesse, Berlin 1987.

SCHINDLER Norbert: Spuren in der Geschichte der „anderen" Zivilisation. Probleme und Perspektiven einer historischen Volkskulturforschung. In: van DÜLMEN Richard / SCHINDLER Norbert (Hg.): Volkskultur. Zur Wiederentdeckung des vergessenen Alltags (16.–20. Jahrhundert), Frankfurt a. M. 1984, S. 13–78.

SCHOLZE-IRRLITZ Leonore: Moderne Konturen Historischer Anthropologie. Eine vergleichende Studie zu den Arbeiten von Jacques Le Goff und Aaron J. Gurjewitsch, Frankfurt a. M. 1994.

SCHULZE Winfried (Hg.): Sozialgeschichte, Alltagsgeschichte, Mikro-Historie, Göttingen 1994.

SIEDER Reinhard: Sozialgeschichte auf dem Weg zu einer historischen Kulturwissenschaft? In: Geschichte und Gesellschaft 20 (1994), S. 445–468.

SPRANDEL Rolf: Historische Anthropologie. Zugänge zum Forschungsstand. In: Saeculum. Zeitschrift für Universalgeschichte, Bd. 27, 1976, S. 121–142.

STEFFENS Andreas: Das Innenleben der Geschichte. Anläufe zur Historischen Anthropologie, Essen 1984.

SÜSSMUTH Hans (Hg.): Historische Anthropologie. Der Mensch in der Geschichte, Göttingen 1984.

THOMAS Keith: History and Anthropology. In: Past & Present 13 (1963), S. 3–24.

THOMPSON Edward P.: Volkskunde, Anthropologie und Sozialgeschichte. In: DERS.: Plebeische Kultur und moralische Ökonomie. Aufsätze zur Sozialgeschichte des 18. und 19. Jahrhunderts, Frankfurt a. M. 1980, S. 290–318.

ULBRICHT Otto: Mikrogeschichte: Versuch einer Vorstellung. In: Geschichte in Wissenschaft und Unterricht 45 (1994), S. 347–367.

WERNHART Karl R.: Ethnohistorie und Kulturgeschichte. Ein Studienbehelf, Wien / Graz 1986.

WUNDER Heide: Kulturgeschichte, Mentalitätengeschichte, Historische Anthropologie. In: Van DÜLMEN Richard (Hg.): Fischer Lexikon Geschichte, Frankfurt a. M. 1990, S. 65–86.

6.2. Beispielhafte historisch-anthropologisch orientierte Studien

ARIÈS Philippe: Geschichte der Kindheit, München 1975.

ARIÈS Philippe: Geschichte des Todes, München 1980.

ARIÈS Philippe / DUBY Georges (Hg.): Geschichte des privaten Lebens. 5 Bände, Frankfurt a. M. 1989–94.

BECK Rainer: Unterfinning. Ländliche Welt vor Anbruch der Moderne, München 1993.

BERDAHL Robert / LÜDTKE Alf / MEDICK Hans u. a.: Klassen und Kultur. Sozialanthropologische Perspektiven in der Geschichtsschreibung, Frankfurt a. M. 1982.

BEHNKEN Imbke / du BOIS-REYMOND Manuela / ZINNECKER Jürgen: Stadtgeschichte als Kindheitsgeschichte. Lebensräume von Großstadtkindern in Deutschland und Holland um 1900, Opladen 1989.

BITTERLI Urs: Alte Welt – neue Welt. Formen des europäisch-überseeischen Kulturkontaktes vom 15. bis zum 18. Jahrhundert, München 1986.

BLAUMEISER Heinz / BLIMLINGER Eva / HORNUNG Ela / STURM Margit / WAPPELSHAMMER Elisabeth: Ottakringer Lesebuch. Was hab' ich denn schon zu erzählen ... Lebensgeschichten, Wien / Köln / Graz 1988.

BURKE Peter: Helden, Schurken und Narren. Europäische Volkskultur in der frühen Neuzeit, Stuttgart 1981.

CORBIN Alain: Pesthauch und Blütenduft. Eine Geschichte des Geruchs, Berlin 1984.

CROSBY Alfred W.: Die Früchte des weißen Mannes. Ökologischer Imperialismus 900 – 1900, Frankfurt a. M. / New York 1991.

DAVIS Natalie Zemon: Humanismus, Narrenherrschaft und die Riten der Gewalt. Gesellschaft und Kultur im frühneuzeitlichen Frankreich, Frankfurt a. M. 1987.

DARNTON Robert: Katzenmassaker. Streifzüge durch die französische Kultur vor der Revolution, München 1989.

DEKKER Rudolf / van de POL Lotte: Frauen in Männerkleidern. Weibliche Transvestiten und ihre Geschichte, Berlin 1990.

DELUMEAU Jean: Angst im Abendland. Die Geschichte kollektiver Ängste im Europa des 14. bis 18. Jahrhunderts, Reinbek bei Hamburg 1989.

DINZELBACHER Peter (Hg.): Europäische Mentalitätsgeschichte. Hauptthemen in Einzeldarstellungen, Stuttgart 1993.

DUBY Georges: Die Zeit der Kathedralen. Kunst und Gesellschaft 980 – 1420, Frankfurt a. M. 1992.

DUBY Georges / PERROT Michelle (Hg.): Geschichte der Frauen. 5 Bände, Frankfurt a. M. 1993–95.

DUDEN Barbara: Geschichte unter der Haut. Ein Eisenacher Arzt und seine Patientinnen um 1730, Stuttgart 1987.

van DÜLMEN Richard / SCHINDLER Norbert (Hg.): Volkskultur. Zur Wiederbelebung des vergessenen Alltags (16.–20. Jahrhundert), Frankfurt 1984.

van DÜLMEN Richard (Hg.): Studien zur Historischen Kulturforschung; Bd. I–IV, Frankfurt a. M. 1980–1992.

van DÜLMEN Richard: Kultur und Alltag in der Frühen Neuzeit. 16.–18. Jahrhundert. Bd. 1: Das Haus und seine Menschen. Bd. 2: Dorf und Stadt. Bd. 3: Religion, Magie, Aufklärung, München 1990 / 1992 / 1994.

ELIAS Norbert: Über den Prozeß der Zivilisation. Soziogenetische und Psychogenetische Untersuchungen. 2 Bände, Frankfurt a. M. 1976.

GINZBURG Carlo: Der Käse und die Würmer. Die Welt eines Müllers um 1600, Berlin 1990.

GINZBURG Carlo: Hexensabbat. Entzifferung einer nächtlichen Geschichte, Berlin 1990.

GREENBLATT Stephen: Wunderbare Besitztümer. Die Erfindung des Fremden. Reisende und Entdecker, Berlin 1994.

GRIESSINGER Andreas: Das symbolische Kapital der Ehre. Streikbewegungen und kollektives Bewußtsein deutscher Handwerksgesellen im 18. Jahrhundert, Frankfurt a. M. / Berlin / Wien 1981.

GURJEWITSCH Aaron J.: Das Weltbild des mittelalterlichen Menschen, München 1986

GURJEWITSCH Aaron J.: Mittelalterliche Volkskultur, München 1987.

HUIZINGA Johan: Herbst des Mittelalters. Studien über Lebens- und Geistesformen des 14. und 15. Jahrhunderts in Frankreich und in den Niederlanden, Stuttgart 1975.

ILIEN Albert / JEGGLE Utz: Leben auf dem Dorf. Zur Sozialgeschichte des Dorfes und zur Sozialpsychologie seiner Bewohner, Opladen 1978.

KASCHUBA Wolfgang / LIPP Carola: Dörfliches Überleben. Zur Geschichte materieller und sozialer Reproduktion ländlicher Gesellschaften im 19. und frühen 20. Jahrhundert, Tübingen 1982.

KASER Karl: Familie und Verwandtschaft auf dem Balkan. Analyse einer untergehenden Kultur, Wien / Köln / Weimar 1995.

KRIEDTE Peter: Eine Stadt am seidenen Faden. Haushalt, Hausindustrie und soziale Bewegung in Krefeld in der Mitte des 19. Jahrhunderts, Göttingen 1991.

LE GOFF Jacques: Phantasie und Realität des Mittelalters, Stuttgart 1990.

LE GOFF Jacques (Hg.): Der Mensch des Mittelalters, 2. korr. Aufl., Frankfurt a. M. / New York / Paris 1990

LE ROY LADURIE Emmanuel: Montaillou: Ein Dorf vor dem Inquisitator, Frankfurt a. M. / Berlin / Wien 1980.

LE ROY LADDURIE Emmanuel: Karneval in Romans. Eine Revolte und ihr blutiges Ende 1579 – 1580, Stuttgart 1982.

LÜDTKE Alf: Eigen-Sinn. Fabriksalltag, Arbeitserfahrungen und Politik vom Kaiserreich bis in den Faschismus, Hamburg 1994.

MARTIN Jochen / ZOEPFFEL Renate (Hg.): Aufgaben, Rollen und Räume von Mann und Frau, Freiburg / München 1987.

MEDICK Hans / SABEAN David (Hg.): Emotionen und materielle Interessen. Sozialanthropologische und historische Beiträge zur Familienforschung, Göttingen 1984.

MINTZ Sidney: Die süße Macht. Kulturgeschichte des Zuckers, Frankfurt a. M. 1987.

MITTERAUER Michael: Sozialgeschichte der Jugend, Frankfurt a. M. 1986.

MITTERAUER Michael: Ahnen und Heilige. Namensgebung in der europäischen Geschichte, München 1993.

MITTERAUER Michael / KLOSS Peter P. (Hg.): „Damit es nicht verlorengeht ...". Zur Zeit: 38 Bände, Wien / Köln / Weimar 1983–1996.

MUCHEMBLED Robert: Kultur des Volkes – Kultur der Eliten. Die Geschichte einer erfolgreichen Verdrängung, Stuttgart 1982.

NIETHAMMER Lutz (Hg.): „Die Jahre weiß man nicht, wo man die heute hinsetzen soll". Faschismuserfahrungen im Ruhrgebiet, Berlin / Bonn 1983.

NIETHAMMER Lutz (Hg.).: „Hinterher merkt man, daß es richtig war, daß es schiefgegangen ist". Nachkriegs-Erfahrungen im Ruhrgebiet, Berlin / Bonn 1983.

NIETHAMMER Lutz / Alexander von Plato (Hg.): „Wir kriegen jetzt andere Zeiten". Auf der Suche nach der Erfahrung des Volkes in nachfaschistischen Ländern, Berlin / Bonn 1985.

SABEAN David: Property, Production and Familiy in Neckarhausen 1700 to 1870, Cambridge 1990.

SAHLINS Marshall: Der Tod des Kapitän Cook. Geschichte als Metapher und Mythos als Wirklichkeit in der Frühgeschichte des Königreiches Hawaii, Berlin 1986.

SCHIEVELBUSCH Wolfgang: Geschichte der Eisenbahnreise. Zur Industrialisierung von Raum und Zeit im 19. Jahrhundert, Frankfurt a. M. / Berlin 1979.

SCHINDLER Norbert: Widerspenstige Leute. Studien zur Volkskultur in der frühen Neuzeit, Frankfurt a. M. 1992.

SCHLUMBOHM Jürgen: Lebensläufe, Familien, Höfe. Die Bauern und Eigentumslosen des Osnabrücker Kirchspiels Belm in protoindustrieller Zeit, 1650–1860, Göttingen 1994.

THOMPSON Edward P.: Plebeische Kultur und moralische Ökonomie. Aufsätze zur englischen Sozialgeschichte des 18. und 19. Jahrhunderts, Frankfurt a. M. / Berlin / Wien 1980.

THOMPSON Edward P.: Die Entstehung der englischen Arbeiterklasse, Frankfurt a. M. 1987.

VÖGLER Gisela / v. WELCK Karin (Hg.): Männerbande – Männerbünde. Zur Rolle des Mannes im Kulturvergleich. 2 Bände, Köln 1990.

WOLF Eric: Die Völker ohne Geschichte. Europa und die andere Welt seit 1400, Frankfurt a. M. / New York 1981.

WUNDER Heide: „Er ist die Sonn', sie ist der Mond". Frauen in der Frühen Neuzeit, München 1992.

6.3. Historisch-anthropologische Zeitschriften bzw. Periodika mit historisch-anthropologisch orientierten Beiträgen:

ANNALES. Histoires Sciences Sociales (Paris, seit 1929)

BEITRÄGE ZUR HISTORISCHEN SOZIALKUNDE. Österreichische Vierteljahreszeitschrift für Lehrerfortbildung mit Beiträgen zur Fachdidaktik (Wien, seit 1971)

BIOS. Zeitschrift für Biographieforschung und Oral History (Opladen, seit 1988)

COMPARATIVE STUDIES IN SOCIETY AND HISTORY (Cambridge, seit 1959)

ETHNOLOGIA EUROPAEA (Kopenhagen, seit 1971)

GESCHICHTE UND GESELLSCHAFT. Zeitschrift für Historische Sozialwissenschaft (Göttingen, seit 1975)

HISTORISCHE ANTHROPOLOGIE. Kultur – Gesellschaft – Alltag (Köln / Weimar / Wien, seit 1993)

JOURNAL OF INTERDISCIPLINARY HISTORY (Cambridge / London, seit 1971)

JOURNAL OF SOCIAL HISTORY (Pittsburgh, seit 1966)

L'HOMME. Zeitschrift für Feministische Geschichtswissenschaft (Wien, seit 1990)

KEA. Zeitschrift für Kulturwissenschaften (Bremen, seit 1988)

ÖZG. Österreichische Zeitschrift für Geschichtswissenschaften (Wien, seit 1990)

PARAGRANA. Internationale Zeitschrift für Historische Anthropologie (Berlin, seit 1992)

PAST & PRESENT. A journal of scientific history (Oxford, seit 1951)

QUARDERNI STORICI (Bologna, seit 1970)

RURAL HISTORY. Economy, Society, Culture (Cambridge, seit 1990)

SAECULUM. Zeitschrift für Universalgeschichte (Freiburg / München, seit 1950)

WERKSTATT*GESCHICHTE* (Hamburg, seit 1992)

HISTORISCHE ANTHROPOLOGIE
Kultur • Gesellschaft • Alltag

Herausgeber/innen:
Richard van Dülmen (Saarbrücken), Egon Flaig (Göttingen),
Utz Jeggle (Tübingen), Ludolf Kuchenbuch (Hagen), Rolf Lindner
(Berlin), Alf Lüdtke (Göttingen), Ute Luig (Berlin), Hans Medick
(Göttingen), Michael Mitterauer (Wien), Jan Peters (Potsdam),
Edith Saurer (Wien), Martin Schaffner (Basel), Norbert Schindler
(Konstanz), Heide Wunder (Kassel)

Redaktionsadresse:
Prof. Dr. Richard van Dülmen
Historisches Institut der Universität des Saarlandes
Postfach 151150
D-66041 Saarbrücken

Erscheinungsweise: dreimal jährlich, broschiert

Einzelheftpreis: öS 254,–/DM/sfr 34,80.
Abonnementpreis für drei Ausgaben: öS 570,–/DM/sfr 78,–.
(zuzüglich Versandkosten)

Für Studenten reduzierter Abonnementpreis:
öS 497,–/DM/sfr 68,–.
(zuzüglich Versandkosten)

„Eines der spannendsten kulturwissenschaftlichen Zeitschriftenunternehmen der letzten Jahre" (Neue Zürcher Zeitung)

Böhlau Köln

HISTORISCHE ANTHROPOLOGIE